하나님은 다른 길로 오신다

하나님은
다른 길로 오신다

류호준 지음

하온

일러두기

본문에 인용한 성경은 원칙적으로 『성경전서 개역개정판』을 따랐으며, 다른 번역본을 인용한 경우에는 그 출처를 밝혔습니다. 다만 설교의 문맥상 흐름을 더욱 자연스럽게 하고, 가독성과 문학적 표현을 살릴 필요가 있는 경우에는 저자의 사역(私譯)을 부분적으로 반영했습니다.

십자가로 가는 길이 가장 아름답다

신약성경을 펼치면 네 복음서가 나옵니다. 서로 다른 각도에서, 독특한 방식으로 예수 이야기를 들려줍니다. 네 복음서 가운데 어떤 복음서를 가장 좋아하느냐고 묻는다면 많은 이들이 주저 없이 누가복음을 떠올릴 것입니다. 마가복음은 짧고 빠릅니다. 기적이 연속되고, "곧"immediately이라는 숨 가쁜 리듬이 이야기를 밀어붙입니다. 마가의 예수는 수수께끼 같아서 제자들조차 끝내 그를 온전히 이해하지 못합니다. 마태의 예수는 새로운 모세로 산 위에서 "팔복"Beatitudes을 선언합니다. 그 말씀들은 지금도 수많은 설교자의 입술을 통해 울려 퍼집니다. 요한복음은 장엄합니다. 요한의 예수는 하늘에서 보냄을 받은 성육신한 말씀이며, 영원한 생명을 말하고, 아버지 집에 "많은 거처"가 있음을 선언하며, 죽음 앞에 선 인간에게 깊은 위로를 건넵니다.

그러나 누가복음은 무엇보다 이야기의 복음서입니다. 천사가 사가라와 마리아를 찾아오는 장면, 마구간에서 태어난 아기, 하늘의 합창을 들은 이름 없는 목자들, 열두 살 소년 예수가 성전에서 랍비들과 성경을 토론하는 장면, 심장에 비수처럼 꽂히는 선한 사마리아인의 비유, 잃어버린 양과 동전, 아들로 이어지는 상실과 극적인 반전의 기쁨, 부자와 나사로의 엄숙한 비극, 부활의 아침 엠마오로 가는 길에서 두 제자와 동행하신 예수의 조용한 이야기 등 누가복음은 이야기의 천국입니다. 더욱 놀라운 사실은, 이 이야기들 가운데 상당수가 오직 누가복음에만 등장한다는 점입니다.

기쁨: 이 복음서를 꿰는 하나의 실

누가복음에는 또 하나의 독특한 특징이 있습니다. 이 복음서는 사도행전이라는 '속편'을 지닌 유일한 복음서입니다. 누가복음과 사도행전은 한 저자의 손에서 나왔고, 언어와 구조와 신학이 서로를 비추며 이어집니다. 이것은 단순한 문학적 특징이 아니라 본문 해석에서 중요한 열쇠입니다. 저자 누가 자신에 대해서는 알려진 것이 많지 않습니다. 전통에 따르면 그는 바울의 동역자였으며, 이름은 골로새서(4:14)와 빌레몬서(24), 디모데후서(4:11)에서 잠시 스쳐 지나갑니다. 그가 의사였다는 전승도 있습니다. 이를 반박할 강력한 증거는 없으며, 오히려 누가복음과 사도행전에 흐르는 섬세한 관찰력과 치유의 언어는 그 가능성을 조심스럽게 뒷받침합니다.

누가가 의사임을 전제로 한다면 그의 글에 흐르는 강한 인간적 감수성은 전혀 낯설지 않습니다. 누가의 예수는 긍휼이 많고, 언제나 버림받고 잃어버림받은 자들의 친구입니다. 누가복음은 어떤 복음서보다도 사회의 가장자리로 밀려난 사람들을 향한 하나님의 시선을 집요하게

하나님은 다른 길로 오신다

따라갑니다. 들판의 목자들, 십자가 곁의 죄수, 가난한 자를 위한 복음, 과부, 중풍병자, 나병환자, 손 마른 사람, 귀신 들린 사람, 어린아이, 죄 많은 여인, 그리고 세리 삭개오의 집에 머물겠다는 파격적 결정까지… 복음의 방향은 언제나 병든 자, 약한 자, 길 잃은 자, 멸시받은 자를 향합니다.

누가복음의 일차적 관심은 하나님께서 이스라엘, 특별히 "이스라엘의 잃어버린 자들"을 구원하시는 이야기입니다. 누가에게 구원은 하나님께서 죄인을 받아들이고 용서하시는 사건입니다. 이 구원은 구약의 전통을 이어받아 "가난한 자들에게 전해지는 좋은 소식"으로 표현됩니다(눅 4:18; 7:22; 참조 1:51-53). 여기서 "가난한 자들"은 단지 경제적으로 궁핍한 사람들만을 가리키지 않습니다. 종교 권력과 사회 질서 속에서 주변으로 밀려난 모든 사회적 약자, 그들이 "잃어버린 자들"(19:10)입니다. 그중에는 부유한 세리 삭개오(19:1-9)가 있고, 경제적으로 가난한 이들과 몸 불편한 자들과 저는 자들과 맹인들(14:13; 16:19-31)이 있습니다. 사마리아인(17:11-19; 10:25-37)도 있고, 복음서 곳곳에 등장하는 여성들(7:36-50; 8:2-3; 10:38-42; 1-2장의 세 여성)도 있습니다. 누가복음을 읽을 때 이 사람들을 찾아보십시오. 이스라엘 사회의 거의 모든 계층이 그 이야기 속에 살아 있습니다. 학자들이 누가복음의 특징을 "보편주의"universalism라 부르는 이유가 여기에 있습니다. 누가 자신이 이방인이었고 이방인 독자들을 염두에 두고 글을 썼다는 사실은, 그의 글에 흐르는 깊은 연민이 어디서 비롯되었는지를 짐작하게 합니다.

누가는 예수 이후 수십 년의 역사를 다시 서술하면서 두 가지를 분명히 했습니다. 하나는 기독교가 구약 신앙의 정당한 성취라는 것이고, 다른 하나는 예수의 나라가 카이사르의 자리를 빼앗는 정치적 왕국이 아니라 인간의 존엄성과 희망을 회복시키는 영적 왕국이라는 것입니다.

누가의 예수는 무엇보다 '기쁨'을 선포한 분입니다. 누가복음을 하나로 꿰는 단어를 꼽는다면 단연 '기쁨'입니다. 큰 기쁨, 즐거워함, 찬양… 이런 단어들이 그의 글 곳곳에서 울려 퍼집니다. 고통의 소식이 실시간으로 쏟아지는 시대를 사는 우리에게, 세리의 일상에서 시작하여 십자가와 엠마오의 길로 이어지는 이 복음서는 여전히 살아 있는 울림입니다. 실망한 제자들의 마음이 다시 불붙는 이야기이기 때문입니다.

그러나 한 가지를 잊지 말아야 합니다. 읽는 것만으로는 충분하지 않습니다. 귀담아들어야 합니다. 말씀의 행간에는 침묵 속의 의미가 숨어 있고, 그 틈에서 고요하고 작은 음성이 오직 섬세한 마음으로만 알아들을 수 있는 억양으로 말을 건넵니다. 그곳에서 우리는 참된 기쁨의 소리를 듣고, 제자의 부르심을 느끼며, 세상이 조금 다른 얼굴로 다가오는 경험을 하게 됩니다.

기다림에서 찬양까지

누가복음을 교회력의 눈으로 읽으면 흥미로운 사실이 드러납니다. 누가복음은 대림절 Advent 분위기로 시작하여 승천 Ascension 으로 끝나는 복음서입니다. 이것은 단순한 문학적 우연이 아니라 누가의 구원사 salvation history 신학이 빚어낸 구조입니다.

누가복음 1~2장은 '기다림'의 신학으로 가득 차 있습니다. 첫 장면에 등장하는 인물들은 예외 없이 무언가를 간절히 기다리는 사람들입니다. 사가랴는 메시아 시대를 기다리고, 엘리사벳은 하나님의 자비를 기다립니다. 마리아는 약속의 성취를 기다리고, 시므온은 "이스라엘의 위로"를, 안나는 "예루살렘의 구속"을 기다립니다. 목자들은 그 기다림의 끝에서 마침내 구원의 소식을 듣습니다. 이 기다림은 예수 탄생 사건

하나님은 다른 길로 오신다

속에서 하나님의 장대한 약속이 성취되는 장면으로 이어집니다. 대림절은 이렇게 성탄절로 이어집니다.

누가의 교회력은 대림절 → 성탄절 → 주현절 → 사순절 → 부활절 → 승천의 흐름으로 전개됩니다. 누가복음의 이야기 구조도 이 흐름과 놀랍도록 닮아 있습니다. 시므온은 아기 예수를 "이방을 비추는 빛"이라 선언하고, 예수는 요단강에서 세례를 받으시며 하늘의 음성을 듣습니다. "너는 내 사랑하는 아들이라. 내가 너를 기뻐하노라"(눅 3:22). 광야의 시험 이후 나사렛 회당에서는 공적 사역 선언이 울려 퍼집니다. "주의 성령이 내게 임하셨으니 이는 가난한 자에게 복음을 전하게 하시려고 내게 기름을 부으시고 나를 보내사 포로 된 자에게 자유를, 눈 먼 자에게 다시 보게 함을 전파하며 눌린 자를 자유롭게 하고 주의 은혜의 해를 전파하게 하려 하심이라"(눅 4:18-19). 이것이 주현(主顯, Epiphany)의 순간입니다. 누가복음에서 주현은 단일한 사건이 아니라 예수가 누구인지 층층이 드러나는 계시의 과정입니다.

이제 이야기는 사순절의 길로 접어듭니다. 예수가 예루살렘을 향해 나아가는 긴 여정(눅 9:51-19:28)은 교회의 사순절 여정과 겹쳐집니다. 예수는 십자가를 향해 걸어가고, 제자들은 그 길에서 제자의 삶이 무엇인지를 몸으로 배웁니다. 사순절은 우리도 예수와 함께 예루살렘으로 걸어가는 시간입니다. 그 끝에 종려주일과 수난주간이 기다리고, 성금요일을 지나 부활의 아침이 찾아옵니다. 누가복음은 부활의 이야기를 그 어떤 책보다 감동적으로 전합니다. 특히 엠마오로 가는 두 제자와 동행하신 예수의 이야기는 복음서 전체에서 가장 아름다운 장면 가운데 하나로 꼽힙니다.

그러나 누가복음의 마지막 장면은 더욱 독특합니다. 누가는 승천 사건으로 이야기의 막을 내립니다. "예수께서 그들을 데리고 베다니 앞까지 나가사 손을 들어 그들에게 축복하시더니 축복하실 때에 그들을 떠나 [하늘로 올려지시니]"(눅 24:50-51). 예수의 지상 사역은 십자가와 부활에서 끝나지 않습니다. 그분은 만왕의 왕, 만주의 주로 하늘 보좌에 오르십니다. 그리고 누가복음은 이렇게 마무리됩니다. "그들이 [그에게 경배하고] 큰 기쁨으로 예루살렘에 돌아가 늘 성전에서 하나님을 찬송하니라"(눅 24:52-53). 기다림으로 시작된 복음서가 찬양과 기쁨으로 끝납니다.

길 위의 복음: 구원의 길을 열면서 가시다

누가복음의 중요한 문학적·신학적 특징 가운데 하나는 "여행 내러티브"Travel Narrative입니다. 예수가 갈릴리에서 예루살렘으로 올라가는 긴 여정(눅 9:51-19:27), 약 열 장에 걸친 이 이야기가 누가복음 전체 구조를 이해하는 핵심 열쇠입니다. 누가는 이 여행을 결코 우연한 이동으로 처리하지 않고, 두 개의 닻을 박아 고정시킵니다.

"예수께서 승천하실 기약이 차가매 예루살렘을 향하여 올라가기로 굳게 결심하시고"(9:51).

"예수께서 이 말씀을 하시고 예루살렘을 향하여 앞서서 가시더라"(19:28).

예수의 여행은 단순한 이동 기록이 아닙니다. 십자가를 향한 여정입니다. 누가는 반복해서 말합니다. 예루살렘으로 가신다, 고난을 받는다, 죽임을 당한다. 발걸음마다 죽음의 그림자가 드리워져 있습니다. 그러나 그 길은 동시에 가르침의 길이기도 합니다. 누가복음의 가장 빛나는 비유들이 대부분 이 여정 위에 놓여 있습니다. 선한 사마리아인(10장), 어리석은 부자(12장), 잃은 양·잃은 드라크마·탕자(15장), 불의한 청

하나님은 다른 길로 오신다

지기(16장), 과부와 재판장(18장). 십자가를 향해 걷는 길 자체가 곧 제자 훈련의 현장이었습니다. 가난한 자, 죄인, 회개, 제자도, 구원, 기도, 기쁨, 겸손. 이것이 그 길 위에서 전해진 가르침의 심장입니다.

누가복음의 전체 흐름은 이렇게 전개됩니다.

예수 탄생(1-2장) → 갈릴리 사역(3-9장) → 예루살렘으로 향하는 여행(9:51-19:28) → 예루살렘에서 십자가·부활·승천(19-24장).

누가복음의 마지막 도착점은 예루살렘입니다. 그러나 사도행전에서 바로 그 예루살렘이 세계 선교의 출발점이 됩니다. 끝이 곧 새로운 시작으로 이어지는 것입니다.

누가복음은 "길" 위에서 쓰인 복음서입니다. 예수는 하늘에서 이 땅으로 내려오셨고, 길 위에서 가르치셨으며, 제자들은 그 길 위에서 배웠습니다. 복음은 그 길을 따라 예루살렘으로 향하고, 다시 예루살렘에서 세상 끝까지 뻗어 나갑니다.

예수의 길을 따라 읽는 누가복음

누가복음은 하나님께서 예수 그리스도를 통해 인류를 구원하시겠다는 구원사 이야기입니다. 누가는 이 이야기를 문예·신학적으로 서술합니다. 복음서를 펼쳐 소리 내어 읽어보십시오. 첫 문장부터 마지막까지 저자가 독자의 가슴에 직접 말을 건네고 있다는 것을 곧 느끼게 됩니다. 그는 허투루 쓰지 않습니다. 전체 이야기를 정교하게 설계하고, 각 에피소드가 그 흐름 속에 자연스럽게 녹아들도록 이야기를 전개합니다.

누가의 글은 뛰어난 문장력에서 멈추지 않습니다. 그는 문예적 서

술을 통해 하나님의 위대한 일Magnalia Dei을 증언합니다. 예수 그리스도가 왜 이 세상에 오셨는지, 무엇을 하셨는지, 누구와 친구가 되었는지, 왜 십자가에서 죽으셔야 했고, 왜 다시 살아나셨으며, 왜 하늘에 오르셨는지를 다각도에서 그려냅니다. 누가복음이 신학적 저술인 이유입니다. 이 점을 염두에 두고 읽을 때 누가복음은 비로소 다른 깊이로 열립니다.

신학자로서, 목회자로서, 설교자로서, 무엇보다 한 사람의 그리스도인으로서 나는 수십 년 동안 누가복음을 묵상해왔습니다. 강단에서, 강의실에서, 개인 서재에서 읽고 또 읽었습니다. 누가의 이야기 안으로 들어가 예수와 함께 걷기 시작했습니다. 그가 태어나신 나사렛 동네, 정결예식이 시행되던 예루살렘 성전, 세례받으신 요단강, 시험받으신 광야, 나사렛의 회당에서, 갈릴리 가버나움의 여러 회당, 게네사렛 호수와 배, 세관, 밀밭 사이, 산 위, 나인 성, 어느 바리새인의 집, 너른 벌판, 무덤 사이, 변화산 정상과 산밑, 마르다 집, 야생화 핀 들판, 바리새인 지도자의 집, 사마리아와 갈릴리 사이, 여리고, 벳바게와 베다니, 예루살렘 성전, 큰 다락방, 감람산, 빌라도의 법정, 십자가 형틀, 빈 무덤, 엠마오, 베다니…. 그분이 제자들과 혹은 홀로 걸으셨던 그 길을 따라 걷고 또 걸었습니다. 누가복음을 읽는다는 것은 그분과 함께 그분의 길을 걷는 일이기 때문입니다.

여기에 실린 54편의 글은 주님이 걸어가신 길에 동행하며 때로 멈춰 서서 그 행적을 묵상한 문예·신학적 에세이literary-theological essay입니다. 처음에는 강단에서 말의 형태로 시작되었지만 이제 더 넓은 독자를 위한 문체로 옷을 갈아입었습니다. 청중을 향한 구어(口語)로서의 설교preaching와 독자를 위한 문어(文語)로서의 설교sermon는 전혀 다른 글쓰기입니다. 여기 실린 글은 후자입니다. 두고두고 읽고, 생각하고, 음미하고, 묵상하도록 쓰인 글들입니다.

이 책을 읽는 한 가지 방법을 권합니다. 처음부터 끝까지 소설 읽듯 달려가지는 마십시오. 먼저 54편의 제목을 가볍게 훑어보십시오. 그런 다음 각 편을 독립된 단편이라 생각하고 하나씩 꺼내 천천히 읽으십시오. 읽은 후 마음에 떠오르는 단어나 울림이 있으면 공책에 적어 붙들고 묵상하십시오. 기도하는 일을 빼놓지 마십시오. 성령께서 여러분의 마음을 주관하시고 세미한 음성으로 말씀하실 줄, 누가 알겠습니까?

끝으로, 고마운 마음을 전합니다. 말씀 선포의 시간을 귀히 여기고 언제나 열린 마음으로 들어주셨던 무지개교회 성도님들, 신학교 강단에서 설교를 듣고 반응해주었던 수많은 신학생과 목회자들께 진심으로 감사드립니다. 전문가의 손과 눈으로 좋은 책을 만들어주신 출판사 편집진 여러분께도 고마움을 전합니다.

마지막으로, 네 자녀의 어머니, 내 인생의 반려자, 든든한 기도 후원자, 언제나 첫 번째 독자인 아내 이영옥에게 감사를 전합니다. 수고했어요. 결혼 46년 동안 지금까지 함께 잘 걸어온 것을. 이 모든 것이 하나님의 은혜였기에 그분께 영광과 찬양을 드립니다.

2026년 사순절에

류호준

들어가는 글 • 5

1부. 하나님이 먼저 오신다
기다림의 시간, 탄생의 복음

1. 하나님은 다른 길로 오신다 (눅 1:5-7) • 20

2. 너의 기도가 나에게 들렸다 (눅 1:8-12) • 29

3. 굳어버린 인생에도 물길은 흐른다 (눅 1:11-20) • 37

4. 비워질 때, 말씀이 머문다 (눅 1:26-38) • 45

5. 침묵이 끝나고 찬양이 시작되다 (눅 1:57-66) • 55

6. 기다림이라는 부르심에 관하여 (눅 1:67-79) • 61

7. 크리스마스는 늘 변두리에서 시작된다 (눅 2:1-9) • 70

8. 성육신은 위로가 아니라 침입이다 (눅 2:8-14) • 76

9. 와서 보라: 기다림을 멈추게 하는 복음 (눅 2:15-17) • 83

10. 성탄절 선물 반품들 (눅 2:15-20) • 89

11. 돌아가다, 그러나 다르게 (눅 2:15-20) • 95

12. 우리를 감싸시는 하나님 (눅 2:1-20) • 102

13. 예사로운 보자기에 싸인 기적 (눅 2:25-35) • 109

14. 인생에 비빌 언덕이 있다는 느낌 (눅 2:41-52) • 115

2부. 말씀이 삶을 뒤집는다

하나님 나라의 시작

15. 말씀이 임하지 않은 사람들 (눅 3:1-18) • 126

16. 끝나지 않는 시험, 끝까지 신뢰하는 길 (눅 4:1-13) • 135

17. 말씀이 다시 울릴 때, 공동체는 깨어난다 (눅 4:14-21) • 147

18. 주의 영이 내 위에 임하시니 (눅 4:14-21, 벧전 1:13-16, 사 61:1-2) • 155

19. 지금 여기에서 시작되는 희년(禧年) (눅 4:14-30) • 163

20. 텅 빈 그물이 때로는 인생을 바꾼다 (눅 5:1-11) • 174

21. 하나님의 뜻에 맞춰진 삶의 힘 (눅 5:12-16) • 184

3부. 길 위에서 결단하다

걸어본 사람만이 길을 안다

22. 예수를 초청했지만 은혜는 거절하다 (눅 7:36-50) • 196

23. 사랑은 계산하지 않는다 (눅 7:36-47) • 204

24. 이미 가진 것을 찾는 사람들 (눅 7:36-8:3) • 213

25. 손에 쥔 단검을 버려라 (눅 9:57-62) • 220

26. 우리는 아직 길 위에 있다 (눅 9:57-62) • 226

27. 두 마음으로는 갈 수 없는 길 (눅 9:57-62) • 232

28. 복음은 비상선언이다 (눅 10:1-20) • 241

29. 이웃을 묻지 말고, 이웃이 되라 (눅 10:29-37) • 250

30. 주님이 오시면 우선순위가 바뀐다 (눅 10:38-42) • 260

31. 기도는 흥정이 아니라 맡김이다 (눅 11:1-13) • 270

4부. 은혜는 버는 것이 아니다
하나님 나라의 역설

32. 노예의 삶을 끝내는 날, 안식일 (눅 13:10-17) • 280

33. 하나님 나라의 가격표는 다르다 (눅 14:1, 7-14) • 291

34. 환대하는 공동체, 경계를 허무는 공동체 (눅 15:1-10) • 299

35. 상실의 자리에서 시작되는 복음 (눅 15:1-10, 딤전1:12-17) • 309

36. 은혜를 탕진하시는 하나님 (눅 15:1-3, 11b-32) • 320

37. 자유의 무게 (눅 15:11-24) • 328

38. 은혜를 열매로 바꾸는 일, 감사 (눅 17:11-19) • 336

39. 감사는 뒤를 돌아보는 것이다 (눅 17:11-19) • 347

40. 우리는 아직 기도를 모른다 (눅 18:1-8) • 354

41. 은혜는 버는 것이 아니다 (눅 18:9-14) • 364

42. 하나님의 은혜에는 경계가 없다 (눅 18:9-14) • 372

5부. 십자가와 부활, 그리고 새로운 세계
복음의 절정

43. 기대를 내려놓아야 희망이 보인다 (눅 19:37-44) • 378

44. 그분이 보신 것을 우리는 보지 못했다 (눅 19:29-44) • 389

45. 하나의 교회, 하나의 식탁 (눅 22:14-20) • 396

46. 기도는 그리스도의 손을 거친다 (눅 22:31-32, 롬 8:26-27) • 401

47. 내가 너를 위해 기도하였다 (눅 22:31-34, 54-62) • 409

48. 하나님이 역사 안으로 뛰어드셨다 (눅 23:33-43) • 418

49. 우리의 실패는 주님의 무대다 (눅 24:13-35) • 429

50. 부활은 다른 세계의 침공이다 (눅 24:13-34) • 435

51. 상실의 자리에서 시작되는 부활 (눅 24:13-35) • 442

52. 빵이 떼어질 때 눈이 열렸다 (눅 24:28-35) • 452

53. 부활은 이벤트가 아니라 일상이다 (눅 24:36-43) • 462

54. 회개, 우리를 먼저 찾아오시는 사건 (눅 24:36-49) • 470

미주 • 479

부록 • 480

1부

하나님이
먼저 오신다

**기다림의 시간,
탄생의 복음**

1

하나님은 다른 길로 오신다

누가복음 1:5-7

"엘리사벳이 잉태를 못하므로
그들에게 자식이 없고 두 사람의 나이가 많더라"(7).

누가복음은 대림절로 시작합니다. 전통적으로 기독교회는 성탄주일 전 네 주간을 대림절로 지켜 왔습니다. 대림절(待臨節, advent)은 말 그대로 "오심을 기다리는 절기"입니다.[1] 성탄절이 그리스도의 오심을 기뻐하며 맞이하는 날이라면 대림절은 그 오심을 기다리며 준비하는 시간입니다. 그래서 대림절의 주제는 분명합니다. "주의 길을 예비하라"는 것입니다.

"너희는 광야에서 여호와의 길을 예비하라 사막에서 우리 하나님의 대로를 평탄하게 하라"(사 40:3).

대림절은 주님이 우리의 삶 속으로 오시는 길을 준비하는 계절입니다. 높아진 것은 깎아 낮추고, 꺼진 곳은 메워 평탄하게 만드는 시간입니다. "골짜기마다 돋우어지며 산마다, 언덕마다 낮아지며 고르지 아니한 곳이 평탄하게 되며 험한 곳이 평지가 될 것이요"(사 40:4).

이것이 주님의 길을 예비하는 일입니다. 여기서는 갈망과 열망, 동경과 바람, 곧 우리의 소원이 어떻게 구세주의 오심을 준비하게 하는지를 살펴보려 합니다.

대림절, 기다림을 다시 배우는 시간

대림절은 교회력의 첫 번째 절기입니다. 예수 그리스도의 출생으로 시작된 구원의 의미를 기억하는 시간이자, 그 구원을 더 깊이 경험하고자 하는 기다림의 시간입니다. 교회는 이 시간을 통과하는 성도들의 영적 여정을 돕기 위해 예배에 초점을 둡니다. 대림절이 과중한 부담이나 또 하나의 일정이 되지 않기를 바라는 이유도 여기에 있습니다.

세상은 이 시기를 '크리스마스'라는 즐거운 시즌으로 여깁니다. 선물을 사고, 트리를 장식하고, 카드를 보내고, 가족을 만날 준비를 합니다. 다소 분주하고 피곤하기는 해도 대체로 즐거운 계절임은 분명합니다. 그래서 대림절 설교는 너무 애쓰거나 과하게 몰입하지 말되, 그렇다고 무덤덤하게 넘기지도 말라고 권합니다.

그러나 그 모든 조언보다 더 중요한 것이 하나 있습니다. 교회 예배 안에서 대림절을 조용히, 의식적으로 준비하는 일입니다. 주님의 오심을 준비하는 일, 주님이 오시는 길을 예비하는 일이 대림절의 중심입니다. 본문은 그 기다림의 방식에 대해 말합니다.

모든 것을 가졌지만 하나가 없었던 사람들

사가랴는 제사장이었습니다. 이미 늙은 제사장이었고, 제사장직에 있은 지도 상당한 세월이 흘렀습니다. 그는 오래전에 엘리사벳과 결혼했지만 그들에게는 자녀가 없었습니다.

그가 얼마나 유명했는지, 사회적으로 얼마나 안정된 위치에 있었는지, 얼마나 의롭고 반듯하게 살아왔는지는 결정적인 문제가 아니었습니다. 그들의 삶에는 꼭 있어야 할 하나가 비어 있었습니다. 자식이었습니다. 그들은 자녀가 없는 가정이었습니다.

오늘날 우리는 자녀를 가질지 말지를 개인의 선택으로 생각합니다. 자녀를 원하지만 가질 수 없는 경우에도 여러 대안이 있습니다. 그러나 사가랴와 엘리사벳이 살던 시대에는 그런 선택지가 존재하지 않았습니다. 입양조차 떠올리기 어려운 사회에서 유대인들에게 자녀란 가문의 지속이자 하나님의 언약이 이어지는 통로였습니다. 그래서 두 사람이 나이가 많았다고 밝히는 것은 단순한 정보 전달이 아닙니다. 그들의 삶 앞에 더 이상 기대할 희망이 남아 있지 않았다는 뜻입니다.

결혼 후 오랜 세월이 흘러도 아이가 생기지 않자 그들의 마음에는 짙은 걱정이 쌓여 갔을 것입니다. 여러분이라면 무엇을 했겠습니까? 아마 기도했을 것입니다. 사가랴는 제사장이었습니다. 희생 제사를 드리는 사람이었습니다. 제단 위로 올라가는 연기를 보며, 자신이 드린 수많은 기도 또한 하늘로 올라가고 있다고 믿었을 것입니다. 본문이 "너의 간구함이 들린지라"(13)라고 말하는 것은, 그 기도가 단발적인 소원이 아니라 오랜 세월 쌓여온 간구였음을 보여줍니다. 그러나 세월이 흘러도 응답은 없었습니다. 기도는 차곡차곡 쌓여갔지만 바라던 자녀는 오지 않았습니다.

아마 곁에 있던 친구들이나 동료들은 이런저런 말을 했을 것입니다. 권고도, 조언도, 상담도 있었을 겁니다. 그중에는 비교적 현실적이고 기술적인 말도 있었을 것입니다. 새로운 방법을 써보라는 말, 최근에 나온 약이 있다더라는 이야기, 조금 더 노력해보라는 권유, 마음을 편안하게 가지라는 충고도 있었겠지요. 너무 스트레스를 받으면 아이가 생기

하나님은 다른 길로 오신다

지 않는다는 말도 들었을 것입니다.

　엘리사벳의 불임을 두고 종교적인 잣대로 설명하려는 사람들도 있었을 겁니다. 숨겨둔 죄를 고백하지 않아서 그렇다거나, 아이를 갖지 못하는 것은 하나님의 심판이라는 식의 말들입니다. 참으로 견디기 힘든 말들입니다. 그러나 이는 사실이 아닙니다. 본문은 그들에게 "흠이 없었다"고 말하기 때문입니다. "이 두 사람이 하나님 앞에 의인이니 주의 모든 계명과 규례대로 흠이 없이 행하더라"(6). 이 표현은 아무에게나 붙는 말이 아닙니다. 그들의 불임은 신앙의 실패나 도덕적 결함으로 설명되는 문제가 아니었습니다.

　어떤 이들은 이렇게 말했을지도 모릅니다. "다 하나님의 뜻이야." 그러나 이런 말은 거의 아무런 도움도 되지 않습니다. 오히려 상대방에게 깊은 상처를 남깁니다. 우리는 하나님의 뜻을 다 안다고 장담할 수 없기 때문입니다. 이런 고통의 상황에서 우리는 하나님의 참뜻이 무엇인지 헤아리기 어렵습니다.

　또 다른 말도 있었을 것입니다. "그 일에 대해 너무 걱정하지 말아요. 그래도 직장도 있고 건강하잖아요." 물론 이 부부는 자신들이 받은 복에 감사했을 것입니다. 그러나 그들은 자녀 하나만 있다면 그 모든 것과도 기꺼이 바꾸고 싶었을 것입니다. 그만큼 간절히 자식을 원했습니다.

사라지지 않는 갈망에서 시작되는 이야기

대림절 이야기는 언제나 '갈망'에서 시작됩니다. 간절한 소원, 애타는 기다림, 무엇인가를 향한 깊은 목마름 말입니다. 다시 말씀드리지만 이 대림절 기간에 교회가 여러분을 초대하는 목적은 단순한 예배 참석에 있지 않습니다. 삶 속에서 가장 깊이 갈망해왔던 것, 가장 오래 기다려왔던 소원을 다시 "새롭게 바라보라"renew는 초대입니다.

이런 초대가 필요한 이유는 분명합니다. 우리가 스스로에게 상처를 입히는 대부분의 순간은 이 깊은 갈망들이 엇나갈 때 생기기 때문입니다. 우리는 정말 부지런히 일하고 열심히 살아갑니다. 그리고 어느 순간 우리의 소원과 바람을 자녀들에게 넘겨버립니다. 그러나 그 결과는 종종 과도한 압박과 스트레스 그리고 엉망이 되어버린 삶으로 이어집니다.

관계를 회복하고 싶어서 더 많은 대화와 소통에 뛰어들지만 마음이 급한 탓에 오히려 관계는 더 나빠지고 틀어지기도 합니다. 그 과정에서 우리는 충동적인 결정을 내립니다. 혹은 더 이상 직면할 수 없는 갈망과 바람 앞에서 깊이 실망하게 되면, 삶을 함부로 대하거나 냉소적으로 대하게 됩니다. 갈망을 잃은 삶은 종종 빈정거림으로 변합니다.

대림절은 연말과 겹쳐 유난히 바쁜 시즌입니다. 그러나 예배는 우리의 바쁨과 분주함을 잠시 괄호 속에 넣어두게 만듭니다. 그때 우리는 깨닫게 됩니다. "아, 우리가 가장 깊고 심오한 열망들을 단지 바쁘다는 이유로 계속 억누르고 있었구나." 이 시즌에 세상은 '희망', '평화', '기쁨', '사랑' 같은 단어를 가장 많이 말합니다. 그러나 이런 말들은 우리 안에 오래된 갈망이 떠오르지 않고서는 제대로 들리지 않습니다. 얼마나 기다렸고, 얼마나 실망했고, 얼마나 낙심했는지를 생각하지 않고 이 계절을 지나갈 수는 없습니다. 아이러니하게도 우리는 희망을 살아내기보다는, 희망을 준비하는 데 훨씬 더 익숙해졌습니다. 그러나 갈망 자체는 결코 사라지지 않습니다.

여러분의 갈망은 친밀함일지도 모릅니다. 오랜 결혼생활을 했지만 여전히 바라는 친밀함일 수 있습니다. 혹은 여러분을 잘 알고, 그럼에도

하나님은 다른 길로 오신다

여전히 사랑해주는 참된 친구와의 관계일지도 모릅니다.

어떤 분에게는 건강에 대한 갈망일 수 있습니다. 더 이상 제대로 작동하지 않는 몸을 걱정하지 않아도 되는 날을 기다리고 있을지도 모릅니다. 또 어떤 분에게는 꿈일 수 있습니다. 돈 버는 법은 배웠지만 그 돈으로 삶을 어떻게 만들어야 하는지는 배우지 못한 채 살아왔을지도 모릅니다. 혹은 수년째 꿈으로만 남아 있는 꿈일 수도 있습니다. 가족에 대한 꿈일 수도 있습니다. 지금의 가족을 사랑하지만 이것이 처음 꿈꾸었던 모습과는 다르기에 여전히 마음속에 소원이 남아 있습니다.

사가랴와 엘리사벳처럼 여러분도 이 갈망들이 더는 이루어질 수 없다는 결론에 이르렀을지도 모릅니다. 그렇다면 어떻게 하시겠습니까? 가질 수 없는 것을 계속 바라고 사는 것이 맞을까요? 이미 지나가버린 과거를 다시 바라는 것은 무의미한 일일까요? 이미 떠난 사랑하는 사람과 더 많은 시간을 갖고 싶다는 바람은 버려야 할 감정일까요? 되돌릴 수 없는 실수를 후회하는 마음, 젊었을 때의 건강을 다시 바라는 마음은 과연 모두 잘못된 갈망일까요?

오랜 세월 여러분이 붙들고 살아온 핵심 갈망은 무엇입니까? 사가랴는 아마 자신의 실망을 나름의 방식으로 처리하며 살았을 것입니다. 제사장으로서 더 분주하게, 더 열심히 사는 방식이었을 겁니다. 어쩌면 그것이 가장 똑똑한 전략처럼 보였을지도 모릅니다. 잊고 사는 것, 의식적으로 피하는 것 말입니다.

은혜는 우리가 원하는 것이 아니라
필요한 것을 준다

그러나 앞으로 여러 번 계속될 이야기는 반복해서 여러분의 삶의 문을 두드릴 것입니다. "이대로 가서는 안 된다." "실망과 아쉬움을 억눌러 덮어두는 방식으로는 살 수 없다." 대림절은 하나님께서 우리의 그 분주함 한가운데로 친히 들어오신다는 사실을 일깨워주는 시간입니다. 하나님은 사가랴가 가장 열심히 봉사하고 있던 바로 그때 그에게 나타나셨습니다. 그리고 가장 먼저 하신 일은, 사가랴 스스로 이미 비현실적이라 여기며 접어두었던 갈망, 곧 자녀를 갖고 싶다는 소원을 다시 바라보게 하시는 것이었습니다. 그 갈망을 새롭게 여시는 일이었습니다.

이야기 후반부에서 우리는 엘리사벳과 사가랴가 자녀가 없다는 이유로 사람들 앞에서 수치를 견뎌왔음을 알게 됩니다. 엘리사벳은 말합니다. "주께서 나를 돌보시는 날에 사람들 앞에서 내 부끄러움을 없게 하시려고 이렇게 행하심이라"(25). 여기서 말하는 '부끄러움'은 단순한 감정이 아닙니다. 하나님 은혜의 흐름에서 밀려났다고 여겨지는 상태를 뜻합니다.

그렇다면 은혜를 입는다는 것은 무엇입니까? 그것은 하나님으로부터 받는다는 뜻입니다. 그러나 한 가지를 기억해야 합니다. 은혜는 우리가 바라는 것을 그대로 받는 방식으로 작동하지 않습니다. 또한 우리가 받을 자격이 있어서 주어지는 것도 아닙니다. 하나님은 우리가 원하는 것want이 아니라 우리에게 반드시 필요한 것need을 주십니다. 이것이 은혜의 방식입니다.

기도는 빗나가지 않았다, 단지 다른 길로 왔다

우리에게 가장 절실하게 필요한 것이 있다면 하나님의 현존과 임재로 가득한 세상 안에서 사는 것입니다. 그런 세상 안에서는 어떤 일이든 일어날 수 있습니다. 죄와 실패는 구속되고 회복될 수 있으며, 새로운 시

하나님은 다른 길로 오신다

작이 열릴 수 있습니다. 영혼의 마룻바닥에 오래도록 방치되어 이제는 누더기가 되어버린 기도들조차 여전히 응답될 수 있습니다. "너의 간구함이 들린지라"(13). 다만 그것은 여러분이 상상하고 기대해온 방식이 아니라 하나님의 방식으로 이루어집니다.

사가랴와 엘리사벳은 마침내 늙은 나이에 아들을 얻게 됩니다. 그 아들이 세례요한입니다. 그러나 그는 그들이 꿈꾸던 방식의 아들은 아니었습니다. 그는 자라서 결혼하지도 않았고, 그들에게 손자를 안겨주지도 않았습니다. 가문의 이름과 명예를 이어갈 인물도 아니었습니다. 대신 그는 메시아의 길을 예비해야 하는 사람이었습니다. 그들은 자신들이 바라던 아들을 원했지만 하나님은 하나님께서 필요로 하신 사람을 주신 것입니다.

달리 말해, 여러분이 바라던 것want을 위해 드려진 기도들은 결국 여러분에게 가장 필요한 것need, 곧 은혜를 향한 길을 예비합니다. 이것이 크리스마스의 선물입니다. 그리고 그 선물의 중심에는 오직 예수 그리스도만이 계십니다. 세례요한의 출생을 통해 그는 엘리야의 능력과 방식으로 하나님의 오심을 알리고, 부모의 마음을 자녀에게로 돌이키며, 완고한 회의론자들의 마음에 깨달음의 불을 지필 것입니다. 그는 백성이 하나님을 맞이할 준비를 하게 할 것입니다(17).

그가 이토록 예수님의 오심을 철저히 준비함으로써, 우리 안에 남은 오랜 갈망과 아쉬움들은 우리를 치유하고 용서하시는 예수 그리스도를 향해 비로소 정돈됩니다. 자녀가 더 나아지기를 바라는 갈망은 부모의 시선을 오늘의 불안에 묶어두지 않고 내일의 소망으로 옮겨놓습니다. 그리고 자녀에게 더 잘해주고 싶다는 그 마음은, 결국 자녀의 인생을 붙드실 분이 누구이신지를 다시 묻게 합니다. 그분은 오직 예수 그리스도이십니다.

더 나은 인간관계를 갈망하는 마음 역시 마찬가지입니다. 그것은 여러분을 온전히 아시고 조건 없이 사랑하시는 예수 그리스도를 향해 나아가게 할 것입니다. 그분과의 참된 친밀함을 발견하기 전까지는, 우리는 다른 사람과의 친밀함 속에서 진정한 만족을 누릴 수 없습니다. 우리는 친구들에게서 구원을 기대하지만 인간은 결코 예수님이 될 수 없습니다. 그래서 관계는 기대가 클수록, 더 자주 무너집니다.

더 좋은 직업이나 일을 갈망하는 마음 또한 예수 그리스도를 준비하게 할 수 있습니다. 예수께서 여러분을 제자로 부르셨고, 그분이 행하시는 놀라운 일들을 증언하도록 부르셨기 때문입니다. 이 부르심과 소명 자체가 얼마나 놀라운 일입니까. 여러분은 이미 이런 놀라운 일을 하는 삶으로 부름받았습니다. 우리가 살아가는 이 세상의 모퉁이 속으로 부단히 깨고 들어오시는 그리스도의 기적을 보고, 그것을 증언하는 삶 말입니다.

그러므로 우리 앞에 놓인 날들과 시간들 안으로 걸어 들어가십시오. 일하고 준비하십시오. 그러나 동시에 조심스럽게 주의를 기울이십시오. 여러분을 바쁨과 분주함 속으로 몰아넣는 모든 갈망과 바람을 살피라는 뜻입니다. 그리고 기억하십시오. 여러분의 가장 깊은 갈망은 언제나 그분을 향해 있었고, 그 갈망들은 주님의 오심을 준비하는 길이었습니다. 그 길들은 종종 이상하고 예기치 못한 방식으로 열립니다. 그 길들에 주의를 기울이며 걸어가십시오.

2

너의 기도가 나에게 들렸다

누가복음 1:8-12

"사가랴가 보고 놀라며 무서워하니"(12).

대림절은 언제나 갈망과 바람 그리고 기다림에서 시작합니다.

우리 가운데 어떤 분들은 더 나은 관계를 갈망합니다. 부부 사이든, 부모와 자녀 사이든, 교우들 사이든, 직장 상사와의 관계든, 고객이나 이웃과의 관계든 상관없습니다. 한마디로 좋은 사이가 되기를 바라는 마음입니다.

또 어떤 분들은 건강을 간절히 소원합니다. 다치지 않고, 아프지 않고, 몸이 제 역할을 해주기를 바랍니다. 누군가는 가치 있고 의미 있는 일을 하기를 바라고, 또 우리 모두는 희망과 평화, 기쁨과 사랑 같은 대림절 선물을 갈망합니다. 더 이상 이 세상이 재난과 전쟁으로 흔들리지 않기를, 기우뚱거리지 않기를 바라는 마음도 간절합니다.

크리스마스 시즌에 영적으로 의미 있는 경험을 하려면 우리는 이런 오래된 갈망과 소원, 바람들에 대해 솔직해질 필요가 있습니다. 이 점에서는 오히려 어린아이들이 우리보다 낫습니다. 아이들은 "크리스마스에 뭐 받고 싶니?"라는 질문에 주저하지 않습니다. 그러나 어른이 될수록 실망과 좌절이 쌓여 정작 무엇을 바라는지 묻는 질문 앞에서는 할 말을 잃어버립니다.

가장 그럴듯한 이유는 우리가 크리스마스를 '받는 절기'가 아니라 '주는 절기'로 배웠기 때문입니다. 아이들에게 크리스마스는 받는 날이지만 어른들에게 크리스마스는 베풀고 나누는 날입니다. 그것이 더 성숙하고 이타적인 태도이며, 성탄절의 정신에도 잘 맞는다고 생각합니다. 그래서 우리는 선물 준비에 더 신경 쓰고, 빠뜨리지 말아야 할 사람들을 떠올리다 지치고 피곤해집니다.

그러나 성경이 말하는 크리스마스는 '주는 절기'가 아닙니다. 크리스마스는 언제나 '받는 절기'입니다. 그리고 그날 유일하게 주시는 분은 하나님이십니다. 우리는 모두 수혜자(受惠者)입니다. 하나님은 구원을 주시고, 우리는 그 구원을 선물로 받습니다. 대림절 이야기는 바로 여기에서 시작됩니다.

기도에는 익숙하지만 받는 데는 서툰 사람들

우리는 앞에서 사가랴와 엘리사벳을 만났습니다. 나이 많은 부부였습니다. 그들의 간절한 소원은 단 하나, 아이를 갖는 것이었습니다. 그들은 좋은 가문 출신이었고, 사가랴는 안정된 직업을 가졌으며 늦은 나이까지 제사장으로 일할 수 있었습니다. 부부 사이도 좋았습니다. 감사할 조건은 충분했습니다. 그러나 이 모든 것 아래에는 지워지지 않는 하나의 갈망이 있었습니다. 자녀에 대한 갈망이었습니다.

사가랴는 예루살렘 성전에서 봉사하던 제사장이었습니다. 어느 날

하나님은 다른 길로 오신다

그는 제비를 뽑아 성소 안에서 분향하는 임무를 맡았습니다. 사람들은 성소 밖에서 기도하고, 사가랴는 홀로 성소 안에 들어갔습니다. 분향(焚香)은 기도하는 예식이었습니다. 그때 갑자기 천사 가브리엘이 나타났습니다. 사가랴는 놀라며 두려움에 사로잡혔습니다. 천사를 보고 무서워하지 않을 사람이 어디 있겠습니까.

가브리엘은 말합니다. "두려워하지 말라. 네 기도가 들렸다. 너는 요한이라는 아들을 얻게 될 것이다." 사가랴는 그 말을 듣고 얼어붙습니다. 그리고 이렇게 말합니다. "어떻게 이런 일이 있을 수 있습니까?" 그는 더 이상 말을 잇지 못합니다.

사가랴의 대답은 충분히 이해할 만합니다. "어떻게 이런 일이!"라는 그의 말은 단순한 의심이 아닙니다. 그 말을 곱씹어보면, 우리는 기도하고 간청하며 요구하는 데에는 익숙하지만 정작 응답을 받는 일에는 익숙하지 않다는 사실이 드러납니다.

사가랴는 메시아를 목이 빠지게 기다려 온 이스라엘의 갈망을 대표하는 인물입니다. 아브라함에게까지 거슬러 올라가는, 길고도 오래된 갈망입니다. 사가랴의 질문, "어떻게 이런 일이?"라는 말은 사실 아브라함이 던졌던 질문과 정확히 겹칩니다. 하나님께서 늙은 아브라함에게 아들을 주겠다고 약속하셨을 때 아브라함이 보였던 반응이 바로 그것이었습니다. "어떻게 이런 일이?"

이 말은 질문이라기보다 기가 막혀 터져 나온 반신반의(半信半疑)의 외침에 가깝습니다. 하나님 말씀이니 안 믿을 수 없지만 선뜻 믿기에는 도무지 말이 되지 않는 상황 앞에서 내뱉은 가장 솔직한 반응이었습니다.

사가랴와 아브라함, 이스라엘 그리고 초기 교회로부터 오늘에 이르기까지의 모든 세대가 그러했듯, 우리 역시 기대와 꿈을 현실이라는 몸에 맞게 손질해 입는 법을 배워 왔습니다. 삶이 비극으로 완전히 무너지지 않는 한, 우리는 불만족스러운 현실을 막연히 받아들이거나 애써 외면하며 살아갑니다.

갓 입사한 젊은 변호사는 소송을 처리하느라 정신없이 며칠을 보냅니다. 그러다 보면 왜 법대에 갔는지, 그 긴 과정을 왜 견뎠는지조차 점차 흐릿해집니다. 이제 그가 바라는 것은 단 하나, 밤늦도록 불이 켜진 사무실을 보고 상사가 자신을 인정해주길 바라는 일뿐입니다.

한 중년 직장인은 지금 하는 일을 별로 좋아하지 않는다는 사실을 깨닫지만 이제 와서 다른 길을 택할 수는 없다고 단념해버립니다. 삶을 가치 있게 살고 싶다는 오래된 갈망을 조용히 접어두고, 그저 지금의 편안함에 머물기로 작정합니다.

또 한 노부부는 양로원에 들어가기로 결정합니다. 아직은 아니라고 생각했지만 자녀들이 걱정하는 모습을 더는 보고 싶지 않았습니다. 사실 그들이 진정으로 바랐던 것은 단 하나, 성인이 된 자녀들로부터 "사랑합니다"라는 말을 듣는 일이었습니다. 그러나 그들은 자녀들에게 짐이 되지 않기로 선택합니다.

이렇게 삶의 단계마다 우리는 기대치를 조금씩 낮추는 법을 배웁니다. 잦은 실망으로 무덤덤해진 인생에 작은 빛이라도 비치면 그것만으로 만족하며 안주해버립니다.

행복이 아니라 희망을 주시는 하나님

그러나 가브리엘의 메시지는 분명합니다. 하나님께서는 이 크리스마스에 우리에게 '행복'을 주시는 일 자체에는 큰 관심이 없으십니다. 물론 그런 소소한 행복이 우리가 겪어온 실망을 잠시 견뎌내도록 돕는 것은

하나님은 다른 길로 오신다

사실입니다.

하지만 대림절이 던지는 질문은 "응답받지 못한 기도 앞에서도 실망하지 않고 꿋꿋이 견뎌낼 수 있는가?"가 아닙니다. 사가랴와 엘리사벳처럼 우리 역시 오랫동안 응답되지 않은 기도들을 안고 살아오지 않았습니까? 대림절이 던지는 진짜 질문은 이것입니다. "여러분은 하나님께서 그 간절한 갈망에 여전히 구원을 베푸실 수 있다고 믿습니까?"

이 때문에 성탄절은 언제나 우리를 놀라게 하는 절기입니다. 어쩌면 무섭고 두려운 절기입니다. 크리스마스가 여러분을 전혀 긴장시키지 않는다면 우리는 이 절기를 제대로 이해하지 못한 것일지도 모릅니다. 크리스마스는 카드와 선물을 주고받고, 파티를 열고, 장식을 즐기는 계절이 아닙니다. 그런 작은 즐거움으로 만족하는 시간이 아닙니다. 또한 남을 위해 무엇을 더 할지를 점검하는 시즌도 아닙니다. 오히려 크리스마스는 수많은 세월 동안 침대 밑에 밀어두었던 오랜 갈망을 뚫고 하나님께서 직접 찾아오시는 이야기입니다.

크리스마스는 하나님께서 '희망'이라는 위험한 선물을 주시기 위해 우리 삶 한가운데로 오셨다는 선언입니다. 희망은 본질적으로 위험하고 두려운 것입니다. 우리는 희망을 통제할 수도, 조정할 수도 없기 때문입니다. 그럼에도 우리가 진정으로 갈망하는 것은, 지금 우리가 보고 살아가는 이 현실 너머에 더 크고 깊은 삶이 존재한다는 사실을 믿는 일입니다.

우리는 아이들이 아플 때, 치료자이신 예수께서 가까이 계시기를 희망합니다. 우리의 삶이 자녀들에게 의미와 방향이 되기를, 그들이 자라 세상을 조금이라도 바꾸는 사람이 되기를 희망합니다. 우리는 혼자가 되지 않기를, 실수와 죄가 치명적인 실패로 끝나지 않기를 희망합니다. 우리가 저지른 잘못과 미처 다하지 못한 일에도 반드시 구원이 있기를 희망합니다. 이 세상이 통제력을 잃고 절벽으로 굴러떨어지지 않기를, 여전히 하나님의 손안에 있기를 희망합니다. 하나님께서 손을 떼고 모든 것을 우리에게 맡겨두시는 일이 없기를 바랍니다. 그러나 우리는 이 모든 것을 통제할 수 없습니다. 그것은 오직 하나님께서만 주실 수 있는 것들입니다.

가장 큰 선물은 하나님 자신이었다

크리스마스 메시지는 하나님께서 이 오래된 갈망과 바람들 앞에서 "좋다, 내가 하겠다"라고 말씀하신다는 데 있습니다. 그러나 말씀드린 것처럼 하나님은 우리가 기대하는 방식 그대로 기도에 응답하시지는 않습니다.

그레이그 반스M. Craig Barnes 목사는 자신의 자서전적 설교에서 이 사실을 이렇게 고백합니다.

2010년 12월 5일은 형과 내가 아버지의 장례를 치른 지 꼭 10년이 되는 날이었습니다. 아버지는 내가 열여섯 살 때 집을 나가셨고, 그 이후로 떠돌며 사셨습니다. 형과 나는 아버지를 찾아다녔지만 우리가 다가가면 아버지는 늘 자취를 감췄습니다. 결국 아버지는 플로리다 어딘가의 허름한 트레일러 단지에서 홀로 죽은 채 발견되었습니다. 이름도 모르는 이웃 마을의 목사님이 이틀 동안이나 가족을 수소문한 끝에 우리에게 연락이 왔습니다.

아버지는 자녀들의 인생에서 중요한 순간들을 모두 놓쳤습니다. 졸업식, 결혼식, 손주들의 출생, 형과 내가 목사로 안수받던 날, 박사학위를 받던 날까지도 말입니다. 나는 오랫동안 기도했습니다. 아버지

하나님은 다른 길로 오신다

가 돌아오기를, 언젠가 내가 설교를 마치고 서 있을 때 다가와 "잘했어, 아들아"라고 말해주기를 꿈꿨습니다. 그러나 그는 끝내 돌아오지 않았습니다.

장례식장에서 관을 바라보며 내가 드렸던 그 많은 기도는 어디로 갔을지 생각했습니다. 하늘의 마룻바닥에 흩어져 있는 것은 아닐까, 그런 생각이 들었습니다.

장례를 마친 뒤 형과 나는 아버지가 살던 트레일러를 찾았습니다. 그곳에서 아버지의 경건 일기장을 발견했습니다. 낡고 헤진 페이지 위에 성경 말씀과 기도들이 적혀 있었습니다. 신앙을 버리지 않았다는 사실만으로도 마음이 놓였습니다. '매일의 기도 제목'이라고 적힌 페이지의 맨 위에는 형과 내 이름이 있었습니다.

아버지가 왜 그렇게 떠돌아야만 했는지 나는 끝내 이해하지 못할 것입니다. 그러나 그가 죽는 날까지 우리를 잊지 않았다는 사실, 우리를 위해 하나님께 이야기를 나누고 있었다는 사실이 나를 버티게 했습니다. 그 안에 충분한 은혜가 있었습니다.[2]

은혜란 무엇입니까? 은혜는 내가 원하는 것을 그대로 받는 것이 아닙니다. 반스 목사에게도 은혜는 아버지를 다시 만나는 응답으로 오지 않았습니다. 그에게 주어진 은혜는, 그의 아버지가 결국 하나님에게서 잃은 바된 존재가 아니었다는 사실을 알게 된 것이었습니다.

수많은 세월 드렸던 기도들이 비록 낡은 노트처럼 보였을지라도, 그 시간 동안 그는 하늘의 아버지와 이야기를 나누고 있었다는 깨달음이 곧 은혜였습니다. 나를 떠나지 않으시는 아버지, 나를 버리지 않으시는 하늘 아버지와 밤을 지새우며 살아왔다는 사실을 알게 되는 것, 그것이 은혜였습니다. 나를 결코 떠나지 않으시고, 끝내 버리지 않으시는 하늘의 아버지와 수많은 밤을 지새우며 살아왔다는 사실을 깨닫게 된 것, 그것이 은혜였습니다. 희망과 두려움으로 수놓인 그 세월 자체가 이미 은혜의 자리였습니다.

여러분의 갈망과 바람 역시 거룩하고 중요합니다. 그러나 크리스마스의 약속은 우리가 원하는 것을 쟁취하는 데 있지 않고, 우리에게 가장 절실한 것을 받는 데 있습니다. 그리고 우리에게 가장 절실하게 필요한 분은 하나님 자신입니다.

예수 그리스도의 탄생을 통해 우리에게 자신을 내어주시는 하나님. 성탄절에 우리가 받게 될 선물은 이것입니다. 그분이야말로 크리스마스의 가장 큰 선물입니다.

가브리엘 천사는 말합니다.

"두려워하지 말라. 너의 기도가 들렸다."

하나님께서 우리의 기도를 들으셨습니다. 아멘.

하나님은 다른 길로 오신다

3

굳어버린 인생에도 물길은 흐른다

누가복음 1:11-20

"사가랴여 무서워하지 말라 너의 간구함이 들린지라
네 아내 엘리사벳이 네게 아들을 낳아주리니 그 이름을 요한이라 하라"(13).

사가랴와 엘리사벳은 부부였습니다. 사가랴는 제사장이었고, 이 노부부는 안정된 지위와 신앙적 명성, 부족함 없는 생활 등 자녀 외에는 모든 것을 다 갖춘 사람들이었습니다. 그들은 평생 자녀를 위해 기도해 왔습니다. 아이 하나만 달라고, 그 소원 하나를 붙들고 오래도록 기다렸습니다.

이렇게 크리스마스 이야기는 언제나 소원에서 시작됩니다. 열망, 기다림, 바람에서 시작됩니다. 성탄절은 하나님의 약속을 선포하는 절기이지만 그 약속이 무엇인지 이해하려면 먼저 우리가 무엇을 그토록 갈망해왔는지를 직면해야 합니다.

어릴 적 크리스마스를 떠올리면 설렘과 신비가 있었습니다. 희망, 사랑, 기쁨, 평화…. 우리는 크리스마스가 가져다주는 선물들을 떠올립니다. 그 계절은, 하나님이 정말로 임마누엘, 곧 "우리와 함께하시는 하나님"이시기를 다시 한번 믿고 싶었던 시간이었습니다. 대림절은 그 오래된 소원들이 다시 깨어나는 시간입니다.

미래를 맡기지 못한 기도

사가랴는 어느 날, 제비를 뽑아 성소 안에서 분향하는 임무를 맡게 됩니다. 백성들은 성소 바깥에서 기도하고 있었고, 사가랴는 홀로 안으로 들어갔습니다. 사가랴는 자신의 간절한 소원과 함께, 백성의 평안과 나라의 샬롬을 위해 기도하고 있었습니다.

그 순간, 예기치 않게 가브리엘 천사가 나타났습니다. 그리고 말합니다. "네 아내 엘리사벳이 네게 아들을 낳아주리니 그 이름을 요한이라 하라. 너도 기뻐하고 즐거워할 것이요 많은 사람도 그의 태어남을 기뻐하리니"(13-14). 이 놀라운 소식 앞에서 사가랴는 이렇게 반응합니다. "어떻게 이런 일이 있을 수 있습니까? 나도 늙었고, 아내도 나이가 많습니다"(18절 참조). 평생 그렇게 기도해놓고, 정작 응답이 주어지자 할 말을 잃어버린 것입니다.

사가랴와 엘리사벳도 젊은 시절에는 기대가 있었습니다. 자녀를 낳고 부모가 되리라는 자연스러운 기대였습니다. 그러나 세월이 흘러도 그 기대는 이루어지지 않았고, 실망은 점점 쌓여 갔을 것입니다. 그들은 결국 오래된 갈망을 마음속 깊은 옷장에 고이 접어 넣었을 것입니다.

아마 사가랴는 제사장으로서 더 부지런히 일하며 그 실망을 잊으려 했을 것입니다. 엘리사벳 역시 맡은 역할을 성실히 감당하며 다른 일로 마음을 채우려 했을지도 모릅니다. 우리도 그렇지 않습니까? 기대가 무너질 때 우리가 택하는 가장 성숙한 태도는 종종 실망을 묵묵히 견디며 살아내는 것입니다.

하나님은 다른 길로 오신다

성경은 우리가 무엇인가를 기대했다고 해서 그것이 반드시 주어진
다고 말하지 않습니다. 오히려 성경은 기대에 대해 조심하라고 말합니
다. 기대란 미래를 붙잡아두려는 우리 마음속의 은밀한 욕망이기 때문
입니다. 그러나 미래는 언제나 하나님께 속해 있습니다. 그래서 우리의
기대에는 늘 긴장이 깃들어 있습니다.

하나님은 시나리오를 원하지 않으신다

성경은 우리에게 기대를 붙들고 살라고 말하지 않습니다. 대신 설렘을
품고 살라고 초대합니다. 설렘을 갖고 산다는 것은, 하나님께서 지금도
우리의 세상과 삶 속에서 일하고 계신다는 사실을 믿는 것입니다. 그래
서 무슨 일이든 일어날 수 있다고 여기는 태도입니다.

기대는 우리가 짠 시나리오를 전제로 하지만, 설렘은 예상치 못한
방식으로도 일이 벌어질 수 있음을 받아들이는 마음입니다. 또한 설렘
을 갖고 산다는 것은 기다림을 선택하는 것입니다. 미래가 닫혀 있지 않
고 열려 있음을 믿는 것입니다. 우리를 깜짝 놀라게 할 장면들이 여전히
남아 있음을 신뢰하는 태도입니다.

그래서 설렘은 곧 희망입니다. 그러나 이 희망은 "내가 원하는 것을
얻게 될 것"이라는 희망이 아닙니다. 하나님의 이야기, 하나님의 드라마
가 계속 펼쳐지고 있으며, 그다음 장(章)을 하나님이 지나게 하실 것이
라는 희망입니다.

문제는 이 설렘을 자신의 기대와 바꿔치기할 때 시작됩니다. 그 순
간 크리스마스는 혼란스러운 절기가 됩니다. 우리는 성탄절을 앞두고
많은 것을 기대합니다. 선물을 주고받을 것을 기대하고, 사람들을 초대
해 함께 즐거운 시간을 보내기를 기대합니다. 그 기대를 안고 음식을 준

비하고 애를 쓰고 시간을 들입니다. 그 모든 수고의 바탕에는 "사람들이 기뻐해주었으면 좋겠다"는 선한 마음이 깔려 있습니다.

그러나 문제는 기대가 큰 만큼 스트레스와 실망도 함께 커진다는 데 있습니다. 큰 기쁨을 기대했는데 반응이 미지근할 때, 내가 들인 노력에 비해 돌아오는 것이 없을 때 기대는 곧 실망으로 바뀝니다. 이렇게 기대가 실망으로 끝나는 일은, 사실 크리스마스의 오래된 전통 중 하나입니다.

그런데 이 성탄의 계절을 진짜로 누릴 줄 아는 사람들이 있습니다. 그들은 큰 기대를 품은 사람들이 아닙니다. 대신 설렘을 품고 기다리는 사람들입니다. "무언가 일어날지도 몰라." "어쩌면 하나님의 기적이 시작될지도 몰라." 이렇게 발꿈치를 들고 기다리는 사람들입니다.

반대로 우리의 기대는, 오히려 그 기적을 보지 못하게 만듭니다. 기대 때문에 이미 우리 곁으로 다가오고 있는 성탄의 은혜를 알아보지 못합니다. 심지어 천사가 우리 부엌 한가운데 나타나 "큰 기쁨의 좋은 소식이 있다"고 말해도 사가랴처럼 이렇게 말할지 모릅니다. "어떻게 그런 일이 가능하죠? 농담하시는 거 아닙니까?" 이것이 설렘을 잃은 사람의 반응입니다. 그저 무덤덤하고, 무료하고, 무미건조한 삶입니다. 기다림도 없고, 놀라움도 없고, 그래서 늘 불평과 짜증만 남아 있는 삶입니다.

아브라함의 아내 사라를 떠올려보십시오. 이미 아이를 낳을 수 없는 몸이 되었을 때 천사가 나타나 "내년 이맘때 아들을 낳을 것"이라고 말하자 그는 웃었습니다. 기뻐서가 아니라 기가 막혀서 웃은 것입니다. "하나님도 참, 농담을 너무 세게 하십니다." 그 웃음은 믿음의 웃음이 아니라 기대가 무너진 사람의 웃음이었습니다.

그래서 천사는 사가랴에게 이렇게 말합니다. "네가 이 기쁜 소식,

하나님은 다른 길로 오신다

복음을 믿지 않았으므로 아이가 태어날 때까지 네가 말을 하지 못할 것이다."

이 장면은 참 아이러니합니다. 사가랴는 누구입니까? 제사장입니다. 제사장이란, 기대를 잃어버린 사람들에게 하나님의 희망을 대신 말해주는 사람입니다. 유대인의 미슈나Jewish Mishnah에 따르면 제사장은 성소에서 나온 뒤 바깥에서 기다리던 백성에게 아론의 축복을 선포해야 했습니다. 이렇게 말입니다.

"야웨께서 여러분들을 복 주시고 지키시고, 야웨께서 그 얼굴을 여러분을 향해 비추시고 은혜 베푸시고, 야웨께서 그의 얼굴을 여러분을 향해 드시고 평안을 주시기를 기원합니다."

그러나 사가랴는 그 축복을 말할 수 없었습니다. 입이 닫혔기 때문입니다. 희망을 전해야 할 제사장이 정작 그 희망을 믿지 못했기 때문입니다. 복음을 믿지 못한 자는 축복을 선포할 수 없었습니다.

말을 잃은 시간, 다시 흐르기 시작한 삶

그리하여 사가랴는 무려 열 달이라는 긴 시간 동안 말문이 막힌 채 살아갑니다. 이 침묵은 단순한 신체적 장애가 아니라 오랫동안 설렘과 희망에 대해 말하지 못했던 그의 삶을 드러내는 은유입니다.

설렘이 없는 삶, 희망이 식어버린 삶, 꿈이 굳어버린 인생은 다른 사람을 축복할 수도, 희망을 말해줄 수도 없습니다. 그래서 오늘 우리에게 던져지는 질문은 이것입니다. "여러분의 삶은, 지금 주변 사람들에게 무엇을 말해주고 있습니까?" "실망으로 가득 찬 기대를 말하고 있습니까 아니면 여전히 축복을 말하고 있습니까?"

미국 시인 윌리엄 스태포드(William Stafford, 1914-1993)는 「내게 물어

보세요Ask Me」라는 시에서 이렇게 말합니다. "내가 이룬 것이 나의 인생이었는지, 아닌지 내게 물어보세요." 그가 말하는 인생은 우리가 무엇을 이루었느냐가 아니라, 어떻게 살아왔느냐에 있습니다. 우리가 어떤 말과 행동으로 살아왔는지, 그 방식이 곧 우리의 삶이라는 뜻입니다. 스태포드는 인생을 '얼어붙은 강'에 비유합니다.

인생은 종종 얼어붙습니다. 그러나 중요한 것은, 얼어붙어 있어도 그것은 여전히 강이라는 사실입니다. 중심은 얼음이 아니라 강입니다. 강을 강답게 만드는 것은 얼음이 아니라 흐름입니다. 보이지 않지만 강물은 여전히 깊은 곳에서 흐르고 있습니다.

문제는, 때때로 인생이 얼어붙는 순간이 있다는 사실입니다. 기대했던 일들이 이루어지지 않을 때 바랐던 것이 좌절될 때 실망이 하나둘 쌓이기 시작합니다.

사가랴와 엘리사벳은 자녀를 갖지 못하자 실망했습니다. 어떤 부부는 함께 늙어갈 것을 기대했지만 한 사람이 너무 일찍 세상을 떠나 깊은 낙심에 빠집니다. 어떤 사람은 건강할 것이라 믿었지만 어느 날 그것이 손가락 사이로 빠져나가는 것을 보게 됩니다.

이런 실망이 겹겹이 쌓이면서 우리의 마음은 얼음처럼 단단하게 굳어버립니다. 얼굴도 생각도 모두 굳어지고 얼어붙습니다. 그렇다고 우리가 필연적으로 무례해지거나 냉소적으로 변한다는 말은 아닙니다. 오히려 더 성실해질 수도 있습니다. 더 책임감 있게 살 수도 있습니다. 그러나 문제는 그 삶의 밑바닥에 늘 얼음이 깔려 있다는 사실입니다. 우리는 출근도 잘하고 교회에도 잘 나옵니다. 해야 할 일은 합니다. 그러나 그 모든 일상 아래에는 "이미 기대하지 않는 마음", "더는 바라지 않는 영혼"이 잠들어 있습니다. 그럼에도 우리 안의 갈망은 완전히 사라지지 않고, 깊은 물살처럼 내면을 흐르고 있습니다.

하나님은 다른 길로 오신다

"보라, 내가 너에게 큰 기쁨의 소식을 가지고 왔다." 이 말씀은 천사들이 얼어붙은 기대의 벽을 뚫고 우리 안으로 들어오는 장면을 떠올리게 합니다. 여러분 안에도 아주 깊은 곳에서 흐르고 있는 설렘의 물살이 있지 않습니까? 이 메시지를 진짜로 듣는다면 우리는 침묵하게 될지도 모릅니다. 사가랴의 열 달 침묵이 형벌이었는지, 은혜였는지는 단정하기 어렵습니다. 그러나 분명한 것은 그 침묵의 시간 동안 그는 엘리사벳의 태에서 자라고 있는 하나님의 기적을 보았고, 하나님이 어떤 분이신지를 다시 생각할 수 있었다는 사실입니다.

침묵 속에서 이미 주어진 선물

크리스마스에는 말을 많아지게 하기보다 오히려 말문이 막히게 하는 거룩한 신비가 있습니다. 시끄러운 말들, 분주한 설명들보다 조용한 순간들 속에서 우리는 하나님이 일하시는 장면을 더 선명하게 봅니다.

늦은 밤, 크리스마스트리 불빛을 말없이 바라본 적이 있습니까? 눈이 내리는 골목길을 걸으며 발밑에서 나는 뽀드득 소리에 문득 마음이 멈춘 적은 없으십니까? 사랑하는 사람들과 둘러앉아 서로의 이야기를 들으며 웃던 성탄절 저녁 식탁을 기억하십니까? 그 순간, 말없이 사람들을 바라보게 됩니다. 그리고 문득 깨닫습니다. 그들이야말로 이미 내게 주어진 크리스마스 선물입니다.

말을 할 때는 기적을 보기 어렵습니다. 그러므로 이 대림절의 시간, 시끄러운 말과 분주한 생각을 의도적으로 멈추어보십시오. 아주 짧은 순간이라도 정말로 침묵해보십시오. 그러면 여러분은 그리스도께서 이미 여러분의 삶 속에서 행하고 계신 기적들을 보게 될 것입니다.

그때 여러분은 이 세상에서 그리스도께서 하실 수 있는 일들을 다시 기대하게 됩니다. 그리고 또 다른 세례자 요한이 되어 주님의 길을 예비하는 사람이 됩니다. "땅에는 기뻐하심을 받은 사람들 가운데 평화." 이 약속이 이루어지도록 길을 준비하는 사람 말입니다.

누가복음은 백성을 축복하지 못한 제사장 사가랴의 이야기로 시작하여 두 손을 들어 제자들을 축복하시는 예수님의 모습으로 끝이 납니다. 이 구조는 분명한 메시지를 전합니다. 우리가 하지 못한 것을 예수님이 하십니다. 우리가 믿지 못한 것을 예수님이 믿으십니다. 우리가 구하지 못한 사람들을 예수님이 구원하십니다. 그분은 차가운 결심의 얼음을 뚫고 들어오셔서 우리의 영혼을 건지시는 분입니다. 그분이야말로 우리의 모든 갈망과 열망에 대한 거룩한 대답이십니다.

성탄절을 기억하십시오. 주는 일을 하시는 분은 하나님이십니다. 우리는 받는 사람들입니다. 그분이 주시는 것이 우리가 기대했던 것과 다를 수도 있습니다. 그러나 분명한 것은 그것이 우리에게 가장 필요한 선물이라는 사실입니다. 그러니 스스로에게 이렇게 물어보십시오. "내가 이룬 것이 나의 인생이었는가?"가 아니라 "그리스도께서 행하신 것이 나의 인생이었는가?"

하나님은 다른 길로 오신다

4

비워질 때, 말씀이 머문다

누가복음 1:26-38

"마리아가 이르되 주의 여종이오니 말씀대로 내게 이루어지이다 하매
천사가 떠나가니라"(38).

예배로 열리고 예배로 닫히는 복음

누가복음이 어디서 어떻게 시작하는지 알고 계십니까? 누가복음은 성전에서 시작합니다. 사가랴가 제사장의 당직 차례를 따라 하나님 앞에서서 분향하는 장면으로 이야기가 열립니다.

그리고 어디에서 끝을 맺습니까? 역시 성전입니다. 제자들이 성전에서 끊임없이 하나님을 찬양하는 장면으로 복음서는 마무리됩니다.

누가복음은 이 두 번의 성전 장면, 즉 두 번의 예배 장면 사이에 예수님의 사역을 배치하고 있습니다. 예수님의 모든 공생애 이야기가 예배의 시작과 끝 사이에 놓여 있는 셈입니다.

이것은 단순한 문학적 장치나 흥미로운 관찰로 끝나지 않습니다. 누가는 이 구조를 통해 분명한 메시지를 전하고 있습니다. 예배, 곧 공

중예배는 처음부터 끝까지 예수님에 관한 이야기라는 사실입니다. 예수님은 예배의 일부가 아니라 예배의 처음이자 마지막이며 중심입니다.

교회가 사람들에게 하나님을 예배하자고 말한다면 교회는 먼저 자기에게 맡겨진 일을 분명히 알고 그 일에 집중해야 합니다. 세상 한가운데서 교회의 위치와 역할을 두고 과도하게 흔들릴 이유는 없습니다. 교회의 사명은 분명합니다. 예배하는 일입니다.

교회가 예배에 대한 확신을 잃고 형식적으로 예배를 드리거나 부주의하게 대하기 시작할 때 교회는 이미 서서히 죽어가고 있는 것입니다.

예배는 예수님에 대해 교회가 드리는 처음이자 마지막 말이며, 교회의 믿음이 살아 있음을 드러내는 가장 분명한 표지입니다.

예배는 우리가 예수님께 드릴 수 있는 최고의 고백이며, 우리는 오직 예배를 통해서만 그분께 온전히 나아갈 수 있습니다.

가정이라는 사적인 공간에서만 예수님을 알아 갈 수 있는 것은 아닙니다. 그분에 관한 책을 많이 읽는다고 해서, 지식을 쌓는다고 해서 예수님을 아는 것도 아닙니다. 멀찍이 떨어진 참관인의 자격으로는 결코 예수님을 깊이 이해할 수 없습니다. 베드로가 예수님을 부인하던 밤이 그랬습니다. 그는 예수님을 따르긴 했으나 멀리 떨어져 있었고, 그 거리만큼이나 그의 신앙 고백도 무너져 내렸습니다.

예수님을 예배하지 않는 사람은 예수님을 알지 못하는 사람입니다. 그리고 예수님을 알지 못하는 사람은 제자가 될 수 없습니다.

이런 이유로 누가는 복음서의 첫 장면을 성전으로 열고, 마지막 장면도 성전으로 닫습니다. 누가복음은 찬양으로 시작하여, 마음 깊은 곳에서 울려 퍼지는 송영으로 끝을 맺습니다.

예수님에 관한 이야기는 언제나 예배로 시작되며, 마침내 예배로 완성됩니다.

하나님은 다른 길로 오신다

말씀이 시작되자, 터져 나온 노래들

누가복음이 본격적으로 열리는 지점에는 흔히 마그니피카트Magnificat라 불리는 마리아의 찬양이 놓여 있습니다. 들어보십시오.

> 내 영혼이 주를 찬양하며
> 내 마음이 하나님 내 구주를 기뻐[합니다](1:46-47).

그 자리에 엘리사벳이 있었습니다. 엘리사벳은 마리아를 향해 이렇게 말합니다.

> 여자 중에 네가 복이 있으며 네 태중의 아이도 복이 있도다 …
> 주께서 하신 말씀이 반드시 이루어지리라고 믿은 그 여자에게
> 복이 있도다(42, 45).

사가랴 역시 노래합니다. 그의 입에서 흘러나온 것은 축복송, 곧 베네딕투스Benedictus입니다.

> 찬송하리로다 주 이스라엘의 하나님이여
> 그 백성을 돌보사 속량하시며(68).

시므온도 노래합니다. 흔히 눈크 디미티스Nunc Dimittis, "이제 놓아주십니다"라는 이름으로 불리는 찬양입니다.

> 주재여 이제는 말씀하신 대로 종을 평안히 놓아주시는도다

누가복음의 시작은 설명이 아니라 노래입니다. 논증이 아니라 찬양입니다. 예수님의 오심은 먼저 가슴으로 터져 나오는 고백으로 맞이됩니다.

성령이 임하면, 사람은 노래한다

어떻게 이 모든 사람이 찬송하게 되었습니까? 어떻게 이토록 다른 사람들이 한 목소리로 노래하게 되었습니까?

이유는 하나입니다. 성령께서 그렇게 하셨기 때문입니다. 엘리사벳이 성령으로 충만해지자, 엘리사벳은 마리아를 축복하는 노래를 부릅니다. 성령이 사가랴에게 가득하자, 사가랴는 이스라엘의 하나님을 찬송합니다. 성령께서 시므온을 성전으로 인도하시자, 그는 아기 예수를 팔에 안고 하나님을 찬양합니다.

마리아, 엘리사벳, 사가랴, 시므온. 성령이 그들 안에 가득해지자 그들은 계산하지도 설득하려 들지도 않습니다. 그저 노래하고, 찬양하고, 축복합니다.

하나님은 바로 이런 사람들 가운데서 자기 아들 예수를 위한 어머니와 가정을 찾으신 것입니다. 찬양하고 예배하는 사람들, 그들이 주님의 길을 예비합니다.

찬양하고 예배하는 일, 이것이 주님의 길을 준비하는 일입니다. 이것이 광야에 우리 하나님을 위한 대로, 곧 고속도로를 놓는 일입니다.

하나님은 다른 길로 오신다

얼마나 아름답고, 얼마나 놀라운 장면입니까.

너무 익숙해져 버린 기적

그러나 오늘날 많은 그리스도인에게 예수님의 탄생을 둘러싼 이 자발적이고 시원스러운 기쁨은 많이 빛을 잃었습니다. 깊은 슬픔까지는 아니더라도 "과연 그럴까?" 하는 회의와 의심 정도로 바뀌어버린 경우가 적지 않습니다.

지성을 중시하는 현대 그리스도인들은 이런 크리스마스 이야기가 지나치게 순진하며 마치 어린이용 동화 같다고 말합니다. 그들은 진지한 질문 없이는 이 이야기들을 곧이곧대로 들을 수 없다고 생각합니다. 모든 것을 의심하는 태도가 익숙한 시대를 살고 있기 때문입니다.

물론 정직한 의심 자체가 문제 되지는 않습니다. 적어도 그 의심이 기독교 공동체 안에서 나누어지는 것이라면 그렇습니다. 도마의 의심이 그러했습니다. 그는 부활을 곧바로 믿지 못했지만 사도들의 공동체를 떠나지는 않았습니다. 그 자리에 머물렀을 때 부활하신 그리스도께서 그에게 나타나셨고 그의 믿음은 굳게 세워졌습니다. 정직한 의심은 문제가 아닙니다. 마리아가 "어떻게 이런 일이 있을 수 있습니까?"라고 물었던 것도 그런 의심이었습니다.

예를 들어 우리는 예수님의 탄생이 천사에 의해 고지되었다는 이야기를 읽습니다. 그런데 우리 중에 누가 천사를 보았습니까? 만일 누군가가 "내가 천사를 보았다"고 말한다면 아마 사람들은 이렇게 말할지도 모릅니다. "당신 제정신이야? 병원에 가봐야 하는 것 아니야?"

누가복음 2장에서는 예수님의 탄생 소식이 천사들의 합창과 함께 전해졌다고 말합니다. 그러면 우리는 묻습니다. 이것은 시적인 표현일까요, 아니면 시적 표현을 넘어서는 실제일까요? 천사들은 성경 이야기 속에는 자주 등장하지만 우리의 일상에서는 좀처럼 보이지 않습니다.

또 크리스마스 이야기에는 움직이는 별이 등장합니다. 그러나 우리는 별들이 그런 방식으로 움직이지 않는다는 것을 알고 있습니다. 별이 여행자 앞에서 길을 안내하거나 특정 지역 위에 머문다는 것은 우리의 상식과 과학적 지식으로는 설명되지 않습니다.

처녀의 출산 이야기도 마찬가지입니다. 인간의 경험과 현대 과학은 아이가 그런 방식으로 태어날 수 없다고 단언합니다. 세속화된 시각을 지닌 현대인이 고대의 크리스마스 이야기를 접할 때 떠올리는 질문이 이런 것들입니다.

그러나 나무에 집착하느라 숲의 전체 그림을 보지 못한다면, 이런 질문들은 크리스마스의 기쁨을 너무나 쉽게 가라앉히고 맙니다. 그리스도의 탄생이라는 좋은 소식은 이런 질문들에 의해 눌려버릴 만큼 작은 사건이 아닙니다. 그것은 질문을 압도하는 기적입니다.

설명이 멈추는 자리에서, 노래가 시작된다

심오한 신비는 결코 인간의 언어나 문자만으로 다 설명되지 않습니다. 예수 그리스도를 통해 하나님께서 행하신 일은 인간의 언어로는 온전히 담아낼 수 없는 사건입니다. 그래서 어느 지점에 이르면 언어는 터져 버립니다.

그렇다면 마지막에 남는 것은 무엇입니까? 찬양의 언어입니다. 마음으로 드리는 송영입니다. 그리스도 탄생의 신비는 우리가 일상을 설명할 때 사용하는 언어의 한계를 훨씬 뛰어넘는 실체입니다. 이 지점에서 연대기적 기록자는 멈추고, 신자들은 찬송가를 집어 듭니다.

하나님은 다른 길로 오신다

아무리 교육을 많이 받은 사람이라 해도 복음보다 크거나 복음을 넘어설 수는 없습니다. 그런 생각은 한순간도 하지 마십시오. 현대 과학과 복음을 억지로 조화시키거나 자신의 지적 수준에 맞춘 뒤에야 복음을 믿겠다는 생각은 내려놓아야 합니다.

복음은 우리의 이해에 맞추어 크기와 깊이가 조정되는 논리가 아닙니다. 오히려 우리의 이해를 넘어 우리를 부르고, 우리의 한계를 넘어서는 진리 앞으로 우리를 이끄는 이야기입니다.

비워진 자리에 오시는 분

예수님은 똑똑하고 유식한 사람들의 전유물이 아닙니다. 그분은 심령이 가난한 사람들, 성령으로 채워져야 할 만큼 영혼이 텅 빈 사람들에게 속한 분이십니다. 예수님은 마리아의 '텅 빔'과 결이 맞는, 비어 있는 마음을 가진 사람에게 오십니다.

카일 하우스랜더Caryll Houselander는 마리아의 이 '텅 빔'을 이렇게 설명합니다.

마리아의 공허함은 가운데가 움푹 파인 피리의 리드 안의 텅 빔과 같다. 그 좁게 갈라진 틈 속의 텅 빈 리드는 단 하나의 목적만을 지닌다. 피리 부는 사람의 숨을 받아들여, 그의 마음속에 있는 노래를 밖으로 토해내는 것이다.[3]

마리아의 텅 빔은 하나님의 숨을 받아들이기 위한 자리였습니다.

처녀 출산을 생물학적 관점에서만 본다면 마리아처럼 말하게 될 것입니다. "어떻게 이런 일이 있을 수 있습니까?" 그러나 시야를 넓혀 모든 인류를 향한 하나님의 구원 목적이라는 거대한 맥락에서 본다면 처녀 출산을 이렇게 말할 수 있습니다.

인류의 태 안에는 아무것도 없다. 텅 비어 있다.
인간의 가능성 안에는 아무것도 없다. 텅 비어 있다.
그래서 예수께서 오신다.

처녀 출산은 우리에게 가르칩니다. "예수는 우리가 만들어낸 산물이 아니다. 인간의 사랑과 자연적 과정의 결과가 아니다. 예수는 우리에게 주어진 하나님의 선물이다. 예수는 하나님이 낳으신 분이다. 사람의 피로, 육체의 의지로, 성을 통해 나신 분이 아니다."
그러므로 처녀 출산이 전하는 메시지는 이것입니다.
예수는 아래로부터 온 분이 아니라 위로부터 오신 분이다.

너희는 아래에서 났고 나는 위에서 났으며 너희는 이 세상에 속하였고 나는 이 세상에 속하지 아니하였느니라(요 8:23).

인류의 문화는 위대한 인물들을 배출해왔으나, 결코 예수님을 낳지는 못했습니다. 예수님은 단순한 유전이나 환경으로 설명될 수 없는 분이기 때문입니다. 그분은 하나님께서 우리에게 주신 선물입니다. 예수 그리스도, 그분이 바로 크리스마스 선물입니다.
여기서 인간의 분석은 멈춥니다.
인간의 언어는 힘을 잃습니다.
이 자리에 남는 것은 오직 마음의 송영과 찬양뿐입니다.

하나님은 다른 길로 오신다

신비 앞에 서다

처녀 출산, 천사, 별의 이야기는 모두 같은 방향을 가리킵니다. 부분이 아니라 전체로 보라는 초대입니다.

우리는 지금 신비 앞에 서 있습니다. 크리스마스에 우리는 가장 깊은 신비 가운데 하나와 마주합니다. 하나님께서 자신을 비우셨다는 사실, 종의 형체를 입으셨다는 사실, 사람의 모양으로 태어나셨다는 사실 말입니다. 이 신비를 인간의 언어로 온전히 담아낼 수 있겠습니까? 완전히 새롭고, 우리의 이해를 넘어서는 사건을 설명할 언어가 과연 있겠습니까?

성 어거스틴St. Augustine은 이 신비를 이렇게 표현했습니다.

아버지와 함께 모든 시간 너머에 계셨던 그리스도께서
크리스마스에 세월과 시간의 흐름 속으로 발을 내디디셨다.
사람을 만드신 분이 사람이 되셨고,
별들의 주인이 어머니의 품에서 젖을 드셨으며,
'빵'이신 분이 배고픔을 느끼셨고,
'샘물의 근원'이신 분이 목마르셨다.
'빛'이 잠들었고,
'길'이신 분이 여정에 지치셨다.
모든 산 자와 죽은 자의 재판장이 인간 재판장 앞에 섰고,
선생이신 분이 채찍을 맞으셨다.
포도나무이신 분이 가시관을 쓰셨고,
생명이신 분이 죽음을 맞이하셨다.

이것이 수많은 세대를 거쳐 전해 내려온 "좋은 소식"입니다.

그러므로 저녁 뉴스를 들을 때, 인간 삶의 지평선을 바라볼 때, 범죄로 얼룩진 도시와 마을, 부패한 정치, 암과 질병, 깨어진 사회, 가난과 기근과 전쟁밖에 보이지 않을 때 대림절의 메시지에 다시 귀를 기울이십시오.

우리의 희망은 아래에서 오지 않습니다. 위로부터 옵니다. 동틀녘, 여명 위로부터 찾아옵니다. 하나님의 세계가 이 땅을 방문하는 놀라운 소식입니다.

이 자리는 설명을 위한 자리가 아닙니다.

마음에서 시작되는 송영의 자리입니다.

마리아와 함께 노래하는 자리입니다.

내 영혼이 주님을 찬양합니다.

내 영이 내 구주 하나님을 기뻐합니다.

전능하신 분께서 나를 위해 위대한 일을 행하셨기 때문입니다.

그분은 거룩하신 분입니다.

그분의 이름은 거룩합니다.

하나님은 다른 길로 오신다

5

침묵이 끝나고 찬양이 시작되다

누가복음 1:57-66

"그 입이 곧 열리고 혀가 풀리며 말을 하여 하나님을 찬송하니"(64).

"하나님은 내가 드린 이 수많은 기도에 정말 관심이나 두고 계실까?"

사가랴는 이렇게 생각했던 늙은 제사장이었습니다. 그의 평생 소원은 단 하나, 자녀를 갖는 것이었습니다. 하지만 그 소원이 이루어질 조짐은 전혀 보이지 않았고, 그는 길고 긴 세월을 묵묵히 기도로 버텨냈습니다. 수많은 밤을 기도로 보냈고, 기도를 다 드리고 난 뒤에는 간절한 바람만이 남았습니다.

어느 날 천사 가브리엘이 나타나 말합니다. "네가 요한이라 이름할 아들을 얻게 될 것이다." 그러나 사가랴는 고개를 저으며 선뜻 믿지 못했습니다. 그의 이름인 '사가랴'가 "하나님께서 기억하신다"는 뜻임을 생각하면 참으로 비극적인 아이러니였습니다. 그의 의심은 자기 이름을 스스로 지워버리는 것과 같았습니다. 그는 묻고 있었던 것입니다.

"하나님은 정말 기억하시는가?"

이 질문은 크리스마스에 우리 모두가 던지는 질문이기도 합니다.

하나님은 "땅에는 평화"라는 약속을 여전히 기억하고 계시는가? 하나님은 우리를 기억하고 계시는가? 하나님은 우리가 오래도록 품어온 갈망들을 기억하고 계실까? 혹시 너무 많은 일을 처리하시느라 잊고 계신 것은 아닐까?

우리에게도 오랫동안 응답받지 못해 누더기처럼 변해버린 기도들이 있습니다. 낡은 기도 수첩을 열어보면 아직도 답을 얻지 못한 기도 제목들이 빼곡히 남아 있을 것입니다. 기나긴 하나님의 침묵에 상처받아 이제는 더 이상 구하지 않게 된 소망도 있을 것입니다.

말할 수 없었던 시간

사가랴는 천사의 말, 곧 복음을 믿지 않았습니다. 아니, 믿을 수 없었을지도 모릅니다. 그러자 천사는 그의 입에서 말을 거두어 갔습니다. 그는 아기가 태어날 때까지 말을 할 수 없게 됩니다.

결국 사가랴는 약 열 달 동안 강요된 침묵 속에 머물러야 했습니다. 늘 말을 해야 했던 제사장이 철저히 할 말을 잃어버린 시간이었습니다. 소리를 낼 수 없게 하신 고요한 시간이었습니다. 어쩌면 성탄절은 소란과 분주함의 계절이 아니라 하나님이 이루시는 일을 침묵 속에서 바라보는 계절인지도 모릅니다.

우리도 이런 침묵과 고요를 잘 알고 있습니다. 원래 크리스마스는 침묵에서 시작됩니다. 비록 오늘날의 크리스마스는 캐럴과 파티, 연말 모임들로 요란하고 시끄럽지만 말입니다. 그러나 그 모든 소리 아래에는 여전히 침묵이 흐르고 있습니다.

크리스마스는 언제나 조용한 순간을 귀히 여기는 계절입니다. 아마

하나님은 다른 길로 오신다

가장 널리 불리는 성탄 캐럴이 있다면 〈고요한 밤, 거룩한 밤〉일 것입니다. 성탄 전야에 우리는 촛불을 켭니다. 흔들리는 불빛을 바라보며, 여인숙 뒤편 작은 말구유에서 일어난 기적을 기억합니다. 그리고 조용히 묻습니다.

"하나님은 나를 기억하시는가?"

침묵이 묻는 질문들

나는 크리스마스의 침묵과 고요가 우리의 영혼에 매우 중요하다고 생각합니다. 그것은 우리 삶을 스쳐 간 여러 침묵의 순간들을 하나로 모아주는 시간이기 때문입니다. 이 고요는 휴식에서 오는 평온한 침묵이 아닙니다. 치명적인 질병을 진단받고 얼어붙는 침묵, 혹은 서랍 속에서 "이제 떠난다"는 쪽지를 발견한 순간에 멍하게 했던 묵직한 침묵과 같습니다. 한밤중 양로원 복도에 내려앉은 적막입니다. 아이의 고열 앞에서 말을 잃는 침묵입니다. 타지에 자녀를 떠나보내고 홀로 돌아오는 차 안을 가득 메운 침묵, 혹은 먼저 세상을 떠난 배우자의 유품을 우연히 발견했을 때 밀려드는 깊은 침묵입니다.

이 침묵은 원치 않는 고요입니다. 우리의 모든 설명과 집중력을 빼앗아가는 고요입니다. 그리고 이 침묵은 우리를 피할 수 없는 질문들 앞에 세웁니다.

"나는 왜 여기에 있는가?"

"내 삶을 붙드는 것은 무엇인가?"

"하나님은 나를 기억하시는가?"

이 질문들은 영혼 깊은 곳에서 솟아오르며, 어설픈 말로 대답하지 말라고 요구합니다.

어느 날 친구가 전화해 그녀의 아들이 자살했다고 말할 때 우리는 한동안 말을 잊습니다. 그리고 겨우 이렇게 말합니다. "뭐라고 해야 할지 모르겠네." 바로 그것입니다.

어떤 인간의 언어도 그런 침묵을 채울 수는 없습니다. 그러나 텅 빈 침묵을 마주하며 조금씩 채워가는 일이야말로 인간이 할 수 있는 가장 용기 있는 행동일 것입니다. 우리는 침묵이 마지막 언어가 되도록 내버려두지 않기 위해 교회로 모입니다. 특히 크리스마스에 그렇습니다.

우리는 묻습니다. "하나님은 어떤 분이신가?" "하나님은 이 침묵을 채울 말씀이 있으신가?"

크리스마스는 침묵을 피하기 위한 소란스러운 절기가 아닙니다. 오히려 익숙한 고요 속으로 들어가, 그 고요를 뚫고 오시는 하나님의 말씀을 들으라는 초대입니다.

그러나 이 말씀은 단지 말로 주어지지 않습니다. 이 말씀은 육신이 되어 우리 가운데 거하십니다. 오래전 고요한 밤에 그랬던 것처럼 지난 모든 세월의 희망과 두려움이 한자리에 모입니다.

성령을 통해 하나님의 말씀이 우리의 삶 속으로 오십니다. 그리고 이렇게 선포합니다.

"하나님께서 여러분을 기억하셨습니다."

이것이 크리스마스가 전하는 좋은 소식입니다.

하나님께서 마침내, 여러분을 기억하신다는 소식입니다.

기억과 은혜, 복음의 두 이름

아기가 태어난 지 여드레째 되던 날, 사가랴와 엘리사벳은 유대인의 관습을 따라 아이에게 할례를 행했습니다. 가족과 친척이 모인 가운데 아이의 이름을 짓는 순간이었습니다. 모두들 아버지의 이름을 따라 '사가랴'라 부르려 했습니다. 사가랴 2세가 되는 셈이었습니다.

그때 엘리사벳이 말합니다. "아닙니다. 그의 이름은 요한입니다." 이름을 짓는 일은 대개 아버지의 몫이었습니다. 아들의 이름은 그가 아버지에게 속해 있다는 표시였기 때문입니다. 그래서 사람들은 사가랴를 바라보았습니다. 그가 어떤 이름을 쓰게 될지 지켜보았습니다.

사가랴는 서판을 가져오게 하여 "그의 이름은 요한이다"라고 적었습니다. 이 짧은 문장에는 "이 아이는 내 소유가 아니다. 오직 우리를 기억하신 하나님께로부터 온 선물이다"라는 고백이 담겨 있었습니다.

아버지와 아들은 한 쌍의 이름으로 묶여 있었습니다. 사가랴는 "하나님께서 기억하신다"는 뜻이고, 요한은 "하나님은 은혜로우시다"는 뜻입니다. 이 두 이름은 복음의 심장부입니다.

우리 역시 이 두 이름 사이 어딘가에 서 있습니다. 하나님의 기억과 은혜 사이, 막막한 침묵과 그 속으로 파고드는 말씀 사이, 그리고 기다림과 성취 사이에 머물러 있습니다.

본문은 이렇게 끝납니다. "이 아이가 장차 무엇이 될 것인가?"

"하나님은 은혜로우시다"라는 이름을 받은 아이는, 그 이름에 걸맞은 미래와 사명을 향해 나아가게 됩니다. 이 질문에 답하듯, 사가랴는 마침내 열린 입으로 새로운 노래를 부르기 시작합니다.

사가랴의 찬미는 네 연으로 이루어져 있습니다.

첫째 연(68-71절)은 구원자를 주신 하나님께 드리는 감사입니다.

둘째 연(72-75절)은 이 구원이 오래전 약속의 성취임을 선포합니다.

셋째 연(76-77절)은 요한이 맡게 될 역할을 말합니다.

넷째 연(78-79절)은 구원자가 가져올 자비와 은혜를 노래합니다.

구조를 보면 분명합니다. 예수, 예수, 요한, 예수.

평생 아들을 기다렸던 아버지가 노래를 부른다면 당연히 그 노래의 주제가 아들이리라 생각하기 쉽습니다. 그러나 사가랴는 달랐습니다. 그는 세 번째 연에 이르기까지 아들에 대해 한마디도 하지 않습니다. 아들에 대해 말한 뒤에도, 다시 예수님께로 돌아갑니다. 요한은 이야기의 중심이 아니었습니다.

우리는 일찍부터 형성된 기대 속에서 자랍니다. 성공해야 한다는 압박, 의미 있어야 한다는 강박 속에서 달립니다. 마치 모든 것이 우리에게 달려 있는 것처럼 살아갑니다. 모든 세월의 희망과 두려움이 우리 안에서 만나게 됩니다.

그러나 어느 순간, 침묵이 찾아옵니다. 우리는 아무도 구원할 수 없다는 사실을, 심지어 우리 자신조차 구원할 수 없다는 사실을 고요 속에서 배우게 됩니다.

우리의 침묵으로 들어오신 그리스도

갓난아기를 안고 교회에 처음 나오는 날은 언제나 감격스럽습니다. 흥미로운 것은, 그 아기를 안고 있는 사람이 대개 어머니가 아니라 아버지라는 점입니다. 지난 열 달 동안 아내가 아이를 안고 있었으니 이제는 자신이 안아야겠다고 생각해서일지도 모릅니다.

아기의 아름다움에 대해 이야기할 때, 나는 어떤 아버지도 이렇게 말하는 것을 들어본 적이 없습니다. "이 아이는 언젠가 다른 사람을 구원할 겁니다." 대신 우리는 속으로 이런 생각을 품습니다. 이 아이 위에 태양이 떠올라, 아이가 빛나는 존재가 되기를 바란다는 기대입니다. 그러나 시간이 지나면, 그 기쁨은 곧 부담과 압박으로 변합니다. 아이에게도, 그리고 우리 자신에게도 말입니다.

하나님은 다른 길로 오신다

요한의 삶이 시작되는 그 순간부터, 사가랴는 분명히 알고 있었습니다. 자신이 그렇게 사랑하는 아들의 이야기가, 예수 그리스도에 관한 더 크고 위대한 이야기의 한 부분이라는 사실을 말입니다.

요한은 구세주가 아니며, 구세주가 오실 길을 묵묵히 예비하는 조연일 뿐입니다. 그는 언제나 무대 중심이 아닌 배경에 서는 사람입니다. 사가랴가 이 사실을 받아들일 수 있었던 이유는, 그가 침묵과 고요를 피하지 않았기 때문일 것입니다. 말할 수 없었던 시간 속에서, 그는 위를 바라볼 수밖에 없었습니다. 하나님으로부터 오는 말씀을 기다릴 수밖에 없었습니다.

성탄 주간이 특별한 이유는 여러분이 해야 할 일이 많아서도, 준비해야 할 것이 많기 때문도 아닙니다.

이유는 단 하나입니다. 하나님께서 예수 그리스도를 통해 우리의 침묵 안으로 들어오셨기 때문입니다.

"하나님은 기억하셨습니다."

"하나님은 은혜로우십니다."

이것이 구속의 노래입니다. 만일 우리가 이번 성탄절에 기꺼이 조연으로 살기로 결심한다면, 메시아를 위해 길을 내고 그분을 가리키는 사람으로 서기로 다짐한다면, 이 주간은 우리에게 충분히 기쁨의 축제가 되지 않겠습니까?

6

기다림이라는 부르심에 관하여

누가복음 1:67-79

"이 아이여 네가 지극히 높으신 이의 선지자라 일컬음을 받고 주 앞에 앞서 가서
그 길을 준비하여 주의 백성에게 그 죄 사함으로 말미암는 구원을 알게 하리니
이는 우리 하나님의 긍휼로 인함이라
이로써 돋는 해가 위로부터 우리에게 임하여
어둠과 죽음의 그늘에 앉은 자에게 비치고
우리 발을 평강의 길로 인도하시리로다 하니라"(76-79).

우리는 늘 무언가를 기다리며 살아갑니다. 어릴 때는 빨리 자라기를 기다리고, 학생 시절에는 졸업을 기다리며, 졸업 후에는 취업을, 직장을 얻고 나면 승진을 기다립니다. 결혼을 기다리고, 첫아이가 태어나기를 기다리며, 아이들이 자라 독립하기를 기다리고, 이윽고 손주를 기다립니다. 형태는 달라도 본질은 같습니다. 우리는 항상 다음을 향해 살아갑니다.

만약 더 이상 기다릴 것이 없다면 어떻게 될까요? 그 순간, 삶은 멈춥니다. 기다림이 끝나면 삶도 끝납니다. 미래는 우리가 숨 쉬는 공간이기 때문입니다. 허파로 호흡하듯 인간은 미래를 향해 숨을 쉽니다. 내일이 없으면 우리는 질식합니다. 미래에 대한 소망이 사라지면 현재의 삶은 생명을 잃습니다.

흥미로운 점은, 이것이 인간에게만 해당된다는 사실입니다. 여러분의 반려동물은 미래를 기다리지 않습니다. 내일을 기대하거나 염려하지도 않습니다.

그러나 우리는 다릅니다. 그래서 자연스럽게 이 질문에 이르게 됩니다. 도대체 우리는 무엇을 기다리고 있는가? 성경은 이 질문에 분명한 대답을 제시합니다.

본문에서 사가랴는 두 사람의 이름을 부릅니다. 아브라함과 다윗입니다. 이 두 이름은 우연이 아닙니다. 사가랴는 이 이름들을 통해 구약의 두 개의 거대한 이야기를 한꺼번에 불러냅니다.

첫째, 아브라함에게 하신 맹세의 이야기입니다. 하나님은 그를 통해 모든 민족을 복 주시겠다고 약속하셨습니다.

둘째, 다윗에게 주신 약속의 이야기입니다. 그의 집과 왕위가 영원히 견고하리라는 약속입니다.

사가랴의 찬미는 이렇게 말하고 있습니다. "하나님은 이 오래된 이야기들을 잊지 않으셨다. 하나님은 지금도 이 이야기의 다음 장을 써 내려가고 계신다."

우리는 사가랴에게 이렇게 묻고 싶어집니다. "그 이야기는 알고 있습니다. 그러나 그다음이 궁금합니다. 그 약속은 어디로 가고 있습니까? 그 이야기는 어떻게 완성됩니까?" 바로 이것이 기다림입니다. 기다림이란 이야기가 아직 끝나지 않았다고 믿는 태도입니다.

성경은 근본적으로 하나님의 이야기이며, 그 이야기는 우리 삶에 힘을 발휘합니다. 이야기는 우리가 다음을 기대하게 만듭니다. 그래서 우리는 두꺼운 책을 밤새 읽습니다. 이야기가 어떻게 전개될지 알고 싶기 때문입니다. 그래서 광고가 길어도 TV를 끄지 못합니다. 그래서 드라마를 봅니다. 등장인물의 관계가 어떻게 흘러갈지, 갈등이 어떤 결말에 이를지 알고 싶기 때문입니다. 기다림은 그저 기다림으로 끝나지 않습니다. 이 이야기를 끝까지 믿고 따라가겠다는 고백입니다.

하나님께서 시작하신 이야기가, 하나님께서 약속하신 방식으로, 하나님께서 친히 완성하시는 그 순간을 기다립니다. 이 기다림이 있는 한 우리의 삶은 아직 끝나지 않았습니다.

성경이 말하는 기다림의 의미

성경에서 '기다린다'는 말은 매우 중요한 동사입니다. 그저 시간을 흘려보내며 버틴다는 뜻이 아닙니다. 기다린다는 것은 하나님의 이야기가 지금 어디까지 와 있는지를 주목한다는 뜻입니다. 하나님께서 아브라함과 다윗에게 하신 약속을 정말 지키시는지를 보겠다는 뜻입니다. 그리고 만일 그 약속을 지키신다면 어떤 방식으로 지키시는지를 끝까지 지켜보겠다는 태도입니다.

이런 의미에서 '기다림'은 성경에서 가장 특징적인 단어 가운데 하나입니다. 시편은 특별히 이 기다림의 언어로 가득 차 있습니다.

"주는 내 구원의 하나님이시니 내가 종일 주를 기다리나이다"(시 25:5).

"너는 여호와를 기다릴지어다 강하고 담대하며 여호와를 기다릴지어다"(시 27:14).

"파수꾼이 아침을 기다림보다 내 영혼이 주를 더 기다리나니 참으로 파수꾼이 아침을 기다림보다 더하도다"(시 130:6).

어떤 의미에서 구약 성경 전체는 '기다림의 이야기'라 할 수 있습니

하나님은 다른 길로 오신다

다. 이 사실은 구약이 하루를 계산하는 방식에서도 잘 드러납니다. 성경은 "아침이 되고 저녁이 되더라"라고 말하지 않습니다. "저녁이 되고 아침이 되더라"고 말합니다.

이 표현은 의미심장합니다. 구약의 사람들은 아침을 기다리며 사는 사람들이었습니다. 슬픔이 저녁에 머물러도, 다시 밝아올 아침을 기다리는 사람들이었습니다. 그래서 구약은 "이스라엘의 위로를 기다리는 사람들"의 이야기입니다. 이 기다림이 한 사람 안에 농축되어, 이제 막 터지려는 순간에 이릅니다. 바로 예수님의 탄생 후, 예루살렘 성전에 앉아 있던 시므온입니다. 그는 "이스라엘의 위로를 기다리는 자"였습니다 (눅 2:25). 그의 기다림은 이스라엘 이야기의 결말을 기다리는 기다림이었습니다.

그러나 기다리던 분이 오셨다고 해서 기다림이 끝나는 것은 아닙니다. 구약이 끝나고 신약이 시작될 때도, 기다림은 멈추지 않습니다. 예수님의 죽으심과 부활로 기다림은 절정에 이르지만 그때에도 기다림은 계속됩니다. 성령이 교회 위에 부어졌을 때도 기다림은 계속됩니다.

사도 바울은 초기 그리스도인들을 이렇게 부릅니다. "우리 주 예수 그리스도의 나타나심을 기다[리는 자들]"(고전 1:7). 그는 심지어 온 창조 세계마저 이 기다림 안에 있다고 말합니다. "피조물이 고대하는 바는 하나님의 아들들이 나타나는 것이니"(롬 8:19).

아브라함과 함께 시작된 이 이야기는 예수님의 출생으로 끝나지 않았고, 예수님의 부활로 끝나지 않았으며, 성령의 강림으로도 끝나지 않았습니다. 이 이야기는 아직 끝에 이르지 않았습니다. 대단원의 막은 여전히 미래에 남아 있습니다. 그래서 우리는 모두 기다리는 사람들입니다. 앞서간 성도들과 함께, 모든 피조물과 함께, 하나님의 이야기가 그 장엄한 절정에 이르기를 기다리는 사람들입니다.

1부. 하나님이 먼저 오신다

기다림은 우리의 부르심이다

그러므로 우리는 기다릴 줄 알아야 합니다. 기다림을 실패나 공백이 아닌 주님께서 우리를 부르시는 방식으로 받아들여야 합니다. 하나님의 이야기가 어떻게 전개될지를 바라보며 사는 것입니다. 이것이 신앙이 무엇인지를 가장 선명하게 보여 주는 언어입니다.

사가라는 하나님의 이야기에서 소외된 사람들을 향해 말하고 있습니다. 어둠과 죽음의 그늘 아래 사는 사람들을 향해 외치고 있는 것입니다(1:79). 그의 소망의 메시지는 이미 평안한 사람들을 향한 말이 아닙니다. 비참함 가운데 있는 사람들, 하나님으로부터 멀어졌다고 느끼는 사람들을 향한 말씀입니다.

소망은 언제나 그런 자리에서 태어납니다. 막다른 골목에 몰려 삶이 부서진 것 같을 때, 두려움이 나를 삼키려 할 때, 그리고 내 삶에 더는 의미가 없다고 느껴질 때, 바로 그 절망의 자리에서 소망은 시작됩니다.

아주 오랜 여행을 마치고 집으로 돌아올 때 우리는 기대합니다. 공항 출구에서 누군가가 우리를 기다리고 있기를, "어서 오세요", "보고 싶었어요.", "Welcome home!"이라고 말해주기를 기대합니다.

수많은 이가 절망 속에 생을 포기하는 이유는, 자신을 기다려주는 사람이 없다고 느끼기 때문입니다. 누군가를 위해 살아야 할 이유가 더는 남아 있지 않다고 여기기 때문입니다. 그러나 사람은 단 한 사람이라도 자신을 기다리고 있다고 믿는 한, 다시 살아갈 힘을 얻습니다. 아무도 기다려주지 않는다고 느끼는 순간, 삶은 어둠이 되고 죽음의 그늘이 드리워집니다. 불 꺼진 아파트 문을 열고 홀로 들어가는 것보다 더 쓸쓸한 장면이 또 어디 있겠습니까? 그 적막한 순간, 사람은 세상에 홀로 남겨졌다는 감각과 마주합니다.

하나님은 다른 길로 오신다

모든 것이 끝난 것처럼 보일 때, 구원은 시작된다

이제 사가랴는 이렇게 선언합니다. "찬송하리로다 주 이스라엘의 하나님이여 그 백성을 돌보사 속량하시며 우리를 위하여 구원의 뿔을 그 종 다윗의 집에 일으키셨으니"(68-69). 낯선 표현이 등장합니다. "구원의 뿔이라니, 그게 무슨 뜻인가?" 당연히 이런 질문이 생깁니다.

히브리 사람들에게 뿔은 힘의 상징이었습니다. 짐승의 힘은 뿔에 집중되어 있습니다. 뿔 달린 짐승은 자신의 모든 능력을 뿔에 실어 상대를 들이받습니다. 그래서 구약 성경은 종종 제국과 권세를 뿔 달린 짐승으로 묘사합니다. 다니엘서에는 눈 사이에 기이한 뿔 하나가 달린 염소가 등장하고, 두 개의 뿔을 가진 양도 등장합니다. 이 짐승들이 서로를 향해 돌진합니다. 이처럼 뿔은 힘, 권세, 결정적인 능력을 의미합니다.

그렇다면 사가랴가 말하는 "구원의 뿔"이란 무엇입니까? 그가 선포하는 좋은 소식은 분명합니다. 하나님의 모든 구원 능력이 한 분 안에 집중되었다는 것입니다. 하나님께서 다윗의 집안에서 우리를 위해 결정적인 구원의 능력을 일으키셨다는 선언입니다.

사가랴가 살던 시대에 다윗 왕가는 사실상 역사 속으로 사라진 것처럼 보였습니다. 왕좌도, 영광도, 권세도 남아 있지 않았습니다. 다윗의 집은 이미 오래전에 폐허가 된 집처럼 여겨졌습니다. 그러나 하나님은 이미 오래전, 주전 8세기경 아모스 선지자를 통해 이렇게 약속하셨습니다.

그 날에 내가 다윗의 무너진 장막을 일으키고 그것들의 틈을 막으며
그 허물어진 것을 일으켜서 옛적과 같이 세우고(암 9:11).

1부. 하나님이 먼저 오신다

사가랴가 노래하고 있을 때, 이 예언은 이제 현실이 되려 하고 있었습니다. 폐허가 된 다윗의 집에서, 모든 영광이 떠나버린 것처럼 보였던 그 혈통에서, 하나님은 다시 능력의 집을 일으키실 것입니다. 하나님의 모든 힘을 가득 담은 한 분을 일으키실 것입니다. 모든 민족과 모든 종족이 결국 무릎 꿇게 될 그 한 분을 세우실 것입니다.

하나님의 구원 능력 전체가 이 "뿔" 안에 담겨 있습니다. 그리고 이 뿔 안에서 하나님의 이야기는 마침내 절정을 향해 나아갑니다. 바로 이 완성을 하나님의 백성은 오랫동안 기다려온 것입니다.

믿음은 도망치지 않고 서 있는 것이다

나는 출애굽기 14장의 장면을 떠올립니다. 그곳에서도 이스라엘 백성은 어둠과 죽음의 그늘 아래 서 있었습니다. 앞에는 건널 수 없는 홍해가 있었고, 뒤에는 훈련된 바로의 군대가 추격해 오고 있었습니다. 이 장면을 이해하지 못하면 우리는 구원이 무엇인지 제대로 이해할 수 없습니다.

백성은 모세에게 외칩니다. "이집트에 매장할 무덤이 없어서 우리를 여기까지 끌고 와 죽게 하는 것입니까?" 그때 모세의 입에서 나온 말은 성경 전체에서 가장 위대한 선언 가운데 하나입니다.

너희는 두려워하지 말고 가만히 서서 여호와께서 오늘 너희를 위하여 행하시는 구원을 보라(출 14:13).

이 말씀은 하나님께서 구원의 손을 드실 때마다 반복해서 하시는 말씀입니다.

아브라함에게도 하나님은 이렇게 말씀하셨습니다. "내가 너로 큰 민족을 이루고 네게 복을 주어 네 이름을 창대하게 하리니 … 아브람아 두려워하지 말라"(창 12:2, 15:1)

마리아의 약혼자 요셉에게도 하나님은 말씀하셨습니다. "다윗의 자손 요셉아 네 아내 마리아 데려오기를 무서워하지 말라"(마 1:20).

언제나 구원은 같은 방식으로 시작됩니다. 두려움 속에서, 막다른 자리에서, 하나님은 이렇게 말씀하십니다. "두려워하지 말라. 가만히 서서 내가 행할 일을 보라."

이제 우리에게 남은 일은 많지 않습니다. 우리가 할 일은 하나입니다. 담담한 마음으로 기다리는 것입니다. 하나님께서 자신의 이야기를 어떻게 결말지으실지를 지켜보는 것입니다.

우리의 조급함으로 이야기를 재단하지 않고, 하나님의 방식으로 완성될 때까지 기다리는 것입니다.

오, 이스라엘이여, 주님을 기다리십시오.

주님으로부터 오는 구원의 능력이 반드시 임할 것입니다.

1부. 하나님이 먼저 오신다

7

크리스마스는 늘 변두리에서 시작된다

누가복음 2:1-9

"그 지역에 목자들이 밤에 밖에서 자기 양 떼를 지키더니
주의 사자가 곁에 서고 주의 영광이 그들을 두루 비추매
크게 무서워하는지라"(8-9).

오늘 본문은 누가복음에 기록된 '목자들의 이야기'입니다. 그들이 예수의 성육신이라는 기적을 발견했던 것처럼 우리 역시 그들과 함께 이 성탄의 장면을 다시 보고자 합니다. 어쩌면 여러분은 지금 이 크리스마스 이야기의 중심이 아니라 변두리에 서 있다고 느끼고 있을지도 모르겠습니다. 본문의 목자들처럼 말입니다.

연말연시가 다가오면 휴가를 떠나는 사람들도 있고, 멀리 있던 가족이 집으로 돌아오기도 합니다. 그러나 크리스마스의 이동이 늘 낭만적인 것은 아닙니다. 공항에서는 긴 줄을 서야 하고, 비행기는 지연되기 일쑤입니다. 자동차로 이동해도 고속도로는 주차장이 되기 쉽고, 기차나 버스 역시 무거운 짐과 함께하는 고단한 여정입니다. 솔직히 말해 크리스마스에 어디론가 떠나는 일은 쉽지 않습니다. 그냥 집에 가만히 머무는 편이 가장 편안해 보입니다.

하나님은 다른 길로 오신다

길 위에 있던 사람들만 본 기적

목회자나 사역자가 누리는 뜻밖의 특권 중 하나는 성탄절에 어디로 떠나지 않고 제자리에 머무는 일입니다. 여러 해 동안 나는 여행에서 돌아와 지친 얼굴로 교회 문을 드나드는 사람들을 보아왔습니다. 그래서 성탄절에 일해야 한다는 사실에 오히려 감사하기도 합니다.

그런데 성탄 이야기를 거듭 읽다 보니 분명한 사실이 보였습니다. 가만히 집에 앉아 있기만 해서는 결코 성탄의 기적을 발견할 수 없다는 것입니다.

본문을 차분히 따라가다 보면 이런 질문이 떠오릅니다. 누가 우리와 함께하시는 하나님(임마누엘)의 탄생을 목격했습니까? 나사렛에서 베들레헴으로 왔지만 머물 곳을 찾지 못했던 요셉과 마리아였습니다. 먼 길을 오다 늦게 도착한 동방의 점성가들도 있었습니다. 그리고 들에서 양을 치느라 마을 밖에 머물고 있던 목자들이 있었습니다.

이들에게는 한 가지 공통점이 있습니다. 편안한 집에 머물지 않았다는 사실입니다. 그들은 길 위, 중심이 아닌 변두리에 있었습니다.

반대로 누가 이 기적을 놓쳤습니까? 로마에 있던 아우구스투스 황제, 시리아 총독 구레뇨 그리고 헤롯왕입니다. 그의 서기관들은 메시아가 베들레헴에서 태어날 것이라는 사실은 알고 있었습니다. 그러나 그들은 그 사건을 보지 못했습니다. 정보는 있었지만 기적 앞에 서 있지는 않았습니다. 여관 주인 역시 기적이 바로 자기 뒤뜰에서 일어났음에도 그것을 알아보지 못했습니다. 누가는 이들이 왜 기적을 놓쳤는지를 분명히 말하지 않지만 한 가지는 분명합니다. 그들은 모두 그 자리에 눌러앉아 있던 사람들이었습니다.

예수 그리스도가 태어났다는 사실을 아는 것 자체는 그리 중요하지 않습니다. 그분이 어디에서 태어나셨는지를 아는 것도 마찬가지입니다. 성탄절이 예수의 탄생을 기념하는 날이라는 사실을 아는 것만으로는 충분하지 않습니다. 결정적인 질문은 우리가 지금 그 희망의 기적을 바라보고 있는가 하는 것입니다.

성경을 따라가다 보면, 기적을 본 사람들은 하나같이 자신이 '제대로 된 자리에 있지 않다'는 사실을 알고 있던 이들이었습니다. 중심에서 밀려나 있었고, 변두리에 서 있었으며, 어딘가 어긋나 있다고 느끼던 사람들이었습니다.

물론 성탄의 기적을 경험하려면 실제로 여행을 떠나야 한다는 뜻이 아닙니다. 요점은 이것입니다. 크리스마스의 기적을 보기 위해, 편안하지만 올바르지 않은 자리를 떠날 필요가 있다는 것입니다. 크리스마스는 본래 편안한 절기가 아닙니다. 관계도, 감정도, 일정도 흔들립니다. 아무것도 제자리에 가만히 있지 않는 계절입니다.

그럼에도 우리는 크리스마스에 대해 수많은 신화를 품고 살아갑니다. 잘 장식된 트리, 정갈하게 포장된 선물, 갓 구운 쿠키 냄새, 완벽하게 준비된 식사, 이상적인 가족의 모습, 아무도 상처받지 않고 아무도 다투지 않는 저녁 식사, 모두가 웃으며 캐럴을 부르는 장면들 말입니다. "기쁘다 구주 오셨네"라는 노래처럼 크리스마스는 늘 따뜻하고 충만해야 한다는 이미지 말입니다.

그러나 이런 신화에는 치명적인 문제가 있습니다. 이것은 우리의 첫 번째 크리스마스가 아니라는 사실입니다. 우리는 이미 알고 있습니다. 크리스마스에는 언제나 누군가 상처를 받습니다. 누군가는 산타가 되려다 지쳐 쓰러집니다. 누군가는 함께하지 못하고, 언제나 빈자리가 남습니다. 이 계절이 되면 우리는 그 사실을 유난히 선명하게 느낍니다. 그리고 누군가는 늘 기적과 신비의 변두리에 서 있다고 느낍니다. 어쩌

하나님은 다른 길로 오신다

면 그 사람이 바로 당신일지도 모릅니다.

그러니 이제 솔직해집시다. 크리스마스는 종종 스트레스가 많은 계절입니다. 많은 것이 제자리에 있지 않습니다. 그러나 바로 그 자리, 불편하고 어긋난 그 변두리에서, 성탄의 기적은 시작됩니다.

크리스마스는 머무는 절기가 아니라 떠나는 절기

크리스마스가 이렇게 버겁게 느껴지는 이유는 기대만큼 설레지 않아서만이 아닙니다. 크리스마스가 스트레스를 동반하는 계절인 이유는 원래 그런 때이기 때문입니다. 성경 이야기가 애초에 그렇게 전개되기 때문입니다. 크리스마스이브 밤, 구유로 향했던 모든 사람은 예외 없이 불안했고 지쳐 있었으며 마음이 무거웠습니다.

강보에 싸인 아기에게로 가는 길은 곧 고백의 길입니다. 지금 내가 마땅히 있어야 할 '제자리'에 있지 못함을 인정하는 고백입니다. 이 불편한 진실을 받아들일 때 우리 마음은 비로소 구세주를 맞이할 준비가 됩니다. 그리고 구주를 향해 마음이 열려 있는 그곳이야말로 그 순간 우리의 제자리가 됩니다.

목자들은 크리스마스 밤에 자신이 있길 바랐던 자리에 있지 않았다는 사실만은 분명합니다. 그들은 사회의 중심이 아니라 변방에 서 있던 사람들이었습니다. 양 떼와 함께 들판에 머물러 있었고, 집과 가족으로부터 떨어져 있었습니다. 도시의 찬란한 불빛과 축제의 소음에서 멀리 떨어진 곳, 파티와 웃음이 오가는 거리와는 전혀 다른 자리에 있었습니다. 그들 가운데 자신의 인생과 운명에 대해 들떠 있던 사람은 아무도 없었습니다.

원래 양을 치는 일은 구약에서 존중받는 직업이었습니다. 다윗 역시 목자였고, 그의 조상들도 그러했습니다. 예언자들은 하나님을 목자로 비유했고, 시편 23편은 그 절정입니다. 그러나 신약이 시작되던 1세기에 이르러 상황은 달라졌습니다. 사람들이 도시로 몰려들면서 목자는 점차 경멸받는 노동자가 되었고 사회의 변두리로 밀려났습니다. 그들은 더 이상 '제자리에 있는 사람들'로 인정받지 못했습니다.

그들은 남의 땅에서 양을 치는 사람들이었고, 그들의 삶에는 늘 좋지 않은 소문이 따라다녔습니다. 그들의 증언은 법정에서 받아들여지지 않았고, 가난했으며, 도시의 부유한 사람들이 소유한 양을 대신 돌보는 처지였습니다. 어떤 주석가는 이들을 오늘날로 치면 '주차장 관리인'과 비슷한 위치였을 것으로 설명합니다. 1세기 당시 그 누구도 오늘날 우리가 떠올리는 목가적인 낭만으로 목자들을 바라보지 않았습니다. 한때 존경받던 자리에서 그들은 완전히 소외되고 변두리로 밀려난 사람들이었습니다.

여러분도 한때 소중했던 크리스마스의 감격에서 점차 멀어지고 있다고 느낀 적이 있을 것입니다. 이번 성탄절에 여러분은 그 잃어버린 기쁨을 찾아 헤매는 사람일지도 모릅니다. 물론 여러분의 갈등은 크지 않을지도 모릅니다. 삶이 당장 무너진 것은 아닐지도 모릅니다. 그러나 우리는 매일 뉴스를 접합니다. 전 세계 분쟁 지역에서 반복되는 폭력을 보고, 멈추지 않는 재난의 이야기들을 듣습니다. 그렇게 세상의 고통이 하루하루 우리의 삶 안으로 스며들며, 설명할 수 없는 피로와 무력감을 남깁니다. 더 가까이 다가오는 것은 경기 침체와 경제적 한파가 남긴 상처들입니다. 여덟 명 중 한 명이 실업 상태라는 기사, 도시에서 죽어가는 아이들에 대한 끊임없는 소식들…. 그 앞에서 우리는 묻습니다. "위로와 기쁨의 소식이라니, 그것은 도대체 어디에 있단 말입니까?"

교회가 4주간 대림절을 지키는 이유는 그리스도의 오심을 가볍게

하나님은 다른 길로 오신다

넘기지 말라는 초대입니다. 이 시간은 진지하게 머물러야 할 시간입니다. 성경이 말하는 진지함은 제자리에 멈춰 서는 것이 아니라 언제나 길을 나서는 태도입니다. 여행을 시작하는 것입니다. 그러니 크리스마스에 그 자리에만 머물러 있지 마십시오. 누군가의 기대를 충족시키기 위해서, 성탄 시즌이 요구하는 분위기를 맞추기 위해서 혹은 과거의 크리스마스 분위기를 되살리기 위해 애쓰지 마십시오. 신화의 희생자가 되지 말고, 크리스마스의 기적을 향해 떠나십시오. 이 4주간, 오래 미뤄두었던 진짜 희망 앞에 다시 서십시오. 그리고 그 희망을 향해 첫 걸음을 내딛으십시오.

물론 그 여정이 쉽지만은 않습니다. 크리스마스에 우리가 다다라야 할 곳은 결코 쉽게 닿을 수 있는 자리가 아니기 때문입니다. 우리는 고백의 길로 들어서야 합니다. 우리가 스스로 기적을 만들어낼 수 없다는 고백입니다. 이것은 매우 어렵습니다. 자신의 한계와 약점, 통제할 수 없음, 완벽한 크리스마스를 만들어낼 수 없다는 사실을 인정해야 하기 때문입니다.

만약 여러분이 시저나 구레뇨, 헤롯이나 여관 주인처럼 또 하나의 시즌을 무사히, 성공적으로 통과했다면 그리스도의 희망은 여러분에게 낯설게 느껴질지도 모릅니다. 이 이야기를 너무 잘 알고 있기 때문입니다. 그러므로 이제는, 오직 구주만이 가져오실 수 있는 희망과 평화와 기쁨과 사랑을 갈망하고 있음을 솔직히 고백하십시오. 그리고 "오늘 다윗의 동네에 너희를 위하여 구주가 나셨으니 곧 그리스도 주시니라"(2:11)는 가장 놀라운 소식을 기다리며 밤을 지새우던 목자들의 자리에 합류하십시오.

그 변두리에서 크리스마스는 다시 시작됩니다.

8

성육신은 위로가 아니라 침입이다

누가복음 2:8-14

"그 지역에 목자들이 밤에 밖에서 자기 양 떼를 지키더니
주의 사자가 곁에 서고 주의 영광이 그들을 두루 비추매
크게 무서워하는지라"(8-9).

들에서 양을 치던 목자들에게 그날 밤은 다른 날과 다르지 않은 평범한 밤이었습니다. 저녁을 먹고 남은 시커먼 냄비를 닦는 사람도 있었고, 양 떼를 지키기 위해 야간 보초를 서는 사람도 있었으며, 얼어붙은 몸을 녹이려 모닥불가에 둘러앉은 사람들도 있었습니다. 그날 있었던 사소한 일 때문에 말다툼을 벌이던 이들도 있었을 것입니다. 하루이틀 함께 지낸 사이가 아니었으니 그들에겐 익숙한 풍경이었을 것입니다.

그처럼 너무도 평범한 밤에, 전혀 평범하지 않은 일이 일어났습니다. 주의 천사가 그들 앞에 나타났고, 주의 영광이 그들을 두루 비추었습니다. 그 순간, 목자들은 크게 무서워했습니다. 당황했고, 얼어붙었고, 공포에 사로잡혔습니다. 상상조차 할 수 없는 일이 눈앞에서 벌어졌기 때문입니다. 사람이 천사를 마주하면 등골이 서늘해지고 온몸이 굳어버리는 공포를 느낍니다. 성경이 반복해서 증언하는 바입니다.

하나님은 다른 길로 오신다

"길들여진 신성"을 거부하라

21세기를 사는 우리에겐 이 장면이 쉽게 와닿지 않습니다. 오늘날 우리가 떠올리는 천사의 이미지는 너무도 부드럽고 낭만적이기 때문입니다. 크리스마스 카드 속 천사는 늘 온화하게 미소 짓고 있습니다. "땅에는 평화로다"라고 속삭이는 듯한 모습입니다.

크리스마스트리 꼭대기에 앉아 있는 작은 천사 인형을 떠올려보십시오. 부드러운 털 날개를 단 채, 긴 드레스를 펼치고 있는 모습 말입니다. 이런 천사를 보고 누가 두려워 떨겠습니까?

오늘날 대중문화 속 천사는 대개 친근합니다. 우리를 대신해 위험을 막아주는 '수호천사' 이미지입니다. 주머니에 넣고 다닐 만큼 작은 목각 천사 인형이 한때 큰 인기를 끌었던 것도 그 때문입니다. 뉴에이지 서적들은 천사와 교감하는 법을 가르치고, 심지어 어떤 사람들은 "나는 무신론자이지만 천사는 믿는다"고 말하기도 합니다. 그러나 성경이 말하는 천사는 전혀 다릅니다.

천사는 하나님으로부터 온 메신저입니다. 그래서 천사를 본 사람들은 언제나 두려워했습니다. 천사는 여러분의 주머니 속에 들어가지 않습니다. 마음대로 꺼내 쓰거나 통제할 수 있는 존재가 아닙니다. 행운을 가져다주는 부적도, 필요할 때 불러내는 존재도 아닙니다.

천사는 신성(神聖)의 침입이며, 거룩함과의 조우입니다. 천사를 만난다는 것은 인간이 감히 범접할 수 없는 영역에 발을 들여놓는 것과 같습니다. 그리고 천사는 언제나 영광을 동반합니다. 하늘의 영광이 인간의 일상 속으로 밀려 들어옵니다. 그래서 주의 영광이 그들을 두루 비출 때, 목자들은 크게 무서워했습니다.

사가랴도 그랬습니다. 마리아도 그랬습니다. 가브리엘이 마리아에

1부. 하나님이 먼저 오신다

게 "은혜를 입은 자여, 주께서 너와 함께 하신다"고 말했을 때 그녀가 두려워 떨었던 이유는 단순한 놀라움 때문이 아니었습니다. 거룩함은 인간에게 늘 죽음의 위험을 동반했기 때문입니다. 그 거룩함이 지금, 자기에게 다가오고 있었기 때문입니다.

캐서린 노리스는 이 장면을 두고, 오늘날 많은 그리스도인이 빠져 있는 습관 하나를 날카롭게 지적합니다. 그녀는 그것을 "길들여진 신성"이라고 불렀습니다.[4] 우리가 더 이상 두려워하지 않는 거룩함, 더 이상 떨지 않는 하나님 말입니다.

하나님의 영광 안에 감싸여 있는 일상

사가랴와 마리아 그리고 목자들이 "주께서 너와 함께 하신다"는 말을 듣고 두려워했던 이유는 분명합니다. 그들은 일상에 맞춰 살아가는 데 익숙한 사람들이었기 때문입니다.

그러나 여러분, '일상적인 것들', '평범한 것들'을 가볍게 여기지 마십시오. 함부로 다루지 마십시오. 그렇게 살다 보면 우리의 영혼은 어느새 무뎌집니다. 밋밋한 영혼, 광택을 잃은 영혼, 김이 빠진 영혼, 아무것에도 놀라지 않는 영혼, 신비와 거룩함이 빠져나간 영혼…. 혹시 여러분의 영혼이 그런 상태는 아닙니까? 그런 영혼을 가진 사람들의 삶은 점점 직설법으로만 구성됩니다.

아침에 일어나 출근하고, 공과금을 내고, 볼일을 처리하고, 무심코 화면을 넘깁니다. 그렇게 하루를 소진하며 이게 전부인 것처럼 살아갑니다. 특별한 사건도 질문도 없이, 그저 살아가는 삶 말입니다. 그것이 그들 삶의 전부였던 것처럼 말입니다.

그러나 바로 그 자리, 너무 익숙해서 아무 일도 일어나지 않을 것 같

하나님은 다른 길로 오신다

은 그 자리에서 하나님의 영광은 갑자기 비추었습니다. 그리고 사람들은 그때에야 비로소 크게 무서워했습니다.

이와 대조적으로 천사들은 우리를 가정법의 세계로 불러냅니다. 그곳에서 우리는 멈춰 서서 경이로움을 경험합니다. 현실을 당연하게 받아들이는 직설법의 세계가 아니라 "정말 그럴 수가 있단 말인가?", "과연 그렇게 될 수 있단 말인가?" 하고 되묻게 되는 세계입니다. 만약 이런 질문조차 번거롭게 느껴진다면 천사들은 더 이상 설명하지 않습니다. 대신 단 한 문장으로 밀고 들어옵니다. "주께서 너희와 함께 계신다." 다른 때가 아니라 다른 곳이 아니라 지금 여기에서 말입니다.

이 말은 우리가 살아가는 일상의 평범함이 이미 하나님의 영광 안에 감싸여 있다는 것입니다. 목자들의 하찮아 보이던 일상이, 어느 날 갑자기, 그것도 크리스마스에 하늘의 영광 속에 들어오게 되었다는 사실입니다. 그렇다면 우리의 지루하고 반복적인 평범한 날들 속에서 어떤 일이 일어날지는 누가 감히 단정할 수 있겠습니까? 바로 이것 때문에 크리스마스는 "너무도 좋은 소식"입니다. 크리스마스는 하나님이 육체가 되셨다는 사건, 곧 성육신에 대한 이야기이기 때문입니다. 하나님께서 추상이나 관념이 아니라 우리와 같은 평범한 육체가 되셨다는 선언입니다.

성육신의 기적은 모든 육체를 축복하고 거룩하게 합니다. 그것은 거룩함을 일상에서 밀어내는 사건이 아니라 오히려 일상 속에서 거룩함을 발견하게 만드는 사건입니다. 크리스마스 이후, 평범하고 반복적인 일상은 "우리와 함께하시는 하나님", 곧 임마누엘을 알아보는 통로가 됩니다. 이제 모든 삶, 모든 인생, 심지어 특별할 것 없어 보이는 평범한 하루마저도 신비와 기적과 경이로 가득 찬 자리가 됩니다.

우리가 주님의 성찬상 앞에 나아갈 때마다 이 사실을 선포하는 것

1부. 하나님이 먼저 오신다

이 아닙니까? 그 자리에 놓인 것은 그저 평범한 빵과 잔입니다. 그러나 우리는 그 평범한 것들을 통해 은혜를 봅니다. 예수님께서는 이 성찬을 길게 설명하지 않으셨습니다. "이것은 내 몸이다. 이것은 내 피다." 그 말씀뿐이었습니다. 그러나 성령의 신비 안에서 그것은 주님과 실제로 교제하는 거룩한 만남, 곧 교통이 됩니다.

이 성례의 신비를 설명하는 일은, 어쩌면 키스를 말로 설명하려는 시도와 비슷할지도 모릅니다. 성례도 마찬가지입니다. 거룩함은 이해의 대상이 아니라 경험의 영역입니다. 머리로 분석하는 것이 아니라 몸과 삶으로 받아들이는 것입니다.

침입하시는 그리스도

그래서 요점은 이것입니다. 은혜는 "이해하는 것"이 아니라 "받는 것"입니다. 우리의 평범한 일상 속에는 성례전 같은 순간들이 무수히 흩어져 있습니다. 천사들이 말한 것처럼 주께서 우리와 함께 계시기 때문입니다. 은혜는 조용히 문을 두드리는 정도가 아니라 우리의 삶으로 문을 부수고 밀고 들어옵니다. 이런 이유로 천사들은 계속해서 선언합니다. "두려워하지 말라. 보라, 내가 모든 사람을 위하여 큰 기쁨의 좋은 소식을 전한다."

여러분의 일상은 이미 "큰 기쁨의 좋은 소식들"로 둘러싸여 있습니다. 문제는 그것이 없느냐가 아니라 우리가 그것을 보고 있느냐는 것입니다. 애니 딜러드의 말처럼 우리가 매일을 어떻게 보내는가는 곧 우리의 삶 전체를 어떻게 살아가고 있는지를 보여줍니다. 만약 우리 인생에 참된 기쁨과 거룩함이 있다면 그것은 특별한 날이 아니라 하나님의 축복이 스며 있는 평범한 하루 속에서 가장 평범한 방식으로 발견되어야 합니다.

하나님은 다른 길로 오신다

크리스마스는 사실 아주 많은 일상적인 행위로 채워진 절기입니다. 집을 장식하고, 트리를 세우고, 카드를 보내고, 선물을 고르고, 예배를 드리고, 대림절 프로그램을 준비하고, 찬양대 연습을 하고, 공연을 하고, 성탄절 이브 예배에 참석합니다. 늘 해오던 일들의 연속입니다. 그런데 성육신의 기적을 기념하기 위해 마련된 이 모든 예식과 행사를 지나면서도 정작 영광과 신비와 거룩함을 하나도 보지 못한다면 이것보다 더 비극적인 아이러니가 어디 있겠습니까? 그때 크리스마스는 하늘에서 온 소식을 잃어버린 채 매년 반복되는 분주한 일정으로만 남게 됩니다.

그러나 하늘의 영광은 이미 지금, 여기 와 있습니다. 그 영광은 우리의 둘레를 비추고 있습니다. 천사들은 크리스마스에만 영광을 전하지 않습니다. 그 영광은 매일 반복되는 평범한 일상 속에도 비치고 있습니다. 여러분이 부르심을 받은 이유는 그 영광을 만들어내기 위해서가 아닙니다. 하나님께서 여러분을 부르신 이유는 그것을 "보라!"는 것입니다. 또한 그것을 "받고", "큰 기쁨을 소유하라!"라는 것입니다.

하나님은 조용히 오시지만
그냥 지나가지는 않는다

대림절은 다가오는 크리스마스를 앞두고, 그저 날짜를 세며 기다리는 시간이 아니라 삶에 스며드는 거룩함을 깨어 기다리는 절기입니다. 그 거룩함을 보길 원한다면 우리는 반드시 보게 될 것입니다.

거룩함은 멀리 있지 않습니다. 그것은 때로 기적을 아무 의심 없이 믿는 한 아이의 눈빛 속에서 찾아올지도 모릅니다. 익숙해서 무심히 흘려듣던 캐럴의 가사가 어느 순간 가슴 깊이 파고들어, 설명할 수 없는 울림으로 다가올 수도 있습니다. 수없이 읽어 이미 다 안다고 여겼던 성경 구절이 어느 날 마치 생애 처음 듣는 말씀처럼 들리는 순간이 찾아올지도 모릅니다. 바로 그런 순간에 우리는 이유를 알 수 없지만 눈물을 멈출 수 없게 됩니다.

천사의 영광스러운 메시지는 아주 조용하고 예상치 못한 방식으로 다가오기도 합니다. 그 메시지는 웅장한 장면이 아니라 아주 평범하고 뜻밖의 순간에 스며듭니다. 낯선 이방인이나 연약한 사람을 돌보는 모습을 보다가, 이유 없이 마음이 풀어지는 순간일지도 모릅니다. 혹은 "땅에는 평화"라는 말을 무심히 넘기지 못하고, 그 문장 앞에 발걸음을 멈추게 되는 때일지도 모릅니다. 그 평화가 감정이 아니라 하나님의 결단임을 깨닫는 순간, 천사의 메시지는 더 이상 들리는 말이 아니라 가슴을 파고드는 진리가 됩니다.

그 영광은 화려한 예배당 안이 아니라 차가운 겨울바람을 맞으며 집으로 돌아가는 길 위에서 찾아올 수도 있습니다. 혹은 아무 이유 없이, 지금 돌아갈 수 있는 집이 있다는 사실 하나만으로 깊은 감사가 차오르는 순간에 다가올지도 모릅니다. 그런 순간들, 바로 그때가 하나님께서 우리 삶 속으로 보내시는 천사들의 방문입니다. 일상이라는 옷을 입고 찾아와, 평범함 속에 숨겨진 신성과 거룩함으로 우리를 놀라게 하는 천사들 말입니다.

만일 여러분이 크리스마스에 이런 천사 중 하나라도 보기를 간절히 원한다면 여러분은 반드시 보게 될 것입니다. 거룩함은 준비된 눈에 자신을 숨기지 않기 때문입니다.

하나님은 다른 길로 오신다

9

와서 보라: 기다림을 멈추게 하는 복음

누가복음 2:15-17

"목자들이 빨리 가서 마리아와 요셉과 구유에 누인 아기를 찾아서 보더라"(16).

어릴 적 크리스마스가 다가오면 아버지는 늘 작은 선물을 주셨습니다. 눈이 내리는 크리스마스이브에는 설렘을 도무지 숨길 수 없었습니다. 지금 돌아보면 선물은 대부분 소박했습니다. 두툼한 장갑 한 켤레, 4H 연필 한 다스, 알록달록한 책받침, 장난감 자동차 같은 것들이었습니다. 가끔은 뜬금없이 동아전과나 수련장이 놓여 있기도 했습니다.

하지만 그 모든 것과는 비교할 수 없는 소망이 하나 있었습니다. 선로 위를 달리는 장난감 기차였습니다. 어느 해에는 겨울이 오기도 전에 가을부터 그 기차를 성탄절 선물로 사달라고 조르기 시작했습니다. 아버지는 공략하기 어려운 분이었기에 저는 가장 만만한 어머니에게 매달렸습니다. 지금처럼 사진이나 영상을 보여줄 수 없던 때라 그게 무엇인지 말로 설명하며 설득해야 했고 그만큼 애를 써야 했습니다. 그럴 때마다 돌아오는 대답은 늘 같았습니다. "기다려 봐라"wait and see.

부모가 되고서야 어른들이 왜 "기다려 보라"는 말을 즐겨 쓰는지 깨달았습니다. 확답도 거절도 피하려는 부모만의 안전장치였겠지요. 하지만 아이에겐 그 말이 "계속 졸라도 된다"는 신호로 들렸습니다. 끈질긴 요구 끝에 몇 년 만에 장난감 기차를 손에 넣었을 때, 저는 비로소 알게 되었습니다. 우리네 삶의 상당 부분이 사실상 "기다려 보는 일"로 채워져 있다는 사실을 말입니다.

기다림에 갇힌 인생, 구유를 지나치다

목회자로 살면서 그런 장면을 수없이 보았습니다. 사람들은 늘 앞일을 모른 채 기다립니다.

어느 날 한 분이 정기 건강검진을 받았습니다. 검사가 끝난 뒤 의사는 말합니다. "몇 가지 검사를 더 해봐야겠습니다." 추가 검사를 마치고 집으로 돌아온 그분에게 가족들이 묻습니다. "어떻게 됐어요?" "의사가 뭐래요?" 돌아오는 대답은 이것입니다. "기다려 보래요."

오랫동안 직장이 없던 사람이 마침내 면접을 보게 됩니다. 면접을 마치고 집으로 돌아오는 길, 집에서 기다리던 아내에게 전화를 겁니다. 분위기는 어땠는지, 질문은 무엇이었는지, 느낌은 어땠는지 하나하나 설명합니다. 그러자 아내가 묻습니다. "그래서 결과는요?" 잠시 침묵 끝에 돌아오는 대답은 이것입니다.

"기다려 보래."

어느 날 누군가와 데이트를 합니다. 아주 진지한 만남이었습니다. 이제 그 사람이 다시 연락할지, 우리는 "기다려 보아야" 합니다. 대학원에 지원했습니다. 합격 통지가 올지 말지, 역시 "기다려 보아야" 합니다. 대학을 졸업하고 여러 회사에 원서를 냈습니다. 할 수 있는 일은 하나뿐

하나님은 다른 길로 오신다

입니다. "기다려 보아야" 합니다. 몇 달 동안 법정에서 치열하게 다툰 끝에 이제 선고만 남았습니다. 결과를 두고 우리는 또 "기다려 보아야" 합니다. 은행에 대출을 신청했습니다. 승인 여부를 놓고 "기다려 보아야" 합니다. 자녀들의 앞날이 어떻게 펼쳐질지, 건강이 좋아질지 나빠질지, 우리는 끝없이 "기다려 보아야" 합니다.

이처럼 우리의 인생 대부분은 사실 "기다려 보는 시간"으로 이루어져 있습니다. 확실한 것 하나 없이 기대와 불안 사이에서 시간을 보냅니다. 그 기다림 속에서 우리는 둘 중 하나입니다. 인내하며 버티거나, 근심하며 초조해하거나. 그러나 어느 쪽이든 피할 수 없는 사실은 이것입니다. 우리는 결국 기다려야 한다는 것입니다.

며칠 전까지만 해도 세상 전체가 그런 기다림 속에 있었습니다. 누가 선거에서 이길 것인가? 이 나라는 어디로 가고 있는가? 북한의 미사일 발사는 무엇을 의미하는가? 시야를 더 넓히면 질문은 더 커집니다. 중동의 혼란은 어떻게 될 것인가? 이란의 전쟁은 끝날 수 있는가? 이렇게 고통스러운 세상에서, 천사들이 노래한 "이 땅 위의 평화"는 정말 가능한 것인가? 우리는 여전히 그 평화를 간절히 소망합니다. 그러나 동시에 인정할 수밖에 없습니다. 지금 우리는, 또다시 "기다려 보고" 있다는 사실을 말입니다.

"기다려 보는 것"wait and see은 언제나 힘들고 어렵습니다. 그래서 우리가 성탄절을 앞두고 스스로를 혹사하는지도 모릅니다. 희망과 평화와 기쁨과 사랑, 그 약속된 선물을 영혼 깊이 갈망하면서도, 정작 일상에서는 그것을 보지 못한 채 살아가기 때문입니다. 삶이 너무 혹독해서일 수도 있고, 반대로 너무 무료해서일 수도 있습니다. 혹은 걱정과 두려움이 마음을 먼저 채우고 있기 때문일 것입니다.

크리스마스 장식을 하고, 연말 모임에 나가고, 성탄 카드를 보내고,

1부. 하나님이 먼저 오신다

가족 여행을 계획하는 일들은 사실 희망과 평화와 기쁨과 사랑을 어떻게든 현실로 붙잡아보려는 몸짓입니다. 그런데 비극적인 아이러니는, 그렇게 분주하게 움직이는 사이 우리가 정작 구유를 지나쳐버린다는 데 있습니다. 구유야말로 크리스마스의 신적 선물을 만날 수 있는 유일한 자리인데, 그곳을 스쳐 지나간다는 것은 참으로 아이러니한 일입니다. 사실 어디에도, 어떤 방식으로도 우리가 스스로 크리스마스의 선물—희망과 평화와 기쁨과 사랑—을 만들어낼 수 있는 곳은 없습니다. 오직 하나님만이 그 선물을 주실 수 있기 때문입니다. 선물은 조용하고 겸손한 마음으로 감사하며 받는 것입니다. 애써 얻어내는 것이 아니라 값없이 받아들이는 것이기 때문입니다.

누가복음은 예수의 탄생 장면에서 천사들이 외친 "땅에는 평화로다"(2:14)라는 선언으로 시작해 예수께서 나귀를 타고 예루살렘에 입성하실 때 제자들이 노래한 "하늘에는 평화로다"(19:38)라는 찬양으로 마무리됩니다. 이 서로를 비추는 두 문장은 누가가 전하는 복음 전체를 묶는 책갈피처럼 들립니다. 그 좋은 소식의 핵심은 이것입니다. 예수 그리스도를 통해 하늘과 땅이 다시 만났고, 하늘의 선물이 지금 여기, 이 땅에서 발견될 수 있게 되었다는 사실입니다.

초대에 응답하기: "와 보라!"(Wow, 보라!)

이 말의 뜻은 분명합니다. 희망과 평화와 기쁨과 사랑을 기다리며 지켜보고 있으라는 것이 아닙니다. 와서 예수 그리스도를 보라는 것입니다. 우리와 함께하시는 하나님을, 지금 여기에서 직접 보라는 초대입니다. 더 기다릴 필요가 없습니다.

앞에서 우리는 주의 천사가 목자들 앞에 서고, 주의 영광이 그들 둘

하나님은 다른 길로 오신다

레를 비추던 장면을 살폈습니다. 베들레헴에 구주가 태어났다는 소식, 하늘의 천군이 "지극히 높은 곳에서는 하나님께 영광"을 외치던 순간 말입니다. 그 장면이 끝난 뒤, 목자들이 "와, 놀라운 일이네. 이제 다시 정신 차리고 양이나 돌보자"고 말하며 바로 일상으로 돌아갔을까요? 결코 그렇지 않습니다.

> 천사들이 떠나 하늘로 올라가니 목자가 서로 말하되 이제 베들레헴으로 가서 주께서 우리에게 알리신 바 이 이루어진 일을 보자 하고 빨리 가서 마리아와 요셉과 구유에 누인 아기를 찾아서 보고 천사가 자기들에게 이 아기에 대하여 말한 것을 전하니 듣는 자가 다 목자들이 그들에게 말한 것들을 놀랍게 여기되(2:15-18).

그런데 우리는 그렇게 하지 않습니다. 대림절과 성탄의 선언이 끝나면 마치 아무 일도 없었던 것처럼 다시 일상으로 돌아갑니다. 양 떼 곁으로 돌아가듯 익숙한 일들 속으로 복귀합니다. 그리고 거기서 기적을 만들어보려 애씁니다. 이미 기적이 우리에게 주어졌는데도 말입니다.

목자들은 달랐습니다. 그들은 말했습니다. "이제 베들레헴으로 가서 주께서 우리에게 알리신 바 이 이루어진 일을 보자." 그리고 서둘러 가서 마리아와 요셉과 구유에 누인 아기를 보았습니다. 그들은 기다리지 않았고, 계산하지도 않았습니다. 움직였습니다. 성탄절에 우리는 목자들의 뒤를 따라가야 합니다. 우리와 함께하시는 하나님으로 이 땅에 오신 구주를 와서 보십시오. "와 보라!"는 초대에 응답하십시오.

병원 검사실에서 어떤 소식을 듣게 되더라도, 일터와 가정에서 무슨 일이 벌어지더라도, 세상의 예측할 수 없는 사건들 한가운데 서 있더라도 우리는 두려워할 필요가 없습니다. 더 이상 "기다려 볼" 이유도 없

1부. 하나님이 먼저 오신다

습니다. 우리가 할 일은 단 하나입니다. 하나님이 지금 여러분과 함께 계시며, 이처럼 사랑하시는 세상과 함께 계신다는 사실을 와서 보는 것입니다. 와 보라.

하늘과 땅이 만난 자리, 구유

그리스도 안에서, 그리스도를 통하여 하늘과 땅은 다시 연결되었습니다. 그런데 그 연결의 장소가 다름 아닌 구유였다는 사실은 놀랍지 않습니까? 목자들이 매일같이 보아왔고, 너무도 익숙해서 더 이상 의미를 묻지 않던 바로 그 자리 말입니다. 하나님은 가장 위대한 만남을 가장 낮고 평범한 장소에서 시작하셨습니다. 성육신이 구유에서 시작되었다는 사실은, 예수께서 특별한 곳보다 우리의 일상 한가운데로 오시기를 선택하신 분임을 보여줍니다.

그리스도께서 당장 내년에 세상을 완전히 바꾸실 것이라고 약속할 수는 없습니다. 그러나 여러분의 삶은 분명히 달라질 수 있습니다. 그 변화는 무엇을 더 얻어서가 아니라 이미 받은 것을 보는 데서 시작됩니다. 예수 그리스도 안에서 우리는 이미 크리스마스의 선물, 곧 희망과 평화, 기쁨과 사랑을 받았습니다.

이 선물들은 하늘로부터 우리 마음에 주어진 것이기에, 땅에서 그 누구도 빼앗아갈 수 없습니다.

하나님은 다른 길로 오신다

10

성탄절 선물 반품들

누가복음 2:15-20

"마리아는 이 모든 말을 마음에 새기어 생각하니라
목자들은 자기들에게 이르던 바와 같이 듣고 본 그 모든 것으로 인하여
하나님께 영광을 돌리고 찬송하며 돌아가니라"(19-20).

크리스마스 선물 반품은 익숙한 풍경입니다. 선물받은 스웨터의 사이즈나 색상이 마음에 들지 않으면 영수증을 들고 매장을 찾습니다. 크리스마스 직후 매장은 반품 물건들로 북적입니다. 그런데 그 반품들 가운데에는 작은 드라마가 하나씩 숨어 있습니다.

우리 집에는 딸에게 성탄 선물을 주는 오랜 전통이 있었고, 그것은 크리스마스 쇼핑 중 가장 신경 쓰이는 일이었습니다. 어릴 적에는 내 선택이 늘 성공적이었습니다. 선물을 푸는 순간 딸의 얼굴에 번지는 기쁨을 보며 나 역시 행복했습니다. 하지만 아이가 자랄수록 쇼핑은 점점 길어지고 어려워졌습니다. 취향을 맞추는 일이 쉽지 않았기 때문입니다.

특히 십 대가 되자 선물 고르기는 마치 살얼음판을 걷는 일 같았습니다. 어느 크리스마스 아침, 딸이 선물 상자를 열었지만 얼굴빛이 밝지 않았습니다. 고마움을 표현하려 애쓰는 모습이 분명했습니다. 결국 내

가 먼저 말했습니다. "마음에 안 들면 가서 바꾸렴." 그렇게 우리 가족의 작은 전통은 조용히 막을 내렸습니다.

대림절 네 주 동안, 우리는 성육신의 선물을 하나씩 펼쳐 듭니다. 희망, 평화, 기쁨, 그리고 사랑.

성육신은 단순한 공감이나 이해를 넘어섭니다. 예수 그리스도의 탄생은 하나님께서 우리의 육신을 입으셨다는 선언입니다. 우리의 감정과 관심, 연약함과 약점, 심지어 인간의 필멸성(必滅性)까지도 하나님께서 기꺼이 받아들이셨다는 뜻입니다. 이것은 하나님이 우리에게서 받으신 것입니다. 반대로 우리가 그분에게서 받은 것은 하늘로부터 가져오신 선물들입니다. 희망과 평화, 기쁨과 사랑입니다.

그러므로 오늘의 질문은 이것입니다. 하나님이 주신 크리스마스 선물 가운데, 여러분은 어떤 것을 '잘 맞지 않는다'며 반품하려 하고 있습니까?

왜 우리는 선물을
선물로 받지 못할까

희망을 반품하시겠습니까? 사람도 세상도 더 나아질 것 같지 않다는 이유로, 희망을 돌려보내려 하십니까? 희망적인 경험의 반대편에 서 있다고 느끼십니까?

한 중년은 이렇게 말합니다. "인생의 흥미로운 갈림길은 이미 지났고 이제 결과만 남았는데, 도대체 무슨 희망을 걸겠습니까?" 그래서 희망을 반품하시겠다는 것입니까?

혹은 아직 젊은 분이라면 희망이라는 선물이 오히려 더 큰 실망을 안겨준다는 사실을 이미 배워버린 것은 아닙니까? 희망을 품었다가 너

하나님은 다른 길로 오신다

무 많이 실망했기에 이제는 아예 그 선물을 받지 않겠다고 마음먹은 것은 아닙니까?

평화라는 선물을 반품하시겠습니까? 그저 성탄절에만 쓰이는 천사들의 뻔한 수사일 뿐, 평소에는 아무 쓸모가 없다고 느끼기 때문입니까?

예수께서 태어나시던 그 밤 이후로 이 세상은 여전히 평화를 알지 못했으니, 그 약속 자체가 무효라고 판단합니까? 아니면 여러분의 삶이 평화와는 너무 멀리 떨어져 있다고 느끼기 때문에 애초에 그 선물을 받기엔 부적절하다고 생각합니까?

나라와 나라 사이에는 분쟁이 끊이지 않고, 관계들 안에도 갈등이 있으며, 심지어 우리 마음속에도 균열과 충돌이 있습니다. 건강, 자녀, 돈에 대한 걱정거리는 끝이 없습니다. 이 가운데 어느 것 하나도 우리에게 참된 내적 평화를 허락하지 않습니다.

우리는 스스로에게 말합니다. "성숙하다는 것은 갈등과 걱정을 잘 관리하는 것이다." 그래서 평화라는 선물을 현실감 없는 감상쯤으로 치부해버립니다. 우리가 세상 물정에 얼마나 밝아졌는지 모르시고, 하늘 아버지는 아직도 순진하게 평화를 이야기하고 계신 것처럼 느낍니다.

기쁨을 반품하시겠습니까? 오래된 상처들로 마음이 가득 차, 더 이상 기쁨이 들어올 자리가 없기 때문입니까? 혹시 기쁨에 대해 냉소적으로 굴며, 스스로를 보호하려 애쓰고 있지는 않습니까?

"즐거운 성탄절 되세요"라는 인사에 "올해도 시어머니를 실망시키지 않으려고 애써야죠." 이런 대답이 자연스럽게 튀어나온다면 이미 기쁨에 마음을 활짝 열고 있지는 않다는 신호일지도 모릅니다.

냉소는 실망을 줄여주지만 그 대가로 기쁨이 들어올 문을 닫아버립니다. 일터는 여러분에게 충분한 기쁨을 주지 못합니다. 건강한 가정도,

좋은 결혼도, 깊은 우정도 기쁨의 근원이 되기에는 부족합니다. 관계를 진정으로 누리는 비결은, 그 관계에게 구세주의 자리를 내주지 않는 것입니다.

사랑을 반품하시겠습니까? 우리는 사랑하는 사람을 위해 기꺼이 모든 것을 쏟아냅니다. 그러다 보면 어느새 상대에게 없어서는 안 될 존재가 됩니다. 그러나 이상하게도 꼭 필요한 사람이 되는 순간 우리는 더 이상 사랑받지 못할 때가 많습니다.

신학교에서 한 교수님이 종종 이렇게 말씀하셨습니다. "여러분은 필요한 사람이 아닙니다. 여러분은 사랑받아야 할 사람입니다. 사랑은 언제나 선택이지만 필요는 선택이 아닙니다." 하나님께서 굳이 육체를 입고 우리 가운데 오실 필요는 없었습니다. 그럼에도 오신 이유는 단 하나, 사랑을 선택하셨기 때문입니다.

그런데 우리는 왜 그토록 '필요한 사람'이 되려고 애쓸까요? 어쩌면 우리는 사랑보다도 필요성을 더 의지하며 살아가는지 모릅니다. 누군가에게 꼭 필요한 존재가 되어야만 비로소 내 자리가 보장된다고 믿는 것입니다. 그렇게 주변 사람들에게 끊임없이 필요한 존재가 되려 애쓰다 보면, 결국 우리는 탈진하고 지치고 외로워집니다. 그렇지 않다면 문제는 또 다른 곳에 있습니다. 이제는 더 이상 여러분을 필요로 해줄 사람이 예전만큼 충분하지 않다는 사실입니다.

목자들은 자신들이 만난 천사 이야기, 둘레를 비추던 하나님의 영광, 구주가 태어났다는 소식을 만나는 사람들에게 전했습니다. 사람들은 놀랐습니다. 너무 놀라워서 오히려 믿기 어려울 정도였습니다. 그 이야기는 현실에 딱 맞기에는 지나치게 꿈같았기 때문입니다. 그리고 그들은 이야기에서 사라집니다.

성경은 성육신의 소식 앞에서 놀라기만 하고 돌아서버린 사람들에

하나님은 다른 길로 오신다

대해 더 이상 말하지 않습니다. 놀람은 있었지만 선택은 없었기 때문입니다. 그들은 그 선물을 조용히 반품해버린 셈입니다.

우리에게 필요한 모든 것은 이미 주어졌다

크리스마스 이야기의 가장 두렵고도 충격적인 사실은 이것입니다. 우리가 크리스마스의 선물들을 돌려보내고 싶어 한다면 하늘 아버지는 그 선택마저 허락하신다는 점입니다.

그러나 마리아는 달랐습니다. 목자들이 보고 들은 이야기를 전했을 때 마리아는 소리 높여 놀라지 않았습니다. 대신 "마리아는 이 모든 말을 마음에 새기어 생각"(2:19)했다고 성경은 전합니다. 열두 해 뒤, 예수께서 성전에서 "내가 내 아버지 집에 있어야" 된다고 말씀하셨을 때도 마리아는 그 말을 다시 마음에 두고 곰곰이 되새깁니다(2:49, 51).

마음에 둔다는 것은 혼란스러운 말을 밀어내지 않고 붙들고 묵상하며 오래 곱씹는 일입니다. 마음의 다락방에 올려두고 어떻게 입을지, 어떻게 살아낼지를 고민하는 것입니다. 마리아는 이 일을 짧은 시간에 끝내지 않았습니다. 긴 시간을 들여 그 선물을 품었습니다.

성탄절에 우리가 해야 할 일도 같습니다. 선물을 돌려보낼지 결정하기 전에, 먼저 그것을 가슴에 두고 오래 생각해보는 것 말입니다. 성경은 이것을 선택이라 부릅니다. 그리고 본문은, 그 선택 이후의 길을 우리에게 보여줍니다.

목자들은 크리스마스의 선물을 "반품하지 않는" 가장 좋은 길을 보여줍니다. 그들은 다시 본연의 일상으로 돌아갑니다. 양 떼 곁으로, 어제와 다르지 않은 일상으로 돌아갑니다. 그러나 빈손은 아니었습니다. 그들의 일상은 그들이 보고 들은 것에 의해 달라졌기 때문입니다. 성탄의 약속이 그저 놀라운 이야기로 끝났다면 크리스마스는 평범한 날들과 분리된 휴일에 불과했을 것입니다. 그러나 그 약속을 보고 들었다면 크리스마스는 일상을 바꾸는 거룩한 날이 됩니다.

거룩한 날이란 사물의 진짜 모습을 잠시나마 알아보는 순간이며, 하나님께서 우리 삶 한가운데 친히 자신을 드러내시는 때입니다. 그날들은 평범한 일상의 껍질을 벗겨내어 그 아래 숨겨진 진실을 보게 합니다.

새벽 두 시, 아내가 침대에 없어 아기방으로 갑니다. 의자에 앉아 젖을 먹이는 아내의 모습이 보입니다. 지친 얼굴, 헝클어진 머리. 그런데 그 순간, 그는 결혼식 날보다 더 아름답다고 느낍니다. 젊은 엄마가 아이에게 그림책을 읽어주는 장면을 보다가 이유 없이 눈물이 흐릅니다. 그날 밤, 어머니에게 전화를 겁니다. 가장 평범한 방식으로 받아왔던 희망과 평화와 기쁨과 사랑이 떠오릅니다.

한 학생이 무거운 마음으로 도서관에 들어갑니다. 시험과 마감이 산처럼 쌓여 있습니다. 그때 시각장애인을 위해 문을 열어줍니다. 그 순간 그는 깨닫습니다. 자신에게 정말 필요한 것은 이미 주어졌다는 사실을 말입니다.

이런 순간들이 거룩한 날입니다. 크리스마스의 목적도 같습니다. 우리의 삶에 대해 늘 참이었던 것을 보게 하는 것입니다. T. S. 엘리엇의 말처럼 "모든 탐구의 끝은 우리가 시작한 곳으로 돌아와 그곳을 처음으로 아는 데 있다".

크리스마스는 깨어 있으라는 부름입니다. 희망과 평화와 기쁨과 사랑이 이미 우리의 삶 속에 있음을 보라는 초대입니다. 그날이 지나면 우리는 다시 일상으로 돌아가지만, 이제는 하나님을 영화롭게 하고 찬양하며 일상을 맞이하게 됩니다. 이미 육체를 입고 우리 삶을 받아들이신 하나님 안에서, 그 삶을 다시 받아들이며 말입니다.

하나님은 다른 길로 오신다

11

돌아가다, 그러나 다르게

누가복음 2:15-20

"목자들은 자기들에게 이르던 바와 같이 듣고 본 그 모든 것으로 인하여
하나님께 영광을 돌리고 찬송하며 돌아가니라"(20).

르네상스 예술의 기초를 놓은 대표적인 작품으로 바티칸 시스티나 성
당의 천장 프레스코화를 꼽을 수 있습니다. 이 작품은 이탈리아의 조각
가이자 화가, 건축가, 시인이었던 미켈란젤로(Michelangelo, 1475~1564)
가 교황 율리우스 2세의 요청으로 그린 것입니다. 그는 1508년 7월부터
1512년 10월까지, 무려 4년 동안 이 거대한 작업을 이어 갔습니다. 오늘
날 서양 문화가 낳은 가장 위대한 예술 작품 가운데 하나로 평가받지만
그 작업의 과정은 결코 낭만적이지 않았습니다.

상상해보십시오. 그는 지상에서 약 18미터 높이의 작업대 위에 위
태롭게 서 있어야 했습니다. 턱수염이 하늘을 향하도록 고개를 한껏 젖
히고, 등은 활처럼 휘어진 상태였습니다. 얼굴에는 페인트가 떨어지고
팔은 점점 무감각해졌습니다. 종일 그 상태로 작업한 뒤에는 조심스럽
게 설치대에서 내려와야 했습니다. 몸은 천근만근 무겁고 온몸이 지쳐

있었습니다. 저녁을 먹고 난 뒤 그는 친구에게 이런 유머러스한 시를 보냈다고 합니다. "나는 몹시 불편한 곳에 있어. 내가 있어야 할 곳이 아닌가 봐! 나는 화가가 아냐."

그런데 다음 날 아침, 그는 다시 일어나 비계 위로 올라갔습니다. 그리고 붓을 들어 창조주의 위엄을 그리는 일을 계속했습니다. 도대체 무엇이 그로 하여금 다시 붓을 들게 했을까요? 글의 마지막에서 이 질문으로 다시 돌아오겠습니다.

기적을 본 사람들의 귀환

첫 번째 크리스마스는 우리가 흔히 떠올리는 '메리 크리스마스'의 들뜬 분위기와는 전혀 달랐습니다. 우리는 적어도 크리스마스가 12월 25일임을 알고 있습니다. 그러나 최초의 크리스마스는 전혀 예상치 못한 순간에 찾아온 사건이었습니다. 하나님이 인간이 되어, 갓난아기의 모습으로 베들레헴에 오셨기 때문입니다.

하늘의 통보를 받은 들판의 목자들은 양 떼를 뒤로한 채 구세주의 탄생을 보러 달려갔습니다. 우리 역시 그들처럼 크리스마스마다 이 거룩한 이야기를 듣기 위해 모입니다. 여관 뒤 헛간에서 피난처를 찾은 마리아와 요셉, 목자들에게 기쁜 소식을 전하는 천사들 그리고 강보에 싸여 구유에 누인 아기를 찾아 서둘러 가는 목자들의 이야기 말입니다.

우리는 매년 이 이야기를 반복해서 듣고, 목자들과 함께 그 자리에 서서 "거룩한 기적"을 다시 발견합니다. 그러나 바로 이 지점에서 성경 본문은 우리를 다른 곳으로 데려갑니다.

마지막 구절을 다시 읽어 봅시다. "목자들은 자기들에게 이르던 바와 같이 듣고 본 그 모든 것으로 인하여 하나님께 영광을 돌리고 찬송하

하나님은 다른 길로 오신다

며 돌아가니라"(눅 2:20). 본문은 우리가 성탄절 예배를 마치고 귀가하듯 "목자들이 돌아갔다"고 기록합니다.

그렇다면 크리스마스의 기적을 경험한 목자들은 어디로 돌아갔을까요? 캄캄한 밤에 하늘의 천사들의 노래를 들었습니다. 갓난아기가 세상을 구원할 메시아라는 소식을 들었습니다. 그리고 실제로 마리아와 요셉, 구유에 누인 아기를 찾아냈습니다. 상상을 초월하는 사건을 경험한 이 사람들이 어디로 갔을까요?

신학교로 갔을까요? 선교지로 갔을까요? 간증 집회라도 열었을까요?

아닙니다. 그들은 다시 양 떼가 있는 곳으로 돌아갔습니다. 그들은 여전히 목자였기 때문입니다.

마리아와 요셉도 마찬가지였습니다. 그들은 호적을 등록하기 위해 베들레헴에 왔습니다. 당시 로마 황제 아우구스투스가 인두세를 거두기 위해 모든 사람에게 호적 등록을 명했기 때문입니다. 그래서 그들은 세금을 냈고, 또 예루살렘 성전에서 아기를 하나님께 드리는 예식도 치렀습니다. 그러나 결국 그들도 나사렛으로 돌아갔습니다. 요셉 역시 목수로 일하던 고향으로 돌아갔습니다. 자신의 생업과 일터로 발길을 돌린 것입니다.

하나님이 일하시는 평범한 시간

분명한 사실이 하나 있습니다. 어느 누구도 구유에 계속 머물지 않았고, 아무도 크리스마스의 기적에만 안주하지 않았다는 사실입니다. 1월 중순이 되었는데도 아직 크리스마스 장식이 달린 집을 본 적이 있습니까?

성탄절은 일상을 잠시 멈추고, 하나님이 친히 사람이 되셨다는 영적 진리를 깊이 새기는 거룩한 절기입니다. 그러나 이런 날들이 존재하는 이유는 결국 우리가 대부분의 시간을 보내는 평범한 일상을 더 충실하게 살아내도록 하기 위해서입니다. 이제 우리가 돌아가는 곳은 평범한 날들, 일상의 자리입니다.

누가복음에는 흥미로운 특징이 있습니다. 누가는 평범한 시간을 긴 공백으로 남겨둡니다. 예수님의 탄생 이후 우리는 예수님이 열두 살이 될 때까지 그 거룩한 가정을 다시 만나지 않습니다. 그리고 서른 살이 될 때까지 또다시 아무 이야기도 나오지 않습니다. 요셉에 대한 기록도 어느 순간 완전히 사라집니다. 목자들의 이야기도 다시는 등장하지 않습니다.

그렇다면 이 긴 공백 속에서 무슨 일이 있었을까요? 너무 평범해서 기록할 필요가 없었던 것일까요? 아니면 이 침묵 자체가 우리에게 무엇인가를 말하고 있는 것일까요? 어쩌면 누가는 평범한 시간도 복음의 일부라고 말하고 있는지도 모릅니다.

목회를 하다 보면 결혼식장보다 장례식장에 더 자주 가게 됩니다. 미국에서 목회할 때 제가 가장 좋아했던 시간은 가족과 친구들이 고인의 삶을 이야기하는 추도사 시간이었습니다. 한국에서는 '조사'(弔辭)라고 하지만 서양에서는 '축사'(祝辭, eulogy)라는 단어를 씁니다.

좋은 추도사는 대개 고인이 남긴 사랑과 용기, 삶의 철학 같은 귀한 유산을 기립니다. 그러나 추도사에는 항상 빈칸이 있습니다. "어머니는 화요일마다 세탁기를 돌리셨습니다." "내 여동생은 매달 25일에 은행에 가서 관리비를 냈습니다." 이런 이야기는 추도사에 등장하지 않습니다. 그러나 우리의 삶 대부분은 바로 그런 시간들로 이루어져 있습니다. 아무도 기록하지 않는, 너무 평범해서 말해지지 않는 시간들입니다. 하지만 바로 그곳이야말로 복음이 가장 절실히 필요한 자리입니다. 평범한 일상 말입니다.

하나님은 다른 길로 오신다

평범한 날들 속의 하나님의 영광

인간의 정신은 위기 앞에서는 어떻게든 맞서 싸우고, 행복한 순간에는 기꺼이 그것을 온전히 누립니다. 그러나 삶의 대부분은 위기의 골짜기나 환희의 산꼭대기가 아닌, 지극히 평범한 평원에서 흘러갑니다. 그런데 우리가 가장 큰 실수를 저지르는 곳도 그 평범한 일상입니다. 삶의 긴 여백을 그냥 흘려보낼 때 우리는 쉽게 지루해지고, 산만해지고, 뭔가 특별한 것을 스스로 만들어내고 싶은 유혹에 빠집니다. 문제는 거기서 생깁니다. 지루할 만큼 평범한 일상을 다룰 때 우리에게 하나님의 도우심이 가장 절실히 필요한 이유가 여기에 있습니다.

구유의 기적이 우리의 일상에 아무런 영향을 미치지 않는다면 그것이 진정 우리 삶에 가치 있는 것이겠습니까? 우리는 휴일에 살지 않습니다. 성탄절에 살지 않습니다. 아이 콧물 닦기, 저녁 준비, 반려견 산책, 고장 난 수도꼭지 고치기 등 우리는 이런 사소하고 일상적인 책임을 다하며 살아갑니다. 그렇다면 복음, 곧 하나님이 사람이 되신 성육신의 사건은 목자들처럼 평범한 일상으로 돌아가야 하는 우리에게 무슨 말을 건넵니까?

잘 들어보십시오. 누가복음은 목자들이 보고 들은 모든 것에 대해 하나님께 영광을 돌리고 찬양하며 "돌아갔다"고 말합니다. 처음에 그들은 두려워했습니다. 천사가 나타나고 하나님의 영광이 두루 비쳤을 때 그 압도적인 거룩함 앞에서 떨었습니다. 그러나 하나님이 자기들과 같은 사람(육신)이 되셨다는 것을 보는 순간, 두려움은 찬양으로 바뀌었습니다. 하나님이 자신들과 함께하신다는 것을 알게 된 그들은 이제 자신의 일을 기뻐할 수 있는 목자로 살아갈 수 있었습니다.

진정한 영광은 아름다운 조명과 멋진 음악에 있지 않습니다. "메리 크리스마스"를 외치는 흥겨운 만남에 있지 않습니다. 진정한 영광은 성탄절 이후의 평범하고 흐릿한 나날 속에서 "나와 함께하시는 하나님"을 발견하는 데 있습니다(사 40:3-5).

우리는 대부분의 시간을 일상의 작은 공간에서 보냅니다. 청소기를 돌리고, 설거지를 하고, 아이들을 학교에 보내고, 손자 손녀를 돌보고, 병원 복도를 오갑니다. 크리스마스의 진정한 가치는 이 평범한 일상에서 자신만의 유산legacy을 발견하는 데 있습니다. 누군가를 사랑하는 일, 긍휼히 여기는 일, 불의 앞에서 "아니오"라고 말하는 용기, 언제나 진실을 말하는 일, 주머니를 열어 누군가를 돕는 일, 힘없는 사람에게 어깨를 내어드리는 일, 긴 시간을 내어 다른 사람의 이야기를 들어주는 일… 이러한 삶의 작은 태도들이 우리의 진정한 유산으로 남기를 소망합니다.

그래서 묻습니다. 크리스마스의 기적이 일상으로 돌아가는 여러분에게 하나님께 영광을 돌리는 힘이 되었습니까? 이곳에 오실 때와 조금 다르게 이 자리를 떠나십니까? 목자들의 인생관을 온통 새롭게 바꾼 것은 단 하나, "사람이 되신 하나님이 우리와 함께하신다"는 발견이었습니다. 그것이 참지식이며 유일한 구원의 지식입니다. 그 발견이 있었기에 그들은 삶의 긴 여백을 하나님이 채우신다는 것을 알고 양을 돌보던 익명의 나날 속으로 기쁘게 돌아갈 수 있었습니다.

일상의 자리에서 하나님을 기뻐하다

교회의 역사적 고백인 웨스트민스터 소요리 문답 1문항은 사람의 최고 존재 목적에 관해 "하나님을 영화롭게 하는 것과 영원토록 그를 즐거워하는 것"이라고 가르칩니다. 사실 이것은 모든 창조 세계의 주된 존재

하나님은 다른 길로 오신다

목적이기도 합니다.

다람쥐는 어떻게 하나님께 영광을 돌립니까? 전도자가 되는 대신 도토리를 모으려 부지런히 뛰어다닙니다. 그렇게 창조되었기 때문입니다. 그렇다면 우리는 어떻게 하나님께 영광을 돌립니까? 사소하고 하찮아 보이는 일상, 살고 일하도록 부름받은 그 평범한 자리로 돌아가는 것으로 가능합니다. 단, 하나님이 함께하시기에 그 자리는 결코 평범하지 않다는 것을 알고서 말입니다.

하나님이 함께하시면 평범한 것은 거룩합니다. 평범한 일상에서 무슨 일이 일어날지 누가 압니까? 그 가능성을 기대하는 것, 그것이 하나님을 즐거워하고 기뻐하는 비결입니다. "함께하시는 하나님"의 신비 안에서 우리는 기쁨을 찾습니다. 창조주께 매일은 가능성으로 가득 차 있습니다.

그렇다면 미켈란젤로는 왜 다시 붓을 쥐고 작업대 위로 올라갔을까요? 그가 바로 화가였기 때문입니다. 그 분명한 진실을 반박할 수 없었습니다. 여러분은 왜 계속해서 사무실로, 택시로, 주방으로, 교실로 돌아갑니까? 그것이 여러분이 부름받은 자리이기 때문입니다. 그리고 그것이 하나님을 영화롭게 하고 즐거워하는 여러분의 방식이기 때문입니다.

성탄절에 여러분은 하나님이 평범한 일상에서 함께하신다는 것을 발견했습니다. 그 여백은 크리스마스의 영광으로 채워집니다. 이제 돌아가십시오. 그리고 기대하십시오. 지금 여러분의 일상에서 어떤 일이 일어날지, 아무도 모릅니다.

12

우리를 감싸시는 하나님

누가복음 2:1-20

"너희가 가서 강보에 싸여 구유에 뉘어 있는 아기를 보리니
이것이 너희에게 표적이니라"(12).

이 본문을 깊이 이해하려면 '표적'이라는 단어 하나를 단단히 붙들어야 합니다. 영어 성경은 이를 'sign'으로 번역합니다. 징후, 조짐, 신호, 상징… 이 모든 뜻을 품은 단어입니다. 그렇다면 밤하늘 아래 양 떼를 돌보던 목자들에게 하나님이 주신 사인은 무엇이었습니까?

목자들 앞에 선 여호와의 천사가 사인은 아니었습니다. 그들을 두루 비춘 여호와의 영광도 아니었습니다. "오늘 다윗의 동네에 너희를 위하여 구주가 나셨으니 곧 그리스도 주시니라"(2:11)는 천사의 메시지도 사인이 아니었습니다. 하나님께는 영광을, 땅에는 평화를 약속하며 하늘을 가득 채운 천군 천사의 찬양조차도 그렇습니다.

하나님이 목자들에게 주신 사인은 단 하나였습니다. "강보에 싸여 구유에 뉘어 있는 어린 아기." 성경에는 다양한 징표들이 있었습니다. 모세의 불타는 가시덤불, 에스겔의 불 마차 바퀴, 기드온의 양털, 요한

하나님은 다른 길로 오신다

사도의 계시적 환상들…. 그러나 여기서는 아닙니다. 표적은 포대기에 싸인 갓난아기였습니다. 더없이 소박하고 누추한 사인이었습니다.

두 개의 포대기에 담긴 예수 그리스도

"강보"(포대기)는 갓난아기를 감싸는 부드러운 천입니다. 아기가 태어나자마자 따스하게 돌돌 감쌉니다. 트림을 시킬 때, 젖을 먹일 때, 유모차에 눕힐 때, 할아버지 품에 건넬 때도 포대기에 싸서 안깁니다. 그러나 포대기로 싸는 가장 중요한 이유는 어린 아기에게 "확신과 위안"을 주기 위해서입니다. 엄마의 태에서 험한 세상으로 나오는 전환의 순간, 아기에게 안전과 따스함을 주기 위해 꽁꽁 감쌉니다. 차가운 세상과 맞닥뜨리고 낯선 환경에 적응하려면 아기는 단단히 감싸여야만 합니다. 하늘의 보좌에서 마리아의 태로, 다시 마리아의 태에서 가축의 구유로… 그 추운 밤하늘 아래, 어린 아기는 포대기에 싸여야 했습니다.

어떤 저자가 사인이나 상징, 은유를 사용하는 것을 살펴보십시오. 시인이 어떤 단어를 반복한다면 그는 뭔가 더 큰 것을 가리키고 있는 것입니다. 미술가의 작품에 반복적으로 등장하는 물체가 있다면 작곡가가 특정 멜로디를 현악기로 되풀이한다면 어떻습니까? 귀에 익숙한 음조, 그림 구석에 반복되는 창문, 시에 거듭 등장하는 '심장'… 예술가의 사인은 결코 단순하지 않습니다. 누가복음 독자들이 구레뇨의 인구조사에서 역사적 증거를 찾으려 할 때, 여호와의 영광이 목동들을 두루 비출 때, 하늘 천사들의 찬양대가 영광송을 부를 때 예술가 누가는 '사인'을 가리키고 있었던 것입니다.

그 사인은 단 두 번만 반복됩니다. 포대기에 싸여 구유에 누워 있는 아기에 대한 언급입니다. 목동들이 급히 와서 마리아와 요셉을 발견하고, 아기가 강보에 싸여 구유에 있는 것을 보는 장면입니다. 누가는 목동들도, 독자들도 이 사인을 놓치지 않기를 바랍니다.

사인은 생각보다 단순하지 않습니다. 헬라어를 배우는 학생들은 누가복음의 "여관"inn 번역에 문제가 있다는 것을 알 것입니다. "여관에 있을 곳이 없었다"(7절)에서 사용된 헬라어는 단순한 숙소를 뜻하지 않습니다. 누가 10장의 선한 사마리아인 이야기에서 강도 만난 사람을 데려간 "여관"과는 다른 단어입니다. 이 단어는 "손님방"guest room으로 보는 것이 더 정확합니다. 한국식으로는 사랑채, 중동에서는 다락방upper room이라고도 합니다. 누가복음 22장에서 예수가 제자들에게 유월절 식사 장소를 준비하라 하실 때 그들이 집주인에게 물어본 "객실"이 바로 같은 헬라어입니다. 따라서 본문의 장소는 여관이 아니라 어느 집의 손님방입니다. 마리아는 첫아들을 낳아 포대기에 싸서 구유에 눕힙니다. 손님방에는 그들이 머물 공간이 전혀 없었기 때문입니다.

그리고 누가는 다락방에서의 일이 있고 난 뒤, 재판과 십자가 이후, "착하고 의로운 사람 아리마대 요셉"을 소개합니다. 그는 예수의 시신을 빌라도에게 요청해 십자가에서 내리고 세마포로 쌉니다. 아직 사람을 장사한 일이 없는 바위에 판 무덤에 넣어둡니다(눅 23장). 구세주, 메시아, 주님을 포대기로 꼭꼭 싼 것입니다. 이 세상에서 다음 세상으로의 전환을 준비하듯이 그렇게 합니다.

예술가 누가가 말하는 사인은 단순하지 않습니다. 그 사인은 구유에서 시작해 골고다를 향하고 있었으며, 결국 출생과 죽음 사이의 모든 생애를 가리킵니다. 예수 안에서 하나님이 우리에게 주신 선물은 그분의 삶 전체입니다. 그의 출생, 사역, 죽음, 부활 전체가 선물입니다. 그의 가르침, 치유, 긍휼, 순종, 임재, 고통, 눈물, 기쁨으로 가득한 삶 그리고 그 희생이야말로 메시아가 가져온 위대한 선물이었습니다. 삶 속에서도, 죽음에서도 충만히 주어진 삶이었습니다.

예술가 누가는 여러분이 이 그리스도 아기를 받길 원합니다. 안전하게 싸여 있는 아기 그리스도입니다. 누가는 여러분에게 사인을 보라고 부탁합니다. 이 아기의 얼굴을 쳐다보라고, 하나님 나라가 성취되는 것을 보라고, 천한 자가 높이 들리고 배고픈 자가 채워지는 것을 보라고 합니다. 좋은 소식이 가난한 자에게 들려오고, 사로잡힌 자가 풀려나고, 눌려 살던 자가 해방되는 것을 보라고 합니다. 귀신이 쫓겨나고, 마른 손이 치료받고, 죄인들을 위한 잔치가 베풀어지는 것을 보라고 합니다. 잃어버린 아들을 얼싸안기 위해 달려가는 아버지를, 자비를 베푸는 사마리아인을, 마리아·마르다와 함께 우시는 예수를 보라고 합니다. 불편한 진실과 맞부딪히는 부자를, 도전받는 바리새인들을, 삭개오의 집에 오는 구원을, 어린 나귀를 타시는 구세주를, 겟세마네에서 핏방울 같은 땀을 흘리시고 십자가에서 죽으심을 보라고 합니다. 그렇게 하여 또 다른 포대기, 다른 천으로 싸매는 것까지… 십자가 발밑에서, 아리마대 요셉에 의해 세마포로 싸이는 그리스도까지 보게 되는 것입니다.

탄생의 포대기에서 죽음의 세마포로 이어지는 그 사이에는, 이 땅에서 보내신 그분의 충만한 생애 전체가 고스란히 담겨 있습니다. 여기, 우리의 자리들, 우리가 있는 곳들 말입니다.

포대기에 싸인 아기 그리스도는 하나의 사인입니다. 우리의 삶 어느 자리에도 하나님이 계신다는 표지입니다. 너무 초라하고 고통스러워 감히 하나님이 계시리라 상상조차 못 했던 그곳까지, 하나님의 약속은 이미 충만히 닿아 있습니다.

그분의 삶 전체를 가로질러 우리의 삶 전체에 이르기까지, 우리가 있는 모든 곳에 하나님이 계십니다.

하나님의 품에 안긴 생명

8주 전에 나는 평생 잊지 못할 예식을 치렀습니다. 교회의 젊은 부부가 오랜 기다림 끝에 임신하게 되었습니다. 얼마나 행복하고 기뻤는지요. 하지만 일이 잘못되어 임신 6개월 만에 아기가 세상에 나와야만 했습니다. 장기가 채 자리 잡지 않은 상태에서 아기는 중환자실 인큐베이터에 누웠습니다. 그때부터 젊은 부부와 어머니 권사님, 가족들과 교인들은 제발 세상 빛을 보게 해달라고 간절하게 주님께 기도하며 매일 초조하게 기다렸습니다. 하지만 우리의 뜻과 달리 상태는 점점 악화되었습니다. 면회 시간조차 짧아 엄마 외에는 아무도 들어갈 수 없는 병실에서 아기는 홀로 외로운 사투를 벌였습니다. 89일째 되던 날 병원에서 연락이 왔습니다. 황급히 달려갔습니다. 병실 복도 바깥에서 모두 머리를 숙이고 기다렸습니다. 저만치 카트에 실려 흰 포대기에 조그맣게 감싸인 작은 생명이 나오고 있었습니다.

그렇게 우진이(2017년 8월 10일~11월 6일)는 89일 동안 이 세상에 잠깐 머물다 떠났습니다. 나는 포대기에 싸인 우진이에게 목사로서 세례를 베풀었습니다. 보통 영아세례를 베풀 때 목사는 부모에게 질문합니다. 하지만 그날 저는 우진이와 슬퍼하는 부모를 향해 아무 질문도 하지 않았습니다. 세례의 신학에 대해 말하지도 않았습니다. 그저 우진이를 앞에 두고 페트병 물을 손에 적셔 그에게 말했습니다. 이 예식은 하나님께서 너를 무척 사랑하신다는 증표이며, 그 무엇도 그 사랑을 꺾을 수 없다는 깊은 뜻이라고 속삭여주었습니다.

하나님이 우리에게 주신 가장 소중한 선물이 무엇입니까? "강보, 포대기에 싸인 아기 예수"입니다. 크리스마스는 감싸는 계절입니다. 언약한 아기들을 감싸는 시절입니다. 마리아는 성육신하신 하나님, 어린 아기 예수를 감쌌습니다. 크리스마스에 아기 예수 그리스도를 받아들이는 것이 감싸는 일입니다. 우리는 육체를 갖고 오신 말씀을 우리 존재 전체로, 우리가 가진 모든 것으로 감싸도록 부름받았습니다.

그러나 이보다 더 중요한 것이 크리스마스에 있습니다. "감싸시는 하나님"Swaddling God입니다. 구세주의 출생을 생각하고 포대기로 감싸는 일을 생각해보면 궁극적으로 감싸시는 분은 하나님이십니다. 하나님이 우리를 감싸십니다. 하나님이 나를 감싸십니다. 하나님이 여러분을 감싸십니다.

이것이 크리스마스 메시지의 가장 소중한 부분입니다. 우리는 하나님의 감싸시는 사랑 안에서 안식하고 살라고 부름받았습니다. 이것은 논쟁하거나 변호해야 할 것이 아닙니다. 다만 그 의미와 느낌을 말로 충분히 담아낼 수 없다는 것이 아쉬울 뿐입니다.

하나님의 사랑에 감싸여 우리는 안전하고 따스합니다. 폭풍과 천둥번개 속에서도 위로와 힘과 안식을 얻습니다. 하나님의 사랑 안에 지금부터 영원토록 살고 안식할 것입니다. 이 사실이 우리의 마음과 가슴에 기쁨을 채우고, 영혼을 고요하게 하며, 평안을 누리게 합니다. 사랑하는 가족과 함께, 교회 가족들과 함께 이 크리스마스를 축하하는 이유가 여기에 있습니다.

포대기에 담긴 사랑

다시 한번 큰소리로 말씀드립니다. "하나님은 여러분을 사랑하십니다!" 이것이 큰 기쁨의 좋은 소식입니다.

"감싸시는 하나님!" 이보다 더 위대한 사인이 어디 있겠습니까? 나와 여러분과 이 세상을 너무도 사랑하신 나머지 독생자 아드님을 주신 하나님, 포대기로 감싸시는 하나님. 이것이 큰 기쁨의 좋은 소식입니다.

삶의 수많은 식사와 잔치, 축제의 순간, 함께 웃는 계절… 이 모든 것이 사인입니다. 그런 자리에서 여러분은 사랑과 풍요와 축복으로 둘러싸여 있습니다. 천사 가운데, 목동 가운데, 하늘의 영광송 가운데, 거룩한 행사들 가운데 사인이 있습니다. 강보에 싸인 아기 예수를 통해 하나님은 우리에게 이렇게 말씀하십니다. "나는 너를 무척 사랑한다. 그 어떤 것도 이 사실을 바꾸지 못할 것이다."

여러분은 하나님의 사랑받는 자녀입니다. 어느 곳에 있든, 어떤 처지에 있든, 신앙이 충만할 때든 침체 가운데 있을 때든 하나님은 우리의 모든 곳에서, 평생 모든 날에 함께하신다는 사인을 주셨습니다. 우리가 하나님을 믿는 것이 아니라 하나님이 우리를 믿고 오신 것입니다.

강보에 싸인 어린 아기 예수를 바라보십시오. 그는 사인입니다. 하나님이 우리와 함께, 우리가 있는 모든 곳에 계신다는 사인입니다.

하나님은 다른 길로 오신다

13

예사로운 보자기에 싸인 기적

누가복음 2:25-35

"시므온이 그들에게 축복하고 그의 어머니 마리아에게 말하여 이르되
보라 이는 이스라엘 중 많은 사람을 패하거나 흥하게 하며
비방을 받는 표적이 되기 위하여 세움을 받았고
또 칼이 네 마음을 찌르듯 하리니 이는 여러 사람의
마음의 생각을 드러내려 함이니라"(34-35).

누가복음에 따르면 마리아와 요셉은 예수께서 태어나신 뒤 얼마 동안 베들레헴에 머물렀습니다. 율법의 규례에 따라 여드레 만에 할례를 행하고, 천사가 일러준 대로 아이의 이름을 예수라 불렀습니다. 그리고 다시 예루살렘으로 올라가 성전에서 정결 예식을 치렀습니다. 이 모든 과정은 특별하지 않았습니다. 대부분의 히브리 가정이 자녀를 낳으면 치르던, 지극히 평범한 절차였습니다. 마리아와 요셉은 예외적인 인물이 아니라 일상의 규례를 충실히 따르던 평범한 부부였습니다.

이 장면은 우리가 크리스마스를 보낼 때의 모습과 크게 다르지 않습니다. 어떤 장식을 할지, 언제 선물을 열지, 누구부터 선물을 줄지, 무슨 음악을 틀지, 아침 식사는 언제 무엇을 먹을지… 이런 질문들이 우리의 성탄절 '예식'일 것입니다. 조금 더 전통적인 가정이라면 촛불을 켜고, 예배를 드리며, 누가복음의 탄생 이야기를 읽었을지도 모릅니다. 해

마다 반복되는 이야기이기에 그 장면들은 친숙해 보입니다.

강보에 싸인 기적

크리스마스 이야기는 해마다 달라지지 않습니다. 너무 잘 알고 있어서 이제는 평범하게 느껴질 정도입니다. 그러나 바로 그 점이 중요합니다. 크리스마스의 기적은 언제나 예사로운 일상성 속에 싸여 나타난다는 사실입니다.

갓난아기가 강보에 싸여 있듯, 구원은 늘 평범함에 감싸여 옵니다. 성탄 이야기의 후반부는 한 젊은 부부가 아기를 안고 성전 예식에 참여하는 장면으로 이어집니다. 그런데 그 평범한 순간에 비범한 일이 일어납니다. 시므온이라는 노인이 아기를 안고 말합니다. "내 눈이 주의 구원을 보았으니, 이제 내가 평안히 떠나도 좋겠습니다"(29-30절 참고). 마리아와 요셉이 아기를 시므온의 손에서 받아든 지 얼마 지나지 않아 안나라는 나이 든 여선지자가 다가와 성전에서 선포합니다. "이 아이는 우리의 구속을 위해 태어났다"(38절 참고).

사실 크리스마스의 익숙한 행사 속에서, 우리가 은근히 기대하는 것도 이런 장면이 아닐까요? 시므온과 안나에게 일어났던 것처럼 우리 삶에도 단번에 판이 바뀌는 비범한 사건이 일어나기를 바라는 마음 말입니다.

이처럼 연속된 사건 앞에서 아기 예수의 부모는 당연히 놀랐을 것입니다. 돌이켜보면 그들에게는 경이로움으로 가득 찬 열 달이었습니다. 특히 베들레헴에서 보낸 그 일주일은 상상을 초월하는 시간이었을 겁니다. 그런데 바로 이어지는 구절이야말로, 우리에게 가장 낯설고도 결정적인 장면입니다.

하나님은 다른 길로 오신다

"주의 율법을 따라 모든 일을 마치고 갈릴리로 돌아가 본 동네 나사렛에 이르니라"(39).

이 문장은 묘하게 김이 빠집니다. '이게 전부인가? 이렇게 조용하게 끝나는 이야기였단 말인가?' 싶기 때문입니다. 놀라운 예언과 경이로운 만남을 모두 지나고 난 뒤, 그들은 그저 집으로 돌아갑니다. 특별한 결말도, 화려한 전환도 없습니다. 그렇습니다. 이야기는 그렇게, 아무 일도 없었던 것처럼 일상으로 돌아가는 장면으로 끝납니다.

아무것도 달라지지 않은 것처럼 보이는 밤

겉으로 보기에는 성탄절 이야기의 끝에서 아무것도 달라진 것이 없어 보입니다. 목자들은 다시 양 떼 곁으로 돌아갑니다. 요셉은 다시 목수의 작업장으로 돌아갑니다. 헤롯은 여전히 유대의 왕으로 군림합니다. 그리고 머지않아 자신의 권좌를 지키기 위해 베들레헴의 사내아이들을 모조리 죽입니다. 우리가 '베들레헴의 대학살'이라 부르는 그 비극입니다.

그렇다면 안나와 시므온이 선포했던 예언은 어디로 간 것입니까? 구속과 구원, 변화가 임할 것이라는 약속은 도대체 어떻게 된 것입니까? 성탄절의 모든 예식과 선포는 결국 아무 의미도 없는 일이었단 말입니까?

성탄절이 지나면 우리 역시 여전히 헤롯이 통치하는 슬픈 일상으로 되돌아가는 것 아닙니까? 아닙니다. 결코 그렇지 않습니다. 여러분의 크리스마스 선물을 감싸고 있던 평범한 포장지만 보지 마십시오. '일상'이라는 이름의 보자기만 보아서는 안 됩니다. 그 안에 무엇이 담겨 있었는지를 기억하십시오. 겉모습은 그대로일지 모르지만 모든 것은 이미 지난밤―크리스마스이브―에 바뀌었습니다.

이제 시선을 바꿔, 2천 년 전 하늘의 전망대에서 이 거룩한 밤이 어떻게 보였는지를 살펴보겠습니다. 그 전망대는 바로 요한계시록 12장입니다. 계시록 12장은 예수님의 탄생의 밤이 하늘에서는 어떤 의미를 지닌 사건이었는지를 드러냅니다.

흥미롭게도 이 장에는 목자도, 동방의 박사도 등장하지 않습니다. 대신 그 본문은 하늘에서 벌어지고 있는 잔혹한 전쟁의 한복판을 그립니다. 태양으로 옷 입고 머리에 열두 별의 관을 쓴 한 여인이 아이를 낳기 위해 고통 속에 부르짖고 있습니다. 그 앞에 거대한 붉은 용이 나타나, 꼬리로 하늘의 별 삼분의 일을 끌어다 땅에 던지고, 막 태어난 아이를 삼키려 웅크리고 있습니다.

여인은 아들을 낳습니다. 장차 철장으로 만국을 다스릴 아들입니다. 그러나 여인이 광야로 피신하는 동안 그 아이는 하나님께로 들려 올라갑니다. 분노한 용은 여인의 남은 자손, 곧 하나님의 계명을 지키며 예수의 증거를 가진 자들과 싸우기 위해 바닷가에 서 있습니다.

이 장면은 곧 지상의 이야기로 이어집니다. 마리아와 요셉은 헤롯을 피해 이집트로 피신하고, 헤롯은 베들레헴의 아이들을 학살합니다. 우리의 눈으로 보면 이것은 또 하나의 잔혹한 역사입니다. 독재자의 폭력이 반복되는 또 다른 하루입니다. 다르게 말하면, 혹독한 질병의 굴레, 냉혹한 실직의 시간, 깨어지고 상한 마음이 이어지는 또 다른 일상의 날들입니다.

용을 죽이는 자가 태어난 밤

그러나 하늘의 시선으로 보면 지난밤은 전혀 달랐습니다. 숨 막히는 긴장 속에 결정적인 드라마가 시작된 밤이었습니다.

하나님은 다른 길로 오신다

여러분의 삶 속에서도 이와 같은 드라마는 계속되고 있습니다. 그러니 크리스마스를 또 하나의 평범한 휴일로 오해하지 마십시오. 이날은 비범한 날입니다. 용을 죽이는 자가 태어난 날이기 때문입니다.

만일 우리가 하늘이 크리스마스이브에 보았던 것을 볼 수 있다면 우리의 평범한 삶을 전혀 다른 눈으로 바라보게 될 것입니다. 시므온과 안나가 바로 그것을 보았습니다. 그들은 성전에 가는 일, 할례를 행하는 일, 이름을 짓는 일, 희생제물을 바치는 일… 그저 반복되던 평범한 예식들 속에서 구원의 기적을 보았습니다. 그들은 우리와 함께 계시는 하나님의 숨 가쁜 드라마를 알아보았습니다.

그렇습니다. 희망의 탄생과 함께 모든 것은 이미 바뀌었습니다. 물론 지금 우리의 현실을 보면, 개인에게도 교회에도 사회에도 희망이 넘쳐 보이지 않습니다. 희망은 너무 작고 연약해 보입니다. 마치 아무 힘도 없어 보이는 아기와 같습니다. 부서지기 쉽고 취약해 보입니다.

그러나 아기가 자라듯, 희망도 자랍니다. 한 아기가 세상을 구원하는 어른이 되었듯 조용한 희망과 고요한 소망은 자라나 우리의 평범한 삶을 구원하게 될 것입니다. 기쁨을 품고 일상의 자리로 돌아가는 사람들은 자기 삶을 삼키려 달려드는 수많은 붉은 용들과 맞서 싸우게 됩니다. 그들은 과거의 상처들, 깨어진 약속들, 무너진 마음과 부서진 꿈들을 더 이상 지배자로 두지 않습니다.

여러분 각자가 지금 어떤 용과 싸우고 있는지는 나는 모릅니다. 그러나 한 가지는 분명히 압니다. 크리스마스는 고통에서 잠시 도피하는 의례가 아닙니다. 투쟁과 갈등의 한가운데서 시작된 하나님의 결정적인 개입입니다.

오늘 우리는 이 사실을 선포합니다. 구세주는 태어나셨고, 용은 그분을 삼키지 못할 것입니다. 때가 되면, 오히려 구세주께서 용을 삼키실

것입니다. 이 사실을 믿는 사람에게, 이제 아무것도 다시는 평범하지 않
습니다. 모든 것이 새롭고, 모든 것이 비범합니다.

예사로운 보자기 속에 구원이 담겨 있기 때문입니다.

하나님은 다른 길로 오신다

14

인생에 비빌 언덕이 있다는 느낌

누가복음 2:41-52

"예수께서 이르시되 어찌하여 나를 찾으셨나이까
내가 내 아버지 집에 있어야 될 줄을 알지 못하셨나이까 하시니
그 부모가 그가 하신 말씀을 깨닫지 못하더라"(49-50).

여러 해 전, 한겨울에 미국에 머물던 때의 일입니다. 동부와 중서부 전역에 기록적인 폭설과 혹한이 몰아쳤습니다. 눈은 며칠째 멈추지 않았고, 북극에서 내려온 듯한 바람이 살을 에듯 불었습니다. 도로는 유리처럼 얼어붙었고, 기온은 영하 20도를 오르내렸습니다.

2월 4일 주일, 나는 집에서 약 한 시간 반 떨어진 미시간주 칼라마주 외곽의 작은 한인 교회에서 설교해달라는 부탁을 받은 상태였습니다. 그 교회에는 특별한 역사가 있습니다. 1961년, 5·16 군사 쿠데타 이후 사형선고를 받았다가 사면되어 미국으로 추방된 장도영 장군이, 미시간 대에서 정치학 박사 학위를 마친 뒤 서부 미시간 대학 교수로 오게 되었고, 그를 중심으로 몇 사람이 시작한 교회였습니다. 내가 설교하러 가려던 바로 그 교회였습니다. 장도영 장로님은 이미 은퇴해 플로리다에 거주하고 계셨고, 이 글을 쓴 후 몇 해 뒤 소천하셨습니다.

주일 전날 토요일, 기온은 영하 26도까지 떨어졌고 눈보라는 계속되었습니다. 도로는 폐쇄되었고, 라디오와 텔레비전에서는 외출을 삼가고 집에 머물라는 안내가 반복되었습니다. 밤 10시가 넘자 마음이 조급해졌습니다. 과연 이 눈보라를 뚫고 설교하러 가야 할까. 미국 교회들은 예배를 취소한다는 소식이 계속 들려오는데 한국 교회 특유의 열정이라면 혹시 예배를 강행하지 않을까 하는 걱정도 들었습니다.

창밖에는 함박눈이 쏟아지고 있었습니다. 영화 속 설국처럼 아름답기도 했지만 마음은 편치 않았습니다. 결국 담임목사님께 전화를 드렸습니다.

"내일 예배를 드립니까?"

"운영위원들이 지금 논의 중입니다. 30분 후에 다시 연락드리겠습니다."

그리고 연락이 왔습니다.

"목사님, 내일 예배는 취소되었습니다."

그 말을 듣는 순간, 얼마나 안도했는지 모릅니다. 내가 가지 않겠다고 말할 수도 없고, 예배를 취소하라고 권할 수도 없는 상황에서 그 결정은 큰 위로였습니다.

다음 날 주일 아침, 우리 가족은 정장을 입고 거실에 모여 예배를 드렸습니다. 마침 귀국을 앞두고 집에 와 있던 둘째 딸과 막내아들도 함께였습니다. 딸은 피아노로 반주를 했고, 아내는 대표 기도를, 나는 예배 인도와 함께 출애굽기 1장을 본문으로 「대여받은 인생」이라는 제목의 설교를 했습니다. 광고는 아들이 맡았습니다. 헌금 시간만은 생략했습니다. 헌금은 다음 주 교회에 드렸습니다.

밖에서는 눈보라가 몰아치고 영하 20도의 추위가 계속되었지만 집 안은 따뜻했습니다. 난방 때문만은 아니었습니다. 가족이 함께 모여 찬송하고 기도할 수 있는 집이 있다는 사실 자체가 마음을 훈훈하게 데워 주고 있었습니다.

"세상에 집만 한 곳은 없다"There is no place like home.

그 말은 그날, 분명한 진실이었습니다.

세상은 계속 나가라 하고, 하나님은 돌아오라 하신다

가정, 고향, 집. 이런 단어들은 듣기만 해도 마음에 온기를 남깁니다. 집은 안전하게 쉼을 누리며 무엇보다 마음이 머무는 곳입니다. "마음이 있는 곳이 집이다"라는 말처럼 집과 가정과 가족은 떼려야 뗄 수 없습니다. 가정은 사랑입니다. 사랑이 없는 집은 결코 따뜻할 수 없습니다.

아침에 집을 떠났다가 저녁이 되면 다시 돌아옵니다. 잠을 자고, 힘을 회복하고, 기쁨뿐 아니라 슬픔과 괴로움도 나누는 곳이 집입니다. 집은 삶의 중심입니다. 멀리 떠났던 배들이 항해를 마치고 돌아와 닻을 내리는 항구와 같습니다. 자녀에게 집이란, 결국 아버지와 어머니가 계신 곳입니다.

미국 체류 기간 동안, 나는 '집을 정리한다'는 문제를 진지하게 고민하게 되었습니다. 그 과정에서 자연스럽게 집의 의미를 신학적으로 되묻게 되었습니다. 아파트이든 단독주택이든 본질은 다르지 않습니다. 한번 이런 집을 떠올려 보십시오. 앞마당에는 넓은 잔디와 철마다 꽃이 피는 화단이 있고, 옆에는 차고가 붙어 있으며, 뒤뜰에는 아이들이 그네를 타고 바비큐를 즐길 수 있는 공간이 있는 집 말입니다. 그러나 그것은 어디까지나 '건물'로서의 집입니다.

내가 말하는 집은 그보다 더 깊은 곳에 있습니다. 타지로 떠났던 자

1부. 하나님이 먼저 오신다

녀들이 방학이나 명절, 혹은 짧은 휴가를 맞아 집으로 돌아옵니다. 가방을 내려놓고 세탁기를 돌리고, 막 건조기에서 꺼낸 보송보송한 옷을 개며 그동안의 이야기를 풀어놓습니다. 웃으며 말하기도 하고, 때로는 힘들었던 일을 떠올리며 눈물을 흘리기도 합니다. 그러면 가족은 말없이 그 이야기를 들어주며 서로를 위로합니다. 그런 곳이 집입니다. 결국 아이들에게 집이란, 아버지와 어머니가 있는 곳입니다. 형제자매가 있어도 부모가 계시지 않으면 그곳은 더 이상 '돌아갈 집'이 되지 않습니다.

오늘은 집을 생각하기에 참 어울리는 주일입니다. 주일은 하나님 아버지의 날이고, 설날은 육신의 부모를 찾아가는 날입니다. 닮지 않았습니까? 설이 되면 민족 대이동이 시작됩니다. 한국에서는 수천만 명이, 중국에서는 수십억 명이 고향을 향해 움직입니다.

부모가 계신 곳, 우리를 기다리는 그곳.

그곳이 바로 우리의 집입니다.

주소는 바뀌어도, 집은 바뀌지 않는다

예수님은 베들레헴에서 태어나셨습니다. 그러나 그를 죽이려는 헤롯의 칼날을 피해, 영아의 몸으로 이집트로 피신해야 했습니다. 헤롯이 죽은 뒤에야 다시 돌아왔고, 공생애를 시작하기 전까지 그곳에서 성장하셨습니다.

41절은 이렇게 전합니다. "그의 부모가 해마다 유월절이 되면 예루살렘으로 가더니." 회당은 이스라엘 곳곳에 있었지만 성전은 예루살렘에만 있었습니다. 유월절이 되면 사람들은 성전을 향해 몰려들었습니다. 요셉과 마리아 역시 자녀들을 데리고 예루살렘으로 올라갔습니다.

도시는 사람들로 가득했고, 아이를 잃어버리기 쉬운 상황이었습니

하나님은 다른 길로 오신다

다. 그리고 실제로 그 일이 벌어졌습니다. 바로 예수를 잃어버린 것입니다. 요셉과 마리아는 예수가 "동행 중에 있는 줄로 생각"(44)했습니다. 그러나 하룻길을 간 뒤에야 아이가 없어진 것을 알고 다급히 예루살렘으로 되돌아옵니다. 사흘 만에야 그들은 예수를 성전에서 발견합니다. 그는 선생들 가운데 앉아 그들의 말을 듣고 질문하며 대화하고 있었습니다(45-46).

부모는 놀랐습니다. 마리아가 말합니다. "아이야 어찌하여 우리에게 이렇게 하였느냐 보라 네 아버지와 내가 근심하여 너를 찾았노라"(48). 그때 예수께서 이렇게 대답합니다. "어찌하여 나를 찾으셨나이까 내가 내 아버지 집에 있어야 될 줄을 알지 못하셨나이까"(49).

이 대답은 얼핏 들으면 낯설고 거칠게 느껴집니다. 마치 부모에게 당돌하게 말대꾸하는 것처럼 보이기도 합니다. 그러나 예수님은 반항적인 십 대가 아니었습니다. 이어지는 51절은 분명히 말합니다. "예수께서 함께 내려가사 나사렛에 이르러 순종하여 받드시더라."

그렇다면 이 장면은 어떻게 이해해야 할까요? 다시 그 광경을 떠올려보십시오. 열두 살 소년이 율법 교사들 사이에 앉아 깊은 질문을 던지고, 그들의 말을 이해하며 토론하고 있습니다. 더 놀라운 것은, 선생들마저 그의 지혜와 대답에 감탄했다는 사실입니다(47). 요셉과 마리아는 예수가 누구인지 알고 있었습니다. 그래서 그의 말을 완전히 이해하지는 못했지만 화를 내지도 않았습니다. 대신 성경은 이렇게 전합니다. "그 어머니는 이 모든 말을 마음에 두니라"(51).

착한 자녀에게 "아버지의 집"은 자연스러운 언어입니다. 예수께 하나님의 성전은 '진짜 아버지가 계신 집'이었습니다. 베들레헴에서 태어났고 이집트로 피신했고 나사렛에서 자랐지만 예수님은 자신의 진짜 집이 어느 지리적 장소가 아니라 "아버지의 집"임을 알고 있었습니다.

우리도 다르지 않습니다. 우리는 고향을 떠났고 부모의 집을 떠나 각자의 가정을 이루고 타지에서 살아갑니다. 그럼에도 기쁠 때나 슬플 때, 잘될 때나 무너질 때 마음은 여전히 부모를 향합니다.

하지만 육신의 아버지와 어머니는 언젠가 이 세상을 떠납니다. 결국 이 땅에서는 영원히 머물 '아버지의 집'을 가질 수 없습니다.

집을 떠난 채 바쁘게 사는 사람들

예수께서 "내가 내 아버지의 집에 있어야 한다"고 하셨을 때, 그것은 나사렛으로 돌아가지 않고 예루살렘 성전에 머물겠다는 뜻이 아니었습니다. 육체로는 어디에 살든, 우리는 영으로 마음으로 항상 하나님과 함께 살아야 한다는 것을 의미합니다. 우리가 성령 하나님의 성전이라 불리는 이유입니다. 이 사실을 한순간도 잊어서는 안 됩니다.

그러나 우리의 영은 자주 쉼을 잃습니다. 안식하지 못한 채 이리저리 떠돌고, 마음이 머물 자리를 찾지 못합니다. 때로는 자기 뜻대로 살기 위해 아버지의 집을 떠난 탕자처럼 반항하기도 합니다. 그리고 대개는 고통과 낭비라는 값비싼 대가를 치른 뒤에야 돌아옵니다.

시인 칼 샌드버그가 쓴 장시 「연기와 강철」(1922)에는 이런 구절이 나옵니다. 2부 28장은 '칼라마주의 죄들'이라는 제목을 달고 있습니다. 그중에 인상적인 구절을 보겠습니다.

칼라마주의 죄들은 주홍도, 심홍도 아닙니다.
그 죄들은 잿빛 회색입니다.
자동 식기세척기 안에 고여 있는
탁하고 무기력한 물의 색깔과도 같습니다.

하나님은 다른 길로 오신다

칼라마주의 죄를 짓는 사람들 또한

주홍도 심홍도 아닙니다.

그들 역시 칙칙한 회색입니다.

그들 가운데 몇몇은

자신들이 눈보다 더 희게 씻길 것이라고 노래합니다.

몇몇은 그렇게 말합니다.

그러나 우리는 오히려 걱정해야 합니다.

…

아이들은 자라며 묻습니다.

"이 지루한 시간을 어떻게 견뎌야 할까?"

그리고 더 자라 어느 날, 기차역으로 갑니다.

텍사스, 펜실베이니아, 알래스카로 가는 표를 삽니다.

"칼라마주도 나쁘진 않아요.

하지만 더 넓은 세상을 보고 싶어요." 그들이 말합니다.

그러나 세상을 한 바퀴 돌아

다시 돌아온 뒤에는 이렇게 말합니다.

"다 똑같아요. 결국 모두 칼라마주와 같아요."

떠나보아야 비로소 알게 됩니다. 어디를 가든 집을 떠나는 순간, 그 곳은 결국 낯선 땅일 뿐입니다. 성경이 말하는 죄는 단지 어떤 나쁜 행동을 가리키지 않습니다. 죄의 본질은 집을 떠나는 데 있습니다. 아버지를 떠나는 데 있습니다. 사랑과 평화가 머무는 곳이 곧 집입니다. 그 사랑과 평화가 사라진 곳은, 아무리 눈부시고 화려해 보여도 결국 지옥과 다르지 않습니다. 집을 떠난 사람에게는 어디든 끝내 같은 자리일 뿐입니다.

1부. 하나님이 먼저 오신다

잠시 빌려 쓰는 인생

여러분 삶의 중심은 어디에 놓여 있습니까? 어디가 여러분의 기초입니까? 어디가 여러분의 영적 '고향'이며, 신앙의 '집'입니까? 이제 더는 떠돌지 마십시오. 방황하지 마십시오. 아버지의 집에 닻을 내리십시오. 이곳, 아버지의 집, 영적 고향, 곧 하나님이라 불리는 그분 안에 거하십시오. 우리의 출생은 그분 안에서 시작되었고, 그분 안에서 자라며, 결국 그분께로 돌아갑니다.

세상은 늘 매력적으로 보입니다. 기웃거릴 곳이 많고, 서성거릴 이유도 넘쳐납니다. 이것저것 맛보다 보면 어느새 집에서 멀어집니다. 허영의 시장은 볼거리가 많고, 탐욕을 자극하는 인생의 사닥다리는 금으로 번쩍입니다. 올라가고 싶어질 것입니다.

그러나 떠돌며 낭비하기에는 인생은 너무 짧고 귀합니다. 더욱이 이 삶은 내 것이 아니라 주님께서 잠시 맡기신 '빌려 쓰는 인생'입니다. 주인이 돌려달라 하시면 돌려드려야 합니다.

야구 경기를 떠올려보십시오. 여러분은 한 공, 한 공에 모든 집중을 쏟아붓고 있는 마운드에 선 투수입니다. 관중은 응원하기도 하고 야유하기도 합니다. 그때 더그아웃에서 감독이 걸어 나와 말없이 손을 내밉니다. 공을 달라는 신호입니다. 투수는 아무 말 없이 공을 건넵니다. 이것이 인생입니다. 하나님이 손을 내미실 때 우리는 공을 돌려드려야 합니다. 하나님은 9회 이전 언제라도 투수를 교체하실 수 있는 분입니다.

위대한 신앙의 사람들은 한 방향을 향해 달리는 사람들입니다. 눈길을 끄는 것들을 과감히 내려놓고, 자신을 부르신 하나님의 부르심을 향해 곧게 나아갑니다. 우리는 모든 것을 다 할 수 없습니다. 모든 것을 다 이룰 수도 없습니다. 그러므로 삶을 단순하게 그러나 강하게 만드십

하나님은 다른 길로 오신다

시오. 쓸모없고 가치 없는 일들에 시간을 흩뿌리지 마십시오.

소박함과 단순함은 영적 성숙의 핵심입니다. 아버지의 집에 닻을 내리고, 집중하며 일관되게 살아가기로 결단한 사람은 반드시 변화를 경험합니다. 그의 삶은 열매를 맺고, 하나님 나라를 위해 의미 있게 쓰임받게 될 것입니다.

2부

말씀이 삶을 뒤집는다

하나님 나라의 시작

15

말씀이 임하지 않은 사람들

누가복음 3:1-18

"요한이 세례 받으러 나아오는 무리에게 이르되
독사의 자식들아 누가 너희에게 일러 장차 올 진노를 피하라 하더냐
그러므로 회개에 합당한 열매를 맺고 속으로 아브라함이 우리 조상이라 말하지 말라
내가 너희에게 이르노니 하나님이 능히 이 돌들로도 아브라함의 자손이 되게 하시리라
이미 도끼가 나무 뿌리에 놓였으니 좋은 열매 맺지 아니하는 나무마다
찍혀 불에 던져지리라"(7-9).

우리가 읽은 누가복음 3장 1-18절은 한 가지 질문을 정면으로 던집니다. 하나님의 말씀은 과연 누구에게 임하는가 하는 질문입니다. 디베랴 가이사에게였습니까, 본디오 빌라도에게였습니까, 갈릴리 분봉 왕 헤롯과 그의 동생 빌립, 아빌레네의 분봉 왕 루사니아에게였습니까. 아니면 대제사장 안나스와 가야바에게였습니까. 그러나 대답은 놀라울 만큼 분명합니다. 하나님의 말씀은 이들 가운데 누구에게도 임하지 않았습니다.

하나님의 말씀은 권력의 중심이 아니라 변두리 광야에 있던 사가랴의 아들, 세례 요한에게 임했습니다. 이 사실이 우리에게 충격으로 다가오지 않는다면, 어쩌면 그 점이야말로 더 문제일 수 있습니다. 하나님은 반복해서 이런 방식으로 일하시는 분이기 때문입니다. 강한 자를 낮추시고 낮은 자를 높이시며, 스스로 중심이라 여기는 자가 아니라 하나님

하나님은 다른 길로 오신다

만 바라보는 자를 통해 당신의 뜻을 이루십니다. 세상이 주목하지 않는 자리에서 하나님의 역사는 오히려 더 선명하게 시작되곤 합니다.

이 사실을 염두에 두고 누가복음 3장의 첫머리를 다시 읽기 시작하면, 우리는 이미 하나님 나라의 질서 안으로 들어왔다는 느낌을 받습니다. 그곳에서는 인간 사회에서 통용되던 가치들이 완전히 뒤집히고, 모든 것이 거꾸로 서기 시작합니다. 하나님 나라에서는 힘과 지위가 아니라 낮아짐과 순종이 기준이 됩니다.

황제 디베랴 가이사와 빌라도, 헤롯과 빌립과 루사니아는 정치 권력의 정점에 있었고, 안나스와 가야바는 종교 권력의 핵심 인물들이었습니다. 이 일곱 사람은 세상을 관리하고 통제할 수 있다고 믿던 이들이었습니다. 그러나 그들이 그렇게 세상을 운영하는 동안, 하나님의 새 일은 아무 일도 일어나지 않았습니다.

혁명적이고 충격적인 사건은 전혀 다른 곳에서 시작됩니다. 하나님의 말씀이 인간 역사 속으로 돌파해 들어오는 순간입니다. 그 무대는 로마도 아니고, 예루살렘도 아니며, 성전도 아닙니다. 하나님의 말씀이 울려 퍼진 장소는 뜻밖에도 광야였습니다. 세례자 요한이 회개를 선포하던 바로 그 광야였습니다.

이 장면은 예언자 이사야의 말씀이 그대로 성취되는 순간입니다. "광야에서 외치는 자의 소리가 있어 이르되 너희는 주의 길을 준비하라 그의 오실 길을 곧게 하라"(3:4). 그래서 교회는 오랜 세월 누가복음 3장 1-18절을 그리스도의 오심을 기다리는 강림절의 핵심 본문으로 읽어왔습니다.

그 선택에는 분명한 신학적 메시지가 담겨 있습니다. 예수님을 만나기 전 먼저 세례 요한의 외침을 정면으로 대면해야 하며, 아기 예수를 경배하기 전 회개의 삶을 먼저 살아내야 한다는 뜻입니다.

세례자 요한을 마주하는 일은 결코 편안하지 않습니다. 그는 우리를 안심시키는 사람이 아니라 우리가 안주하고 있는 현재의 상태를 불편하게 만드는 사람이기 때문입니다. 요한은 우리가 "이 정도면 괜찮다"고 타협하는 자리에서 만족하지 않습니다. 그의 외양에서도 그것이 잘 드러납니다.

머리와 수염은 먼지에 덮여 있고, 샌들을 신은 발은 진흙으로 얼룩져 있으며 그의 성품은 강직하고 단련되어 있습니다. 그는 온화하고 부드러운 인상이 아니라 정열과 긴장으로 가득 찬 사람입니다. 요한은 우리가 편안히 대할 수 있는 유형의 인물이 아닙니다.

그래서 그는 크리스마스와 잘 어울리지 않는 사람처럼 보입니다. 성탄절 카드에 세례자 요한의 그림이 실린 것을 본 적이 있습니까? 아마 한 번도 없을 것입니다. 그의 말이 성탄 카드에 인용된 적도 없습니다. 만약 이런 문구가 적힌 카드를 받는다면 기분이 어떨까요? "독사의 자식들아, 누가 너희에게 다가올 진노를 피하라 하더냐. 회개에 합당한 열매를 맺어라." 아무리 가까운 사람에게서 받았다 해도, 우리는 당황하고 불쾌함을 느낄 것입니다.

요한은 목자나 천사, 동방 박사들과는 쉽게 어울려 보이지 않습니다. 그들은 크리스마스의 정경 속에 자연스럽게 들어맞지만 세례자 요한은 대중적인 종교 감성이나 연말의 따뜻한 분위기와는 거리가 멉니다. 적어도 사람들이 기대하는 '크리스마스 영성'과는 맞지 않아 보입니다.

하지만 복음서 안에서는 이야기가 다릅니다. 세례자 요한은 복음서 안에서 정확한 자리에 서 있습니다. 오히려 그는 없어서는 안 될 인물입니다. 이것이 오늘 우리가 놓치지 말아야 할 핵심입니다. 우리는 종교적 분위기의 지혜보다 복음서의 지혜를 따라야 하고, 그리스도의 오심에 대해 요한이 한 말을 귀 기울여 들어야 합니다.

요한이 외친 메시지는 단순합니다. 그리스도의 오심을 준비하려면 먼저 회개하라는 것입니다. 우리는 이 말이 낯설지 않습니다. 강림절이 회개의 계절이라는 사실도 알고 있고, 하나님께서 상한 심령을 기뻐하신다는 것도 알고 있습니다. 그래서 우리는 매 주일 예배 가운데 죄를 고백하고 하나님의 자비를 구합니다. 종교개혁의 전통 안에 선 우리는 죄의 고백이 무엇을 의미하는지도 잘 알고 있습니다.

그러나 문제는 바로 여기에서 시작됩니다. 우리는 겸손한 고백을 입술로 드린 뒤, 그것으로 충분하다고 생각하면 세례자 요한을 지나 곧바로 베들레헴으로 가려 합니다. 요한의 외침을 통과하지 않고, 아기 예수를 만날 수 있다고 여기는 것입니다.

요한을 건너뛰고 예수께 갈 수는 없다

그러나 세례자 요한은 우리가 쉽게 지나쳐 갈 수 있는 인물이 아닙니다. 그는 정면으로 우리를 가로막고 묻습니다. "독사의 자식들아 누가 너희에게 일러 장차 올 진노를 피하라 하더냐 그러므로 회개에 합당한 열매를 맺고…"(7-8). 요한의 말은 위로가 아니라 도전이며, 안심이 아니라 심문입니다.

요한의 외침은 예수님께서 말씀하신 열매 맺지 못한 무화과나무의 비유를 떠올리게 합니다. 어떤 사람이 포도원에 무화과나무를 심고 열매를 기대했지만 해마다 찾아와도 아무것도 얻지 못합니다. 마침내 주인은 말합니다. "이제 그만 베어버려라. 왜 이 나무가 땅만 차지하게 하느냐." 그때 정원지기가 간청합니다. "주인이여, 1년만 더 두십시오. 제가 둘레를 파고 거름을 주겠습니다. 그래도 열매가 없으면 그때 베십시오."

하나님께서 우리에게 기대하시는 것은 무성한 말이 아니라 삶으로 맺는 구체적인 열매입니다. 하나님은 우리를 우연히 심어두신 분이 아닙니다. 의도적으로 자신의 포도원에 심으셨고 기독교 가정과 공동체 안에 두셨으며, 물을 주고 가지를 치고 기다리며 돌보셨습니다. 열매가 없다는 사실 앞에서 변명할 수는 없습니다.

예수님은 열매 없는 삶에 단호하게 선고하십니다. "잘라버려라. 어찌 좋은 땅을 헛되이 쓰느냐." 그러나 동시에 하나님은 놀라울 만큼 오래 참으십니다. "일 년만 더." 그 말은 은혜이지만 동시에 마지막 기회이기도 합니다. 이제 질문은 분명해집니다. 주인이 다시 찾아올 때 우리 삶에서 무엇을 발견하게 될 것인가 하는 질문입니다.

세례자 요한이 던지는 질문도 그렇습니다. "회개에 합당한 열매를 맺어라." 그러면서 그는 분명히 선을 긋습니다. "아브라함이 우리 조상이라 말하지 말라." 다시 말해 혈통, 전통, 종교적 배경, 익숙한 신앙 언어로 자신을 숨기지 말라는 것입니다. 외형적인 경건과 종교적 포장은 아무런 면죄부가 되지 않습니다.

요한이 말하는 회개는 입술의 고백으로 끝나지 않습니다. 참된 고백은 반드시 열매로 이어집니다. 회개에 합당한 열매, 곧 고백한 죄와 연결된 구체적인 변화가 나타나야 합니다. 고백은 했지만 삶이 그대로라면 그것은 회개가 아니라 자기기만에 불과합니다.

"나는 아브라함의 자손이다", "나는 언약 백성이다", "나는 거듭난 그리스도인이다", 심지어 "나는 목사다, 장로다"라고 해도 마찬가지입니다. 이런 말들이 세례자 요한 앞에서 우리를 통과시켜 주지는 못합니

하나님은 다른 길로 오신다

다. 우리는 요한을 건너뛰어 곧장 예수께 갈 수 없습니다. 반드시 요한을 먼저 만나야 합니다.

요한은 우리의 민낯을 정확히 드러냅니다. 우리는 하나님께 꼭 필요한 존재가 아닙니다. 하나님은 우리가 걸터앉은 돌멩이로도 자녀를 만드실 수 있는 분입니다. 직업도, 지위도, 오랜 신앙 경력도 하나님 앞에서 아무런 권리가 되지 못합니다. 베들레헴으로 가는 길에 우리의 지정석은 없습니다. 오직 회개에 합당한 열매만이 우리를 그 길 위에 세웁니다.

과거를 붙잡지 말고, 오늘을 바꾸라

광야에서 한 사람의 외침이 울려 퍼집니다. "너희는 주의 길을 준비하라 그의 오실 길을 곧게 하라"(4). 그리스도의 오심을 진정으로 맞이하려면 우리 삶의 태도부터 재정비해야 합니다. 우선순위를 다시 세우고 하나님의 질서를 기꺼이 받아들여야 합니다.

세례자 요한의 말을 들은 무리들은 결국 이렇게 묻습니다. "그렇다면 우리는 어떻게 해야 합니까?" 이 질문은 단순한 호기심이 아니라 삶을 바꾸고자 하는 절박한 물음이었습니다.

요한의 대답은 놀라울 만큼 분명하고 구체적이었습니다. 두 벌의 외투를 가진 사람은 한 벌도 없는 사람과 나누라고 말합니다. 먹을 양식이 있는 사람도 그렇게 하라고 합니다. 회개는 감정이 아니라 행동이며 신앙은 마음속 결심이 아니라 삶의 방식이라는 뜻입니다.

세금 징수원들이 묻습니다. "그렇다면 우리는 어떻게 해야 합니까?" 요한은 단호하게 답합니다. 합법적으로 정해진 것 이상을 거두지 말고 정직하게 행하라고 말합니다. 군인들이 다시 묻습니다. "그러면 우리는 무엇을 해야 합니까?" 요한은 권력을 어떻게 써야 하는지를 정확히 짚습니다. 협박하지 말고, 억울한 사람을 만들지 말며, 폭력을 행사하지 말고, 받는 급여에 만족하라고 말합니다.

여기서 중요한 사실이 하나 드러납니다. 요한은 누구에게도 직업을 바꾸라고 요구하지 않습니다. 세금 징수원에게 그만두라고 하지 않고, 군인에게 무기를 내려놓으라고 말하지 않습니다. 대신 지금 서 있는 자리에서, 지금 맡고 있는 역할 안에서 회개에 합당한 열매를 맺으라고 요구합니다.

우리는 과거에 집착하는 데 익숙한 사람들입니다. 지나간 날들을 곱씹고, 되돌릴 수 없는 장면들 앞에서 서성입니다. 끊임없이 뒤를 돌아보면서, 어떻게 앞으로 나아갈 수 있겠습니까? 그래서 얼룩진 과거를 안고 있던 세금 징수원들과 군인들 그리고 많은 사람이 요한에게 나아와 같은 질문을 던졌던 것입니다. "우리는 무엇을 해야 합니까?"

요한의 메시지는 분명합니다. 과거에 묶여 있지 말라는 것입니다. 하나님께서 이미 새로운 일을 시작하고 계신데, 왜 지나간 날들에만 매달려 있느냐는 것입니다. "보라 내가 새 일을 행하리니 이제 나타낼 것이라 너희가 그것을 알지 못하겠느냐 반드시 내가 광야에 길을 사막에 강을 내리니"(사 43:19). 이사야의 이 말씀이 그 상황을 설명합니다.

요한의 말은 간결합니다. 과거에 얼마나 부당하게 취했든, 지금부터는 정직하게 거두어야 하고, 과거에 얼마나 많은 폭력을 휘둘렀든 지금부터는 위협하지도 상처 입히지도 말아야 합니다. 회개는 어제를 되돌리는 일이 아닙니다. 오늘의 방향을 바꾸는 일입니다. 지난해의 곡식에 아무리 물을 준들 아무 소용이 없습니다. 그런데도 우리는 종종 돌이킬 수 없는 과거에 눈물로 물을 주고 있지는 않습니까?

요한이 제시하는 출구는 분명합니다. 이 잔인한 순환을 끊는 가장

하나님은 다른 길로 오신다

좋은 방법은 다른 사람을 위해 무언가를 하기 시작하는 것입니다. 나눔과 정직과 절제의 작은 실천이 시작되는 순간, 과거는 힘을 잃습니다. 다른 사람을 향해 손을 내미는 그 순간부터 우리의 과거는 점점 작아지고 하나님의 미래는 점점 가까워집니다.

회개는 느끼는 것이 아니라 돌아서는 것

그렇다면 우리는 무엇을 해야 하겠습니까? 지금 이 자리에 모인 우리는 어떻게 살아야 하겠습니까?

우리 모두에게는 과거가 있습니다. 비극적인 과거를 안은 사람도, 폭력이나 학대의 끔찍한 상처를 가슴에 묻고 사는 사람도 있을 것입니다. 돌아보기조차 수치스러운 과거를 지닌 이도 있을 것입니다. 우리는 이렇듯 모두 죄로 얼룩진 과거를 안고 살아갑니다.

그러나 여러분이 지금 여기 있는 이유는 그런 절망을 재확인하기 위함이 아니라, 좋은 소식을 듣기 위함입니다. 하나님께서는 우리에게 이렇게 말씀하신다는 소식입니다. "사랑하는 자녀들아, 너희는 스스로 과거를 고칠 수 없다. 그러나 너희가 할 수 있는 한 가지가 있다. 내게 용서를 구하는 것이다. 너희의 죄는 이미 용서되었다. 이제 과거에서 돌아서서 미래로 나아가라. 그리스도께서 너희 삶에 들어오시도록 준비하라"(골 2:13-14, 빌 3:13-14, 행 3:19, 요일 1:9 참조).

이것이 강림절의 진정한 의미입니다. 강림절은 감상적인 계절이 아니라 그리스도의 오심을 준비하는 시간입니다. 그리고 그 준비는 나눔으로 시작됩니다. 요한의 선포처럼 외투 두 벌을 가진 자는 없는 자와 나누어야 하고, 먹을 것이 있는 자도 마땅히 그리해야 합니다.

그리스도를 받아들이고 그분 안에서 자라가는 길은 분명합니다. 자기 자신에게서 벗어나는 것, 그리고 끊임없이 과거를 돌아보는 일을 멈추는 것입니다.

하나님께서는 우리에게 많은 날을 맡기셨습니다. 이제 우리는 그 시간을 자신만을 위해 쓰지 말고 사람들을 위해 사용해야 합니다. 그 시간들을 회개에 합당한 열매를 맺는 데 사용해야 합니다. 그리고 무엇보다 포도나무의 가지처럼 그리스도 안에 거하는 데 사용해야 합니다.

가지가 스스로 열매를 맺을 수 없듯이 우리 삶도 그리스도 안에 머물 때만 열매를 맺습니다. 그리스도는 포도나무이시고, 우리는 그 가지들입니다. 우리가 그분 안에 거할 때 우리의 삶은 반드시 열매를 맺게 될 것입니다.

그러므로 우리의 질문은 더 이상 "무엇을 느꼈는가"가 아니라 "무엇을 바꿀 것인가"가 되어야 합니다. 회개는 단순한 감정이 아니라 명확한 방향 전환이며, 그 열매는 먼 미래가 아니라 지금 이 삶에서 드러나야 합니다. 그리스도께서 이미 오셨다면 이제 남은 질문은 이것 하나뿐입니다. 그분의 오심은 오늘 우리의 삶을 실제로 어디까지 바꾸고 있습니까?

하나님은 다른 길로 오신다

16

끝나지 않는 시험, 끝까지 신뢰하는 길

누가복음 4:1-13

"마귀가 모든 시험을 다 한 후에 얼마 동안 떠나니라"(13).

예수님도 우리처럼 시험과 유혹을 받으셨다는 사실은 성경이 전하는 매우 독특하고도 중요한 가르침입니다. 예수님의 시험받으심에 대한 신학적 의미는 히브리서 2장 14-18절과 4장 15절에 분명하게 드러납니다.

히브리서 2장에 따르면 인간은 결국 썩어 흙으로 돌아갈 수밖에 없는 연약한 존재, 곧 죽음을 피할 수 없는 존재입니다. 사람은 흙으로 지음 받았고, 놀랍게도 예수님 역시 이와 동일한 인간이 되셨습니다. 흙으로 돌아갈 수밖에 없는 존재가 되신 이유는, 죽음이라는 무기를 통해 세력을 행사하던 마귀를 멸하시고, 죽음을 두려워하며 평생 종노릇하던 사람들을 해방하시기 위함이었습니다. 특히 죽음과 마귀의 끊임없는 공격 앞에서 떨고 있는 연약한 언약 백성, 곧 아브라함의 자손들을 붙들어 주시기 위함이었습니다.

사람이 되어보아야 사람을 이해할 수 있고, 시험을 겪어보아야 시험 앞에서 무너지는 인간의 연약함을 체휼할 수 있습니다. 그래서 예수님은 모든 일에 있어서 우리와 같아지셔야 했습니다. 친히 시험을 받아 고난을 겪으셨기에 시험받는 자들을 능히 도우실 수 있게 되었습니다. 이것이 히브리서 2장이 말하는 핵심입니다.

우리를 아시는 하나님: 시험을 통과한 신뢰

우리는 어떤 사람을 신뢰합니까? 내 처지를 깊이 이해하고, 고통을 함께 짊어지며, 내 삶의 이야기에 깊이 공명해주는 사람입니다. 성경의 언어로 말하자면, 우리의 연약함을 '체휼하시는' 사람입니다. "우리에게 있는 대제사장은 우리의 연약함을 동정하지 못하실 이가 아니요 모든 일에 우리와 똑같이 시험을 받으신 이로되 죄는 없으시니라"(히 4:15).

우리가 하나님을 의지할 수 있는 이유는, 그분이 고통을 피하지 않으시고 우리의 처지를 이론이 아닌 경험으로 깊이 아시는 분이기 때문입니다. 예수님의 시험받으심은 이 점에서 우리에게 깊은 현실성을 지닙니다. 그분의 시험 이야기를 통해 우리는 우리의 이야기를 듣습니다. 그분이 광야에서 겪으신 시험 속에서 오늘날 우리가 겪고 있는 시험의 메아리가 들려옵니다.

누가복음에서 예수님의 시험 이야기는 무척 의도적인 위치에 놓여 있습니다. 광야에서의 시험 이야기(4:1-13) 앞에는 예수님의 족보가 나오고(3:23-38), 그 뒤에는 공생애의 시작을 알리는 취임 설교가 이어집니다(4:14-30). 이 배치는 시험 이야기의 의미를 분명히 드러냅니다.

먼저 족보를 보면, 누가는 예수님의 계보를 거슬러 올라가 아담에 이르고, 거기서 멈추지 않고 하나님에게까지 나아갑니다. 이는 예수님

하나님은 다른 길로 오신다

이 성령으로 태어나신 하나님의 아들이심을 선언하는 방식입니다. 족보는 단순한 혈통 기록이 아니라 "예수는 하나님의 아들이다"라는 신앙 고백입니다.

그리고 곧이어 등장하는 광야의 시험 이야기는, 이 '아들 됨'이 무엇을 의미하는지를 보여줍니다. 하나님의 아들이란 어떤 존재인가, 하나님의 자녀란 어떤 방식으로 살아가는가를 드러내는 장면입니다. 시험 이야기가 주는 대답은 분명합니다. 하나님의 아들은 극한의 시험 앞에서도 전적으로 아버지를 신뢰하며 순종함으로 그 위기를 이겨냅니다. 그는 어린아이처럼 아버지의 말씀(토라)을 붙듭니다.

그 다음에 나오는 나사렛 회당에서의 설교는 예수님의 '취임 연설'과도 같습니다. 포로 된 자에게 자유를, 눌린 자에게 해방을 선포하는 복음의 선언입니다. 앞서 광야에서 시험을 이기신 이야기는, 이 선언에 신뢰를 부여합니다. 마귀의 유혹을 이기신 분이라면 그가 선포하는 해방의 소식은 믿을 만하다는 것입니다.

예수님의 시험 이야기는 단순한 과거 사건이 아닙니다. 그것은 지금도 시험받는 우리에게 하나님을 신뢰하는 삶이 무엇인지를 몸으로 보여주는 복음의 증언입니다.

세 가지 유혹, 하나의 신뢰

분명한 사실은 이 본문이 '유혹'을 다루고 있다는 점입니다. 이것은 일반적인 유혹의 목록이 아닙니다. 예수와 마귀 사이에서 벌어지는 매우 비범한 대결, 위트와 의지, 권위와 신뢰가 정면으로 충돌하는 장면입니다. 한 학자의 표현을 빌리자면 이는 개인의 도덕적 시험이 아니라 '두 왕국 사이의 충돌'입니다.

이 본문이 수세기 동안 교회 전통에서 사순절 첫 주일의 본문으로 읽혀왔다는 사실은 우연이 아닙니다. 사순절은 한 줌의 재로 시작되는 성회 수요일에서 출발합니다. 그 재는 인간의 죄의 보편성과, 누구도 피할 수 없는 죽음의 현실을 상기시키는 상징입니다. 성회 수요일과 부활절 사이에 놓인 40일은, 인간이 광야에서 무엇과 씨름하는 존재인지를 직면하는 시간입니다. 이 기간은 유혹과 시험, 죽음의 그림자를 통과하며, 동시에 부활을 향한 희망을 붙드는 '사이의 시간'입니다.

첫 번째 유혹: 생존의 문제

누가복음에 따르면 예수는 세 차례의 유혹을 받으십니다. 그 첫 번째는 굶주림과 관련된 유혹입니다. 생존이라는 가장 기본적인 인간의 필요를 겨냥한 시험입니다. 예수는 40일 동안 아무것도 드시지 않았고, 본문은 그가 극도의 허기에 이르렀음을 분명히 말합니다. 이것은 식사 시간이 조금 지나 느끼는 배고픔이 아닙니다. 아사 직전의 굶주림, 인간의 판단력과 존엄을 무너뜨릴 수 있는 가장 원초적인 상태입니다. 굶주림은 사람을 비합리적으로 만들고, 때로는 인간을 스스로 혐오하게 만드는 힘을 지닙니다.

바로 그 순간 마귀는 제안을 던집니다. "네가 만일 하나님의 아들이어든 이 돌들에게 명하여 떡이 되게 하라"(3). 이는 단순한 기적 요청이 아닙니다. 어떤 대가를 치르더라도 살아남으라는 유혹, 하나님의 신뢰를 내려놓고 즉각적인 해결을 선택하라는 제안입니다. 그러나 예수는 이 제안을 거부하십니다. 그는 생존보다 더 근본적인 질문 앞에 서 계십니다.

광야는 언제나 "무엇을 먹을까, 무엇을 마실까"라는 질문이 증폭되는 장소입니다. 하나님의 은혜로 이집트에서 구출되어 홍해를 마른 땅

하나님은 다른 길로 오신다

처럼 건넜던 이스라엘 백성은 광야에 이르러 하나님의 백성으로 살 것인가 아니면 이방인처럼 살 것인가 하는 갈림길에 서게 됩니다. 광야는 "사람은 무엇으로 사는가"라는 가장 근본적인 질문에 정직하게 답해야 하는 자리였습니다. 그들은 구원의 하나님을 신뢰할 것인가, 아니면 당장의 필요를 해결해줄 다른 신을 찾을 것인가의 갈림길에 놓였습니다. 그러나 이스라엘은 그 질문 앞에서 반복해서 실패했습니다. 광야 40년은 불평과 원망, 불만으로 채워진 시간이었습니다.

그런데 바로 이 지점에 '새 이스라엘'로 오신 예수가 계십니다. 그는 옛 이스라엘이 넘어졌던 바로 그 광야의 유혹과 정면으로 대면하여 승리하셨습니다. 예수께서 붙드신 것은 능력이나 기적이 아니라 하나님의 가르침에 전적으로 의존하는 순수한 '토라–영성'Torah Spirituality이었습니다. 이 싸움은 외적 힘의 대결이 아니라 내면의 전쟁이며, 영적 광야를 걷는 우리에게 하나님의 자녀로 사는 삶의 본질을 묻는 치열한 영적 전투입니다. 그래서 예수는 이렇게 대답하십니다. "기록된 바 사람이 떡으로만 살 것이 아니라"(4).

두 번째 유혹: 욕망의 문제

두 번째 유혹은 여러 면에서 첫 번째보다 훨씬 더 교활하고 미묘하여 실체를 포착하기가 어렵습니다. 첫 번째 유혹이 인간의 생존이라는 가장 기본적인 필요를 건드렸다면 두 번째 유혹은 인간의 욕구와 욕망, 곧 권력과 힘을 겨냥합니다. 사람은 힘을 가지면 세상을 통제하고 조절할 수 있다고 믿고 싶어 합니다. 마귀는 예수를 높은 산으로 이끌어 세상의 모든 나라를 보여주며, 자기에게 엎드려 경배하면 그 모든 권세를 주겠다고 제안합니다.

그러나 몇몇 주석가에 의하면, 이른바 '유혹의 산'은 해수면보다도 낮은 황무지에 있었고, 그곳에서 보이는 것은 웅대한 제국이 아니라 기껏해야 작은 마을들과 목동들의 양 우리, 가까운 곳에는 초라한 여리고뿐이었을 것입니다. 다시 말해 마귀가 내민 것은 실제 땅이나 나라가 아니라 인간 내면에 깊이 자리한 욕망이었습니다. 자기만의 영토를 소유하고, 그 안에서 마음껏 힘과 권세를 휘두르고 싶어 하는 욕망 말입니다. 이 유혹은 눈에 보이지 않기에 더욱 위험하고, 그래서 더 물리치기 어렵습니다.

무언가를 끊임없이 움켜쥐려는 욕망은 야곱의 본성에서 가장 선명하게 드러납니다. '붙잡는 자'라는 뜻의 이름을 지닌 야곱은 얍복 강가에서 하나님을 만나기 전까지 두 손으로 움켜쥐는 삶을 살았습니다. 장자의 권리, 가족, 재산과 가축, 부와 명예까지 손에 넣었고, 그것들은 그의 힘과 세력이 되었습니다. 20년 만에 고향으로 돌아오는 길에서도 그는 여전히 더 많은 복을 붙잡으려 합니다. 그러나 얍복 강가에서 '낯선 자'로 나타난 하나님은 그의 손을 펴게 하십니다. 인간이 의지하던 힘과 생명력의 중심, 곧 환도뼈를 치심으로, 그가 의지하던 힘을 내려놓게 하신 것입니다. 치명적인 상처를 입은 그 순간, 야곱은 비로소 그 낯선 자의 옷자락을 결사적으로 붙잡습니다. 이 붙잡음은 이전의 움켜잡음과 전혀 다른 것이었습니다. 하나님을 붙드는 것이야말로 모든 것을 붙드는 길임을 그는 그제야 깨닫습니다.

그 순간 야곱은 더 이상 '야곱'이 아니라 '이스라엘'이 됩니다. 하나님이 다스리신다는 뜻을 지닌 새로운 존재로 거듭납니다. 더 놀라운 것은 하나님께서 이 이름을 이렇게 정의하신다는 점입니다. "네가 하나님과 겨루어 이겼다." 이는 하나님과 인간이 함께 승자가 되는 역설적인 선언입니다. 하나님께 굴복하는 것이야말로 진정한 승리이며, 위대한 패배를 통해서만 참된 승리가 무엇인지 알게 된다는 뜻입니다. 하나님

하나님은 다른 길로 오신다

외의 것들, 곧 힘과 세력과 명예를 붙잡는 것은 결국 하나님을 신뢰하지 않는다는 고백과 다르지 않습니다.

옛 야곱이 이스라엘로 변화되었듯 참 이스라엘이신 예수 역시 위대한 패배를 통해 가장 강한 권능을 드러내셨습니다. "그의 능력이 약함 가운데서 온전하여진다"는 말이 이것을 가리킵니다. 사순절은 높아지는 계절이 아니라 낮아지는 계절이며, 명예가 아니라 섬김을, 권세가 아니라 십자가의 길을 배우는 시간입니다. 그리스도와 함께 죽는 길이 곧 그리스도와 함께 사는 길임을 익히는 계절입니다. 그래서 예수는 단호히 응답하십니다. "기록된 바 주 너의 하나님께 경배하고 다만 그를 섬기라 하였느니라"(8).

세 번째 유혹: 정체성의 문제

누가가 전하는 세 번째이자 마지막 유혹은 앞선 두 유혹보다 훨씬 더 교묘하고 정교하며, 무엇보다 치명적인 유혹입니다. 이 유혹은 생존이나 권력의 문제가 아니라 정체성에 대한 도전입니다. "네가 누구인가"를 증명해보라는 요구입니다. 마귀는 이렇게 속삭입니다. "네가 정말 하나님의 아들이라면 성전 꼭대기에서 뛰어내려보라. 천사들이 와서 너를 붙들어줄 것이다. 하나님이라면 자기 아들을 위해 중력을 멈추게 하지 않겠느냐. 한번 증명해보라."

이 유혹은 단순한 도발이 아닙니다. 자신의 존재를 입증하라는 압박입니다. 우리 가운데 자신의 정체성이 도전받는 상황을 반기며 맞아들일 사람은 없습니다. 끊임없이 "네가 정말 누구냐"고 증명하라고 요구받는다면 그 불안 속에서 어떻게 살아갈 수 있겠습니까. 그러나 예수님은 이 질문 자체를 거부하십니다. 증명 경쟁에 뛰어들지 않으십니다. "이르시되 주 너의 하나님을 시험하지 말라 하였느니라"(12). 예수님은

2부. 말씀이 삶을 뒤집는다

자신을 입증하지 않음으로써 참된 아들 됨이 무엇인지를 보여주셨습니다.

유혹은 신앙의 깊이가 아니라 약점을 묻는다

예수님이 받으신 시험은 인간이 가장 쉽게 넘어지는 세 가지 핵심 지점을 정확히 겨냥합니다. 생존의 문제, 힘과 권력의 문제 그리고 정체성의 문제입니다. 이 시험들은 우연히 선택된 것이 아니라 인간의 본성과 심리를 잘 아는 마귀가 가장 효과적인 방식으로 던진 도전이었습니다. 마귀는 우리가 어디에서 흔들리는지, 무엇 앞에서 무너지는지를 너무도 잘 알고 있습니다. 사람마다 각기 다른 아킬레스건이 있기 때문입니다.

기독교 전통이 말해온 일곱 가지 죄악의 언어로 말하자면, 우리의 취약점은 교만, 질투, 분노, 나태, 탐욕, 탐식, 정욕 가운데 하나일 것입니다. 오늘의 언어로 옮기면, 돈과 재물, 명예와 외모, 자존심과 학력, 권력과 인정 욕구, 성적 욕망 같은 것입니다. 그러므로 이 본문은 단순히 예수님의 시험 이야기를 전하는 것이 아니라 유혹이 어떻게 작동하는지 그리고 그 유혹 앞에서 어떻게 저항해야 하는지를 가르칩니다.

회피: 도망이 아니라 신뢰의 선택

유혹에 저항하는 방식은 다양하지만 우리가 가장 먼저 떠올리는 방법은 바로 회피입니다. 예를 들어 당뇨병의 위험을 잘 아는 사람에게 마귀가 접근한다고 가정해보십시오. 의사가 식이 조절을 권했고 당사자도 그것을 잘 알고 있습니다. 그러면 마귀는 이렇게 유혹할 것입니다. "먹고 죽은 귀신이 때깔도 좋다." 유혹은 언제나 우리가 이미 알고 있는 약점을 가지고 옵니다.

하나님은 다른 길로 오신다

이 본문은 분명 일정한 의미에서 회피와 피함의 중요성을 보여줍니다. 예수님은 무언가를 더 행함으로써가 아니라 단호히 하지 않음으로써 유혹을 이기셨습니다. 여기서 사순절 기간 동안 무언가를 포기하고 끊어내는 전통이 유래했습니다. 기호품을 멀리하고 절제하는 실천이 그것입니다. 어떤 이들은 사순절에 결혼식조차 삼가야 한다고 말하기도 합니다.

그러나 본문은 단순한 금욕이나 회피의 윤리를 말하려는 것이 아닙니다. 그것보다 훨씬 더 깊은 차원을 제시합니다. 예수님의 저항은 단순한 도피가 아니라 아버지에 대한 전적인 신뢰에서 나온 선택이었기 때문입니다. 그는 무엇을 피할 것인가보다 누구를 신뢰할 것인가를 분명히 하셨습니다. 그리고 그 지점에서 유혹은 힘을 잃습니다.

대결: 마귀보다 더 어려운 싸움

이 본문은 분명 유혹과 그 유혹을 피하는 문제를 다루고 있습니다. 그러나 더 근본적인 차원에서 보면, 무엇보다 '대결'과 '대치'에 관한 이야기입니다. 예수님은 마귀와 정면으로 마주 서 계십니다. 그의 유혹과 첨예하게 대치하고 계시며, 자신의 가장 취약한 지점, 가장 민감한 영적 갈등의 자리에서 물러서지 않으십니다. 마귀는 언제나 우리의 연약함을 가장 설득력 있게 위장하여 다가옵니다. 학생에게는 쉬운 학점으로, 교수에게는 정년 보장이나 학문적 명성이라는 이름으로 다가옵니다. 그리고 그리스도인에게는 바리새인의 부드러운 음성, 곧 "나는 다른 사람들과 같지 않음을 감사합니다"라는 자기만족의 언어로 다가옵니다.

마귀와의 대결도 중요하지만 실상 우리에게 더 본질적인 것은 자기 자신과의 대결입니다. 우리는 정교한 사회적 화장(化粧)으로 자신을 보호하고, 허영과 두려움을 그럴듯하게 포장하며 살아갑니다. 그러나 본문이 요구하는 대치는 그런 포장을 벗겨내고 자기 영혼을 정면으로 바라보는 일입니다. 이 대결은 우리 내면 깊숙이 자리한 자아ego, 야심과 야망 그리고 두려움과 직면하는 일입니다. 이것이 바로 마귀와의 싸움이 구체화되는 현장입니다. 내면의 갈등과 어둠을 외면하면 잠시 편안할 수는 있어도, 그 실체가 결코 사라지지는 않습니다. 만일 영적 성숙이 회피를 통해 완성된다면 이 세상은 수도원과 기도원으로 가득 차야 할 것입니다. 그러나 예수님은 마귀를 피하지 않으셨고 무시하지도 않으셨습니다. 그분은 마귀와 정면으로 씨름하셨습니다. 우리 역시 악을 가볍게 여겨서는 안 됩니다.

견딤: 단번의 승리가 아니라 끝까지 견디는 믿음

본문은 회피와 대결을 넘어 궁극적으로 끝까지 견디어 내는 '인고'(忍苦)를 가르치고 있습니다. 이 이야기가 세 번째 유혹 이후, 예수님이 사탄을 완전히 꺾고 화려한 승리를 선언하는 장면으로 끝났다면 얼마나 명쾌하겠습니까. 그러나 누가는 그렇게 이 이야기를 마무리하지 않습니다.

본문의 결말은 오히려 불길한 여운을 남깁니다. "온갖 시험을 마친 마귀는 더 좋은 기회를 노리려고 잠시 동안, 예수님을 떠나갔습니다"(4:13, 쉬운성경). 이 문장은 승리의 종소리가 아니라 긴장의 여운입니다. 마귀는 떠났지만 패해서 물러간 것이 아닙니다. 이것은 패배가 아니라 전략적 후퇴입니다. 언제까지입니까? '더 좋은 기회'가 올 때까지입니다. 예수님이 다시금 공격에 노출될 수 있는 순간, 인간적으로 가장 연약해질 수 있는 지점이 올 때까지입니다.

마귀는 사라진 것이 아니라 잠시 물러나 있을 뿐입니다. 엎드려 숨어 있는 사자처럼 때를 기다리며 잠복해 있다는 뜻입니다. 그러므로 이

하나님은 다른 길로 오신다

본문은 단번의 승리를 약속하지 않습니다. 대신, 끝까지 견디는 믿음, 반복해서 맞서야 하는 영적 긴장 그리고 끝내 하나님을 신뢰하는 인내의 길을 우리 앞에 남겨둡니다.

마귀는 겟세마네에서 고뇌의 짙은 그림자 속에 잠복해 있었고, 갈보리의 고난을 앞두고는 유령처럼 예수님의 영혼을 흔들었습니다. 사탄은 결코 대결을 포기한 적이 없습니다. 그는 놀라울 만큼 끈질기고 집요합니다. 그렇게 쉽게 포기하는 존재가 아닙니다. 그러므로 예수님에 대한 유혹은 결코 광야에서 끝난 사건이 아닙니다. 이 본문이 두려운 이유는, 이때부터 비로소 진짜 유혹과 치열한 대결이 시작되었기 때문입니다.

마귀는 우리를 넘어뜨리고 파괴하기에 가장 적절한 순간을 기다립니다. 그때는 언제입니까? 우리의 자존심이 상처 입었을 때, 우리의 에고가 깊이 흔들릴 때, 두려움이 마음을 지배할 때, 인정받지 못해 마음이 무너질 때, 무시당하고 있다는 분노가 치밀어 오를 때, 바로 그 순간이 마귀에게는 절호의 기회가 됩니다. 이런 순간들이야말로 마귀가 집요하게 전리품을 노리는 가장 적당한 때입니다.

그렇기 때문에 우리 역시 끈질김으로 끈질김을 대적해야 합니다. 영적 광야에서 요구되는 이 인내와 지속성, 이것이야말로 사순절 훈련이 가리키는 핵심입니다. 이 세상에서 악과 벌이는 싸움은 언제나 먼저 우리 내면의 싸움으로 시작됩니다. 그리고 그 싸움은 자신이 누구인지를 아는 일에서 출발합니다. 곧 우리의 한계와 턱없이 부족한 역량을 인정하는 것입니다. 이런 내면적 성찰은 일회적 고백이 아니라 지속적으로 되풀이되어야 할 태도입니다. 사순절은 이 성찰에 집중하도록 우리를 부르는 특별한 교회력의 시간입니다.

예수께서 광야에서 자신의 사역을 준비하셨던 것처럼 우리 또한 부활절에 자신과 온 땅에 임할 궁극적인 새로움, 곧 갱신을 준비해야 합니다. 부활절로 가는 길은 여러 갈래처럼 보여도 어느 길도 십자가의 그늘을 피해 갈 수는 없습니다. 그 십자가는 우리의 시간성과 하나님의 영원성이 만나는 자리이며, 그 어두운 계곡의 중심에는 모든 것을 가능케 하시는 그리스도께서 계십니다.

우리는 그 십자가의 그늘을 통과하며 길을 만들어가야 합니다. 그 길을 걸으며 우리는 분명히 인식해야 합니다. 우리는 하나님의 용서와 형제자매의 용서를 절실히 필요로 하는 죄인이라는 사실입니다. 이 진실을 외면하지 않고 기억하는 것, 바로 이것이 사순절의 핵심입니다. 사순절은 광야 한가운데서 은혜를 다시 배우는 계절입니다.

하나님은 다른 길로 오신다

17

말씀이 다시 울릴 때, 공동체는 깨어난다

누가복음 4:14-21

"주의 성령이 내게 임하셨으니 이는 가난한 자에게 복음을 전하게 하시려고
내게 기름을 부으시고 나를 보내사 포로 된 자에게 자유를,
눈 먼 자에게 다시 보게 함을 전파하며
눌린 자를 자유롭게 하고 주의 은혜의 해를 전파하게 하려 하심이라"(18-19).

공중 예배에는 성경을 봉독하는 시간이 있습니다. 성경을 큰 소리로 읽는 이유는 그저 예식상의 관습 때문이 아닙니다. 성경은 본래 개인이 조용히 읽도록만 주어진 책이 아니기 때문입니다. 성경은 공동체 앞에서 선포되도록 주어진 말씀입니다.

물론 개인적으로 묵상하며 읽는 것도 중요합니다. 그러나 성경이 처음 읽힌 방식 그리고 오랫동안 신자들이 성경을 접해온 방식은 공중 예배에서의 낭독이었습니다. 말씀은 눈으로만이 아니라 공동체가 함께 귀로 듣는 사건이었습니다.

이 전통은 교회가 새롭게 만들어낸 것이 아닙니다. 유대교 회당에서 이어져 온 신앙의 유산입니다. 교회의 예배는 회당 예배에서 출발하였으며 회당 예배의 중심은 언제나 성경을 경청하는 데 있었습니다. 말씀을 듣는 일이 곧 예배의 핵심이었습니다.

이 성경 중심의 예배는 바벨론 포로기에서 더욱 분명해졌습니다. 낯선 땅에서 이방인이 된 이스라엘 백성들은 서로 이야기들을 들려주었습니다. 자신의 고향을 잊지 않기 위해서였습니다. 자녀들에게 이야기를 전하며 우리가 누구이며 어디서 왔는지를 기억하게 했습니다. 그들은 옛 노래를 부르고, 신앙 고백을 되뇌었습니다.

오늘날 교회에서 성경을 낭독하고 해석하는 일도 다르지 않습니다. 포로로 끌려갔던 이스라엘이 했던 일을 다시 반복하는 것입니다. 우리가 어디에 속한 사람인지, 집과 고향이 어디인지를 잊지 않기 위해 말씀을 다시 들려주는 것입니다. 우리 자녀들이 자신의 정체성을 잃지 않도록 성경 이야기를 공동체 안에서 다시 울리게 하는 것입니다.

바벨론 포로기 때처럼 오늘날의 신앙 공동체에도 이 과정은 매우 중요합니다. 말씀이 낭독될 때 공동체는 자신들의 참된 정체성을 다시금 깨닫기 때문입니다. 그리고 그 기억 속에서 우리는 하나님의 긍휼에 이끌려 살아갈 수 있습니다.

스크린이 아니라 말씀이 세상을 해석하게 하라

스크린의 세계에 맞설 수 있는 유일한 대안은 성경의 세계입니다. 우리가 주일 예배에서 성경을 읽는 이유, 그리고 그 시간이 예배의 한가운데 놓여 있다는 사실이 이를 말해줍니다. 성경은 우리 예배의 중심입니다.

이 이야기는 남의 이야기가 아니라 우리의 이야기입니다. 성경을 듣는다는 것은 새로운 렌즈를 받아 쓰는 일입니다. 그 렌즈를 통해 우리는 세상을 바라봅니다. 이 렌즈가 없으면 시야가 흐려집니다. 무엇이 진짜인지, 무엇이 실체인지 분간할 수 없게 됩니다.

그러나 우리가 성경을 펼칠 때 사물은 다시 제자리를 찾습니다. 흐릿하던 안개가 걷히고 우리는 세상을 새롭게, 그리고 신선하게 보게 됩니다. 누가복음 4장 16절을 보면, 예수께서 안식일에 관습대로 회당에 들어가십니다. 성경을 읽기 위해 강단에 서시고, 예언자 이사야의 두루마리를 건네받아 펼치십니다. 그리고 이렇게 기록된 말씀을 읽으십니다.

<blockquote>

주의 성령이 내게 임하셨으니

이는 가난한 자에게 복음을 전하게 하시려고

내게 기름을 부으시고 나를 보내사

포로 된 자에게 자유를, 눈 먼 자에게 다시 보게 함을 전파하며

눌린 자를 자유롭게 하고

주의 은혜의 해를 전파하게 하려 하심이라 하였더라.

</blockquote>

예수께서는 말씀을 읽으신 뒤 두루마리를 덮어 회당 담당자에게 돌려주시고 자리에 앉으셨습니다. 회당에 있던 모든 사람의 시선이 예수께 집중되었습니다. 그때 예수께서 말씀하십니다.

"이 글이 오늘 너희 귀에 응하였느니라."

도대체 무슨 일이 일어나고 있는 것입니까? 예수께서 이 말씀으로 하시고자 하는 뜻은 분명합니다. 이사야서에서 말하는 "나"가 바로 자신이라는 선언입니다. "주의 성령이 내게 임하셨다"고 했을 때 그 '나', 기름 부음을 받아 가난한 자에게 복음을 전하는 그 '나'가 바로 예수님이라는 것입니다.

이 장면이 누가복음 4장에서 어디에 놓여 있는지도 중요합니다. 이 사건은 광야에서의 세 가지 유혹 '직후'에 등장합니다. 이는 우연이 아닙니다. 광야의 유혹에서 사탄이 집요하게 공격한 것은 예수님의 능력이 아니라 정체성이었습니다.

"네가 만일 하나님의 아들이어든….." 사탄은 돌을 떡으로 만들라고 하고, 자신에게 경배하라고 하며, 성전 꼭대기에서 뛰어내려보라고 합니다. 이 모든 유혹은 예수께서 하나님의 아들이 아닌, 다른 사람처럼 행동하도록 만들려는 시도였습니다.

다시 말해 예수를 우리 중 하나로 만들려는 것이었고, 예수를 우리의 차원으로 끌어내리려는 것이었으며, 예수를 우리의 목적을 위해 사용하려는 시도였습니다.

나사렛 사람들도 같은 질문을 던집니다. "이 사람이 누구인가? 요셉의 아들이 아닌가? 우리와 다를 것이 무엇인가?" 그들은 예수를 자신들의 눈높이로 이해하려 했습니다. 그러나 예수께서는 성경을 통해 분명히 말씀하십니다. 자신은 평범한 또 한 명의 랍비가 아니라 오래전 말씀이 가리켜 온 바로 그 메시아임을 선언하신 것입니다.

긍휼은 예수님의 부르심

사람들은 계속해서 예수를 자신의 차원으로 끌어내리려 합니다. 그러나 그럴 때마다 예수께서는 누가복음 4장 30절에서처럼 행동하십니다. "예수께서 그들 가운데로 지나서 가시니라." 예수께서는 우리로부터 빠져 나가십니다. 우리 손에 붙잡히지 않으십니다.

예수님은 우리가 입맛대로 다룰 수 있는 소유물이 결코 아니며 그 어떤 집단이나 교단도 그분을 독점할 수 없습니다. 다른 사람보다 더 독점적으로 차지할 수도 없습니다. 누구도 예수께 "이것을 하십시오, 저것을 하십시오"라고 명령할 수 없습니다.

오직 성령님만이 그러실 수 있습니다. 성령님만이 예수께서 가셔야 할 길을 말씀하십니다. 즉 가난한 사람들에게 좋은 소식을 전하고, 갇힌

하나님은 다른 길로 오신다

사람들에게 자유를 선포하며, 눈먼 사람들의 눈을 뜨게 하고, 압제받는 사람들을 풀어주는 길입니다. 가난한 자, 갇힌 자, 눈먼 자, 눌린 자. 예수님의 사명은 언제나 이 사람들을 향해 있습니다. 예수께서 받은 사명은 그들을 불쌍히 여기는 것입니다. 그들을 향한 연민, 곧 긍휼입니다.

연민과 긍휼은 단순히 마음속에서 느끼는 감정이 아닙니다. 성경이 말하는 연민, 예수님의 연민은 그 마음에 이끌려 실제로 움직이는 삶입니다. 긍휼에 이끌리는 삶, 연민에 의해 방향이 결정되는 삶, 이것이 예수님이 살아가시는 특징이었습니다.

예수께서 인간 사회로 들어오실 때도 마찬가지입니다. 위에서 내려오시지 않습니다. 아래에서부터 들어오십니다. 중심이 아니라 변두리에서 시작하십니다. 권력자들의 화려한 통로가 아니라 한없이 무력하고 도움이 절실한 이들의 고단한 삶을 통해 들어오십니다.

복음서는 반복해서 이 사실을 증언합니다. 나병환자가 다가와 간청할 때 예수께서는 그를 불쌍히 여기시고 손을 내미십니다. 목자 없는 양처럼 흩어진 무리를 보실 때 예수께서는 그들을 불쌍히 여기시고 가르치십니다. 굶주린 무리를 보실 때 그들을 그냥 돌려보내지 않으십니다. 나인 성의 과부를 보실 때도 마찬가지입니다. 예수께서는 그 여인을 불쌍히 여기시고, 죽은 아들을 다시 어머니에게 돌려주십니다(막 1:40-42, 6:32-34, 마 14:13-14, 마 15장, 눅 7장).

복음서가 반복해서 말하려는 것은 분명합니다. 예수님의 능력 이전에 예수님의 마음입니다. 예수님의 사명 이전에 예수님의 긍휼입니다. 예수님의 모든 행동은 이 긍휼에서 흘러나옵니다.

연민은 예수님을 가장 근본적으로 특징짓는 태도입니다. "연민에 이끌려", "긍휼에 마음이 움직여"라는 표현은 단순한 감정 묘사가 아니라 예수님이 누구이신지를 드러내는 언어입니다.

예수님은 가난한 자에게, 갇힌 자에게, 눈먼 자에게, 압제당한 자에게 오셨습니다. 그리고 그분의 연민을 통해 하나님의 심장, 하나님의 마음을 드러내십니다. 그 마음은 고난을 허락하시는 데 있지 않습니다. 고통받는 이들과 함께 고통하시는 데 있습니다.

영어 단어 compassion을 보면 이 뜻이 더 또렷해집니다. com은 "함께"를, passion은 "고난"과 "고통"을 뜻합니다. 그러므로 긍휼이란 단지 불쌍히 여기는 감정이 아니라, 타인의 아픔을 함께 짊어지고 함께 견뎌 내는 일입니다. 단순한 동정에는 여전히 심리적 거리가 남아 있지만, 참된 긍휼에는 그런 거리가 없습니다. 참된 긍휼은 아픔 곁에 서는 것을 넘어, 그 아픔 안으로 함께 들어가는 것입니다.

우리가 다른 사람에게 긍휼을 보일 때 우리는 그 사람의 상태와 처지를 감싸 안게 됩니다. 그 사람의 상처를 바깥에서 바라보는 것이 아니라 그것을 우리 안으로 들여오는 것입니다. 긍휼을 보인다는 것은 이렇게 말하는 일입니다.

나는 당신의 운명 속에서 나의 운명을 봅니다.
나는 당신의 얼굴에서 내 얼굴을 알아봅니다.
나는 당신의 눈물 속에서 나의 눈물을 봅니다.

당신의 살이 곧 내 살이며,
당신의 피가 내 피이고,
당신의 고통이 곧 내 고통입니다.

이것이 예수님의 긍휼이며, 예수님을 가장 분명하게 드러내는 삶의 방식입니다.

하나님은 다른 길로 오신다

긍휼에 이끌린 사람들만이 그리스도를 드러낸다

안드레 슈바르츠바르트의 소설 『마지막 정의로운 자』에는 "에르니"Ernie 라는 인물이 등장합니다. 그는 유대 전통에서 말하는 36명의 의로운 사람 가운데 하나로 묘사됩니다. 이런 사람들 때문에 하나님께서 세상을 계속 붙들고 계신다고 전해지는 인물입니다.

에르니는 이웃의 상처와 깊은 고통을 온전히 자기 것으로 끌어안는 사람이었습니다. 그는 번지르르한 말이 아닌 실제 삶으로 긍휼을 실천했습니다. 반드시 그렇게 해야 할 이유가 있었던 것은 아닙니다. 그러나 그는 자발적으로 유대인 어린이들과 함께 독가스실로 들어갑니다.

사이클론 비cyclon-B 가스가 바닥을 타고 방 안으로 퍼져 들어올 때 공포에 질린 아이들이 에르니의 곁으로 몰려듭니다. 아이들은 그의 몸에 매달리듯 숨어들고, 그는 울고 떨고 있는 작은 몸들을 끌어안습니다. 공포에 질려 얼어붙은 아이들의 두 눈을 가려주며 차가운 방 안에서 체온을 나누듯 그들을 깊이 품어 안고는 조용히 다독였습니다. "애들아, 숨을 깊게 쉬어라. 아주 깊게." 그는 허리를 굽혀 아이들의 높이로 몸을 낮춥니다. 그들과 같은 숨을 쉬기 위해서였습니다.

모든 아이들이 죽은 뒤, 그가 할 수 있는 일은 아무것도 남아 있지 않았습니다. 에르니도 그 자리에서 죽습니다. 그는 긍휼로 가득 찬 죽음을 죽은 사람입니다.

타인의 아픔에 깊이 공명하며 긍휼로 나아가는 삶, 이것이야말로 복음의 심장이며 예수 그리스도께서 친히 보여주신 삶의 정수입니다. 그리고 이 긍휼은 그리스도를 따르는 사람들이 반드시 드러내야 할 특징입니다. 그리스도를 따르는 제자로서 우리의 소명은 불쌍히 여기는 마음, 긍휼의 심정을 갖는 것입니다. 그렇지 않으면 그리스도의 영이 우리의 삶을 이끌지 않게 됩니다. 그리스도께서 다른 사람들에게 보이지 않게 됩니다.

바울은 고린도전서 9장에서 이 사실을 분명히 말합니다. 그리스도를 위한 증인이 되기 위해 그는 이렇게 고백합니다. 유대인을 얻기 위해 유대인처럼 되었고, 율법 아래 있는 사람을 얻기 위해 율법 아래 있는 사람처럼 되었으며, 율법 없는 사람에게는 율법 없는 사람처럼 되었습니다. 약한 자를 얻기 위해 약한 자가 되었습니다.

바울은 모든 사람에게 모든 것이 되었습니다. 가능한 모든 수단을 다해 몇 사람이라도 구원하기 위함이었습니다. 그는 예수님처럼 살았습니다. 가난한 자, 눈먼 자, 갇힌 자, 압제받는 자를 향해 연민에 이끌린 삶을 산 것입니다. 그는 선한 사마리아 사람과도 같았습니다. 그 이야기에서 긍휼을 베푼 이는 오직 사마리아 사람이었습니다.

복음은 언제나 그 사람을 가리킵니다. 복음은 우리가 무엇을 믿고 있는지를 묻기 전에, 우리가 누구의 고통 곁에 서 있는지를 묻습니다. 긍휼에 이끌리지 않는 신앙은 그리스도를 말할 수는 있어도, 그리스도를 드러내지는 못합니다. 오늘도 그리스도는 연민의 자리에서 우리를 부르고 계십니다.

하나님은 다른 길로 오신다

18

주의 영이 내 위에 임하시니

누가복음 4:14-21, 베드로전서 1:13-16, 이사야 61:1-2

"주의 성령이 내게 임하셨으니 이는 가난한 자에게 복음을 전하게 하시려고
내게 기름을 부으시고 나를 보내사 포로 된 자에게 자유를,
눈 먼 자에게 다시 보게 함을 전파하며 눌린 자를 자유롭게 하고
주의 은혜의 해를 전파하게 하려 하심이라 하였더라"(눅 4:18-19).

"주 여호와의 영이 내게 내리셨으니 이는 여호와께서 내게 기름을 부으사
가난한 자에게 아름다운 소식을 전하게 하려 하심이라
나를 보내사 마음이 상한 자를 고치며 포로된 자에게 자유를,
갇힌 자에게 놓임을 선포하며 여호와의 은혜의 해와 우리 하나님의 보복의 날을
선포하여 모든 슬픈 자를 위로하되"(사 61:1-2).

수십 년간 목회를 하며 분명하게 확인한 사실이 하나 있습니다. 우리 대부분은 자기 자신에게 붙잡혀 살아간다는 점입니다. 우리는 생각보다 훨씬 강하게 자신에게 집착하고 있습니다.

우리는 남들과 조금이라도 달라 보이기를 원합니다. 더 나은 삶, 더 특별한 삶을 살고 싶어 합니다. 기업의 마케팅 부서들은 이 사실을 정확히 알고 있습니다. 그래서 그들은 더 나은 인생, 더 날씬한 몸, 더 건강한 삶, 더 성공적인 미래를 약속합니다. 요컨대, '당신 자신을 개선해주겠다'는 약속입니다.

오늘날 출판 시장을 보아도 비슷합니다. 베스트셀러 목록에는 자기계발서, 자기 실현, 자기 암시를 통한 성공 이야기가 넘쳐납니다. 어떻게 부자가 될 것인가, 어떻게 몸을 관리할 것인가, 어떻게 인간관계를 개선할 것인가 하는 질문들이 반복됩니다. 조금 세련되게 말하면 경제, 건강,

사회생활입니다. 우리는 이 세 가지로 삶을 더 낫게 만들 수 있다고 믿고 있습니다.

하지만 돈을 아무리 많이 벌고 몸무게를 원 없이 줄인다 해도, 매일 아침 거울 속에서 마주하는 나 자신은 조금도 달라지지 않습니다. 여전히 자기 자신입니다. 솔직히 말해 우리가 가장 많이 걱정하는 대상은 놀랍게도 바로 이 '나'라는 존재입니다.

실낙원은 풍요 부족이 아니라 교제의 상실에서

이런 자기 몰입은 최근에 생긴 문제가 아닙니다. 우리는 태초부터 자신에 대해 걱정해왔습니다. 그 지점에서 우리 자신과의 문제 그리고 세상과의 문제가 시작되었습니다. 창세기에 따르면 인간은 처음부터 풍성함 가운데 놓여 있었습니다. 자유롭게 먹을 수 있는 열매로 가득한 정원에서 살았습니다. 하나님께서 그렇게 우리를 두셨습니다. 다만 단 한 가지, 정원 한가운데 있던 나무의 열매만은 먹지 말라는 조건이 있었습니다.

이것이 하나님의 선한 창조의 질서였습니다. 다시 말해 우리는 모든 것을 다 가질 수 없는 존재로 지음받았다는 뜻입니다. "너는 전부를 가질 수는 없다." 이것이 하나님의 창조 계획이었습니다. 그런데 바로 이 사실 때문에 인간은 흔들리기 시작했습니다. 우리는 온전하지 않다는 사실, 무엇인가 빠져 있다는 사실을 받아들이지 못했습니다.

그렇다면 사람들은 어디에 자리를 잡고 살아야 했겠습니까? 축복으로 가득 찬 정원 전체가 아닌가요. 그런데도 인간은 기어코 자신에게 허락되지 않은 단 한 가지를 탐내며, 결국 "이것 없이 어찌 살란 말이냐"며 불만을 터뜨리고 맙니다. 자기 몰입은 이렇게 시작되었고, 그 지점에서 타락은 현실이 되었습니다.

하나님은 다른 길로 오신다

이렇게 해서 우리는 피조물로서의 제한성과 한계를 넘어섰습니다. 넘어서는 안 될 경계선을 넘은 것입니다. 그 결과 우리는 정원에서 추방되었습니다. 그제야 비로소 깨닫게 됩니다. 무엇인가 부족했음에도 그곳이 참된 낙원이었다는 사실을 말입니다.

그러나 이미 늦었습니다. 낙원은 상실되었고, 이제 우리는 '실낙원'의 상태에 놓이게 되었습니다. 이 추방이 고통스러운 이유는 단지 많은 축복을 잃었기 때문이 아닙니다. 가장 견디기 힘든 상실은 창조주와 깊이 교제하던 그 자리에서 떨어져 나왔다는 데 있습니다. 낙원의 본질은 풍요가 아니라 교제였습니다.

초기 교부들이 상기시켜주듯 우리가 하나님과의 교제로부터 떨어져 나왔을 때 우리는 세상 전체를 데리고 이 땅으로 내려오게 되었습니다. 그 결과 인간만이 아니라 모든 피조 세계가 함께 낙원에서 추방당한 셈이 되었습니다.

심판 한가운데 숨겨진 회복의 선언

하나님으로부터의 추방이라는 이미지는 성경 전체를 관통하는 흐름입니다. 우리가 읽은 이사야서도 예외가 아닙니다. 이사야는 거룩한 땅에서 쫓겨나 포로가 될 백성들을 향해 예언합니다. 자기만족과 자기 몰입에 깊이 빠진 백성을 하나님께서 더 이상 견딜 수 없으셨기 때문입니다.

거룩한 땅에서의 추방과 포로 됨은 이스라엘에게 감당하기 어려운 충격이었습니다. 바벨론 군대는 그들이 평생 쌓아 올린 모든 것을 하루 아침에 무너뜨렸습니다. 더 큰 고통은 하나님을 만날 수 있다고 믿었던 그 자리에서 강제로 끌려 나와, 낯선 땅으로 추방되었다는 사실이었습니다. 이제 백성들은 포로가 되었습니다. 이방의 땅, 낯선 세계에 던져진 것입니다. 이사야의 예언은 대부분 이처럼 혹독한 심판을 선포함으로써 하나님의 정의를 역설합니다.

그러나 이사야는 심판으로만 끝나지 않습니다. 그는 추방과 포로 생활 너머에 도래할 회복을 약속합니다. 이 약속은 단순히 언젠가 예루살렘으로 돌아오게 될 것이라는 정치적 회복의 약속이 아닙니다. 그의 약속은 '주의 종'을 통해 모든 피조 세계가 낙원의 영광으로 회복된다는 선언입니다.

그 종이 언제 오는지 우리는 알게 될 것이라고 이사야는 말합니다. 주의 영이 그 위에 임할 것이기 때문입니다. 이 영은 태초에 창조 위를 운행하던 영입니다. 혼돈과 어둠을 밀어내고, 그 자리에 빛과 질서를 창조하셨던 그 영입니다. 이 영이 주의 종 위에 임할 때 모든 것은 개선되거나 개량되는 수준이 아니라 창조주와의 교제로 회복될 것입니다.

이사야는 설교자답게 몇 가지 반복적인 장치를 사용합니다. 그는 길고 무거운 심판 선언 사이사이에, 주의 영에 관한 약속의 말씀을 끼워 넣습니다. 이사야 11장에서는 이새의 줄기에서 한 싹이 나고, 주의 영이 그 위에 임할 것이라 말합니다. 그때 늑대와 어린양이 함께 눕는 일이 일어납니다. 낙원의 삶이 다시 그려집니다. 이사야 32장에서는 높은 곳에서 영이 부어질 때, 광야와 사막이 기름진 들판으로 변할 것이라 약속합니다. 이사야 42장에서는 주의 종에게 영이 부어져, 그가 모든 나라에 정의를 가져올 것이라 말합니다.

그리고 이사야 61장에 이르러 그 종은 직접 말합니다. "주 여호와의 영이 내게 내리셨으니 이는 여호와께서 내게 기름을 부으사 가난한 자에게 아름다운 소식을 전하게 하려 하심이라 나를 보내사 마음이 상한 자를 고치며 포로된 자에게 자유를, 갇힌 자에게 놓임을 선포하며 여호와의 은혜의 해와 우리 '하나님의 보복의 날'을 선포하여 모든 슬픈 자

하나님은 다른 길로 오신다

를 위로하되.” 놀랍게도 이 희망의 선언 속에는 심판과 보복의 어조가 여전히 함께 담겨 있습니다. 이사야는 자기 몰입에 빠진 삶이 결국 어떤 결과를 맞이하게 되는지를 숨기지 않습니다.

보복의 날을 넘어서 은혜의 해로

수 세기에 걸쳐 사람들은 창조 세계의 회복을 가져오실 주의 종, 곧 메시아를 간절히 기다려왔습니다. 그리고 어느 날, 갈릴리의 이름 없는 작은 마을에서 예수라 불리는 한 랍비가 안식일에 성경을 봉독하도록 요청받습니다. 누가복음 4장 장면입니다.

예수께서는 이사야 61장의 말씀을 선택하십니다. “주의 성령이 내게 임하셨으니 이는 가난한 자에게 복음을 전하게 하시려고 내게 기름을 부으시고 나를 보내사 포로 된 자에게 자유를, 눈 먼 자에게 다시 보게 함을 전파하며 눌린 자를 자유롭게 하고 주의 은혜의 해를 전파하게 하려 하심이라 하였더라.” 예수께서는 널리 알려진 이 예언의 말씀을 읽으십니다. 그러나 하나님의 보복의 날을 언급하는 구절에 이르러서는 그 부분을 생략하십니다. 그리고 이렇게 선언하십니다. “이 글이 오늘 너희 귀에 응하였느니라.”

이 말의 뜻은 분명합니다. 예수 그리스도께서는 사로잡힘과 추방이라는 심판을 우리에게서 거두어가셨다는 것입니다. 이것이 예수님의 사명이 가리키는 핵심입니다. 하나님의 성육신으로 오신 그리스도는 우리를 다시 창조주와의 교제로 회복시키십니다.

포로 된 자들을 하나님께로 데려오시고, 사람 취급받지 못했던 이들에게 인간다움을 회복시켜주시며, 압제받고 가난했던 이들에게 참된 삶을 돌려주십니다. 그 결과 온 창조 세계는 재창조의 희망을 품게 됩니다. 주의 영이 이 일을 기름 부으셨기 때문입니다.

예수께서 어머니의 태 안에 계셨던 것부터 성령의 역사였습니다. 태초의 창조 때 일하셨던 바로 그 성령께서 행하신 일입니다. 예수께서 세례를 받으실 때 성령께서는 비둘기처럼 그 위에 내려오셨습니다. 이는 노아의 홍수 이후 비둘기가 새 시대의 시작을 알렸던 것처럼 예수로 말미암아 새로운 시대가 열렸음을 선포하는 징표였습니다.

이후 성령께서는 예수를 광야로 이끄십니다. 그곳에서 예수께서는 우리와 똑같이 유혹과 시험을 받으십니다. 또한 성령은 예수께서 치유와 죄 사함의 사역을 감당하시도록 매일 인도하십니다. 이 모든 과정은 성육신의 깊이를 더해 그리스도를 우리 삶과 더욱 단단히 결속시키는 길이었습니다.

성령은 우리를 그리스도께 묶으신다

신약성경의 서신서들을 주의 깊게 읽어보면, 성령의 가장 핵심적인 역할은 우리를 그리스도께 단단히 매어두는 것임을 알 수 있습니다. 바울은 말합니다. "무릇 하나님의 영으로 인도함을 받는 사람은 곧 하나님의 아들이라"(롬 8:14). 또한 "우리는 그리스도 안에서 그의 은혜의 풍성함을 따라 그의 피로 말미암아 속량 곧 죄 사함을 받았느니라"(엡 1:7)고 고백합니다.

베드로 역시 같은 맥락에서 말합니다. "오직 너희를 부르신 거룩한 이처럼 너희도 모든 행실에 거룩한 자가 되라 기록되었으되 내가 거룩하니 너희도 거룩할지어다"(벧전 1:15-16). 이것은 명령이 아니라 약속입니다. 우리가 그리스도 안에 거한다면 우리는 거룩해질 것입니다. 그리스도께서 거룩하시기 때문입니다.

하나님은 다른 길로 오신다

예수님의 가르침을 흉내 낸다고 해서 우리가 거룩해지는 것은 아닙니다. 그것은 공회전하는 자가발전과 같습니다. 우리가 거룩해지는 이유는 성령께서 우리를 성자와 성부 사이의 생명력 넘치는 관계 속으로 품어주셨기 때문입니다. 세상 역시 인간의 노력만으로는 거룩해지지 않습니다. 성령으로 기름 부음 받은 아들께서 이 세상을 아버지께로 이끌어 가시기에 비로소 거룩해질 수 있습니다.

이 말은 곧, 우리와 세상의 구원을 위해 필요한 모든 일이 이미 아버지와 아들과 성령 안에서 완성되었다는 뜻입니다. 우리는 구원을 완성할 주체가 아니라, 그저 은혜로 회복된 탕자들에 불과합니다. 메시아는 오직 한 분뿐입니다.

하나님께서 자신의 일을 완성하기 위해 우리의 도움이나 조수를 찾고 계신 것이 아닙니다. 만일 "하나님은 내가 필요하실 거야!"라고 생각한다면 그 순간 우리는 자신을 메시아의 자리에 올려놓고 있는 것입니다.

세상을 고치러 가는 것이 아니라 그리스도를 발견하러 간다

그렇다면 우리가 해야 할 일은 아무것도 없다는 말입니까? 결코 그렇지 않습니다. 우리에게 남겨진 일이 있다면 성령으로 가득한 증인이 되는 일입니다. 성령이 한 제자의 삶을 채우실 때 그 사람은 사도가 됩니다.

사도란 누구입니까. 세상 가장자리까지 보내심을 받아 만유를 붙들고 계시는 그리스도의 구원을 증언하는 사람입니다. 그러므로 그리스도인의 사명은 무엇인가를 성취하는 데 있지 않습니다. 자신의 삶 전체를 통해 모든 것을 거룩하게 하시는 메시아를 증언하는 데 있습니다.

이제 거룩함은 특정한 장소에만 머물지 않으며, 성지 역시 세상의 어느 한 곳으로 제한되지 않습니다. 그리스도 안에서, 어느 땅도 하나님께 낯선 곳이 아닙니다. 모든 장소가 하나님께로 회복되었기 때문입니다.

이 회복에는 우리의 평범한 날들이 포함됩니다. 이른 아침 출근길, 밀린 빨래를 세탁하는 시간, 집 안을 정리하는 일, 급하게 문서를 출력하다가 프린터가 멈추는 순간, 전화는 쉴 새 없이 울리고 컴퓨터는 자꾸만 멈추는 날들, 회의는 이어지지만 아무 일도 진전되지 않는 시간들까지 포함됩니다. 이 모든 일상 역시 하나님의 현존 밖에 있지 않습니다.

빈민촌도, 기근과 싸우며 하루를 버텨내는 제3세계의 마을도, 풍요로운 중산층의 가정도 마찬가지입니다. 그 어느 곳도 거룩함의 영역 밖에 있지 않습니다. 그 어느 곳도 하나님의 임재에서 벗어나 있지 않습니다. 그리스도께서는 창조의 모든 것, 곧 만유를 하나님께로 다시 돌아가게 하셨습니다. 주의 영이 치유하고, 용서하고, 포로 된 자를 집으로 돌아오게 하시는 바로 그곳에서 우리는 예수 그리스도를 발견합니다.

그리고 우리 역시 그 길을 따를 것입니다. 집으로, 일터로, 가난한 이들에게로 나아갈 것입니다. 세상을 개선하거나 개량하기 위해서가 아닙니다. 그곳에서 우리의 구세주를 발견하기 위해서입니다. "거룩하다, 거룩하다, 거룩하다. 온 땅이 그의 영광으로 가득하도다." 아멘.

19

지금 여기에서 시작되는 희년(禧年)

누가복음 4:14-30

"예수께서 그들에게 말씀하시되 이 글이 오늘 너희 귀에 응하였느니라"(21).

미국의 저명한 신학자이자 설교자인 바바라 브라운 테일러는 자서전적 회고록 『교회를 떠나면서』[5]에서 인상적인 한 장면을 들려줍니다.

내가 섬겼던 마지막 교회에는, 예수께서 빌라도 앞에 서신 이야기를 해마다 한 차례 매우 극적인 방식으로 낭독하는 전통이 있었습니다. 그날이 되면 교회당의 불을 모두 끕니다. 회중은 숨을 죽인 채 조용히 그 순간을 기다립니다. 강단에는 주요 역할을 맡은 낭독자들이 가운을 입고 등장하고, 조명은 이야기의 중심 인물들에게만 집중됩니다. 반면 성경 이야기 속에서 사소한 역할을 맡은 인물들은 어둠 속에 앉아 있는 회중들 사이에 섞여 앉아 있습니다. 물론 그 옆에 앉아 있는 사람들은 그들이 이 드라마의 일부라는 사실을 전혀 알아차리지 못합니다.

테일러는 계속해서 말합니다.

내 기억으로 어느 주일이었습니다. 드라마는 이야기의 비극적인 결말을 향해 치닫고 있었습니다. 빌라도가 예수를 십자가에 못 박으라고 아우성치는 군중을 향해 묻습니다. "그래, 메시아라고 불리는 이 예수를 어떻게 할까?" 그때 예수는 말없이 머리를 깊이 숙이고 계셨습니다.

바로 그 순간, 빌라도의 이 질문이 낭독되자 어둠 속에 앉아 있던 배우들이 여기저기서 벌떡 일어났습니다. 그리고 외치기 시작했습니다. "저자를 십자가에 못 박아라!" 곧이어 다른 쪽에서도 함성이 터져 나옵니다. "그를 십자가에 처단하라!"

그런데 그 소란 한가운데서, 갑작스럽게 전혀 다른 목소리가 들려왔습니다. 거의 울부짖음에 가까운 소리였습니다. "오, 나의 주님, 이러면 안 됩니다! 나의 사랑하는 예수님을 죽여서는 안 돼요! 멈추세요! 당신들은 나의 예수님을 죽일 수 없어요! 오 하나님, 제발 저들의 광기를 멈춰주세요!"

이상함을 느낀 교회당 뒤편의 안내 위원들이 그 목소리의 주인공을 찾기 위해 어둠 속으로 들어갔습니다. 그 목소리는 원래 극에 참여하기로 예정되어 있던 사람이 아닌, 낯선 여인의 것이었습니다. 그녀는 지금 이 교회에서 무슨 일이 벌어지고 있는지도 모른 채, 길에서 들어와 자리에 앉아 있었던 떠돌이 여인이었습니다.

그 여인의 옆에 앉아 있던 한 십 대 소녀가 그녀에게 속삭이듯 말했습니다. "저건 실제가 아니에요. 연극이에요." 그러나 그 소녀는 곧 깨닫게 되었습니다. 이 여인에게는 지금 이 순간이 현실이었고, 이 사건은 실제로 벌어지고 있는 일이었다는 사실을 말입니다.

하나님은 다른 길로 오신다

그렇습니다. 이 낯선 방문자는 이야기 속으로 걸어 들어온 것입니다. 그녀는 더 이상 관객이 아니라 이야기의 일부가 되었습니다. 그녀가 앉아 있던 의자가 실제였던 것처럼 그녀가 듣고 있던 그 이야기도 그녀에게는 실제였습니다.

성경을 읽는 것이 아니라 성경에 참여하다

어쩌면 이것이야말로 진정한 예배의 모습이 아닐까요? 만일 이것이 예배가 아니라면 무엇이 참된 예배이겠습니까?

여러분과 저는 주일 아침마다 이 자리에서 성경의 이야기 속으로 들어옵니다. 이렇게 성경의 이야기 안으로 들어가지 않고서는 우리는 진정으로 예배드리고 있다고 말할 수 없습니다.

기독교 예배의 핵심은 여기에 있습니다. 성경을 공적으로 읽고, 강단에서 선포되는 말씀의 이야기 속으로 들어가, 마침내 그 이야기의 일부가 되는 것입니다.

성경은 조용히 혼자만 묵독하도록 의도된 책이 아닙니다. 물론 개인적으로 성경을 읽는 일은 중요하고 필요합니다. 그러나 성경을 가장 성경답게 읽는 방식은 공동체가 함께 모여 소리 내어 낭독하는 것입니다. 성경의 이야기를 읽고, 들려주고, 해석하는 일은 교회가 역사 속에서 감당해 온 가장 중요한 사명이었습니다. 그런 의미에서 교회는 오랫동안 가장 중요한 이야기꾼이었습니다.

그러나 안타깝게도 오늘날 교회는 더 이상 중요한 이야기꾼으로 인식되지 않습니다. 그 자리를 동영상과 각종 대중매체가 차지했습니다. 이 매체들은 담론을 만들고, 이야기를 구성하며, 사람들에게 역할을 부여하고 그 안으로 끌어들입니다. 그리고 강력한 서사로 사람들의 마음을 사로잡습니다. 하지만 그들이 들려주는 이야기 대부분은 우리 이야기가 아닙니다. 복음서의 이야기와 달라 낯설고, 때로는 정면으로 충돌합니다. 이 두 이야기는 함께 갈 수 없습니다.

그래서 주일 아침, 우리는 다시 성경을 봉독합니다. 성경을 낭독함으로써 우리는 예배의 중심부로 들어갑니다. 우리가 듣고 있는 이 이야기는 본질적으로 우리의 이야기이기 때문입니다. 이 이야기 안으로 들어가지 않는 한, 우리는 아직 예배의 문턱에 서 있을 뿐입니다.

이 아침, 우리는 예수님의 취임 설교의 이야기를 다시 살아내야 합니다. 회당에 앉아 있던 그 회중과 우리 자신을 겹쳐 보아야 합니다. 예수와 회중 사이에 흐르던 긴장을 우리 안에서 느껴야 합니다. 예수께 분노하던 나사렛 사람들의 감정을 우리 안에서 직면해야 합니다. 그날 나사렛에서 일어난 사건을, 지금 여기에서 다시 경험해야 합니다.

예수의 첫 설교, 모든 시선이 그에게 머물다

어느 날 예수께서 자신이 자라신 고향 마을 나사렛으로 오셨습니다. 그날은 안식일이었고, 예수께서는 관례에 따라 회당으로 가셨습니다. 어린 시절부터 마리아와 요셉은 안식일마다 자녀들을 데리고 회당에 가는 삶을 살아왔고 그 습관이 그대로 예수님의 몸에 배어 있었기 때문입니다. 말하자면 고향 교회에 오신 것입니다. 그곳에서는 모든 사람을 알고, 모든 사람이 예수를 알고 있었습니다. 예수께서는 서른 살이 되도록 그 회당에 출석하셨고 거기서 히브리어 성경을 읽는 법을 배우셨습니다.

당시 회당 예배에는 반드시 성경을 낭독하는 순서가 있었습니다. 구약성경 가운데 두 부분을 읽었는데 하나는 토라에서, 다른 하나는 예

하나님은 다른 길로 오신다

언서에서 발췌하여 봉독했습니다. 토라 낭독이 끝나면, 예언서 본문을 읽는 시간이 이어졌습니다.

바로 그 시점에 예수께서 자리에서 일어나셨습니다. 예언서 본문을 봉독하겠다는 표시였습니다. 물론 이 일은 즉흥적으로 이루어지는 것이 아니었습니다. 회당 예배에는 정해진 성경 본문이 있었고, 회당 책임자의 허락이 있어야 가능한 일이었습니다.

예수께서 일어서자 회당의 예배 담당자는 예수께 이사야서 두루마리를 건넸습니다. 이 장면을 주의 깊게 보아야 합니다. 사람들이 예수께 두루마리를 건네는 이 순간이야말로 성경적 신앙의 핵심을 드러내는 장면이기 때문입니다.

성경적 신앙은 두루마리를 받아 드는 행위에서 시작됩니다. 다시 말해 하나님의 이야기 앞에 자신을 세우는 일입니다. 그 이야기는 우리에게 변화를 요구하는 이야기입니다. 하나님과 보조를 맞추지 못한 삶을 정면으로 드러내는 이야기입니다. 두루마리를 받아 든다는 것은 그런 이야기들과 마주하는 결단의 순간을 상징합니다.

사람들이 두루마리를 건네자 예수께서는 그것을 펼치셨습니다. 이사야서의 두루마리를 펼쳐, 마침내 이사야 61장에 이르기까지 말입니다. 여러분도 예수께서 펼치셨던 그 성경, 이사야서 61장을 펼쳐 보시기 바랍니다. 그리고 예수께서 봉독하시려 했던 그 말씀을, 우리의 이야기로 함께 낭독해보겠습니다.

주의 성령이 내게 임하셨으니

이는 가난한 자에게 복음을 전하게 하시려고

내게 기름을 부으시고 나를 보내사

포로 된 자에게 자유를, 눈 먼 자에게 다시 보게 함을 전파하며 이것이 기록으로 남아 있는 예수님의 첫 설교 본문입니다. 예수께서는 본문을 읽으신 뒤, 두루마리를 옆에 있던 사람에게 건네고 자리에 앉으셨습니다. 그러자 회당에 있던 모든 사람의 시선이 예수께로 고정되었습니다. 이사야 61장을 본문으로 선택한 것은 여러모로 탁월한 선택이었습니다. 이 본문은 회당의 청중들이 가장 사랑하던 말씀 가운데 하나였기 때문입니다.

미래로 보내졌던 말씀, 오늘로 돌아오다

이사야 61장은 '여호와의 은혜의 해', 곧 우리가 흔히 '희년Jubilee'이라 부르는 거룩한 회복의 해를 선포하고 있습니다. 기쁨의 해, 환희와 회복의 해에 대한 약속입니다.

희년이란 무엇입니까. 하나님께서 사회를 움직이던 기존의 질서와 규칙을 뒤흔드는 해입니다. 오랜 세월 축적된 불공정과 불평등을 중단시키고, 다시 시작하게 하는 해입니다.

희년에는 모든 노예가 자유를 얻고, 모든 빚이 탕감되며, 모든 잘못이 용서받고, 갇힌 자들이 풀려나며, 상처 입고 짓밟힌 사람들이 치유와 회복을 경험하게 됩니다.

희년은 점진적인 개선이 아닙니다. 급진적인 전환입니다. 기존 질서를 손보는 것이 아니라 완전히 새롭게 다시 보게 만드는 시력의 회복, 곧 급격한 재인식revision입니다. 그래서 유대인들은 감히 이 명령을 현실로 옮기지 못했습니다. 이스라엘 역사에서 희년이 실제로 시행된 적이 단 한 번도 없었다는 사실이 그 급진성을 잘 보여줍니다.

그렇습니다. 인간의 본성은 가능하면 기존의 흐름에 안주하려 합니다. 마치 물리 법칙의 관성처럼, 이미 굴러가고 있는 방향을 애써 바꾸려 하지 않는 성향이 우리 내면 깊숙이 자리하고 있습니다. 하나님께서는 오래전에 희년에 대해 말씀하셨지만 사람들은 감히 그것을 실행할 엄두를 내지 못했습니다. 그 내용이 지나치게 혁신적이고 급진적이며 현실적으로는 도저히 감당할 수 없어 보였기 때문입니다.

그래서 유대인들은 희년을 계속 미루었습니다. 지금이 아니라 종말의 때에나 가능한 일이라고 여겼습니다. 희년은 천지개벽과도 같은 내용을 담고 있었기 때문입니다. 그들은 희년을 현실이 아니라 환상으로, 지금이 아니라 미래 비전으로 받아들였습니다. 오늘날 일부 그리스도인들이 천년왕국을 세상의 종말 이후에나 도래할 사건으로 미루어 두는 것과 크게 다르지 않았습니다.

그런데 그 지점에서 예수께서 충격적인 선언을 하십니다. "오늘 이 성경이, 너희가 듣고 있는 이 자리에서 성취되었다." 희년이 지금 여기에 와 있다는 선언이었습니다. 희년은 더 이상 미뤄진 미래가 아니라 예수 자신과 함께 이미 도래했다는 말씀입니다. 이 얼마나 놀라운 선언입니까. 얼마나 급진적이며 파격적이고 충격적인 말입니까. 그러자 회당 사람들의 첫 반응은 어땠겠습니까. "할렐루야! 마침내 여호와께서 우리의 기도를 들으셨다!"

그들이 그렇게 반응한 이유는 분명합니다. 그들은 자신들이 이사야가 말한 피해자들이라고 생각했기 때문입니다. 자기들이 포로요, 감옥에 갇힌 자들이며, 압제받는 사람들이라고 여겼기 때문입니다. "우리는 로마의 지배 아래 고통받고 있다." "우리는 로마의 세금 제도에 의해 착취당하고 있다." 스스로를 그렇게 이해하고 있었습니다.

이제 가능하다면 여러분 자신을 나사렛 회당의 회중이라고 생각해보시기 바랍니다. 안식일 아침, 여러분은 회당에 앉아 있습니다. 이제 막 이름도 잘 알려지지 않은 젊은 설교자가 여러분이 가장 좋아하는 성경 본문을 읽고 있습니다. 그리고 이렇게 말합니다.

"오늘, 이 말씀이 성취되었습니다. 오늘이 바로 여러분이 오랫동안 기다려온 희년의 시작입니다."

이런 설교를 듣는다면 여러분은 아마 예수에 대해 호의적인 평가를 내릴 것입니다. "새내기 설교자인데 제법인데?" "말씀에 은혜가 있네." "사람 참 괜찮다." 여러분은 여러분이 듣고 싶은 말을 듣고 있기 때문입니다. 그래서 이렇게 생각할 것입니다. "마침내 하나님께서 우리에게 자비를 베푸셨구나." "이제 압제와 고난의 시대는 끝나는구나." "이제 저 로마인들이 심판받을 차례구나."

그런데 시간이 조금 지나자 다른 생각이 스며들기 시작합니다.

"그런데… 저 말을 하고 있는 사람이 누구지?"

"가만 보니 저 사람은 요셉의 아들 아닌가?"

"이 동네에서 자란, 우리랑 별 다를 것 없는 그 청년 아닌가?"

그 순간 회당 안에는 수군거림이 번지기 시작합니다. 바로 그때, 예수께서 그들의 마음을 꿰뚫어 보시며 말씀하십니다. "내가 진실로 너희에게 이르노니 선지자가 고향에서는 환영을 받는 자가 없느니라 내가 참으로 너희에게 이르노니 엘리야 시대에 하늘이 삼 년 육 개월간 닫히어 온 땅에 큰 흉년이 들었을 때에 이스라엘에 많은 과부가 있었으되 엘리야가 그중 한 사람에게도 보내심을 받지 않고 오직 시돈 땅에 있는 사렙다의 한 과부에게 뿐이었으며 또 선지자 엘리사 때에 이스라엘에 많은 나병환자가 있었으되 그중의 한 사람도 깨끗함을 얻지 못하고 오직 수리아 사람 나아만뿐이었느니라"(눅 4:24-27).

왜 예수께서는 이 말씀을 하셨을까요? 예수께서 그들에게 전하고자 하신 메시지는 이렇게 들립니다. "너희는 이사야의 말씀이 오직 너희에게만 해당된다고 생각한다. 그러나 나는 말한다. 그 말씀은 이방인들에게도 동일하게 적용된다. 너희가 멸시하고 저주하는 로마인들에게도 똑같이 적용된다."

하나님께서 축복하신 사람은 누구였습니까? 이스라엘의 과부였습니까? 아닙니다. 시리아의 과부였습니다. 하나님께서 치유하신 사람은 누구였습니까? 이스라엘의 문둥병자였습니까? 아닙니다. 시리아의 문둥병자였습니다. 주님의 말씀은 이런 의미입니다.

"오래전 하나님께서 행하신 일들을 기억한다면, 오늘 하나님께서 무슨 일을 하실지 깊이 생각해보라. 희년은 나의 도래와 함께 이미 시작되었다. 너희는 스스로 특별한 위치에 있다고 생각하는 것 같다. 너희는 하나님과 같은 편, '안쪽'에 있다고 여기는 것 같다. 너희는 하나님께서 너희를 더 좋아하신다고 믿는 것 같다. 그러나 그렇지 않다. 하나님은 누구도 편애하지 않으신다. 하나님은 특정 집단의 하나님이 아니시다."

하나님 나라의 중심은 변두리에 있다

하나님께서 마음을 두시는 사람들이 있다면 그들이 누구인지 아십니까? 가난한 사람들입니다. 옥에 갇힌 이들입니다. 눈이 멀어 세상을 제대로 보지 못하는 사람들입니다. 압제받고 짓눌린 이들입니다. 사회라는 여관에서조차 온전한 자리와 공간을 얻지 못해 밖으로 밀려난 이들,

세상에서 그저 무거운 짐처럼 취급받는 모든 사람들입니다. 사회의 가장자리에서 겨우 숨만 붙이고 살아가는 이들입니다. 세상에서 짐처럼 취급받는 모든 사람들입니다. 하나님께서는 이런 사람들에게 지극한 관심을 두십니다.

오늘은 어떤 날입니까? 구제하는 날입니다. 우리의 마음과 지갑이 어디를 향해 있는지 드러나는 날입니다. 인간 사회 속에서 여러 이유로 상처 입고 쓰러져 있는 이들을 다시 바라보는 날입니다. 인간 사회로 보내심을 받은 예수님의 사명은 무엇이었습니까? 예수님은 어떤 일을 위해 이 땅에 오셨습니까? 하나님께서 그에게 맡기신 심부름은 무엇이었습니까? 무엇을 위해 예수님은 기름 부음을 받으셨습니까? 메시아의 사명은 도대체 무엇이었습니까?

지금 살피는 말씀은 이 질문들에 분명하게 답합니다. 예수님은 그저 개인의 영혼을 다독이려 오신 분이 아니라, 사회의 근본적인 불의와 구조를 새롭게 재편하기 위해 오셨습니다. 부와 자원이 소수에게 집중된 세상을 뒤흔들기 위해 오셨습니다. 가난과 굶주림, 구조적 억압을 당연한 현실로 받아들이지 않기 위해 이 땅에 오셨습니다. 눌린 자를 풀어 주고, 포로를 자유케 하며, 인간을 다시 인간답게 살게 하기 위해 보내심을 받으셨습니다.

이것이 희년입니다. 희년은 언젠가 올 미래의 사건이 아닙니다. 천년왕국이 도래할 때 시작되는 이야기도 아닙니다. 희년은 이미 시작되었습니다. 왕이 오심과 함께 하나님의 나라가 이 땅에 도래했기 때문입니다.

정의가 현실이 되는 나라, 공의가 말이 아니라 삶이 되는 나라, 그 나라가 이미 예수님의 오심과 함께 시작되었습니다. 그래서 예수님은 이렇게 선언하신 것입니다. "이 글이 오늘 너희 귀에 응하였느니라."

하나님은 다른 길로 오신다

하나님의 변함없는 약속은 분명합니다. 그분은 정의로운 사회를 창조하시는 분이십니다. 새 하늘과 새 땅을 만드시는 분이십니다. 그곳은 의로움이 거하는 곳이며, 더 이상 울부짖음과 통곡의 소리가 들리지 않는 세계입니다. 그 새 땅에서는 특정 계층이 군림하는 일이 결코 없을 것입니다. 어떤 집단도 남다른 특권을 누리며 높은 자리를 독점하지 못할 것입니다.

그러나 한 가지는 분명합니다. 우리는 이 새로운 땅을 만들어낼 수 없습니다. 우리는 하나님의 창조 세계를 치유할 수 없습니다. 세상의 모든 필요를 채워줄 수 없습니다. 그 필요는 너무 많고, 그 뿌리는 너무 깊기 때문입니다. 오직 그리스도만이 이 일을 하실 수 있습니다. 그리고 그분만이 이미 이 일을 이루셨습니다. 그분만이 구원자이기 때문입니다.

그렇다면 우리가 할 수 있는 일은 무엇입니까? 새로운 땅을 가리키는 이정표가 되는 것입니다. 그 땅이 실재함을 삶으로 증언하는 것입니다. 그 나라의 방향을 가리키는 표지가 되는 것입니다. 그 나라의 예고편을 살아내는 것입니다. 의로움의 고향을 미리 맛보게 하는 시식회를 여는 것입니다. 이 같은 삶은 거창한 구호를 외친다고 시작되지 않습니다. 바로 지금 여기에서 우리의 닫힌 마음이 열리고 굳게 닫힌 지갑이 열릴 때 비로소 시작됩니다.

그래서 예배가 끝나는 자리에서 우리의 사명은 시작됩니다. 우리는 세상을 바꾸러 나가는 사람들이 아니라 이미 시작된 하나님 나라를 몸으로 증언하며 살아가는 증인들입니다. 지금 여기서 열린 작은 마음과 작은 손길이, 그 나라가 실제함을 조용히 그러나 분명하게 말해줄 것입니다.

20

텅 빈 그물이 때로는 인생을 바꾼다

누가복음 5:1-11

"예수께서 한 배에 오르시니 그 배는 시몬의 배라
육지에서 조금 떼기를 청하시고 앉으사 배에서 무리를 가르치시더니"(3).

베드로와 다른 제자들, 그리고 예수께서는 바다 한가운데에서 고기잡이 배에 함께 타고 있었습니다. 그때 갑자기 베드로가 예수님 앞에 무릎을 꿇고 말합니다.

"주님, 저를 떠나가십시오. 저는 죄인입니다."

도대체 무슨 이유로 베드로는 이런 극적인 말을 하게 되었을까요? 예수님께서 그의 숨겨진 죄를 폭로하셨기 때문이었을까요? 누구에게도 말하지 못했던 치욕스러운 죄를 들추어내셨기 때문이었을까요? 그래서 더는 버틸 수 없어 무너진 것일까요? 혹시 그 죄가 돈이나 성 혹은 권력과 관련된 것이었을까요?

여러분에게도 남들에게 감추고 싶은 죄가 있지 않습니까? 만약 그 모든 것이 낱낱이 드러난다면 과연 어떤 죄 때문에 "주님, 제게서 떠나 주십시오"라고 부르짖게 될까요? 잠시 마음속으로만 떠올려보십시오.

이제 다시 본문으로 돌아가 이 장면이 어떻게 시작되었는지를 살펴보겠습니다.

텅 빈 그물, 흔들리는 정체성

베드로와 야고보와 요한 그리고 다른 어부들은 전날 밤 내내 고기를 잡았습니다. 그러나 결과는 참담했습니다. 한 마리도 잡지 못했습니다. 이들은 취미로 낚시를 즐기던 이들이 아닙니다. 평생을 바다에서 살아온 베테랑 어부들이었습니다. 예수를 만나기 전까지 고기잡이는 그들의 생업이었고 자존심이었으며 정체성이었습니다. 그런 그들이 밤새도록 애썼지만 빈손이었다는 말은 단순히 운이 나빴다는 뜻이 아닙니다. 이는 곧 '나는 어부다'라는 정체성의 중심이 무너지고, 더 이상 스스로를 전문가라 부를 수 없는 처절한 한계에 부딪혔음을 의미합니다.

다음 날 아침, 예수님께서 해변을 걸어오십니다. 저만치에서 텅 빈 그물을 씻고 있는 어부들의 모습이 보입니다. 예수님의 뒤에는 이미 많은 무리가 따라오고 있었습니다. 예수님께서는 베드로에게 부탁하십니다. 뭍에서 배를 조금 띄워, 몰려든 무리를 가르칠 강단으로 쓰게 해달라는 조용한 요청이었습니다. 베드로는 그 부탁을 받아들입니다.

잠시 후, 예수님께서는 베드로를 바라보시며 이렇게 말씀하십니다.

"깊은 데로 가서, 그물을 내려보라."

이 말에 베드로의 마음이 즉각 불편해집니다. "예수님, 당신은 위대한 설교자이십니다. 당신의 말씀이라면 하루 종일도 듣겠습니다. 그러나 고기잡이는 제가 압니다. 이것으로 평생을 살아왔습니다. 밤새도록 해 보았지만 아무것도 잡지 못했습니다. 지금 가봐야 소용없습니다."

여러분에게도 이런 영역이 있을 것입니다. 오랜 시간 공들여 전문가가 되었다고 느끼는 삶의 영역 말입니다. 그 분야에 대해서는 누가 무슨 말을 해도 잘 들리지 않는 영역입니다. 바로 그 지점이 예수님의 명령을 가장 받아들이기 어려운 자리입니다.

복음에 관해 말씀하시면 우리는 말합니다. "그렇습니다. 예수님은 복음의 권위자이십니다." 그분의 말씀이 세상을 바꿀 수 있다고 믿습니다. 그러나 우리가 잘 안다고 생각하는 문제에 대해 예수님께서 말씀하신다면 어떻습니까? 자녀를 키우는 문제, 일터에서 거래를 성사시키는 문제, 성적과 진로의 문제, 부모님을 지혜롭게 모시는 문제나 재정을 관리하고 재산을 불리는 문제 등이 그렇습니다.

이런 구체적인 현실 문제에 예수님께서 불쑥 개입하신다면, 우리는 속으로 이렇게 반문하지 않겠습니까? "예수님, 복음은 당신이 전문가시지만 이건 제가 압니다. 이것으로 밥 먹고 살아왔습니다." 바로 그곳입니다. 우리가 가장 잘 안다고 믿는 자리, 가장 자신 있는 자리, 가장 통제하고 싶어 하는 자리야말로 예수님의 명령이 가장 불편하게 들리는 곳입니다. 그리고 바로 그 자리에서 베드로는 무너집니다.

하나님의 아들이 배 안에 계실 때

내가 자신하는 분야에 대한 예수님의 말씀이 터무니없는 소리나 비전문가의 참견처럼 들리기 시작할 때, 우리의 신앙은 심각한 이원론에 빠지고 맙니다. 예배는 더 이상 삶을 뒤흔드는 사건이 아니라 영적인 즐거움을 얻기 위한 주말 프로그램으로 전락합니다. 주일에 교회에 와서 예배드리는 일은, 본문 속 사람들이 해변에 편안히 앉아 예수님의 유창한 말씀을 듣고 감동하는 일과 다르지 않게 됩니다. 예배는 어느새 공연 감상이나 정서적 여흥이 되기 쉽습니다.

그런데 만일 예수님께서 내일 여러분의 일터에 나타나신다면 어떻겠습니까? 모든 일이 순조롭게 풀리고 계획대로 척척 진행될 때라면, 예수님이 그 곁에 서 계셔도 크게 의식하지 못할 수 있습니다. 오히려 자랑스럽게 보여드릴 것이 많기 때문입니다.

하지만 뼈 빠지게 수고했어도 텅 빈 그물만 남았을 때는 어떻습니까? 하필 그런 순간에 주님이 오셔서 이래라저래라 하신다면 과연 어떻게 반응하겠습니까? 아마 이렇게 말하고 싶어질 것입니다. "주님, 할 만큼 다 해봤습니다. 설교야 주님이 전문가시겠지만, 이 일은 제가 더 잘 압니다. 저도 이 바닥에서 잔뼈가 굵은 사람입니다. 그런데 저에게 이러라 하시면… 참 어렵습니다."

여러분은 자신이 가장 잘한다고 믿었던 일에서 실패를 경험하게 될 것입니다. 고기를 잡고 또 잡았지만 송사리 한 마리도 잡지 못하는 순간이 옵니다. 그물을 내리고 또 내려도 흔하디흔한 잡어 한 마리조차 잡히지 않는 때가 있습니다. 그때 우리는 이렇게 생각합니다. '내 실력이 이것밖에 안 되었나?' 마음이 크게 상하고, 깊이 낙심합니다. 결국 그물을 접고 말지요.

바로 그때, 예수님께서 말씀하십니다.

"다시 해보자. 다시 한번 해보자. 이번에는 내가 너와 함께 갈게."

베드로는 약간의 불평을 담아 대답합니다. 하지만 그에게 당장 다른 뾰족한 수가 있는 것도 아니었습니다. 그는 이렇게 말합니다. "선생님 우리들이 밤이 새도록 수고하였으되 잡은 것이 없지마는 [그렇지만] 말씀에 의지하여 내가 그물을 내리리이다"(5). "그렇지만!" 이 말, 익숙하지 않습니까? 풀이 죽은 아이가 마침내 부모에게 항복하듯 내뱉는 말입니다. '그렇지만'이라는 말에는 이런 뜻이 담겨 있습니다. '내 생각에는 맞지 않습니다. 내 경험으로는 불가능해 보입니다. 그렇긴 하지만…'

'그렇지만'이라는 이 단어야말로 기독교 신앙의 본질을 압축해 보여주는 비밀 암호와 같습니다. "예수님, 저는 다 해봤습니다. 이 분야에 대해서는 잘 압니다. 여기서 무슨 좋은 일이 일어날 것이라고는 기대하지 않습니다. 그렇지만 당신께서 그렇게 하라고 하신다면 제 전공과 자존심을 내려놓겠습니다."

바로 그 순간, 가장 놀랍고 경이로운 일이 일어납니다. 성경은 이렇게 기록합니다. "그렇게 하니 고기를 잡은 것이 심히 많아 그물이 찢어지는지라 이에 다른 배에 있는 동무들에게 손짓하여 와서 도와달라 하니 그들이 와서 두 배에 채우매 잠기게 되었더라"(6-7). 믿기 어려운 일입니다. 분명 기적입니다.

그러나 이 이야기를 그저 또 하나의 '고기잡이 이야기'로 흘려보내서는 안 됩니다. 사실 우리는 아직 진짜 기적을 보지 못했습니다. 그렇다면 진짜 기적은 무엇입니까?

많은 주석가들이 이 장면을 설명하려 애써 왔습니다. 그 많은 고기가 어떻게 한 번에 몰렸는지, 그 작은 배에 어떻게 다 실었는지, 뱃전이 낮은데도 왜 배가 뒤집히지 않았는지 등 갖가지 합리적 설명이 줄을 잇습니다. 그러나 이 모든 설명은 핵심을 비켜갑니다. 이 이야기의 중심, 우리를 숨 막히게 만드는 핵심은 이것입니다.

"하나님의 아들이, 여러분의 배 안에 계셨다"는 사실입니다.

이 사실을 믿는다면 고기 이야기는 가장 쉬운 이야기가 됩니다. 그렇습니다. '삶'이라는 작은 배가 거센 비바람을 맞을 때 예수님은 그 폭풍 한가운데서 여러분과 함께 계십니다. 폭풍은 없지만 방향을 잃고 바다 위를 표류할 때 길고 음산한 날들이 이어질 때에도 그분은 함께 계십니다. 여러분이 길을 잃고 헤맬 때조차 그분은 배 밖이 아니라 배 안에 계십니다.

하나님은 다른 길로 오신다

내 인생이 어쩌다 여기까지 왔는지, 왜 이런 참담한 지경에 이르렀는지, 어디서부터 꼬였는지 도무지 갈피를 잡지 못할 수도 있습니다. 밤새도록 애써도 한 마리의 고기도 잡히지 않는 날들이 계속될 수 있습니다.

그러나 한 가지는 분명합니다. 성육신하신 하나님은, 지금도 여러분의 배 안에 계십니다. 이 사실을 볼 수 있다면 여러분은 기적을 기대하며 다시 내일의 일상으로 돌아갈 수 있습니다. 그 배는 여전히 작고, 바다는 여전히 깊지만 구세주가 함께 계신 배이기 때문입니다.

하나님을 한 칸에 가두는 신앙

베드로는 이 사실 앞에서 압도되었습니다. 하나님의 아들이 내 배에 타고 계시다는 사실, 그분이 바다와 물고기는 물론 내 뼈아픈 실패까지도 주관하시는 분임을 깨닫는 순간, 그는 완전히 엎드리고 말았습니다. 그래서 이렇게 고백합니다. "주님, 나를 떠나소서. 나는 죄인입니다."

그렇다면 무엇이 베드로의 죄였습니까? 무슨 큰 죄를 지었기에 이런 고백을 했던 것일까요? 자기 삶의 배에 하나님을 모시기에 자격이 없다고 느꼈기 때문일까요? 그럴 수도 있습니다. 그러나 자격과 은혜는 아무런 상관이 없습니다. 우리는 누구도 하나님의 임재를 '받을 자격'이 있어서 부름받지 않습니다.

예수님의 말씀을 의심한 것이 죄였을까요? "깊은 데로 가서 그물을 내리라"는 말씀을 선뜻 믿지 못한 것 말입니다. 그러나 세상에 의심하지 않는 사람이 어디 있습니까? 예수님은 의심 자체를 정죄하지 않으십니다. 그분이 보시는 것은 우리가 결국 무엇을 선택하느냐입니다. 자기 전문성에 대한 교만이 죄였을까요? 고기 잡는 일만큼은 자신이 예수보다 잘 안다고 여긴 태도 말입니다. 하지만 자기 본업에 그 정도의 자부심조차 없는 사람이 어디 있겠습니까? 그 자체가 곧바로 죄가 되지는 않습니다.

그렇다면 베드로의 죄는 무엇입니까? "예수가 만유의 주님이시라는 사실을 보지 못한 것." 나는 이것이라고 생각합니다. 예수님은 교회 안의 영적인 일만 주관하시는 분이 아닙니다. 그분은 우리의 밥벌이는 물론, "이것만큼은 내 전문이지"라며 선을 그어두었던 세속적 영역까지도 모두 친히 주관하십니다. 이 사실을 믿지 않는 것, 이것이 베드로의 죄의 핵심이며 동시에 우리 죄의 본질입니다.

죄란 무엇입니까? 죄는 하나님으로부터 우리를 떼어놓는 힘입니다. 하나님을 삶 전체에서 분리해내는 작동 방식입니다. 죄는 만유의 주님을 삶의 한 구획compartment에 가두는 일입니다. 예수님을 종교의 영역에서만 주님으로 인정하는 것, 신앙의 영역에서만 권위를 허락하는 것, 마치 제국의 대왕에게 "당신은 이 도시만 다스리십시오"라고 말하는 것과 같습니다. 이보다 더 큰 죄는 없습니다.

예수님은 이미 베드로의 집에 들어가 열병에 걸린 장모를 고치신 적이 있었습니다. 우리는 이런 일에 대해서는 예수님을 쉽게 신뢰합니다. 우리가 할 수 없는 일이기 때문입니다. 우리는 스스로 할 수 없는 일에 대해서는 간절히 기도합니다.

그러나 우리가 잘한다고 생각하는 일에 대해서는 예수님이 굳이 필요하지 않다고 여깁니다. 이것이야말로 가장 교묘한 교만입니다. 할 수 없는 일은 하나님께 맡기고, 잘한다고 여기는 일은 자기 손에 쥐고 놓지 않는 것. 하나님을 삶의 일부에만 허락하는 것. 이것이 하나님을 제한하는 죄입니다. 하나님을 한쪽 방에만 가두는 신앙입니다.

그러나 베드로는 달랐습니다. 자기가 가장 잘한다고 믿었던 그 자

하나님은 다른 길로 오신다

리에서 실패했을 때, 그곳에서 예수님이 자기를 건져내시는 장면을 보았을 때 그는 비로소 예수를 "주님"Lord이라고 부릅니다.

그렇습니다. 누군가 말했듯이 "예수님이 모든 것의 주님이 아니라면 그는 전혀 주님이 아니십니다." 아이러니하게도 우리가 가장 종교적일 때 오히려 예수님을 가장 좁은 공간에 가둡니다. 하나님을 주일의 하나님으로만, 교회 안의 하나님으로만, 내가 정말 급할 때만 호출하는 하나님으로만 대할 때 우리는 그분의 만유 주권을 거절하고 있는 것입니다. 이것이 가장 큰 죄 중 하나입니다.

예수님은 주(主, Lord)가 되셔야 합니다. 우리 삶의 모든 구석의 주가 되셔야 합니다. 자녀의 문제, 결혼, 건강, 재정, 과거에 대한 죄책감과 미래에 대한 두려움까지, 그 모든 것의 주님이 되셔야 합니다. 예수님께서 모든 것의 주님이 되실 그때 비로소 우리의 삶 전체가 달라지기 시작합니다.

인생의 항로가 바뀌는 순간

이때가 베드로의 삶이 근본적으로 전환되는 순간이었습니다. 자신의 진정한 소명, 진정한 부르심, 곧 참된 직업vocation을 발견하는 순간이었습니다.

예수께서 그에게 말씀하십니다. "이제부터 너는 사람을 낚게 될 것이다." '사람을 낚는다'는 말은 오해하기 쉬운 표현입니다. 헬라어 원뜻에 따르면 이 말은 '붙잡아 살린다', '건져낸다', '구조한다'는 의미를 담고 있습니다. 사람을 낚는 자는, 그 사람이 더 깊이 추락하지 않도록 붙잡고, 넘어지지 않도록 지탱하며, 가라앉지 않도록 끌어올리는 사람입니다.

지금 주위의 많은 사람이 냉소와 절망 속으로 빠져들고 있습니다. 그들 역시 각자의 바다로 나갔습니다. 꿈꾸던 삶을 낚기 위해 밤낮없이 애를 씁니다. 그러나 손에 남은 것은 텅 빈 그물뿐입니다. 돈 걱정, 생활 걱정, 직장 걱정, 자녀에 대한 염려가 끝이 없습니다. 경제가 흔들리면 지금 가진 것마저 모두 잃게 될까 두려워합니다. 잘될 때는 "언제까지 갈까" 걱정하고, 안 될 때는 "이제 끝인가" 걱정합니다. 걱정은 형태만 바꿀 뿐 사라지지 않습니다.

조금 더 의식이 깨어 있는 사람들은 범죄율, 전염병, 테러, 불안정한 세계 질서를 걱정합니다. 관계는 풍성한 그물처럼 느껴지지 않고, 열심히 일해도 돌아오는 것이 없다고 불평합니다. 아무리 애써도 아무것도 바뀌지 않는다고 낙담합니다. 자신의 삶이 깊은 물속에 빠져 오도 가도 못한다고 느낍니다. 그러나 한 가지 사실이 있습니다. 구세주가 배에 승선해 계신다면 우리는 결코 길을 잃은 존재가 아닙니다.

여러분의 직업은 각기 다를 것입니다. 어부일 수도 있고, 학생이나 교사, 간호사, 의사, 환경미화원, 사회복지사, 자영업자, 가정주부, 변호사, 운전사, 은행원 혹은 은퇴한 분일 수도 있습니다. 그러나 이것들은 궁극적인 문제가 아닙니다. 그것들은 여러분의 진정한 직업 vocation 이 아니기 때문입니다. 여러분의 참된 소명 calling도 아닙니다. 예수님이 모든 것의 주님이라는 사실을 발견한 순간 그 이후에는 직업이 중심이 되지 않습니다. 중요한 것은 어디에서 누구를 위해 살아가느냐입니다.

이제 여러분의 진짜 소명은 분명합니다. 월요일부터 금요일까지, 여러분의 일상 속에서 추락하고 있는 사람들, 점점 더 깊은 곳으로 가라앉고 있는 사람들을 건져내는 일입니다. 붙잡아주고, 곁에 서 주고, 구조하는 일입니다.

이번 주에도 여러분은 그런 사람을 만나게 될 것입니다. 절망에 빠

하나님은 다른 길로 오신다

져 있거나, 막 그 문턱에 서 있는 누군가를 말입니다. 간절히 기도한다면 성령께서 그 사람을 여러분의 눈앞에 데려다주실 것입니다. 가족일 수도 있고, 친구일 수도 있고, 직장 동료일 수도 있습니다.

여러분이 해야 할 일은 단순합니다. 그들의 말을 끝까지 들어준 후, 이렇게 말해주는 것입니다. "당신은 혼자가 아닙니다. 당신은 홀로 있지 않습니다. 구세주께서 당신의 배에 타고 계십니다. 이제 가장 놀랍고 새로운 일들이 시작될 것입니다. 적어도 이것만은 믿으십시오." 세상 한복판에서 여러분이 서 있는 그 자리에서 이미 빛이 켜지고 있다는 사실은 위대한 기적 가운데 하나입니다.

"예수님은 여러분의 배 안에 계십니다." 아니, 더 정확히 말하면 여러분이 예수님의 배 안에 있습니다.

21

하나님의 뜻에 맞춰진 삶의 힘

누가복음 5:12-16

"예수는 물러가사 한적한 곳에서 기도하시니라"(16).

이 세상은 기적으로 가득 차 있습니다. 그러나 우리는 그 기적의 대부분을 제대로 보지 못합니다. 기적을 알아볼 만큼 우리의 눈이 충분히 훈련되지 않았기 때문입니다. 어린아이들이 어른들보다 기적을 더 잘 보는 것처럼 보이는 것도 그 때문입니다. 아이들은 어디서나 경이를 발견하고, 아주 작은 것 앞에서도 쉽게 놀라고 감탄합니다. 그들의 눈에는 세상 전체가 신비로 반짝이고 있기 때문입니다.

그러나 아이들 역시 자라면서 점점 어른이 됩니다. 그리고 안타깝게도 그 과정에서 신비를 알아보는 시력을 조금씩 잃어버립니다. 어른이 되어갈수록 우리는 일상 속 신비에 점점 눈이 멀어갑니다. 익숙함에 길들여지면서 감각은 무뎌지고, 마침내 사소한 일 앞에서는 더 이상 놀라거나 경탄할 줄 모르는 메마른 사람이 되고 맙니다. 그때부터 기적은, 사라지진 않았지만 보이지 않게 됩니다.

경이에 대한 감각을 회복하라

곰곰이 생각해보면 우리는 여전히 놀라운 일들로 가득 찬 세계에 살고 있습니다. 쳇바퀴 도는 일상, 직장의 스트레스, 풀리지 않는 삶의 숙제, 끝없는 책임감과 불안에 짓눌려 살다 보니 기적을 알아보는 영적 시력이 약해졌습니다. 기적과 경이와 신비의 세계를 잃어버린 것입니다. 매일의 걱정과 근심이 우리의 시야를 가려버렸기 때문입니다.

그래서 예수께서는 이렇게 말씀하십니다. "들판에 피어 있는 들꽃들을 보아라. 그리고 그것들이 어떻게 자라는지 가만히 생각해보아라"(눅 12:27 참조). 서두르지 말고, 멈추어 서서, 시간을 내어 들꽃의 신비와 아름다움을 마음에 새겨보라는 말씀입니다. 그렇게 할 때 세상을 전혀 다른 방식으로 보게 될 것이라고 예수는 말씀하십니다.

그러나 우리는 기적과 경이에 대해 너무도 무감각해졌습니다. 우리 시대가 제공하는 자극은 지나치게 강렬하여 오히려 우리의 감각을 완전히 마비시켜버렸습니다. 마치 고압 전류처럼 우리의 신경을 태워버린 것입니다. 범람하는 영상과 자극적인 음악, 숨 가쁜 속도전, 잿빛 콘크리트 도시, 쉴 새 없이 귀를 때리는 무수한 광고들이 우리의 감각을 갉아먹고 있습니다. 이 모든 것은 우리의 삶을 집어삼키는 거대한 공룡처럼 자라나고 있습니다. 동시에 그것들은 너무 익숙해져버려 이제는 문제로조차 인식되지 않게 되었습니다. 사람들은 이런 각박한 환경을 당연한 현실로 체념하며 살아갑니다.

그 결과, 기적과 경이는 삶에서 점점 자취를 감춥니다. 목이 메는 순간은 사라지고, 들판의 꽃 앞에서 눈물이 고이는 경험도 더 이상 하지 않게 됩니다. 우리는 살아가고 있지만 더 이상 깊이 느끼며 살지는 않습니다.

아브라함 여호수아 헤셸은 우리가 세상을 바라보는 방식이 세 가지라고 말합니다. 힘의 관점, 아름다움의 관점, 그리고 경이의 관점입니다.

세상을 힘의 논리로만 바라보면, 모든 것이 이용 가치와 생존 경쟁의 도구가 됩니다. 인생은 전쟁터가 되고, 사람은 수단으로 전락하며, 성공은 오직 가진 것의 크기로만 평가됩니다. 이 관점에서 인생은 결국 더 많이 쥐기 위한 투쟁이 됩니다. 아름다움의 관점은 그보다 훨씬 고상합니다. 세계는 감상의 대상이 되고, 삶은 취향과 만족의 문제로 바뀝니다. 그러나 성경은 이 지점에서도 멈추지 않습니다. 성경이 우리를 이끄는 곳은 경이의 관점입니다. 존재 자체에 대한 놀라움, 모든 것이 하나님으로부터 왔다는 인식입니다. 경이란 세상이 '설명될 수 있는 대상'이 아니라 '받아들여야 할 선물'이라는 깨달음입니다.

그래서 예수께서는 말씀하십니다. "하늘을 나는 새를 보라. 들에 핀 꽃을 보라." 그것들이 아름답기 때문만이 아닙니다. 그것들이 하나님을 가리키기 때문입니다. 만일 하나님께서 이름 없는 새와 들꽃을 그렇게 돌보신다면 그분의 형상으로 지어진 우리는 얼마나 더 그러하시겠습니까?

문제는 우리가 이 경이감을 잃어버렸다는 데 있습니다. 너무 많은 자극, 너무 빠른 속도, 너무 잦은 소음 속에서 우리는 작은 일에 감격할 줄 모르는 존재가 되어버렸습니다. 기적 앞에서도 무감각해졌습니다. 그렇다면 경이는 어떻게 회복될 수 있을까요?

답은 단순합니다. 다시 듣는 것입니다.

날마다, 하나님께서 지금 무엇을 말씀하시는지 귀 기울이는 것, 세미한 소리를 기다리는 것, 침묵 속에서 존재를 다시 바라보는 것입니다. 예수께서 광야로 물러가신 이유도 여기에 있습니다. 그분은 40일 동안 죽음의 공간에서 생명이 어떻게 피어나는지를 보셨습니다. 모래와 바위

하나님은 다른 길로 오신다

틈에 사는 조그마한 곤충들, 들짐승들과 함께 지내셨습니다. 광야가 낙
원이 되는 방식을 몸으로 배우셨습니다.

경이는 훈련됩니다. 침묵 속에서, 기다림 속에서, 다시 보는 눈을 얻
을 때 회복됩니다. 그리고 그 눈을 얻은 사람은 이전과 같은 세상을 살
수 없게 됩니다.

하나님의 뜻에 조율된 삶:
사역을 가능하게 한 리듬

그 사실을 아신 후에야 예수께서는 공적 사역을 시작하셨습니다. 광야
에서의 시간은 단순한 고행이 아니라 배움의 시간이었습니다. 그는 들
짐승들과 곤충들 사이에서 지내며, 광야가 낙원으로 변할 수 있다는 사
실을 몸으로 익히셨습니다. 그분은 들꽃을 보고, 하늘을 보고, 새들을 보
고, 개미의 움직임을 보고, 곁에 다가와 앉는 짐승들을 보며 한 가지를
배우셨습니다. 피조물이 '살고 있다'는 그 자체가 이미 신비라는 사실,
그리고 그 신비를 알아보는 눈이야말로 하나님께서 주시는 선물이라는
사실입니다.

예수께서는 이것을 한 번 배우는 것으로 충분하다고 여기지 않으셨
습니다. 그분은 이미 알고 계신 것을 다시 배우셔야 했습니다. 광야에서
배운 것을, 사역 한복판에서 다시 배우셔야 했습니다. 그래서 예수님의
공생애는 치열한 사역과 고요한 쉼이 쉴 새 없이 교차하는 리듬이었습
니다. 무리를 가르치다 물러나고, 병자를 치유하다 홀로 엎드려 기도하
는 모습이 바로 그 증거입니다.

이 점을 가장 또렷하게 보여주는 본문이 누가복음 5장 12-16절입
니다. 사람들이 몰려옵니다. 말씀을 듣고자, 병을 고치고자 모여듭니다.

187
2부. 말씀이 삶을 뒤집는다

그러나 그때 성경은 이렇게 말합니다. "예수는 물러가사 한적한 곳에서 기도하시니라."

이 장면은 솔직히 불편합니다. 도움이 필요한 사람들이 줄을 서 있는데 어떻게 물러가실 수 있습니까? 우리의 상식으로 보면 이해하기 어려운 행동입니다. 그러나 예수께서 물러가신 것은 회피가 아닙니다. 휴식도 아닙니다. 더 깊이 돌아오기 위한 후퇴였습니다.

우리가 복음서에서 만나는 예수의 모습은 분명합니다. 그분은 명상과 사역 사이를 끊임없이 오가는 분이셨습니다. 무엇을 명상하셨는지는 우리는 정확히 알지 못합니다. 토라를 깊이 읊조리셨을 수도 있고, 시편 첫 편이 말하는 그 길을 따라 사셨을지도 모릅니다.

행복한 사람은
나쁜 사람들의 꼬임에 따라가지 않는 사람입니다.
행복한 사람은 죄인들이 가는 길에 함께 서지 않으며,
빈정대는 사람들과 함께 자리에 앉지 않는 사람입니다.
그들은 여호와의 가르침을 즐거워하고,
밤낮으로 그 가르침을 깊이 생각합니다.
(시 1:1-2, 쉬운성경)

그분이 무엇을 명상하셨는지는 핵심이 아닙니다. 우리의 관심은 다른 데 있습니다. 우리는 예수라는 분을 통해 자기 뜻을 끊임없이 하나님의 뜻에 맞추어 가는 한 인간의 삶을 보고 있습니다.

예수님의 기도는 단 한 번도 땅에 떨어지지 않고 이루어졌습니다. 이는 그분께 마술 같은 초능력이 있어서가 아니라, 오직 하나님의 뜻과 완전히 일치하는 것만을 구하셨기 때문입니다. 그분은 자신의 뜻을 관

하나님은 다른 길로 오신다

철하려 하지 않으셨습니다. 오직 아버지의 뜻과 일치되는 것만을 원하셨습니다. 이 때문에 예수는 가는 곳마다 나병환자를 고치시고, 시각장애자에게 시력을 돌려주시며, 청각장애자에게 다시 들을 수 있게 하셨습니다.

그분이 무엇을 원하셨는지를 보면 왜 그런 일들이 가능했는지가 분명해집니다. 혹 어떤 이는 이렇게 생각할지도 모릅니다. 예수께서 이런 기적들을 행하신 것은 하나님께 특별한 능력을 달라고 기도하셨기 때문이라고 말입니다. 그러나 문제는 그렇게 단순하지 않습니다. 예수의 힘은 능력을 구하는 기도에서 나오지 않았습니다. 그 힘은 뜻을 맞추는 명상, 하나님의 마음에 자신을 조율하는 삶에서 흘러나온 것입니다.

기도가 작동하지 않는 것이 아니다

존 킬링거John Killinger는 그의 책 『광야를 위한 떡 *Bread for the Wilderness*』에서 매우 인상적인 사실 하나를 지적합니다. 복음서에 기록된 거의 모든 기적 이야기에는 기도에 대한 언급이 없다는 것입니다. 다시 말해 예수께서 기적을 행하시기 직전에 하나님께 능력을 구하는 기도를 드리셨다는 기록이 거의 없다는 뜻입니다.

예수께서 베드로의 장모를 고치실 때도 그러했습니다. 먼저 하나님께 치료의 능력을 달라고 기도하신 뒤 병자를 고치신 것이 아닙니다. 나병환자를 고치실 때도, 지붕을 뜯고 내려온 중풍병자를 고치실 때도, 손이 오그라든 사람을 회복시키실 때도, 시각장애인 바디매오를 치유하실 때도 마찬가지입니다. 복음서는 그 어느 장면에서도 "예수께서 먼저 기도하셨다"고 말하지 않습니다.

이 사실은 매우 중요합니다. 예수께 병을 고치는 능력이 있었던 이

2부. 말씀이 삶을 뒤집는다

유는 기적을 행할 때마다 특별한 기도를 드렸기 때문이 아닙니다. 그 능력의 근원은 한평생 하나님을 향해 살아온 명상의 삶에 있었습니다.

복음서가 반복해서 증언하는 것은 이것입니다. 예수께서는 규칙적으로 무리에서 물러나 아버지와 단둘이 머무는 시간을 가지셨다는 사실입니다.

그분은 사역의 한가운데서도 의도적으로 고독과 침묵 속으로 들어가셨습니다. 그리고 그 시간 이후에 돌아오실 때마다 제자들은 분명히 느꼈습니다. 예수께서 이전과는 다른 내적 힘을 지니고 계셨다는 것을 말입니다. 그들은 그분에게서 흘러나오는 새로운 생명력과 권위를 감지했습니다. 그래서 제자들도 기도하기 시작했습니다.

그러나 결과는 늘 기대에 미치지 못했습니다. 예수에게 일어났던 일이 자기들에게는 일어나지 않았기 때문입니다. 그들은 혼란스러웠습니다. "왜 우리는 안 되는가?"

마침내 그들은 예수께 묻습니다. "주님, 우리에게 기도하는 법을 가르쳐주십시오." 이에 예수께서 가르쳐주신 기도, 곧 주기도문은 단순한 청원 목록이 아닙니다. 그것은 하나님의 뜻 안으로 자신을 들여보내는 명상의 틀입니다. 무엇을 더 얻기 위한 기도가 아니라 자기 욕망을 내려놓고 하나님의 마음에 자신을 맞추는 훈련입니다. 그리고 바로 그 지점에서 참된 능력은 조용히 시작됩니다.

그렇습니다. 우리는 기도하다가 종종 좌절합니다. 그 이유는 분명합니다. 우리는 늘 기도를 자판기처럼 여기며 무언가를 얻어내려 하기 때문입니다. 더 솔직히 말하면 우리의 기도는 종종 욕망으로 가득 차 있습니다. 우리는 이렇게 기도합니다. "이것도 주시고, 저것도 주십시오." "이번 일에 복 주시고, 하는 일마다 만사형통하게 해주십시오."

마치 주문을 외우듯 마치 자동응답기를 다루듯 기도합니다. 어쩌면

하나님은 다른 길로 오신다

우리의 기도는 철없는 오리 새끼의 기도와 닮아 있는지도 모릅니다.

"하나님, 비를 많이 내려 주세요. 내일도, 모레도 계속 비를 내려주세요. 먹을 것이 풍성하도록 작은 달팽이들을 많이 보내주세요. 헤엄칠 줄 아는 우리에게는 얼마나 좋은 일입니까. 꽥꽥 울 수 있는 우리를 모두 보호해주세요."

그런데 그렇게 기도했는데도 비가 오지 않을 때, 달팽이가 나타나지 않을 때, "열려라 뚝딱"을 외쳤는데도 문이 열리지 않을 때 우리는 곧바로 불평합니다.

"기도가 응답되지 않았다." "하나님은 침묵하신다."

그러나 문제는 기도가 '작동하지 않는 것'이 아닙니다. 문제는 기도하는 방식입니다. 이런 기도 안에는 하나님이 계실 자리가 없습니다. 하나님은 그저 내 소원을 들어줘야 할 대상, 내 욕망을 충족시켜야 할 존재로 밀려나 있기 때문입니다. 자기 자신으로 가득 찬 기도에는 하나님이 머무실 공간이 없습니다.

하나님의 리듬 안으로 들어가는 데에는 시간이 걸립니다. 아마도 상당한 시간이 필요할 것입니다. 우리의 속도를 늦추고, 우리의 의지를 내려놓고, 우리의 걸음을 그분의 걸음에 맞추는 데에는 인내가 요구됩니다.

그래서 기도는 항복입니다. 기도는 백기를 드는 행위입니다. 기도는 하나님께 수건을 던지는 일입니다. 기도란 이렇게 말하는 것입니다. "나를 녹여주십시오. … 나를 새 틀로 빚어주십시오. … 그 틀을 당신의 뜻으로 채워주십시오. … 그리고 나를 사용해주십시오."

변화산 사건을 기억하십시오. 산에서 내려오신 예수 앞에 발작으로 고통받는 한 소년이 있었습니다. 제자들은 그를 고치려 했지만 실패했습니다. 그러나 명상과 기도로 충만해진 예수께서 더러운 영에게 명령하시자 그는 떠나갔습니다. 후에 제자들이 묻습니다.

"왜 우리는 하지 못했습니까?" 예수의 대답은 명확합니다.

"이런 종류는 기도 외에는 나갈 수 없다." 여기서 말하는 기도는 무언가를 얻어내는 기술이 아닙니다. 하나님의 뜻에 자신을 완전히 맞추는 삶, 그분 안에 오래 머무는 존재의 상태를 가리킵니다. 그리고 바로 그 자리에서 진짜 능력은 시작됩니다.

기도는 요청이 아니라 조율이다

이제 남는 질문은 이것입니다. 이 이야기 어디에도 예수께서 귀신을 쫓아내시기 직전에 기도하셨다는 언급은 없다는 것입니다. 그런데도 예수는 분명히 말씀하셨습니다. "이런 종류는 기도 외에는 나갈 수 없다." 그렇다면 이 말은 무엇을 뜻합니까?

예수께서 제자들과 우리에게 하시려는 말씀은 이것입니다. "기도는 사건이 아니라 삶의 틀이다." 즉 기도를 아쉬울 때만 꺼내 쓰는 비상약처럼 대하지 말고, 숨 쉬듯 기도의 틀 안에서 살아가라는 가르침입니다. 그럴 때에만 비로소 너희에게서 이런 일들이 흘러나오게 될 것이라는 말입니다.

다시 말해 예수의 능력은 즉흥적인 기도의 결과가 아니었습니다. 그분의 능력은 훈련된 명상, 오랜 시간에 걸쳐 형성된 하나님과의 깊은 일치에서 나왔습니다. 마치 몸이 훈련을 통해 만들어지듯 영혼도 반복된 명상을 통해 빚어지는 것입니다.

그리스도인의 능력도 마찬가지입니다. 현장에서 다급하게 부르짖는 단발성 기도에서 능력이 솟아나는 것이 아닙니다. 능력은 평소 훈련된 기도를 통해, 하나님 앞에 고요히 머무는 일상의 삶 속에서 비로소

하나님은 다른 길로 오신다

다져집니다.

이러한 기도로 돌아갈 때 경이와 기적도 함께 돌아옵니다. 하나님께서 우리를 온전히 녹이시고, 새로운 틀로 빚으시고, 그 틀을 당신의 뜻으로 채우시고, 마침내 우리를 사용하실 때 그제야 우리의 눈은 이전에 보지 못했던 것들을 보기 시작합니다. 그때 비로소 우리는 기적이 사라진 것이 아니라 우리가 보지 못하고 있었다는 사실을 깨닫게 됩니다.

그래서 우리는 보는 법, 듣는 법, 기다리는 법을 다시 배워야 합니다. 이제 한 시인의 노래처럼 우리도 함께 초대받습니다.

자, 주님이 얼마나 은혜로운지 맛보십시오.
보십시오, 들어보십시오,
우주를 가로질러 가득한 은하계와 같은 그분의 환희 뇌성을,
대지 위로 솟아오르는 풀들의 속삭임을,
연인들의 속삭이는 소리를,
친구들이 서로 인사하는 소리, 재잘거리는 웃음소리를,
기쁨의 만남과 나눔 그리고 노랫소리를,
새로운 삶을 가져오는 치유의 소리들을…
자, 주님이 얼마나 은혜로운지 귀를 기울이십시오, 맛보십시오.

3부

길 위에서 결단하다

**걸어본 사람만이
길을 안다**

22

예수를 초청했지만 은혜는 거절하다

누가복음 7:36-50

"예수를 청한 바리새인이 그것을 보고 마음에 이르되
이 사람이 만일 선지자라면 자기를 만지는 이 여자가 누구며 어떠한 자
곧 죄인인 줄을 알았으리라"(39).

본문은 전쟁터 같은 긴장으로 가득합니다. 공기는 차갑고, 사람들 사이에는 적대감이 흐릅니다. 시몬의 집에 들어오신 예수님은 이곳이 환대의 자리가 아니라는 것을 즉시 느끼셨을 것입니다. 주초청자인 시몬은 손님에게 마땅히 베풀어야 할 발 씻을 물조차 내어주지 않았고, 환영의 입맞춤도, 존경의 뜻을 담은 향유도 생략했습니다. 이는 단순한 무례가 아니라 노골적인 멸시였고, 말 없는 선전포고나 다름없었습니다.

이러한 노골적인 냉대 속에서 예수님은 식탁에 비스듬히 기대어 앉으십니다. 본문을 제대로 이해하려면 당시의 식사 장면을 머릿속에 그려볼 필요가 있습니다. 방 한가운데에는 낮고 긴 식탁이 놓여 있고, 그 둘레로 몸을 기댈 수 있는 방석들이 배치되어 있습니다. 사람들은 의자에 앉지 않고 바닥에 앉아 상체를 비스듬히 기댄 자세로 식사합니다. 머리는 방 안쪽의 밝은 곳을 향하고, 발은 뒤쪽의 어두운 쪽으로 뻗어 있

습니다. 손님이 도착하면 문 앞에서 샌들을 벗고 들어오고, 하인들이 뒤편에서 물을 부어 발의 먼지를 씻어줍니다. 집 문은 열려 있는 경우가 많아 초대받지 않은 이들도 담장 그늘에 서서 안에서 벌어지는 일과 대화를 지켜볼 수 있었습니다.

보았으나 보지 못한 사람들

이 장면을 떠올리면, 곧이어 벌어질 일이 자연스럽게 그려집니다. 어둑한 뒤편 그늘에서 한 여인이 조심스럽게 예수께 다가옵니다. 성경은 그녀를 "그 동네에 죄를 지은 한 여자"라고 말합니다. 아마도 사람들의 입에 오르내리던 창녀였을 것입니다. 그녀는 예수님의 얼굴이 아니라 예수님의 발 곁에 서 있습니다.

그 여인의 손에는 향유가 담긴 옥합이 들려 있습니다. 그것은 평소 몸의 체취를 가리기 위해 사용하던 향유로, 필시 그녀가 매춘을 할 때 뿌리던 향수였을 것입니다. 그녀가 그 향유를 예수님의 발에 붓는 순간, 억눌려 있던 눈물이 터져 나오듯 쏟아지기 시작합니다. 하염없이 흘러내린 눈물은 어느새 예수님의 두 발을 흠뻑 적시고 말았습니다. 이 여인의 모습은 마치 어두운 숲 속에서 길을 잃고 헤매다 마침내 어머니의 품에 안겨 안전함을 느끼며 울음을 터뜨리는 아이와도 같습니다. 병 속에 가득 차 있던 두려움과 수치, 절망이 한순간에 넘쳐흘러 나온 것입니다.

당황한 그녀는 묶어두었던 긴 머리칼을 풀어 재빨리 예수님의 발에 흐른 눈물을 닦아냅니다. 그 순간, 방 안에 있던 모든 사람의 시선이 한곳에 쏠립니다. 그러나 그 시선 속에는 만남이 없었습니다. 판결만이 있었습니다. 한 여인이 지금 집으로 돌아오고 있다는 사실을 보지 못했고, 풍랑에 부서질 듯 흔들리던 작은 배 한 척이 마침내 항구로 돌아오고 있다는 장면을 알아보지 못했습니다.

그때 시몬이 속으로 중얼거립니다. "이 사람이 만일 예언자라면 자기를 만지는 저 여자가 누구며 어떤 여자인지 알았을 텐데. 저 여자는 죄인인데." 그의 말 속에는 판단이 있고, 단정이 있으며, 이미 내려진 판결이 담겨 있습니다.

어둑한 뒤편에서 그 여인은 시몬이 의도적으로 예수를 모욕하고 냉대하고 있음을 보았습니다. 최소한의 환대조차 건네지 않는 시몬의 태도가 예수의 마음을 상하게 하고 있음을 그녀는 알아차렸습니다. 방 안의 모든 사람이 예수가 어떻게 반응할지 지켜보고 있다는 것도 느꼈습니다.

그녀의 마음에 분노가 일었습니다. 입을 맞추며 환영할 처지는 못 되었지만, 그렇다고 무력하게 지켜볼 수만도 없었습니다. 잠시 망설이다가 그녀는 예수의 발에 입맞출 수 있다는 생각에 이르렀고, 자신 역시 적대의 공간에 들어와 있다는 사실도 잊은 채 앞으로 나아가 예수의 발에 입을 맞추고 향유를 부었습니다.

그 행동은 시몬의 모욕을 대신 씻어내려는 몸짓이었지만 어느새 그녀는 눈물과 입맞춤으로 예수님의 발을 적시고 있었습니다. 닦아낼 수 건조차 없었기에 그녀가 할 수 있는 최선은 단정히 묶었던 긴 머리칼을 풀어 눈물과 향유로 얼룩진 예수님의 발을 정성껏 닦아내는 것뿐이었습니다. 중동 지역의 관습에서 이런 행동은 극도로 파격적인 몸짓으로 여겨졌습니다. 여인이 머리칼을 풀어 늘어뜨린다는 것은 상대와의 깊은 친밀함을 드러내는 상징적 제스처였으며, 그러한 자태는 오직 남편 앞에서만 허락되는 것이었습니다. 케네스 베일리는 이를 당시 문화 안에서는 가슴을 드러내는 행위에 비견될 만큼 강한 충격을 주는 몸짓이었다고 설명합니다.

하나님은 다른 길로 오신다

식탁에 기대어 앉아 있던 사람들은 이 돌발 상황에 큰 충격에 빠졌습니다. 방 안의 모든 긴장된 시선은 단 하나의 질문으로 모였습니다. "과연 예수는 이 불쾌한 스캔들을 어떻게 수습할 것인가?" 바로 그때 예수께서 시몬을 바라보며 말씀하셨습니다. "내가 당신에게 할 말이 있소이다." 이 말은 부드러운 요청이 아니라 시몬의 귀에는 피할 수 없는 호출로 들렸습니다. "자, 내가 말할 터이니 똑바로 들어보시오!"라는 의미였습니다. 예수는 비유를 들려주십니다.

한 채권자에게 두 빚진 사람이 있었는데 하나는 큰 빚을, 다른 하나는 적은 빚을 졌지만 둘 다 갚지 못해 모두 탕감받았다는 이야기였습니다. 질문은 단순했습니다. "누가 그를 더 사랑하겠느냐?" 시몬은 그 논리를 피할 수 없음을 알고 마지못해 대답합니다. "더 많이 탕감받은 사람입니다." 예수께서는 그의 판단이 옳다고 말씀하십니다.

사랑은 은혜에 대한 반응입니다. 많이 용서받은 사람일수록 사랑은 깊어지고, 탕감받은 빚이 클수록 표현되는 사랑도 커집니다. 예수는 이 질문을 시몬에게 다시 던지며 그를 몰아붙이십니다. 누군가의 구원이 걸려 있을 때 예수는 거칠고 단호해지십니다.

시몬과 같은 사람, 곧 스스로 의롭다고 확신하고 자신의 영적 파산은 보지 못한 채 은혜 앞에 마음을 닫아버린 사람을 구원하시기 위해, 예수님은 비유라는 날카로운 무기로 그의 방어를 정면에서 무너뜨리십니다. 저 여인의 사랑이 무엇을 말하고 있는지 정말 보지 못하느냐고, 그 사랑이야말로 그가 얼마나 큰 용서를 받았는지를 분명히 드러내고 있는데도 왜 끝내 깨닫지 못하느냐고 물으십니다. 그리고 시몬의 차갑고 메마른 마음이야말로, 그가 자신을 얼마나 적은 용서만 필요한 사람으로 여기고 있는지를 고스란히 드러낸다고 지적하십니다.

죄를 본 시몬, 용서를 본 예수

여인을 향해 몸을 돌리신 예수님은 시몬에게 이렇게 말씀하십니다. "이 여자를 보느냐?" 대답은 이미 분명합니다. 시몬은 그녀를 쳐다보고 있었지만 정작 그녀의 참모습은 보지 못했습니다. 그는 그녀의 삶이 남긴 상처와 스스로 엉망이라 규정해버린 과거만을 보고 있었을 뿐입니다. "그녀는 죄인이다", "그녀는 창녀다"라는 규정 속에서 그는 한 인간을 보지 못했습니다.

사람을 인격이 아니라 '타입'으로 보기 시작할 때, 도덕적 판단이라는 거친 영이 스며듭니다. 그 영에 사로잡히면 사람은 더 이상 인격이 아니라 평가 대상, 분류 대상이 됩니다. 예수님의 사명 가운데 하나는 이 도덕적 판단의 지배에서 사람들을 건져내는 일이었습니다. 정죄의 손아귀에 붙잡힌 이들에게 손을 내밀어 그곳에서 빠져나오게 하고, 그들을 용서의 품으로 이끄시는 일이었습니다.

삭개오가 그러했고, 간음하다 붙잡힌 여인이 그러했으며, 시몬의 집에 들어온 이 여인도 마찬가지였습니다. 무차별적인 정죄와 냉소 속에 놓인 이혼한 여인이나 낙태의 상처를 안은 여인 또한 그분이 끌어안으시는 대상이었습니다. 예수님은 이들 모두를 따뜻한 용서의 품으로 이끌어주십니다.

예수님은 시몬을 향해 말씀하십니다. "내가 네 집에 들어올 때 너는 내게 발 씻을 물도 주지 아니하였으되 이 여자는 눈물로 내 발을 적시고 그 머리털로 닦았으며 너는 내게 입맞추지 아니하였으되 그는 내가 들어올 때로부터 내 발에 입맞추기를 그치지 아니하였으며 너는 내 머리에 감람유도 붓지 아니하였으되 그는 향유를 내 발에 부었느니라"(44-46). 그녀는 눈물로 예수의 발을 적시고 머리카락으로 닦았으며, 멈추지 않고 발에 입을 맞추었고, 향유를 부었습니다.

예수님은 분명히 선언하십니다. "그러므로 내가 너에게 말한다. 이 여자는 죄가 많았지만 이미 용서받았다. 그 사실은 그녀가 보여준 큰 사랑으로 분명히 드러난다. 그러나 적게 용서받은 사람은 적게 사랑한다"(47, Jerusalem Bible). 뜻은 분명합니다. 그녀가 사랑했기 때문에 용서받은 것이 아니라 용서받았기 때문에 그런 사랑이 흘러나온 것입니다. 그녀의 넘치는 사랑은 이미 받은 용서를 증언하고 있으며, 반대로 시몬의 차가움은 자신이 은혜를 깨닫지 못했음을 드러냅니다.

하나님을 잘 안다고 믿는 사람의 위험

시몬은 매우 종교적인 사람이었습니다. 그러나 그는 진정으로 믿는 사람은 아니었습니다. 종교적인 것과 믿는 것 사이에는 결정적인 차이가 있습니다. 종교는 하나님이 계실 만한 자리를 정해버립니다. 시몬 역시 하나님은 도덕적인 사람들과만 함께하시며 부도덕한 자들은 외면하신다고 굳게 믿었습니다. 예수님은 이 종교적 편견을 무너뜨리십니다. 그래서 예수는 시몬에게 이해되지 않는 존재였습니다. 시몬이 예수를 예언자로 인정할 수 없었던 이유도 여기에 있습니다. 예수께서 부도덕하다고 여긴 사람들과 거리를 두지 않으셨기 때문입니다.

"시몬아, 너는 이 여자를 보고 있느냐?" 예수의 질문은 단순한 관찰을 묻는 말이 아닙니다. 너는 그녀의 빈 손을 보느냐, 용서를 향해 열려 있는 마음을 보느냐는 물음입니다. 너는 하나님이 긍휼의 하나님이시라는 사실을 아느냐는 질문입니다. 하나님께서는 스스로 의롭다 여기는 아흔아홉보다, 용서를 절실히 구하는 한 사람을 더 마음에 두신다는 사실을 너는 정말 보지 못하느냐는 물음입니다.

시몬을 떠올릴 때마다 플래너리 오코너의 단편 「계시Revelation」에 나오는 털핀 부인이 생각납니다. 그녀 역시 자기처럼 도덕적으로 옳은 사람들만 사랑하시는 하나님을 믿었습니다. 자기 선함과 가치관에 강한 자부심을 가진, 오늘날로 하면 세련된 문화적 기독교인이었습니다.

가끔 밤에 잠을 이루지 못할 때마다 털핀 부인은 이런 상상을 되풀이했습니다. '만일 지금의 내가 아니었다면 나는 어떤 사람으로 태어나기를 선택했을까. 예수께서 창조 이전에 내게 선택권을 주신다면 흑인으로 태어나는 것과 백인이지만 형편없는 인간으로 태어나는 것 중 하나를 고르라고 하신다면 나는 무엇이라 답할 것인가.' 그녀는 내심 제3의 선택지가 나타나 주기를 바라며 요리조리 대답을 회피하려 합니다. 그러나 예수는 지금 결정하라고 재촉하십니다. 결국 그녀는 흑인으로 태어나겠다고 대답하면서도, 그 흑인 역시 절대 '천한' 신분이 아니라 지금의 자신처럼 교양 있고 존경받는 사람일 것이라 합리화합니다. 이 상상 속에서조차 털핀 부인은 끝까지 자기 도덕성과 우월감을 놓지 않습니다.

그녀는 스스로를 돌아보며 어떤 선택을 하든 결국 지금의 자신처럼 '괜찮은 사람'으로 남을 것이라고 확신합니다. 그 확신 속에는 회개도, 떨림도, 은혜에 대한 절박함도 없습니다.

털핀 부인은 시몬과 닮았습니다. 그리고 솔직히 말해, 우리 역시 그렇습니다. 이 이야기 속 두 인물 가운데 우리는 여인을 닮은 부분보다 시몬을 닮은 부분이 훨씬 많습니다. 우리가 만들어놓고 신봉하는 전통적 기독교를 지나치게 진지하게 받아들이며, 그 기준에 맞지 않는 사람에게는 곁을 내어주지 않습니다. 우리는 자신의 죄는 작게 만들고, 타인의 죄는 크게 보며, 하나님께서 우리 행위에는 만족하시고 다른 이들의 삶에는 실망하실 것이라고 은근히 믿습니다. 이토록 스스로를 속이면서

하나님은 다른 길로 오신다

도 우리는 은혜를 안다고 착각하지만 실상 하나님 앞에서는 가장 완고하게 닫힌 마음으로 서 있을 뿐입니다. 그래서 이 이야기 속에서 시몬은 낯선 타인이 아니라 너무도 익숙한 우리의 모습입니다.

그러나 이 이야기는 여기서 끝나지 않습니다. 예수께서는 시몬을 정죄하지 않으셨습니다. "너는 이 여자를 보고 있느냐"고 물으심으로써 그의 눈을 다시 열고자 하셨습니다. 이 질문은 지금 우리에게도 향해 있습니다. 은혜는 이미 여기 와 있습니다. 문제는 우리가 아직 제대로 보지 못하고 있다는 것입니다.

23

사랑은 계산하지 않는다

누가복음 7:36-47

"너는 내게 입맞추지 아니하였으되…"(45).

어느 날 예수께서 한 바리새인의 저녁 식사 초대를 받고 그의 집에 들어가셨습니다. 그가 어떤 이유로 예수님을 초청했는지는 알 수 없습니다. 예수님의 설교에 감동을 받았기 때문인지, 행하신 기적에 마음이 움직였기 때문인지, 아니면 자신의 신앙과 경건을 드러내기 위한 자리였는지는 모릅니다.

그는 예수님을 '선생님', 곧 랍비라 불렀습니다. 어쩌면 가벼운 신학적 토론 정도를 기대했는지도 모릅니다. 여러분도 그런 적이 있지 않습니까? 아주 친밀하지는 않지만 언젠가 한 번쯤은 유명한 선생을 식탁에 초대해보고 싶은 마음이 들 때 말입니다.

복음서를 보면 예수님은 자주 식사 자리에 초대되셨습니다. 그분의 사역은 강단보다 식탁에서 더 자주 펼쳐졌습니다. 시몬 역시 다른 바리새인들처럼 사람들의 눈에 의롭고 경건한 인물로 보였을 것입니다.

예수의 질문, 시몬의 침묵

그런데 이 존경받는 바리새인의 집에서, 매우 불편하고 당혹스러운 일이 벌어집니다. 저녁 식사에 초대받지 않은 한 여인이 나타난 것입니다. 성경은 그녀를 "그 동네에 죄를 지은 한 여자"(37)라고 부릅니다. 그녀는 예수의 발 곁에 다가와 무릎을 꿇고 울기 시작합니다. 눈물은 멈추지 않았고, 그 눈물은 예수의 발을 적실 만큼 넘쳐흘렀습니다.

그녀는 묶어두었던 긴 머리칼을 풀어 예수의 발을 닦았습니다. 그리고 발에 입을 맞추며 값비싼 향유를 부었습니다. 그 순간 만찬장의 공기는 급격히 얼어붙었습니다. 사람들의 입은 닫혔고, 말 대신 침묵이 흘렀습니다. 모두가 당황했고, 모두가 불편했습니다.

많은 성경 해석자는 이 여인이 창녀였을 가능성이 크다고 봅니다. 유대 사회에서 공공장소에서 머리를 푸는 여인은 창녀밖에 없었습니다. 그러나 더 중요한 사실은, 이 여인에게는 이름이 없다는 점입니다. 시몬은 이름으로 불리지만 그녀는 그렇지 않습니다. 그녀는 한 인간이 아니라 그저 '죄인'이라는 지울 수 없는 낙인으로만 존재했습니다.

시몬은 몹시 언짢았지만 체면을 중시하는 인물이었습니다. 그래서 하인들을 시켜 그녀를 억지로 내쫓는 대신 속으로 삭이며 판단하기 시작했습니다. 그 판단은 여인만을 향한 것이 아니었습니다. 예수에게도 향했습니다. "이 사람이 만일 선지자라면 자기를 만지는 이 여자가 누구며 어떠한 자 곧 죄인인 줄을 알았으리라."

그 순간 예수께서 말씀하십니다. 마치 이렇게 응답하시는 것처럼 말입니다. "그렇다면 네가 말하는 선지자가 누구인지 지금 보여주겠다." 예수는 늘 그러하셨듯 비유로 답하십니다. 자신의 예언자적 통찰을 드러내는 방식이었습니다. "어떤 채권자에게 두 사람이 빚을 졌다. 한 사람은 50일 치의 임금을 빚졌고, 다른 한 사람은 500일 치의 임금을 빚졌지. 그런데 놀랍게도 채권자는 두 사람의 빚을 모두 탕감해주었어.”

그리고 예수께서 시몬에게 묻습니다. “자, 시몬! 네가 생각할 때 누가 그 주인을 더 사랑할 것 같아?”

시몬은 피할 수 없다는 것을 알고 대답합니다. “글쎄요. 제가 생각하기에는 당연히 큰 빚을 진 사람이겠지요.”

예수께서 말씀하십니다. “맞다! 네 말이 맞아!”

그리고 예수께서는 결정적인 질문을 던지십니다. “시몬아, 이 여자를 보느냐?” 충격적인 질문입니다. 시몬은 분명 그녀를 보았습니다. 눈앞에서 벌어지는 모든 행동을 놓치지 않았을 것입니다. 그런데 예수님은 묻습니다.

“정말로 보고 있느냐? 이 여자가 누구인지 아느냐?”

이 질문은 단순한 관찰을 묻는 말이 아닙니다. “그녀의 이야기가 너와 무관하다고 생각하느냐?” “그 죄인이 네 안에도 살고 있다는 사실을 정말 모르겠느냐?” 예수의 질문은 여인을 향해 던져진 것이 아니라 시몬의 마음을 향해 겨누어진 질문이었습니다.

우리 안에 함께 사는 두 사람

우리 안에는 한 명의 바리새인과 한 명의 죄인이 함께 살고 있습니다. 바리새인은 결코 낯선 존재가 아닙니다. 그는 우리의 한 부분입니다. 규칙을 잘 지키려 애쓰는 우리, 사회적 책임을 자각하며 살아가는 우리, 사람들 앞에서 ‘이름’을 가지고 살아가는 우리, 그리고 그 이름과 평판이 어떻게 평가되는지 은근히 신경 쓰는 우리. 이 모든 모습이 우리 안의 바리새인입니다.

하나님은 다른 길로 오신다

이 바리새인은 누구입니까? 그는 아마도 일간지 사회면에 종종 등장하는 인물일 것입니다. 상당한 사회적 자산을 가진 사람, 어느 정도의 영향력과 여유를 지닌 사람입니다. 성향은 꽤 개방적이었을지도 모릅니다. 그렇지 않고서야 논란 많고 말 많은 예수를 저녁 식사에 초대할 수 있었겠습니까? 예수를 집에 들이는 일은 충분히 사회적 화제가 될 수 있었고, 바리새파 내부에서 비판을 받을 수도 있는 선택이었습니다. 그럼에도 그는 부담을 감당할 수 있는 사람이었습니다. 다시 말해 그는 사회적으로 충분히 '안전한' 위치에 있던 인물이었습니다.

아마 동네 사람들은 이렇게 수군거렸을 것입니다. "오늘 저녁 시몬의 집에 가는 거야? 예수도 초대했다던데? 흥미로운 자리가 되겠군." 시몬은 겉으로 예수에게 호의를 베풀었습니다. 그는 사람들에게 자신이 편견 없이 열린 마음을 가진 지식인으로 비치기를 바랐습니다. 다양한 생각과 이념을 포용할 줄 아는 사람, 시대의 흐름을 읽는 사람으로 보이고 싶었을 것입니다. 그러나 겉으로 보기에 훌륭하고 세련된 이 바리새인의 삶에는 결정적인 결핍이 하나 있었습니다. 아니, 그 결핍 때문에 그의 삶 전체가 서서히 왜곡되고 있었습니다.

자신이 죄인이라는 사실이 드러나는 것을 두려워하며 사는 삶, 그것이 결핍의 정체였습니다. 이것이야말로 많은 크리스천, 소위 '괜찮은 죄인들'이 안고 있는 가장 깊은 문제입니다.

그러나 바리새인 안에는 밝은 면만 있는 것이 아닙니다. 그 안에는 어두운 면도 함께 있습니다. 다시 말해 바리새인 안에는 죄인도 함께 살고 있습니다. 물론 그 죄인은 이 여인처럼 사회적으로 낙인찍힐 만큼 극단적인 행위를 저지르지는 않았을지도 모릅니다. 그러나 바리새인들은 스스로를 성찰하는 전통을 지닌 사람들이었고, 그래서 누구보다도 자신 안에 숨기고 싶은 무언가가 있다는 사실을 잘 알고 있었습니다.

그것은 자녀의 성적 성향이나 삶의 방식을 둘러싼 부끄러운 불안일 수도 있고, 젊은 시절의 어두운 기억이나 감추고 싶은 이력일 수도 있으며, 겉으로는 안정돼 보이지만 실은 위태로운 경제적·사회적 현실일 수도 있습니다. 혹은 마음 깊은 곳에서 끊임없이 속삭이는 유혹일지도 모릅니다. '이제는 그렇게 아닌 척하지 말고 다 내려놓아라. 한번쯤은 마음대로 살아봐도 되지 않겠느냐.'

그러나 우리는 이 내면의 죄인보다 겉으로 그럴싸해 보이는 바리새인의 가면을 훨씬 선호합니다. 자신의 이미지를 번듯하게 포장하고 지켜내는 데 급급합니다. 그래서 성실하게 일하고 삶을 단정히 가꾸며 남들에게 보여줄 만한 이야기를 만들어갑니다. 우리가 세상에 들려주고 싶은 이야기는 늘 이 공적인 바리새인의 이야기입니다.

어느 순간, 그 모든 올바른 노력이 더 이상 삶의 동력이 되지 못할 때가 옵니다. 지치고 공허해지고 스스로 세워온 기준이 더 이상 우리를 지탱해주지 못할 때 우리는 결국 자기 안의 죄인과 마주치게 됩니다.

여기 계신 분들 모두가 나쁜 사람은 아닙니다. 그러나 완전히 괜찮은 사람도 없습니다. 우리는 자신을 잘 알고 있습니다. 우리 안에 바리새인과 죄인이 함께 공존하고 있다는 사실을 누구보다 잘 압니다.

우리 안의 시몬과 강하게 동일시하는 사람일수록 바리새인의 면모를 키우려 애쓸 것입니다. 그리고 마음의 그늘에 숨어 있는 죄인은 필사적으로 숨기려 할 것입니다. 그러나 아무리 감추려 해도 그 죄인은 결국 모습을 드러냅니다. 특히 우리가 바리새인으로 살려 애쓰다 지칠 때 그 반대편에 있던 죄인은 더 선명하게 떠오릅니다.

마치 한쪽이 떠오르면 다른 한쪽은 가라앉고, 한쪽을 억누르면 다른 한쪽이 고개를 드는 것처럼. 이때 우리 안의 바리새인은 충격을 받습니다. 그동안 쌓아온 모든 것이 무너지는 것처럼 느껴지기 때문입니다.

하나님은 다른 길로 오신다

그 죄인이 반복해서 나타나는 것을 견딜 수 없어 합니다. 그래서 그 죄인을 용서하지 못합니다. 시몬이 자기 집에 들어온 죄인을 용납하지 못했던 것처럼 말입니다. 우리는 두려워합니다. 사람들이 우리가 생각만큼 똑똑하지도, 성공하지도, 정직하지도, 신앙적이지도 않다는 사실을 알게 되면 어떡하나 하는 두려움입니다.

물론 요즘은 "남들이 뭐라 하든 상관하지 않는다"고 말하는 시대입니다. 그러나 저는 그 말을 쉽게 믿지 않습니다. 우리의 삶은 여전히 관계 속에 있고, 시선 속에 있습니다. 어떤 부인이 이렇게 농담처럼 말했다고 합니다. "이제는 하나님이 나를 어떻게 보시는지만 신경 쓰려고요. 그런데 … 남편도 있네요. 자녀들도 있고요. 교회 사람들도 있고, 이웃들도 있고…." 웃음 섞인 말이지만 정확합니다. 우리는 여전히 누군가의 시선을 의식하며 살아갑니다. 이것이 바리새인의 관심사이며, 우리 안에 깊이 뿌리내린 인간적인 두려움입니다.

바리새인의 의(義)도 용서가 필요하다

우리가 마지막으로 마주해야 할 일은 우리 안에 있는 죄인을 공적인 자리로 끌어내는 일입니다. 그러나 이것은 결코 쉬운 일이 아닙니다. 가령 여러분이 파티를 열어 예수님을 초대했다고 해봅시다. 예배의 자리든 신앙의 자리든, 과연 내면의 죄인이 모습을 드러내길 원하겠습니까? 이것이 아이러니입니다. 예배에 온 이유가 우리 안의 바리새인과 죄인이 함께 드러나기 위함임에도 우리는 늘 바리새인만 내세우고 죄인은 깊숙이 숨깁니다. 예수님은 초대하지만 죄인은 초대하지 않습니다.

다행스럽게도 우리가 스스로 죄인 됨을 숨기려 할지라도 문제가 되지 않습니다. 예수님께서 친히 우리 안의 죄인을 그분의 식탁으로 초청하시기 때문입니다. 예수님은 우리의 선한 부분만 사랑하시는 분이 아닙니다. 예수님은 우리 안의 바리새인과 죄인, 그 전체를 사랑하시는 분입니다. 그리고 그 사랑 때문에 그 모두를 용서하시기 위해 십자가에서 죽으셨습니다.

그러므로 여러분 안에 있는 죄인은 반드시 용서받아야 합니다. 그래야만 여러분이 두려워하는 그 죄가 힘을 잃습니다. 성경에서 '용서받는다'는 말은 단순히 덮어준다는 뜻이 아닙니다. '해방된다', '풀려난다', '자유롭게 된다'는 뜻입니다. 용서받지 못한 죄는 여전히 우리를 통제하고 지배합니다. 우리가 아무리 애써 관리하고 억누르려 해도 용서 없이는 그 죄로부터 자유로워질 수 없습니다.

동시에 여러분 안에 있는 바리새인도 용서받아야 합니다. 스스로 착하고, 선하고, 괜찮은 사람으로 살 수 있다고 믿는 그 죄 역시 용서받아야 합니다. 우리는 늘 더 나은 사람이 되려고 애쓰지만 그 삶은 결코 완성되지 않습니다. 그래서 늘 조마조마합니다. 실수할까 봐, 실패할까 봐, 무너질까 봐 두려워합니다. 바리새인은 누구보다 근심과 걱정이 많은 사람입니다. 그 근심은 마음을 갉아먹고, 결국 사랑할 능력을 빼앗아 갑니다. 불쌍히 여길 수 없고, 깊이 이해할 수 없으며, 함께 울 수 없게 만듭니다. 이것이 바리새인이 앓고 있는 치명적인 병이며 죄입니다.

예수님께서 시몬에게 보여주신 대조는 분명합니다. 이 여인은 자신이 주님의 용서가 절실히 필요한 존재임을 알고 있었습니다. 그리고 용서를 받았을 때 그녀는 사랑하는 일에 자유로웠습니다. 계산하지 않았고, 주저하지 않았으며, 아끼지 않았습니다. 시몬과 그녀의 결정적인 차이는 바로 여기에 있습니다.

시몬은 예수께서 자기 집에 들어오셨을 때 발 씻을 물조차 내어놓지 않았습니다. 당시 중동의 풍습에서 이는 최소한의 환대였습니다. 그

하나님은 다른 길로 오신다

러나 그는 그마저도 생략했습니다. 반면에 그녀는 눈물로 예수님의 발을 씻었습니다. 시몬은 환영의 입맞춤을 하지 않았지만 그녀는 예수님의 발에 입을 맞추기를 멈추지 않았습니다. 시몬은 향유를 붓지 않았지만 그녀는 가장 값비싼 향유를 예수님의 발에 쏟아부었습니다.

이 차이는 성격의 문제가 아닙니다. 헌신의 크기 차이도 아닙니다. 자신이 얼마나 용서받았는지를 아느냐의 차이입니다. 많이 용서받았음을 아는 사람은 많이 사랑할 수밖에 없습니다. 그리고 그 사랑은 억지로 만들어내는 것이 아니라 자연스럽게 흘러나옵니다. 용서받은 후에 흘러나오는 사랑의 자유입니다.

예수님은 오늘도 우리를 같은 자리로 초대하십니다. 바리새인만 데리고 오지 말고, 죄인도 함께 데리고 오라고. 숨기지 말고 분리하지 말고 있는 그대로 나오라고. 그 자리에서 비로소 은혜는 완성됩니다.

계산하는 의무를 넘어, 공짜로 사랑하는 삶

여러분은 이 여인이 보입니까? 다시 말해 여러분 안에 있는 바리새인 속에 숨은 죄인이 보입니까? 그 죄인은 누구입니까? 누가복음 15장에 나오는 큰아들, 바로 그 사람 아닙니까. 겉으로는 존경받을 만한 삶을 살고 있고, 누구의 손가락질도 받지 않을 만큼 곧은 길을 걸어왔다고 자부하는 사람 말입니다. 그는 아버지의 품을 떠난 적도, 가풍을 거스른 적도 없이 묵묵히 제 몫을 다했습니다. 하지만 끝내 진정한 마음의 안식을 얻지 못한 채 겉돌았습니다. 자신이 용서받아야 할 존재라는 사실을 알지 못했기 때문입니다. 고향으로 돌아가는 유일한 길은 성취가 아니라 용서입니다. 오직 용서받은 사람만이 사랑할 수 있습니다.

나는 이 우아하고 품위 있었을 저녁 파티의 질서를 송두리째 무너뜨린 이 여인을 떠올릴 때마다 깊은 충격을 받습니다. 도대체 무엇이 그녀로 하여금 그런 행동을 하게 만들었을까? 어떤 힘이, 어떤 확신이 그녀를 그 자리로 이끌었을까? 단 하나의 이유입니다. 그녀는 이미 용서받았다는 사실을 알고 있었기 때문입니다.

예수께서 말씀하신 그대로입니다. "많이 용서받은 사람은 많이 사랑한다." 용서를 경험한 사람은 하나님에게서 흘러나오는 사랑을 발견하고, 그 사랑은 마음에 고이지 않고 흘러넘칩니다. 그래서 그들은 놀라운 일을 하게 됩니다. 억지로가 아니라 자연스럽게, 계산 없이 사랑합니다. 집 없는 사람을 먹이는 일이 어렵지 않고, 가난한 학생을 돕는 일이 부담이 되지 않습니다. 그들을 사랑하기 때문입니다.

그들은 두려움 때문이 아니라 공동의 선을 사랑하기 때문에 지역의 문제에 참여합니다. 평판을 관리하려는 것이 아니라 은혜를 알기 때문에 호의를 베풉니다. 험담과 판단에는 더 이상 에너지를 쓰지 않습니다. 헌금도 의무가 아니라 사랑의 표현이 됩니다. 그렇게 그들은 세상의 빛이 됩니다.

이 모든 것은 그들이 용서를 발견했다는 기적을 기뻐하고 축하하는 방식입니다. 그들은 마침내 자신 자신도 용서합니다. 그동안 내면의 죄인을 숨기고 통제하는 데 쓰이던 모든 에너지는 이제 '공짜로 사랑하는 일'에 쓰입니다.

공짜로 사랑합니다. 사랑하는 일에 자유롭습니다. 사랑하는 사람만이 참으로 자유합니다. 두려움에서 벗어난 사람만이 자유합니다. 사랑에는 두려움이 없습니다. 그렇습니다. 이 세상을 바꾸는 것은 지식이 아닙니다. 도덕도 아닙니다. 사랑입니다. 예수님의 사랑입니다. 아멘.

하나님은 다른 길로 오신다

24

이미 가진 것을 찾는 사람들

누가복음 7:36-8:3

"그 동네에 죄를 지은 한 여자가 있어
예수께서 바리새인의 집에 앉아 계심을 알고
향유 담은 옥합을 가지고 와서"(37).

이 이야기는 누가복음서 가운데서도 가장 감동적이고, 동시에 가장 놀라운 장면 중 하나입니다. 나는 이 본문을 읽을 때마다 이런 생각이 듭니다. 예수께서는 어떻게 저토록 어색하고 불편한 상황에서 그렇게 정확하게, 그렇게 깊이 반응하실 수 있었을까? 그분의 순발력과 통찰에 놀라지 않을 수 없습니다.

울림은 거기서 멈추지 않습니다. 이 장면은 예수님에 대한 이야기이면서 동시에, 우리 각 사람의 내면에서 실제로 벌어지고 있는 일들을 정직하게 비춥니다. 그 의미를 살피기 전에, 먼저 이 이야기가 놓인 상황을 조금 더 이해할 필요가 있습니다.

이 본문 전후에까지 예수님은 팔레스타인 전역에서 매우 특별한 인물로 떠오르고 계셨습니다. 그분은 생동감 있는 거룩함으로 사회에 큰 파장을 일으켰고, 그 결과 부자와 가난한 사람, 학식 있는 사람과 무학

자, 존경받는 사람과 사회의 밑바닥에 있던 사람들까지 각양각색의 사
람들이 예수께로 몰려들었습니다.

체면보다 한 사람

어느 저녁, 예루살렘의 지도급 인사 가운데 한 명이 예수님을 자기 집
으로 초대했습니다. 식사가 한창 진행되던 중, 상상하기 어려운 일이 벌
어집니다. 한 여인이 갑자기 집 안으로 들어온 것입니다. 성경은 그녀를
"그 동네에 죄를 지은 한 여자"라고 부릅니다. 이는 당시 사회에서 잘 알
려진 창녀였음을 뜻합니다.

그 여인은 값비싼 향유를 가지고 와 예수님의 발에 붓고, 흐느끼며
우는 눈물로 그 발을 적십니다. 그리고 풀어놓은 긴 머리칼로 예수님의
발을 닦습니다. 너무도 충격적인 장면이었습니다. 어색하고 당황스러운
일이 순식간에 벌어졌고 사람들은 놀라 말문을 잃었습니다.

이 행동은 당시의 사회적 관습을 정면으로 깨뜨리는 일이었습니다.
그녀는 초대받지 않은 사람이었고, 그 시대에는 남자들만의 저녁 식사
자리에 여자가 동석하는 것 자체가 허용되지 않았습니다. 심지어 아내
조차 함께하지 못하던 자리였는데, 낯선 여자, 그것도 소문난 거리의 여
자가 들어왔다는 사실만으로도 충분히 충격이었습니다. 분위기는 한순
간에 얼어붙었습니다. 솔직히 말해, 내가 그 자리에 있었다면 어찌해야
할지 몰라 그대로 굳어버렸을 것입니다.

그러나 바로 이 지점에서, 예수님의 반응이 시작됩니다. 일반적으로
이런 생각이 떠올랐을 것입니다. '사람들이 이 광경을 어떻게 보겠는가?
저 여인과 내가 어떤 관계였는지 온갖 추측을 하지 않겠는가? 랍비로서,
경건한 사람으로서 쌓아온 명예와 평판이 한순간에 무너지는 것은 아

하나님은 다른 길로 오신다

닐까? 앞으로 어떤 얼굴로 사역을 계속할 수 있겠는가?' 충분히 그럴 만한 상황이었습니다.

예수님께서도 당황하실 이유는 차고 넘쳤을 것입니다. 그럼에도 이 이야기가 유독 놀랍게 다가오는 이유는, 그 순간에 드러난 예수님의 반응 방식 때문입니다. 예수님은 자신의 체면이나 평판을 염려하지 않으셨습니다. 대신 즉각 이 여인을 향해 시선을 옮기셨고 그녀를 변호하셨습니다. 예수님은 이 낯설고 과격한 행동 뒤에 그녀의 삶에서 이미 어떤 급진적인 변화가 일어났음을 보셨던 것입니다. 그래서 그 행동을 책망하지 않고 오히려 의미 있는 것으로 받아들이신 것입니다.

우리는 이 여인에게 정확히 어떤 일이 있었는지를 알지 못합니다. 그러나 분명한 한 가지는, 그녀의 삶의 방향을 근본에서부터 바꾸어놓은 사건이 이미 그녀 안에서 일어났다는 사실입니다. 그런 변화 없이 이러한 행동은 불가능했을 것입니다.

아마도 예수님의 사역을 통해 하나님의 크신 사랑과 자비가 그녀에게 결정적인 전향의 사건으로 다가왔을 것입니다. 하나님의 선하심이 자신의 모든 악함과 연약함보다 훨씬 크다는 사실을 보게 되었을 것입니다. 삶의 거칠고 냉혹한 현실 뒤편에 언제나 자비와 긍휼로 서 계신 분이 계시다는 사실을 깨닫게 되었을 것입니다.

이 여인은 하나님이 수치스러운 자신마저 있는 그대로 사랑하신다는 진리를 깨달았습니다. 사랑받기 위해 무언가를 증명할 필요도, 아무리 부끄러운 과거라 해도 그 사랑을 결코 끊어낼 수 없다는 사실을 확신하게 되었습니다. 그녀는 하나님의 심장 한가운데로 들어가는 경험을 한 것입니다.

그 경험은 그녀의 모든 것을 바꾸어놓았습니다. 자신을 이해하는 방식이 달라졌고 과거와 미래를 바라보는 시선이 달라졌으며 앞으로 어떻게 살아가야 할지도 분명해졌습니다. 하나님께서 그녀의 과거보다 그녀의 미래에 더 깊은 관심을 두고 계시다는 확신이 그녀를 완전히 사로잡았습니다. 그 순간, 그녀에게 남은 유일한 반응은 감사였습니다. 그토록 마음을 깨뜨리며 밀려들어온 은혜 앞에서, 그녀는 감사하지 않을 수 없었습니다. 그렇게 그녀는 예수께로 나아온 것입니다.

예수님에게는 그 여인에게 일어난 변화가 자신의 명예나 체면보다 훨씬 더 중요했습니다. 예수님은 이 여인이 하나님 은혜를 발견하고 삶이 근본적으로 바뀌었다는 사실 자체를 기뻐하셨던 것입니다. 그래서 자신의 평판에 대한 염려는 아예 문제 되지 않았습니다.

예수님은 이 세상에 의사로 오신 분입니다. 병든 사람을 정죄하기 위해서가 아니라 고치고 치유하기 위해 오신 분입니다. 이 장면에서 예수님이 보여주신 반응은 세리 삭개오에게 보이셨던 태도와 다르지 않습니다. 삭개오 역시 무조건적인 사랑을 발견했고 그 사랑이 자신의 삶을 뿌리부터 바꾸도록 허락했습니다. 예수님은 하나님의 구원이 한 사람의 삶에 실제로 임하는 것을 누구보다 기뻐하십니다. 그분에게 중요한 것은 자신의 체면이 아니라 한 영혼이 새로워지는 일이었습니다.

태어났다는 사실 하나로 충분하다

예수께서 사람들의 삶을 자기 사역 안에 세워 가시는 모습을 보고 있으면, 우리는 세상에서 가장 사랑스러운 진리 하나를 배우게 됩니다. 단순하게 말하자면 "삶은 선물이다. 생명은 선물이다"라는 관점입니다. 태어남은 계산의 결과가 아닙니다. 바람에 떨어진 열매처럼 예기치 않게 주어진 횡재에 가깝습니다. 우리가 이 세상에 존재하게 된 것은 무엇을 잘했기 때문도, 무엇을 하지 않았기 때문도 아닙니다. 생명은 순전히 관용

하나님은 다른 길로 오신다

과 넉넉함 그리고 영원한 자비로부터 주어진 것입니다. 이것이 바로 기독교 신앙이 말하는 실재에 대한 가장 깊은 통찰입니다.

빌립보서에 기록된 고대 찬송시 carmen christi가 노래하듯이 "예수는 자신에 대해 아무런 평판과 명예를 주장하시지 않으셨습니다"(빌 2:6-11 참조). 그럴 수 있었던 이유는 분명합니다. 이 세상 무엇과도 비교할 수 없는 이름이 이미 자신에게 주어졌기 때문입니다. 예수님은 생명이란 애써 쟁취해야 할 업적이 아니라 은혜로 주어지는 선물이라는 사실을 알고 계셨던 것입니다.

우리의 가치 역시 노력해서 벌어들인 결과가 아닙니다. 자격이 있어서 받은 보상도 아닙니다. 삶을 선물로 받아들이는 사람은 잃을 것이 없습니다. 예수님이 흔들리지 않으셨던 이유가 바로 여기에 있습니다. 그리고 그 자유가 사람들의 눈을 열었습니다. 그리고 그 열린 시선 끝에는 우리를 향한 하나님의 끝없는 관용과 넉넉함이 자리하고 있었습니다.

세례를 받으실 때 예수님은 자신이 하나님의 은혜 안에 있는, 사랑받는 아들이라는 사실을 확인하셨습니다. 그리고 그 진리는 예수님에게만 해당되는 이야기가 아닙니다. 우리 역시 세례를 통해 동일한 사실을 알게 됩니다. 우리는 이미 하나님의 사랑을 받는 자녀라는 것입니다. 이 깨달음이 여인과 삭개오의 삶에 일어난 급진적인 변화를 가능하게 했습니다.

늘 자신이 부족하다고 느끼며 살아온 한 사람이 있었습니다. 그는 자존감을 얻기 위해 과도할 만큼 성취하려 애썼고, 남에게 뒤처지지 않기 위해 끊임없이 경쟁했습니다. 그러나 성취의 기쁨은 늘 잠깐이었고, 곧 다시 공허가 밀려왔습니다. 그는 몇 해 동안 진지하게 구원을 갈망하며 살아왔습니다.

어느 날, 호텔 방에서 극심한 절망 속에 그는 빌립보 감옥의 간수처럼 외쳤습니다. "하나님, 내가 무엇을 해야 구원을 받을 수 있습니까?" 그 순간, 그는 설명하기 어려운 경험을 합니다. 마치 보이지 않는 손이 맞은편 벽에 글을 쓰는 것처럼 느껴졌습니다. 그 글은 단순했습니다.

"아무것도 없어. 아무것도 없어. 그것은 영과 함께 오는 것이다."

그제야 그의 마음에 새벽이 밝기 시작했습니다. 그가 그토록 애써 얻으려 했던 것은, 사실 받아들이기만 하면 이미 주어지는 선물이었음을 깨달은 것입니다. 토마스 머튼이 말한 것처럼 그것은 "이미 주어진 것에로의 돌파"breakthrough to the already였습니다. 얻어야 할 무엇이 아니라 이미 주어진 것을 알아보는 일이었던 것입니다.

이미 가진 것을 얻으려는 삶

문득 예전에 보았던 한 이미지가 떠올랐습니다. 이미 소 등에 올라타고 있으면서 잃어버린 소를 찾으러 다니는 사람의 모습입니다. 안경을 쓴 채로 안경을 찾는 우리의 모습과 꼭 닮아 있습니다. 이미 가지고 있는 것을 얻기 위해 애쓰는 사람의 모습입니다. 이것이 바로 은혜로 구원을 받는다는 복음의 역설입니다. 우리는 무엇을 함으로써 가치 있는 존재가 되는 것이 아닙니다. 우리의 가치는 행위의 결과가 아닙니다. 우리의 가치는 우리가 어머니의 태 속에 있기 전부터, 하나님의 위대한 관용과 자비 안에서 이미 주어진 것입니다.

그래서 예수님은 이 소문난 여인에게, 생명이 선물이라는 것이 무엇을 의미하는지, 출생이 예기치 못한 횡재라는 말이 얼마나 깊은 진리인지를 몸으로 배우게 하셨음이 분명합니다. 그녀는 그날, 모든 진리의 가장 깊은 자리를 열어 보이신 분 앞에 감사로 나아왔습니다. 그것이 그

하나님은 다른 길로 오신다

녀의 행동이었고, 그녀의 고백이었습니다.

하나님께서 아무것도 없던 무(無)에서 우리를 창조하시고 생명을 주신 그 방식 그대로, 지금 이 순간에도 우리를 넉넉히 사랑하고 계심을 잊지 마십시오. 우리는 이미 충분히 그분의 사랑을 입은 존귀한 자녀들입니다. 우리가 그럴듯한 사람이 되었기 때문에 사랑받는 것이 아니라 하나님께서 먼저 은혜로 행하셨기 때문에 사랑받는 존재가 되었습니다. 그러므로 이제 이렇게 간청합니다. 하나님의 은혜가 여러분이 자신을 바라보는 기준이 되게 하십시오. 우리 자존감의 근거는 노력이나 성취, 스펙이나 평판이 아니라 오직 하나님의 은혜입니다.

영원하신 자비의 하나님, 우리가 이미 사실인 것 안으로 깊이 들어가게 하소서. 우리는 당신의 눈에 사랑받는 자들입니다. 아멘.

25

손에 쥔 단검을 버려라

누가복음 9:57-62

*"예수께서 이르시되 손에 쟁기를 잡고 뒤를 돌아보는 자는
하나님의 나라에 합당하지 아니하니라"(62).*

부부 사이에서 상대를 온전히 신뢰하지 못하는 일은 생각보다 흔합니다. 관계가 살얼음판처럼 위태로워지고, 서로의 마음이 점차 멀어지는 것을 느끼는 경우도 적지 않습니다. 그런 순간이 오면 결국 이렇게 말하게 됩니다. "당신은 나를 배신했어." "이제 결혼생활은 끝이야." 이 말들은 어느 날 갑자기 튀어나오는 말이 아니라 오래 쌓인 불신과 경계가 마침내 언어로 드러난 결과입니다.

이런 관계에서는 서로에게 마음을 열기보다 먼저 조심하고 경계하게 됩니다. 속마음을 숨기고 거리를 두게 되며, 헌신보다는 "조금 더 두고 보자"는 유보의 태도만 남게 됩니다. 이런 결혼 관계도 한동안은 유지될 수 있습니다. 그러나 위기가 찾아오면 상황은 급격히 악화되고, 늘 감지되던 배신감은 결국 관계를 무너뜨립니다.

그리스도와의 관계 역시 계산과 경계 위에 아슬아슬하게 서 있다

면, 그리고 아무 조건 없이 자신을 내어드리지 않는다면, 위기의 순간에
그 신앙은 반드시 흔들리고 맙니다.

사랑했지만 신뢰하지는 않았다

이를 설명하기 위해 한 가지 이야기를 들어보겠습니다. 19세기 프랑스
작가 발자크가 쓴 「사막에서의 정열A Passion in the Desert」이라는 작품입
니다. 이 이야기는 아프리카의 야생 지대에서 한 프랑스 병사와 검은 표
범 사이에 형성된 기묘한 우정을 다룹니다.

병사와 표범이 처음 만났을 때, 둘은 서로를 극도로 경계했습니다.
그러나 시간이 지나면서 점차 가까워졌습니다. 병사는 옛 연인의 이름
을 따서 표범을 '미그농'이라 불렀습니다. 둘은 함께 사냥하며 장난을
쳤고, 병사는 표범의 발톱을 만지작거리거나 등을 쓰다듬으며 한껏 친
밀함을 나누었습니다. 표범은 무시무시한 이빨을 드러내면서도 병사
를 공격하지 않고 오히려 애교를 부렸습니다. 병사가 머리 위로 날아가
는 독수리에 관심을 보이면, 표범이 질투하는 듯한 모습을 보이기도 했
습니다.

이처럼 둘 사이의 관계는 깊어졌습니다. 함께 사냥하고 함께 놀며,
서로의 눈을 오래 바라볼 만큼 가까워졌습니다. 그러나 병사는 언제나
한 손에 단검을 쥐고 있었습니다. 관계는 친밀해졌지만 끝까지 내려놓
지 못한 것이 있었던 것입니다.

어느 날 병사가 무심결에 몸을 뒤척였습니다. 별다른 뜻이 없는 가
벼운 동작이었지만, 표범은 순간적으로 몸을 웅크리더니 병사의 다리를
살짝 물었습니다. 훗날 병사는 이렇게 말합니다. "나는 그 표범을 해칠
생각이 없었다. 하지만 그 순간, 표범이 나를 잡아먹으려 한다고 생각했

고, 그만 단검을 그 목에 꽂고 말았다." 표범은 쓰러지며 짧은 비명을 질렀습니다. 병사는 분노도 저항도 없이, 그저 자신을 바라보며 죽어가던 표범을 먹먹히 응시할 뿐이었습니다.

안타깝게도 많은 사람이 그리스도를 이와 같이 대합니다. 온전히 그분을 신뢰하지도, 전적으로 삶을 의탁하지도 못한 채 적당한 거리를 두고 따를 뿐입니다. 그리고 큰 두려움의 순간, 큰 고통의 시간이 오면, 그들은 단검을 빼들어 그분의 목에 꽂습니다.

많은 사람은 젊었을 때 그리스도와 사랑에 빠집니다. 어릴 적 그분께 가까이했고, 자신이 그리스도와 깊이 연결되어 있다고 느끼며 지냅니다. 그분의 임재를 느끼고 위로와 평안을 경험합니다. 그러나 나이를 먹고 인생에 예기치 못한 일들이 벌어지기 시작하면, 특히 예상하지 못했던 고통이 닥치면 그들은 단검을 빼들어 그분의 목을 겨눕니다.

우리는 왜 끝까지 믿지 못하는가

어떤 이들은 더 이상 교회에 나가지 않겠다고 선언합니다. 이유를 물어보면 십중팔구 교회 안에 위선자가 너무 많아서라고 대답합니다. 그는 "나는 그리스도를 부인하는 것이 아니라 교회를 부인하는 것"이라고 말합니다.

그러나 그것은 말이 되지 않습니다. 그리스도는 양들의 목자이시고, 언제나 양들이 있는 곳에 계시기 때문입니다. 그분의 교회를 떼어놓고 그리스도를 생각할 수는 없습니다. 비록 교회 안에 위선자가 많을지라도, 교회를 등진 채 그리스도를 말할 수는 없습니다. 그것은 결국 그리스도를 향해 단검을 겨누는 일과 다르지 않습니다.

또 어떤 그리스도인은 갑작스러운 고난 앞에서 곧 하나님께 등을

하나님은 다른 길로 오신다

돌립니다. 그 순간까지의 신앙은 좋았지만 일이 뜻대로 되지 않자 모든 책임을 하나님께 돌립니다. 그리고 소리칩니다. "이럴 수는 없지 않습니까? 내가 믿어온 것이 모두 진실이라면 이런 일이 내게 일어날 수는 없습니다. 나는 매주 교회에 나가고 기도하며 최선을 다해 신앙생활을 했습니다. 그런데 왜 하나님은 내 딸을 데려가셨습니까?" 그렇게 말하며 그는 단검을 듭니다.

또 다른 누군가는 타락한 목회자나 매정한 교인들에게 상처를 입고는 아예 "기독교는 본질적으로 사기다"라고 섣불리 단정 짓기도 합니다. 교회가 변했다고 말하며 "이 교회는 예전의 교회가 아니다"라고 단정합니다. 그러나 그렇게 말하는 것은 결국 "예전의 그리스도도 아니다"라고 말하는 것과 다르지 않습니다.

이런 사람들이 바로 한 손에 늘 단검을 쥐고 있는 그리스도인들입니다. 그들 역시 한때는 그리스도와 교제하며 친밀한 시간을 누렸습니다. 그러나 마음 가장 깊은 곳까지 주님을 온전히 신뢰하지는 못했던 것입니다. 단 한 번의 위협적인 움직임, 단 한 번의 심각한 위기, 단 한 번의 비극 앞에서 단검을 빼 드는 순간이 오고 그 순간 그들의 그리스도는 죽고 맙니다.

우리 시대에는 수백만의 사람이 그리스도를 위해 결심하고 결정을 합니다. 그러나 유진 피터슨이 말하듯 중도에 포기하는 사람의 비율은 매우 높습니다. 많은 사람이 스스로 거듭났다고 말하지만 성숙한 제자도를 보여주는 증거는 희박합니다. 종교적 경험을 위한 시장은 거대하지만 같은 방향으로 오래 순종하는 데에는 관심이 거의 없습니다. 사람들은 기꺼이 그리스도를 따르려 하지만 그들의 손에는 여전히 단검이 들려 있습니다.

십자가의 길을 계산하지 않은 사람들

"어디든지 따라가겠습니다"라고 말한 사람도 그러했습니다. 그는 예수님께 깊은 인상을 받았지만 예수님은 그의 제안을 신뢰하지 않으셨습니다. 그의 손에 단검이 들려 있음을 보셨기 때문입니다. "여우도 굴이 있고…"라는 말씀은 사실 그의 숨은 동기를 겨냥한 말씀이었습니다. 다시 말해 "네가 나를 따르는 이유를 네가 정말로 안다면 너는 지금처럼 쉽게 따라오겠다고 말하지 못할 것이다"라는 뜻입니다. 앞서 예수님은 누가복음 9장 22절에서 이미 말씀하셨습니다. "인자가 많은 고난을 받고 장로들과 대제사장들과 서기관들에게 버린 바 되어 죽임을 당하고 제삼일에 살아나야 하리라." 그런데도 너는 정말로 나를 따르려느냐는 질문입니다.

예수님은 그리스도와 함께하는 삶의 의미가 무엇인지 일깨워주신 것입니다. 그래서 훗날 고난과 두려움이 닥치면, 결국 등을 돌려 숨겨둔 단검으로 나를 찌르게 될 것이라고 말씀하신 것입니다.

또 다른 사람에게 예수님이 "나를 따르라"고 하시자 그는 "먼저 가서 내 아버지를 장사하게 허락하옵소서"라고 말합니다. 그의 단검은 전통입니다. 이것은 하루이틀의 장례를 말하는 것이 아닙니다. 아버지가 죽을 때까지 기존 질서 안에 머물게 해달라는 요청입니다. 그래서 예수님은 말씀하십니다. "죽은 자들로 자기의 죽은 자들을 장사하게 하고 너는 가서 하나님의 나라를 전파하라."

또 다른 사람은 "나로 먼저 내 가족을 작별하게 허락하소서"라고 말합니다. 이 사람의 단검은 가족의 권위입니다. 예수님의 부르심보다 가족의 허락이 우선이라는 뜻입니다.

예수님의 말씀은 분명합니다. "내 길은 십자가의 길이다, 끝까지 갈

하나님은 다른 길로 오신다

자신이 있느냐? 전통이 나보다 중요하다면 너는 나를 따를 수 없다. 가족의 권위가 내 권위보다 높다면 결국 너는 나를 떠날 것이다."

핵심은 하나입니다. 온전히 그분을 신뢰하라는 것입니다. 다른 헌신 때문에 뒤를 돌아보지 말고, 다른 권위에 기대지도 말라는 것입니다. 참으로 주님의 제자가 되려면 손에 쥔 단검을 내려놓고 예수님을 따라야 합니다. 계속 단검을 쥐고 있는 사람은 결국 어느 순간 그 단검을 그분께 겨누게 될 것입니다. 두려운 말씀이지만 이것이 예수님의 말씀입니다.

26

우리는 아직 길 위에 있다

누가복음 9:57-62

"길 가실 때에 어떤 사람이 여짜오되 어디로 가시든지 나는 따르리이다 …
또 다른 사람에게 나를 따르라 하시니 그가 이르되
나로 먼저 가서 내 아버지를 장사하게 허락하옵소서 …
또 다른 사람이 이르되 주여 내가 주를 따르겠나이다마는
나로 먼저 내 가족을 작별하게 허락하소서"(57, 59, 61).

해가 바뀌면 우리는 자연스럽게 삶의 창고를 되돌아보고 싶어집니다. 일종의 '인생 재고조사'입니다. 지난해는 어땠는지, 무엇을 잃었고 무엇을 얻었는지 돌아보게 됩니다.

그런데 본문을 보면 예수님은 과거를 자꾸 뒤돌아보는 일을 그다지 좋아하지 않으시는 것처럼 보입니다. 이유는 분명합니다. 구원은 과거에 있는 것이 아니라 미래에 있기 때문입니다.

예수는 멈추지 않으셨다

본문은 "길 가실 때에 어떤 사람이 여짜오되"라는 말로 시작합니다. 복음서 기자들은 유난히 "길을 가다가"라는 표현을 즐겨 사용합니다. 이유가 무엇일까요? 우리는 예수라는 분을 삶의 길 위에서 만나기 때문입

니다. 일상에서 그분을 만나게 된다는 뜻입니다.

바울은 다메섹으로 가는 길에서 예수를 만났습니다. 야고보와 요한은 고기를 잡으러 가던 길에서 그분을 만났습니다. 사마리아 여인은 물을 길으러 우물로 가던 길에서 예수를 만났습니다. 이들은 모두 우리처럼 평범한 사람들이었고 평범한 일을 하던 중이었습니다. 그러나 길 위에서 예수를 만난 순간 그들의 인생은 완전히 달라졌습니다. 그 뒤로는 더 이상 아무것도 예전처럼 평범하게 남아 있지 않았습니다.

여러분의 인생에서도 마찬가지입니다. 첫 전세 계약을 하러 가는 길에서 혹은 인생의 마지막 석양을 향해 요양원으로 가는 길에서 예수님은 여러분을 만나실 수 있습니다. 커리어의 정점을 향해 달려가던 길에서 혹은 원하지 않았지만 결국 이혼이라는 길로 들어선 자리에서, 아이를 낳기 위해 분만실로 향하던 길에서 혹은 죽은 이를 장사하러 묘지로 가는 길에서 예수님은 여러분을 부르실 수 있습니다. 벅찬 오르막에서든 힘겨운 내리막을 걷고 있을 때든 인생길 한복판에서 예수님을 마주치면 그분은 한결같이 당신의 새로운 길로 우리를 초대하십니다.

앞선 51-56절을 보면 매우 중요한 시간적 단서가 나옵니다. "예수께서 승천하실 기약이 차가매 예루살렘을 향하여 올라가기로 굳게 결심하"(51)셨다는 말씀입니다. 그 순간부터 예수님을 따르려는 사람들은 모두 그 길에 함께 서야 했습니다. 성경은 우리 앞에 예루살렘으로 가는 길만이 놓여 있는 듯 이야기합니다. 우리는 아직 그곳에 이르지 못한 상태에 있기 때문입니다. 그래서 멈출 수 없고, 계속 움직여야 합니다.

그 길에서 어떤 사람이 예수께 말합니다. "당신이 어디로 가시든지 저는 당신을 따르겠습니다." 말하자면 이런 고백입니다. "예수님, 제가 지금 당신과 함께 있겠습니다. 예루살렘이 어떤 곳인지는 잘 모르지만 당신이 가려는 곳이라면 저도 가겠습니다." 그런데 이 확신에 찬 고백에 대해 예수님은 뜻밖의 대답을 하십니다. "오, 그래? 그런데 나는 머리 둘 곳이 없어! 내겐 정착할 곳이 없단 말일세!"(58절 참조).

예수님은 안주하지 않으셨습니다. 안락한 집을 구하지도, 든든한 조직에 기대지도 않은 채, 묵묵히 십자가가 기다리는 예루살렘만을 향해 걸음을 옮기셨습니다.

가벼워져야 갈 수 있는 길

지금까지 살아오시면서 "여기가 내가 있어야 할 자리야"라고 느꼈던 곳이 있습니까? 아주 가까운 친구들이 곁에 있고, 필요하면 언제든 달려올 수 있는 자리 말입니다. 온 가족이 무탈하고 사업도 안정적이며, 익숙하고 편안한 교회를 다니는 평온한 상태가 바로 우리가 흔히 말하는 '제자리'일 것입니다.

그런 자리에 있을 때 우리는 이렇게 말하고 싶어집니다. "맞아, 바로 여기야. 이곳이 우리가 있어야 할 자리야. 여기서 떠나면 안 돼. 아무도 움직이면 안 돼." 정말 그럴까요? 한번 이런 장면을 상상해보십시오. 예수님이 갑자기 호루라기를 불며 "모두 풀장에서 나와!"라고 외치시는 순간이 인생에 반드시 있습니다.

내년이 어떻게 전개될지 알고 싶습니까? 솔직히 말해, 누구도 알 수 없습니다. 그러나 한 가지는 분명히 말할 수 있습니다. 우리는 반드시 '변화'를 만나게 될 것입니다. 왜 우리는 마음 깊이 붙들고 있던 것을 내려놓고, 새로운 것에 자신을 맞추며 적응해야 합니까? 예수님은 우리가 나이가 들었다는 사실을 모르시는 것일까요?

그러나 현실은 분명합니다. 가족도 친구도 일터도 교회도 우리가 사는 동네와 도시도 끊임없이 변하고 있습니다. 모든 것이 지금 있는 자

하나님은 다른 길로 오신다

리에 그대로 머물러 있을 수는 없습니다. 이유는 단순합니다. 우리는 아직 예루살렘을 향해 가는 길 위에 있기 때문입니다.

예루살렘은 무엇이기에 그렇게 중요합니까? 제자들조차 그 이유를 잘 알지 못했습니다. 예루살렘은 단순한 고대 도시가 아닙니다. 성경에서 예루살렘은 상징의 장소입니다. 구원이 분명하게 드러나는 곳이며 예수께서 하신 모든 일이 비로소 이해되는 자리입니다. 그곳에 이르러서야 예수님의 삶과 사역이 하나로 드러나게 됩니다.

신약성경의 마지막에는 새 예루살렘의 환상이 등장합니다. 하나님의 통치가 온전히 실현되고, 모든 피조물이 회복되며, 더 이상 눈물이 없는 곳입니다. 예루살렘은 우리가 마침내 도착하게 될 종착지를 가리키는 상징입니다. 그때가 되어서야 우리는 이동을 멈출 수 있습니다. 그러나 우리는 아직 그곳에 도달하지 못했습니다. 예루살렘은 이야기의 끝에서야 등장합니다.

핵심은 예수님이 우리를 데려가실 목적지를 계산하는 데 있지 않습니다. 지금 이 순간, 무엇을 내려놓으라고 하시는지를 알아듣는 데 있습니다. 해마다, 그분은 우리를 짓누르던 것들, 오래 붙들고 질질 끌어온 것들을 내려놓으라고 말씀하십니다. 그래서 예루살렘으로 가는 길은 언제나 쉽지 않습니다. 그냥 두고 가야 할 것도 있기 때문입니다. 그래서 예수님은 분명히 말씀하십니다. "뒤를 돌아보지 말라." 뒤를 돌아보는 순간, 여정은 더 무거워지고 더 힘들어지기 때문입니다.

삶은 기억 속에 머물지 않는다

사람들이 자꾸 뒤를 돌아보는 이유 가운데 하나는 과거의 상처 때문입니다. 어떤 상처는 스스로 시작한 일에서 비롯되었을 수도 있고, 다른 사람에게서 받은 것일 수도 있습니다. 그 상처가 지금까지도 계속해서 아프게 할 때가 있고, 때로는 너무 오래 지내다 보니 이제는 그것을 놓아두지 못하게 되기도 합니다.

사람들이 뒤를 돌아보는 또 다른 이유는 현재보다 과거를 더 좋게 여기기 때문입니다. 시간이 흐르면서 우리는 과거를 실제보다 더 아름답게 만들곤 합니다. 과거를 신화처럼 포장하는 것입니다.

개인적인 경험을 하나 들려드리겠습니다. 약 20년간의 해외 생활을 마치고 귀국한 뒤 가장 먼저 찾아간 곳이 있었습니다. 젊은 시절을 바쳤던 군 복무지, 서부전선 최전방이었습니다. 그러나 막상 도착해보니 그때는 그렇게 커 보였던 초소는 초라했고, 겨울밤마다 힘겹게 올라가던 대공초소는 작은 언덕에 불과했습니다. 그곳을 지키던 당당한 병사는 이제 아들뻘도 안 되는 젊은 병사였습니다.

그 현실을 쉽게 받아들일 수 없었습니다. 차라리 그 과거를 마음속에서 신화처럼 남겨두는 편이 좋았겠다는 생각이 들었습니다. 내 기억 속에서는 이미 멋지게 리모델링된 초소와 잘 닦인 진입로가 남아 있었기 때문입니다. 그러나 그곳은 더 이상 내가 근무했던 장소가 아니었습니다.

사람이 뒤를 돌아보고 싶어 하는 데에는 분명 현실적인 이유들이 있습니다. 어떤 사람은 아버지를 장사 지내고 싶었고, 어떤 사람은 가족에게 작별 인사를 하고 싶어 했습니다. 그러나 예수님의 말씀은 매우 단호했습니다. "죽은 자들로 죽은 자들을 장사하게 하라. … 쟁기를 잡고 뒤를 돌아보지 말라."

예수님께서 상실을 슬퍼하지 말라고 하시거나, 과거를 기억하지 말라고 하시는 것은 아닙니다. 누구도 사랑하는 가족의 죽음을 쉽게 지나칠 수 없고 과거를 돌아보지 않고서는 배울 수도 없기 때문입니다. 우리

하나님은 다른 길로 오신다

의 인생은 기쁨의 순간들과 가슴 저미는 고통의 경험으로 빚어집니다. 만약 그것을 무시한다면 우리는 자신을 무시하는 셈이 됩니다.

그러나 삶이 발견되는 자리는 거기가 아닙니다. 더 이상 그곳에서 삶은 새로워지지 않습니다. 그래서 예수님은 우리에게 앞을 향해 계속 움직이라고 말씀하십니다. 삶을 위한 기회가 길 위에서 우리를 기다리고 있기 때문입니다. 물론 변화의 길에 서 있는 것은 쉽지 않습니다. 예수님을 보지 못한 채 그 길을 계속 걷는 것은 매우 힘든 일입니다. 그러나 이것이 믿음입니다. 믿음은 예수께서 우리의 여정에 함께 계신다는 사실을 보는 것입니다.

이 때문에 우리는 예배의 자리에 나옵니다. 교회학교와 성경 공부 그리고 매일의 경건 훈련에 자신을 드립니다. 이 모든 것은 우리와 함께 계신 예수를 보기 위함입니다. 그래서 우리는 긍휼과 배려, 돌봄으로 다른 이들에게 다가가 손을 내미는 법을 배웁니다.

이런 이유로 우리는 쟁기를 잡고, 우리에게 주어진 일을 합니다. 예수님은 여전히 일상의 평범한 길 위에 나타나시기를 기뻐하십니다. 그러므로 여러분은 그분께 시선을 고정해야 합니다. 그렇지 않으면 우리는 결코 예루살렘에 이를 수 없습니다.

27

두 마음으로는 갈 수 없는 길

누가복음 9:57-62

"손에 쟁기를 잡고 뒤를 돌아보는 자는
하나님의 나라에 합당하지 아니하니라"(62).

예수가 어떻게 생겼을까 하고 한번쯤 생각해보신 적이 있습니까? 아마 대부분은 예수의 초상화를 떠올릴 것입니다. 기독교 용품점이나 서점에서 흔히 볼 수 있는, 훤칠한 키에 잘생기고 단정한 얼굴의 예수 말입니다. 머리카락과 턱수염은 말끔히 다듬어져 있고, 흐트러짐 하나 없이 정제된 모습입니다. 마치 방금 이발소에서 머리를 손질하고 나온 사람처럼 보입니다.

우리가 익숙하게 떠올리는 이 예수의 얼굴은, 흔히 펠릭스 쏠트만 Felix Saltman이 그린 초상화로 알려져 있습니다. 그림 속 예수는 준수하고 단정하여, 누가 보아도 호감이 가는 부드러운 인상입니다. 전체적으로 조화롭고 아름다운 모습입니다.

그러나 우리는 궁금합니다. 쏠트만은 대체 어디서 이런 예수의 모습을 얻었을까요? 무엇을 근거로 이런 얼굴을 그렸을까요? 한 가지 분

하나님은 다른 길로 오신다

명한 사실은 그가 그린 예수의 모습은 결코 복음서에서 나온 것이 아니라는 점입니다. 복음서가 보여주는 예수는 멋있고 아름다운 분이 아닙니다. 복음서의 예수는 진리와 정의와 자비의 예수이지, 잘생기고 세련된 '멋쟁이 예수'가 아닙니다.

예수는 스스로를 가리켜 "내가 길이다"라고 말씀하십니다. 그러나 예수인 그 길은 아름답거나 편안한 길이 아닙니다. 그 길은 평탄한 고속도로가 아니라 자기를 부인하고 십자가를 짊어지는 길입니다. 그래서 예수는 분명히 말씀하십니다. "누구든지 나의 제자가 되려거든 자기를 부인하고 자기 십자가를 져야 한다."

예수는 또 말씀하십니다. "내가 진리다." 그러나 예수인 그 진리는 누구에게나 자명하게 받아들여지는 진리가 아닙니다. 그것은 보기 좋은 진리도, 듣기 편한 진리도 아닙니다. 예수인 그 진리는 사람을 자유롭게 하는 진리입니다. 그래서 예수는 이렇게 말씀하십니다. "너희가 내 말에 거하면 참으로 내 제자가 되고 진리를 알지니 진리가 너희를 자유롭게 하리라"(요 8:31-32).

예수는 또한 말씀하십니다. "내가 생명이다." 그러나 예수인 그 생명은 처음부터 아름답게 조화를 이루는 생명이 아닙니다. 그것은 죽음을 통과해야 하는 생명입니다. 그래서 예수는 이렇게까지 말씀하십니다. "무릇 내게 오는 자가 자기 부모와 처자와 형제와 자매와 더욱이 자기 목숨까지 미워하지 아니하면 능히 내 제자가 되지 못하고"(눅 14:26).

복음서가 보여주는 예수는, 펠릭스 쏠트만이 그린 초상화와는 전혀 다른 모습입니다. 사실 복음서는 우리가 막연히 기대하는 예수의 모습과도 다릅니다. 그 이유는 분명합니다. 우리 역시 쏠트만과 크게 다르지 않기 때문입니다.

우리 모두는 신약성경이 그려주는 예수의 초상 위에 수많은 덧칠을 하며 살아갑니다. 예수를 있는 그대로 바라보기보다 우리에게 익숙한 모습으로 바꾸어 그려놓습니다. 결국 우리는 예수를 예수의 세계 안으로 들어가 이해하기보다 예수를 우리 세계 안으로 끌어들여 이해하고 있는 것입니다.

그렇다면 우리는 신앙생활에 대해 한 번쯤 진지하게 물어야 합니다. 왜 우리는 주일마다 모이는가, 이 신앙생활은 도대체 누구를 위한 것인가? 우리가 주일마다 함께 모이는 이유는 지금까지 말한 것과 정반대 일을 하기 위함입니다.

복음서가 보여주는 예수의 모습 앞에 서서 우리가 마음속에 만들어 온 예수의 모습을 다시 재어보기 위함입니다. 복음서의 예수상을 원본으로 삼아 우리 예수상이 얼마나 왜곡되었는지를 점검하기 위함입니다.

하나님 나라 앞에서 다시 정렬되는 우선순위

오늘 본문은 제자가 되기를 원했던 세 사람을 소개합니다. 첫 번째 사람은 예수를 열정적으로 찬양하는 사람입니다. 예수께 깊은 인상을 받은 열성적인 추종자입니다. 그는 예수에게 완전히 매료되었습니다. 그래서 이렇게 말합니다. "당신이 어디로 가시든지 저는 당신을 따르겠습니다."

그러나 예수는 그의 고백을 곧이곧대로 받아들이지 않으십니다. 오히려 그 동기를 의심하시며 경고하십니다. "여우도 굴이 있고, 공중의 새도 거처가 있지만 인자는 머리 둘 곳이 없다." 다른 말로 하면 이런 뜻입니다. "너는 지금 네가 무슨 말을 하고 있는지 알고 있느냐. 너는 지금 아무 생각 없이 감정에 취해 말하고 있지 않느냐."

마른 나무토막을 물속에 넣었다가 꺼내 보십시오. 여전히 젖은 나무토막일 뿐 아무 변화가 없습니다. 그러나 시뻘겋게 달군 쇳조각을 물

하나님은 다른 길로 오신다

속에 넣었다가 꺼내보십시오. 무엇이 나옵니까? 더 단단해진 강철입니다. 말하자면 예수께서는 이 사람의 말을 물속에 넣어보신 것입니다. 지금 자기 앞에 있는 것이 나무인지, 쇠인지 확인하기 위함입니다. 말이 숯으로 남을지, 강철로 남을지 보신 것입니다.

바로 앞선 누가복음 9장 22절에서 예수께서는 이미 이렇게 말씀하셨습니다. "인자가 많은 고난을 받고 장로들과 대제사장들과 서기관들에게 버린 바 되어 죽임을 당하고 제삼일에 살아나야 하리라."

예수께서는 실제로 이렇게 묻고 계신 것입니다. "그렇다면 너는 기꺼이 그런 지도자를 따르겠느냐? 고난과 배척이 예정된 길을 가는 이를, 정말로 따르겠다는 말이냐?" 이것이 예수께서 그 사람에게 하신 대답의 의미입니다.

예수는 자기를 찬양하고 감탄하는 그 사람에게, 예수와 함께하는 삶이 무엇을 의미하는지를 분명히 보여주십니다. 그리고 이렇게 묻고 계십니다. 너는 정말로 내가 걷는 이 길을 함께 걷겠느냐? 너는 나와 함께 미래를 나눌 각오가 되어 있느냐?

제자가 되기를 원했던 두 번째 사람에게는 예수께서 먼저 말씀하십니다. "나를 따르라." 그러자 그 사람이 대답합니다. "나로 먼저 가서 내 아버지를 장사하게 허락하옵소서"(9:59). 그때 예수께서 이렇게 말씀하십니다. "죽은 자들로 자기의 죽은 자들을 장사하게 하고 너는 가서 하나님의 나라를 전파하라"(60).

이 말씀은 겉으로 들으면 매우 냉정하고 무정하게 느껴집니다. 어떻게 자기 아버지의 장례식에 참석하지 말라고 할 수 있단 말입니까? 그러나 이 말씀에는 그 이상이 담겨 있습니다. 예수께서 이 사람에게 단순히 "장례식에 가지 말라"고 말씀하신 것은 아닙니다. 이 두 번째 사람은 며칠만 시간을 달라고 요청한 것이 아니었습니다. 하루나 이틀 정도

다녀오겠다는 뜻도 아니었습니다.

"아버지를 장사하게 해달라"는 말은, 유대 사회의 언어와 관습을 모르면 오해하기 쉬운 표현입니다. 이 말은 단순한 장례 참석이 아니라 아들로서 부모가 세상을 떠날 때까지 집에 머물며 그들을 봉양하겠다는 뜻입니다.

중동 문화 연구의 권위자인 케네스 베일리는 이 표현이 오늘날에도 중동 지역에서 여전히 사용된다고 설명합니다. 예를 들어 어떤 사람이 시골을 떠나 도시로 이주하려 할 때 주변 사람들은 이렇게 말합니다. "그런데 너는 먼저 네 아버지를 장사해야 하지 않니?" 이 말의 뜻은 분명합니다. "너에게는 부모가 돌아가실 때까지 곁에서 돌보아야 할 의무가 있는데 어떻게 그 책임을 두고 떠날 수 있느냐?"라는 의미입니다.

그러므로 이 두 번째 사람은 예수께 단순한 시간 조정을 요청한 것이 아닙니다. 그가 따르고 살아온 전통과 관습에 따르면 그는 부모가 세상을 떠날 때까지 집에 남아 있어야 합니다. 그 이후에야 비로소 다른 삶을 선택할 수 있습니다.

이 사람이 예수께 말하고 있는 진짜 메시지는 이것입니다. "주님, 제 가족과 동네, 사회가 저에게 요구하는 것이 있습니다. 이 요구는 협상의 대상이 아닙니다. 반드시 지켜야 할 의무입니다. 만일 제가 이것을 어기면 저는 호적에서 제외될 것이고, 가족에게 미움을 받을 것이며, 공동체에서는 사람 취급조차 받지 못할 것입니다. 그러니 주님, 당신도 제가 그런 사람이 되기를 원하시지는 않으시겠지요. 이것은 오랜 전통이고, 존중받아 온 질서입니다. 그 전통을 거스르는 행동을 하라고 하시지는 않겠지요. 어떻게 제가 도덕적 오점을 남긴 상태에서 당신을 따를 수 있겠습니까. 주님, 그렇지 않습니까?"

그때 예수께서 단호하게 말씀하십니다. "그렇지 않다. 나는 네가 바

하나님은 다른 길로 오신다

로 그 행동을 하기를 기대한다. 네가 떠난 자리는 서로 돌보게 내버려두어라. 그리고 너는 가서 하나님의 나라를 선포하라."

허락을 기다리는 신앙은 제자도가 아니다

예수의 제자가 되겠다고 자원한 세 번째 사람이 있습니다. 그가 예수께 나아와 말합니다. "주님, 내가 당신을 따르겠습니다. 다만 먼저 집안 식구들에게 작별 인사를 하도록 허락해주십시오." 우리에게는 단순한 요청처럼 들립니다. "아버지, 어머니, 안녕히 계십시오. 저는 떠납니다." 이 정도의 인사만 하고 오겠다는 말처럼 보입니다.

그러나 고대 중동 사회의 가족 구조와 관습을 어느 정도 알고 있다면 이 말이 그렇게 단순하지 않다는 사실을 알게 됩니다. 당시의 가족 질서는 매우 엄격했습니다. 아버지의 공식적인 허락 없이 집을 떠난다는 것은 거의 불가능했습니다. 아버지는 가정의 가장으로서 가족의 생계를 책임지는 존재였습니다. 그를 떠난다는 것은 경제적·사회적 안전망을 포기한다는 뜻이었습니다.

그러므로 이 사람이 예수께 실질적으로 말하고 있는 것은 이것입니다. "주님을 따르고 싶습니다. 그러나 제가 떠날지 말지에 대한 최종 결정권은 제게 있지 않습니다. 아버지의 허락을 먼저 받아야 합니다."

이에 대해 예수께서 말씀하십니다. "쟁기를 잡고 뒤를 돌아보는 자는 하나님의 나라에 합당하지 않다." 쟁기질은 결코 쉬운 일이 아닙니다. 쟁기를 왼손으로 잡고, 오른손으로 소를 몰며, 균형을 유지한 채 앞을 바라보고 곧게 밭을 갈아야 합니다. 상당한 집중력이 필요합니다. 쟁기를 쥔 채 자꾸 뒤를 기웃거리면, 밭고랑은 곧게 뻗지 못하고 갈지(之)자로 비뚤어지고 맙니다. 한눈을 팔다가 쟁기가 돌부리에 걸려 망가질 수도 있습니다. 수로를 건드려 물길을 망칠 수도 있습니다. 쟁기질하는 사람은 오직 앞을 바라보아야 합니다. 두 방향을 동시에 볼 수는 없습니다. 한 방향에 집중하고, 그리로만 나아가야 합니다.

예수께서는 자신을 따르는 자는 쟁기질하는 사람과 같아야 한다고 말씀하십니다. 뒤를 돌아보아서는 안 된다고, 남겨둔 가족을 향해 미련을 붙들고 있어서는 안 된다고, 오직 하나님의 나라에 눈을 고정해야 한다고 하십니다.

그렇습니다. 다른 일에 마음을 빼앗겨 자꾸 뒤를 돌아본다면, 예수님을 따르는 일이 그저 삶의 일부에 불과하다면, 그는 결단코 하나님 나라를 섬기기에 합당치 않습니다. 예수께서 세 번째 사람에게 요구하신 것은 일편단심의 헌신입니다. 전적인 충성입니다.

사무엘하 15장에 나오는 잇대의 이야기를 떠올려보십시오. 다윗왕이 압살롬의 반역으로 예루살렘을 떠나 피난길에 오를 때 가드 사람 잇대가 그를 따랐습니다. 다윗은 오히려 그에게 돌아가라고 말합니다. "너는 외국인이 아니냐. 어디로 가야 할지도 모르는 나를 따라 무엇하러 가겠느냐. 돌아가라."

그러나 잇대는 이렇게 고백합니다. "하나님의 살아 계심과 왕의 살아 계심을 두고 맹세합니다. 왕이 어느 곳에 계시든지, 그것이 생명이든 죽음이든 저는 왕과 함께 있겠습니다."

예수께서는 바로 이런 헌신을 요구하십니다. 예수를 따르는 길을 하나의 은유로 생각해보십시오. 수면 아래 흐르는 강한 역류를 떠올려보십시오. 제자의 길은 수면 아래의 깊은 해류와 같습니다. 해변을 향해 밀려오는 파도와는 반대 방향으로 흐르는 물살과 같습니다.

세상이 우리에게 제시하는 삶은 파도와 같습니다. 부풀어 오르고 요란하게 부딪히다가 결국 해변에서 부서집니다. 또다시 밀려왔다가,

하나님은 다른 길로 오신다

또다시 부서집니다. 수면 위의 삶은 거품처럼 요란하지만 오래 가지 못합니다.

그러나 바다 밑의 해류에는 거품이 없습니다. 요란함도 없습니다. 그 힘은 깊고 강합니다. 파도의 방향과는 반대로, 넓은 바다를 향해 묵묵히 흐릅니다. 예수를 따르는 사람은 그 깊은 해류에 자신을 맡깁니다. 삶의 깊은 리듬에 맞추어 살아갑니다. 그래서 표면의 물살과 끊임없이 싸웁니다. 눈에 보이는 흐름을 거슬러 갑니다. 수면 아래 도도하게 흐르는 역류(逆流)의 모습은 예수를 따르는 자들이 무엇에 맞서 싸우며 살아가는지를 분명하게 보여줍니다.

감정이 아니라 결단이다

예수와 제자들이 길을 가는 동안, 세 사람이 차례로 예수께 나아왔습니다. 예수께서는 그들 각자에게 서로 다른 말씀을 하셨습니다. 그러나 핵심은 하나였습니다.

"어디로 가시든지 저는 따르겠습니다"라고 장담한 사람에게 예수는 이렇게 묻고 계십니다. '제자가 된다는 것이 무엇인지, 깊이 생각해 보았느냐? 지금 나는 예루살렘으로 올라가고 있다. 그곳에서 고난을 받고 배척을 당할 것이다. 그 길을 너도 함께 걸어가겠다는 말이냐?' 감정이 아니라 결단으로 따르라는 경고입니다.

"먼저 가서 내 아버지를 장사하게 해 주십시오"라고 한 사람에게는 이렇게 말씀하십니다. "세상의 편안한 전통과 관습을 나보다 앞세운다면 너는 내게 합당치 않다. 하지만 나를 그 어떤 가치보다 절대적으로 높이 둔다면, 당장 일어나 하나님 나라를 선포하라." 우선순위의 문제를 분명히 하라는 요청입니다.

"먼저 집안 식구들에게 작별 인사를 하고 오겠습니다"라고 한 사람에게는 이렇게 말씀하십니다. '나와 다른 것 사이에서 머뭇거린다면 두 마음을 품고 갈팡질팡한다면 너는 하나님의 나라에 합당하지 않다. 쟁기를 잡고 뒤를 돌아보면 밭고랑은 곧게 나지 않는다. 제자의 길은 일편단심의 길이다.'

오늘도 예수님은 우리 각 사람에게도 같은 부르심을 하십니다.

"오라, 나를 따르라."

그러나 우리가 그 부르심에 응답하기 전에, 분명히 알아야 할 사실이 있습니다.

예수는 꾸물거림을 허용하지 않으십니다.

뒤를 돌아보는 태도를 허용하지 않으십니다.

두 마음을 품는 신앙을 허용하지 않으십니다.

그분이 요구하시는 것은 오직 일편단심의 충성입니다.

하나님은 다른 길로 오신다

28

복음은 비상선언이다

누가복음 10:1-20

*"귀신들이 너희에게 항복하는 것으로 기뻐하지 말고
너희 이름이 하늘에 기록된 것으로 기뻐하라"(20).*

1517년 10월 31일, 하나님께서는 마르틴 루터라는 종을 통해 교회를 깨우는 나팔을 불게 하셨습니다. 신앙의 회복과 교회의 갱신이라는 횃불이 타오르기 시작했습니다. 독일의 작은 도시 비텐베르크 성당 문에 95개 조항의 반박문이 게시되면서 시작된 일이었지만 그 불꽃은 곧 유럽 전역으로 번져갔습니다.

종교개혁은 몇 가지 중요한 신앙 유산을 남겼습니다. 16세기 종교개혁의 핵심은 다섯 가지 "오직"으로 요약됩니다.

첫째, 오직 믿음으로만sola fide.

둘째, 오직 은혜로만sola gratia.

셋째, 오직 그리스도로만solus Christus.

넷째, 오직 성경으로만sola scriptura.

다섯째, 오직 하나님의 영광을 위하여soli Deo gloria.

각 구호는 그 자체로 한 편의 설교가 필요할 만큼 깊은 의미를 담고 있습니다. 여기서는 종교개혁과 깊이 연결된 한 가지 주제, 곧 "복음의 긴박성"에 대해 말씀드리고자 합니다.

상처 주지 않으려다 잃어버린 복음의 긴박성

최근 한 천주교 신학자들의 모임에서 이런 주제를 놓고 토론이 있었습니다.

"예수 그리스도는 구원의 유일한 중보자인가? 그리스도는 하나님과 인간 사이의 유일한 중보자(딤전 2:5)인가? 구원을 얻을 수 있는 다른 이름이 존재하는가?"

다섯 명의 패널 가운데 단 한 사람만이 예수 그리스도가 유일한 중보자라고 답했습니다. 나머지 네 사람은 그렇지 않다고 말했습니다. 그들은 다른 종교를 가진 이들의 마음을 상하게 하고 싶지 않다고 했습니다.

그들의 논리는 이렇습니다. 예수 그리스도만이 하나님과 인간 사이의 유일한 중보자라고 말하는 것은, 부처나 무함마드와 같은 종교 창시자들에게는 구원하는 역할이 없다고 단정하는 셈이라는 것입니다. 그렇게 말하는 것은 그들이 속한 신앙 공동체에 불을 지르는 것과 다르지 않다고 주장했습니다.

오늘날 많은 신학자들이 비슷하게 생각합니다. 적지 않은 신자들 또한 그렇게 받아들입니다. 우리는 이른바 종교다원주의 시대에 살고 있습니다. 다양한 종교가 어우러진 세상에서 홀로 배타적인 목소리를 내는 것을 몹시 꺼립니다.

그 결과, 복음의 긴박성은 점점 희미해지고 있습니다. 죽어가는 영혼에게 반드시 전해야 할 비상한 구원의 소식이라는 의식이 옅어지는

하나님은 다른 길로 오신다

것입니다. 누구도 복음이 비상한 선포여야 한다고 진지하게 말하지 않는 듯합니다.

이러한 이유로 누가복음 10장이 주는 메시지는 큽니다. 누가복음 어디에서도 복음의 긴박성을 이처럼 강하게 드러내는 장은 많지 않습니다. 칠십 인을 파송하시는 장면은, 복음이 얼마나 긴급한 소식인지를 분명히 보여줍니다.

늑대들 가운데로 보내심: 하나님 나라의 전위대

"그 후에 주께서 따로 칠십 인을 세우사…"(10:1). 이 칠십 인은 예수께서 누구이신지 그리고 그분이 다스리시는 나라가 어떤 나라인지를 알리는 나팔수들입니다. 그들은 하나님 나라가 도래했음을 알리기 위해 먼저 달려 나가는 선두주자들입니다. 그들이 가서 외칩니다. "하나님의 나라가 가까이 왔다! 예수는 그 나라의 왕이시다! 그분의 다스림에 복종하라!"

그러나 이 메시지를 선포하는 일은 결코 안전하지 않습니다. 강한 저항이 일어날 것입니다. 반대 세력은 결집할 것입니다. 갈등과 충돌, 대치 상황이 벌어질 것입니다.

여기서 우리는 근본적인 질문을 만납니다. 누가 우리를 다스리는가 하는 문제입니다. 자신이 스스로의 주인입니까? 다른 무엇이 우리의 주인입니까? 아니면 예수 그리스도가 우리 삶의 주인이십니까?

결국 핵심은 내 삶의 운전대를 누구에게 맡길 것인가 하는 문제입니다. 내가 쥐고 있던 통제권을 내려놓고, 그리스도께서 이끄시도록 온전히 자리를 내어드려야 합니다. 다시 말해 우리의 거대한 자아를 그리스도께 맡기는 일입니다. 우리 안에는 너무 많은 "나"가 있습니다. 우리

3부. 길 위에서 결단하다

삶의 중심 자리에 앉으려는 작은 왕들이 너무 많습니다. 그렇기 때문에 "하나님의 나라가 가까이 왔다!", "예수는 왕이시다!", "그분의 다스림에 복종하라!"는 외침은 언제나 위험을 동반합니다.

그래서 예수께서는 칠십 인에게 경고하십니다. "너희가 감당할 사명은 가볍지 않다. 심심풀이 여행이 아니다. 내가 너희를 보내는 것은 늑대들 가운데로 어린양을 보내는 것과 같다. 최전선에 투입된 병사와 같다." 이 말씀이 우리에게도 따라붙기를 바랍니다. 예배를 마치고 돌아가는 순간부터 잠들 때도, 걸을 때도, 식사할 때도 그렇게 되길 바랍니다. "갈지어다 내가 너희를 보냄이 어린양을 이리 가운데로 보냄과 같도다"(10:3).

이제 질문은 분명해집니다. 여러분은 이 부르심 앞에서 끝까지 붙어 있을 것입니까 아니면 중도에 물러설 것입니까? 여러분의 믿음은 견딜 수 있습니까 아니면 굴복할 것입니까? 그리스도를 위해 고난을 감수할 것입니까 아니면 카멜레온처럼 주변과 구별되지 않는 존재가 될 것입니까? 히브리서의 표현을 빌리자면 빛을 받고, 성령을 맛보고, 하나님의 말씀으로 양육되었으면서도 결국 떨어져 나가 그리스도를 다시 십자가에 못 박는 자가 될 것입니까?

이 질문들은 결코 유쾌하지 않습니다. 그러나 우리는 진지하게 생각해야 합니다. 현실에서도 수많은 양이 무리를 이탈해 이리 떼의 잔혹한 먹잇감이 되고 맙니다. "이리 가운데로 어린 양을 보냄과 같다"는 주님의 말씀은 결코 단순한 비유나 과장이 아닙니다.

그러나 누가 늑대 사이의 어린양이 되고 싶겠습니까? 늑대의 울음소리를 흉내 내면 살아남을 수 있을 것 같지 않습니까? 세상에서 성공적으로 살아남는 방법은 결국 섞이는 것 아니겠습니까? 역사를 돌아보면 많은 크리스천이 바로 그 길을 선택해왔습니다. "늑대 사이에 섞여 살아라.

하나님은 다른 길로 오신다

그것이 생존의 지혜다." 세상이 우리에게 속삭이는 말입니다.

어린양으로 남는 일은 쉽지 않습니다. 거룩하지 않은 사회 속에서 거룩하게 사는 일은 쉽지 않습니다. 신실하지 않은 세대 속에서 신실하게 사는 일은 쉽지 않습니다. 그럼에도 양은 양으로 남아 있어야 합니다.

표적은 예고편이다: 도래할 왕국의 시사회

무엇이 우리의 사명입니까? 우리에게 위탁된 임무는 무엇입니까? 임명받은 칠십 명이 해야 할 일은 2가지입니다.

첫째, 그들이 어느 집에 들어가든지 "샬롬", 곧 평화와 안녕을 선포해야 합니다. 둘째, 병든 사람을 고쳐야 합니다. 그리고 그들에게 "하나님의 나라가 가까이 왔습니다!"라고 선언해야 합니다.

칠십 명은 예수님의 권위를 위임받아 나아갑니다. 그들은 단순한 방문객이 아니라 전령입니다. 전령으로서 그들은 외쳐야 합니다. "예수께서 오십니다! 그분을 맞을 준비를 하십시오! 그분을 영접할 준비를 하십시오!"

그들이 병든 사람을 고치는 이유도 여기에 있습니다. 그것은 단지 자비의 행위가 아니라 표적이자 시사회입니다. 그들은 치유를 통해 이렇게 말해야 합니다. "이것은 장차 올 나라의 예고편일 뿐입니다. 진짜를 보게 될 날을 기다리십시오. 만물이 예수의 발아래 복종하게 될 그날을 기다리십시오. 그분이 왕으로서 만유를 다스리실 날이 반드시 도래할 것입니다." 그리고 덧붙여 외쳐야 합니다. "오랜 후에 다윗의 글에 다시 어느 날을 정하여 오늘이라고 미리 이같이 일렀으되 오늘 너희가 그의 음성을 듣거든 너희 마음을 완고하게 하지 말라"(히 4:7).

이것이 칠십 인에게 주어진 사명입니다. 곧 예수라는 이름이 결코 가벼운 선택 사항이 아니라 긴급한 문제임을 선포하는 일입니다. 우리는 이렇게 외쳐야 합니다. "하나님 나라가 예수를 통해 가까이 왔습니다. 왕이신 예수께서 어느 순간에라도 도착하실 수 있습니다. 만일 그분의 통치를 거절한다면 두로와 시돈 같은 이방 도시들이 심판 날에 오히려 더 견디기 쉬울 것입니다."

이제 13절에서 15절을 보십시오. "화 있을진저 고라신아, 화 있을진저 벳새다야, 너희에게 행한 모든 권능을 두로와 시돈에서 행하였더라면 그들이 벌써 베옷을 입고 재에 앉아 회개하였으리라 심판 때에 두로와 시돈이 너희보다 견디기 쉬우리라 가버나움아 네가 하늘에까지 높아지겠느냐 음부에까지 낮아지리라."

이 말씀은 삼키기 어려운 약과 같습니다. 선언하기에 부담스럽고 듣기에도 거북합니다. 우리는 오랫동안 '사랑의 하나님'에 대해서만 들어왔기 때문입니다. 하나님은 사랑하시고 용서하시는 분이라고 귀가 닳도록 배워왔습니다. 그래서 이런 심판과 저주의 선언 앞에서 당황합니다. 예수께서 이런 말씀은 하지 않으셨으면 좋겠다고 생각하기도 합니다. 마치 이런 구절은 신약과 어울리지 않는다고 느끼기 때문입니다.

어떤 이들은 이렇게 말합니다. "진노와 심판은 구약의 하나님께 속한 것이고, 사랑과 용서는 신약의 하나님께 속한 것이다. 신약의 하나님은 심판하지 않으신다." 그러나 이것이야말로 하나님에 대한 가장 뿌리 깊은 오해 가운데 하나입니다. 이러한 왜곡된 신관 때문에 복음의 긴박성과 비상성이 희미해진 것입니다.

만일 하나님께서 모든 사람을 자동적으로 사랑하시고, 아무 조건 없이 모두를 용서하시며, 아무런 회개나 순종도 요구하지 않으신다면, 굳이 사람들에게 그리스도께 복종하라고 그토록 절박하게 외칠 이유가 어디 있겠습니까? 그렇다면 복음은 긴급한 소식이 아니라 단지 선택 가

하나님은 다른 길로 오신다

능한 제안에 불과하지 않겠습니까?

진노 속에 숨은 하나님의 사랑

예수께서 내뱉으신 저주의 말씀을 우리는 가볍게 넘겨서는 안 됩니다. 그것을 우리의 의식 속에 분명히 새겨야 할 이유가 있습니다. 예수께서 지금 무엇을 말씀하고 계십니까? 그 핵심은 이것입니다. 하나님의 진노는 그분의 사랑과 분리된 또 하나의 속성이 아니라 사랑의 또 다른 면이라는 사실입니다. 회개하고 복음을 받아들이라는 간절한 부르심을 걷어차는 순간, 우리는 스스로 하나님의 준엄한 진노를 불러들이는 셈입니다. 하나님의 분노는 상처 입은 사랑이며, 거절당한 사랑이기 때문입니다.

그렇다면 고라신과 벳새다 사람들은 도대체 무엇을 했기에 이런 선언을 듣게 되었습니까? 그들이 무슨 극악한 범죄를 저질렀기 때문입니까? 대답은 단순합니다. 회개하지 않았기 때문입니다. 복음을 믿지 않았기 때문입니다.

만일 우리가 그들과 같은 태도를 취한다면 다시 말해 회개하라는 그리스도의 부르심을 거절한다면 하나님은 우리에게서 그분의 손을 거두실 것입니다. 우리를 우리 마음대로 내버려두실 것입니다. 그러나 그것보다 더 불행한 일은 없습니다.

하나님의 분노는 이렇게 말씀하시는 것입니다. "좋다. 네가 원하는 대로 살아보아라. 네 뜻대로 해보아라. 어디까지 가는지 보자." 하나님의 진노는 우리를 강제로 꺾는 것이 아니라 우리 마음대로 하도록 허락하시는 것입니다.

예수 그리스도를 우리 삶의 주님으로 받아들이기를 거절하고, 그분의 권위에 머리 숙이기를 거부하는 그 순간 하나님의 진노는 작동합니다. 바로 그때, 우리는 하나님의 거룩한 분노를 향해 스스로 방아쇠를 당기는 셈입니다.

그러나 여기서 반드시 기억해야 할 사실이 있습니다. 하나님의 분노는 언제나 하나님 사랑의 이면입니다. 사랑과 진노는 서로 떨어진 두 실체가 아닙니다. 동전의 한 면만 따로 존재할 수 없는 것처럼 하나님의 사랑을 떠난 진노도 존재하지 않습니다. 하나님의 진노는 결코 사랑을 벗어나 독립적으로 움직이지 않습니다.

하나님의 진노는 결코 우리를 파멸시키려는 것이 아닙니다. 도리어 방황하는 우리를 다시금 당신의 따뜻한 품으로 돌이키기 위한 채찍입니다. 이렇게 말해도 좋겠습니다. 하나님의 진노는 두려움의 옷을 입고 다가오는 하나님의 사랑입니다. 하나님의 분노는 우리 귀에 대고 "돌아서라, 방향을 바꾸라"라고 외치는 하나님의 절규입니다.

성과가 아니라 시민권: 제자의 참된 기쁨

이제 17절을 보십시오. "칠십 인이 기뻐하며 돌아와 이르되 주여 주의 이름이면 귀신들도 우리에게 항복하더이다." 그들의 보고는 이런 의미입니다. "우리가 가는 곳마다 귀신들이 물러났습니다. 당신의 이름으로 말하고 병자를 고칠 때마다 어둠의 세력이 패배했습니다. 당신의 이름의 권세가 분명히 드러났습니다."

그 보고를 들으신 예수께서는 곧바로 경고의 말씀을 덧붙이십니다. "예수께서 이르시되 사탄이 하늘로부터 번개같이 떨어지는 것을 내가 보았노라"(18). 이 말씀의 뜻은 분명합니다. "너희가 무엇을 이룬 것처럼 생각하지 말라. 너희가 한 일은 이미 이루어진 승리를 확인한 것에 불과하다. 병이 고쳐진 것도, 귀신이 물러간 것도, 너희의 능력이 아니라 내가 이미 어둠의 권세를 꺾었기 때문이다. 사탄은 이미 하늘에서 떨어졌다. 나는 이미 그 세력을 무너뜨렸다."

마르틴 루터는 이 진리를 그의 찬송 속에 담아 노래했습니다. "이 땅에 마귀 들끓어 우리를 삼키려 하나 우리는 두려워하지 않는다. 그들은 우리를 이기지 못한다. 말씀 하나만으로도 그들을 굴복시킨다"(찬송 384장 3절 참고). 이 고백은 단순한 용기가 아닙니다. 이미 결정된 승리에 대한 확신입니다.

예수께서 "사탄이 하늘에서 번개처럼 떨어지는 것을 보았다"고 하신 말씀은, 칠십 인의 사역이 사탄과의 전쟁을 시작한 것이 아니라 이미 끝난 전쟁의 열매였음을 의미합니다. 사탄은 더 이상 하나님 앞에서 택하신 자들을 고발할 수 없습니다. 그 권세는 꺾였습니다. 그래서 예수께서는 이렇게 말씀하십니다. "영들이 너희에게 복종하는 것으로 기뻐하지 말고, 너희 이름이 하늘에 기록된 것으로 기뻐하라"(20절). 능력보다 신분을 기뻐하라는 것입니다. 사역의 성과보다 시민권을 기뻐하라는 것입니다.

이 말은 곧 이런 뜻입니다. "우리는 하나님께 거절된 존재가 아니다. 우리는 하나님의 자녀다. 우리의 이름은 하늘에 기록되어 있다. 우리에게는 하늘의 시민권이 있다. 우리에게는 영원한 거주지가 있다."

하나님의 백성을 고발하는 자는 이미 하늘에서 땅으로 떨어져 심한 상처를 입고 재기 불능 상태가 된 것입니다. 하나님과 우리 사이를 가로막는 것은 아무것도 없습니다. 우리를 하나님의 사랑에서 끊을 것은 아무것도 없습니다. 이것이야말로 가장 위대한 기적입니다. 귀신이 물러가는 것보다 더 큰 기적은 죄인이 하나님의 자녀로 받아들여졌다는 사실입니다. 이것이 우리를 끝까지 붙들어주는 위로입니다.

29

이웃을 묻지 말고, 이웃이 되라

누가복음 10:29-37

"네 생각에는 이 세 사람 중에 누가 강도 만난 자의 이웃이 되겠느냐 이르되
자비를 베푼 자니이다
예수께서 이르시되 가서 너도 이와 같이 하라 하시니라"(36-37).

지역 교회의 목회자이자 신학교 교수로 살아가면서 나는 '환대'(歡待, hospitality)라는 단어 앞에서 자주 멈칫하곤 합니다. 직분상 늘 사람들을 기쁘게 맞이해야 한다는 윤리적 책임감을 느끼지만, 아이러니하게도 그 직함 덕분에 감당하기 벅찰 만큼 과분한 환대를 받기도 합니다. 환대는 베푸는 쪽에서도, 받는 쪽에서도 결코 가벼운 일이 아닙니다.

교인들은 내가 담임목사라는 이유만으로 나를 환대합니다. 나 역시 그 마음에 응답하려 애씁니다. 학교에서도 다양한 사람을 만납니다. 반가운 이들과의 대화는 시간 가는 줄 모르게 이어집니다. 차를 내어드리고, 세상 이야기를 나누며, 함께 웃습니다. 그러나 모든 만남이 그런 것은 아닙니다. 별다른 의미 없는 이야기로 시간을 채우는 이들도 있고, 개인적 이익이나 청탁을 품고 찾아오는 경우도 있습니다. 나는 가능한 한 누구에게나 편안한 만남이 되도록 노력하지만 환대가 언제나 성

공하는 것은 아닙니다. 결국 나는 인정하게 됩니다. 내가 환대하고 싶은 사람에게는 자연스럽지만 환대하고 싶지 않은 사람에게까지 마음을 여는 일은 쉽지 않다는 사실을 말입니다.

환대를 받는 일도 만만치 않습니다. 단지 익숙하지 않아서 어색한 것이 아닙니다. 환대를 받는 순간 우리는 빚을 지는 느낌을 갖습니다. 언젠가 돌려주어야 한다는 부담이 따라옵니다. 주는 자와 받는 자 사이에 보이지 않는 기울기가 생깁니다. "주는 것이 받는 것보다 복이 있다"는 말씀은 받는 자를 은근히 낮은 자리에 서게 만듭니다. 환대를 베푸는 사람은 자신도 모르게 관계 속에서 일종의 힘을 쥐고 있다는 유혹에 빠질 수도 있습니다. 그래서 환대는 단순한 예의가 아니라 관계의 구조를 바꾸는 힘을 가진 행위입니다.

낯선 이를 향해 문을 여는 용기

그렇다면 환대란 무엇입니까? 문자 그대로는 환영하여 받아들이는 일입니다. 그러나 교회 예배 중에 "환영합니다"라고 인사하는 것 이상입니다. 식사를 함께 나누는 것 이상입니다. 환대는 일회성 친절을 넘어 꾸준히 길러내야 할 신앙적 덕목입니다. 환대는 본질적으로 낯선 자를 향해 문을 여는 일입니다. 나와 비슷한 사람, 이미 익숙한 사람을 편안히 대하는 것이 아닙니다. 성경이 말하는 환대는 이방인과 나그네를 향한 지속적인 관심이며 낯선 이를 향한 꾸준한 친절입니다. 그 지점에서 환대는 부담이 되기도 하고, 동시에 놀라운 가능성을 품게 됩니다.

본문을 보면 우리가 가장 주목해야 할 인물은 사실 말 한마디 하지 않는 사람입니다. 이름도 없고, 직업도 알 수 없습니다. "어떤 사람이 예루살렘에서 여리고로 내려가다가 강도를 만나매…"(30). 이것이 전부입니다. 대부분의 설교는 제사장과 레위인 그리고 선한 사마리아인에게 집중합니다. 재치 있는 설교자들은 심지어 나귀까지 해석의 무대에 올리곤 합니다. 그러나 정작 관심을 받아야 할 이는 길 위에 쓰러진 이 무명의 사람입니다.

사람들은 제사장과 레위인의 위선을 쉽게 비판합니다. 그들이 돌아가 회의를 열어 안전 대책을 논의했을 것이라 상상하기도 합니다. 당시 율법을 고려하면 제사장이나 레위인의 행동도 이해할 여지는 있습니다. 시신을 만지면 일정 기간 부정해져 성전 직무를 수행할 수 없었기 때문입니다. 그들은 종교 제도의 틀 안에 갇혀 있던 사람들이었을지도 모릅니다. 그들의 외면은 단순한 냉혹함만으로 설명되지는 않습니다.

그럼에도 본문은 주저하지 않고 사마리아인을 칭찬합니다. 그는 사회적으로 배척받던 사람이었습니다. 상처를 안고 살아가던 이였습니다. 그러나 그는 멈추었고, 가까이 다가갔으며, 돌보았습니다. 사회적 특권을 누리던 이들보다 더 깊은 긍휼을 보여주었습니다. 젊은 율법 교사는 그를 "자비를 베푼 자"(37)라고 인정합니다. 그리고 예수는 우리 모두를 향해 말씀하십니다. "가서 너도 이와 같이 하라."

환대는 결국 감정이 아니라 선택입니다. 편한 사람을 맞이하는 일이 아니라 불편한 타인을 향해 걸어가는 결단입니다. 쓰러진 '어떤 사람'을 외면하지 않는 태도, 그것이 성경이 말하는 환대입니다.

정의(正義)가 아니라 자비(慈悲)를 베풀라

여기서 나는 '자비'mercy라는 단어를 매우 조심스럽게 사용하고자 합니다. 구약의 언어로 옮기면 그것은 '긍휼'(םחר, 레헴)입니다. 이 단어는 단순히 불쌍히 여긴다는 뜻이 아닙니다. 어원적으로는 창자가 끊어지는

하나님은 다른 길로 오신다

듯한 고통, 뱃속 깊은 곳에서 솟구치는 애끓는 슬픔을 가리킵니다. 비참한 지경에 놓인 자식을 보며 창자가 끊어지듯 아파하는 어미의 심정, 그를 위해서라면 무엇이든 희생하려는 결연한 태도가 바로 긍휼입니다. 그러므로 본문에서 말하는 자비는 계산 없는 친절이며, 보상을 기대하지 않는 헌신이며, 자격 없는 자에게 주어지는 선물입니다.

형법에서 재판장이 자비를 베푼다고 할 때 그것은 정의가 요구하는 형량을 그대로 집행하는 행위가 아닙니다. 정의의 엄중함 앞에서 아무런 변명도 내세울 수 없는 이에게 예상과 다른 방향으로 손을 내미는 행위입니다. 자비는 정의를 부정하는 것이 아니라 정의가 요구하는 최소치를 넘어서는 것입니다. 자비는 의무가 아니라 초과입니다. 자비는 권리가 아니라 선물입니다.

사마리아인을 '선하다'고 부르는 이유도 여기에 있습니다. 그는 외국인이었고, 유대인과 적대적 역사를 가진 집단에 속한 사람이었습니다. 엄격한 정의를 적용한다면 그는 원수 하나를 덜어내는 편이 더 합리적이었을지도 모릅니다. 유대인이 사마리아인을 도왔을 가능성은 거의 없었기 때문입니다. 그러나 그는 보복하지 않았고 무관심으로 돌아서지도 않았습니다. 그는 정의의 최소선을 지킨 것이 아니라 자비의 최대선을 선택했습니다.

엄격한 정의는 정글의 법칙과 닮아 있습니다. 강자가 약자를 힘으로 누르고, 약자는 훗날 힘을 키워 앙갚음하는 구조입니다. 그러나 사마리아인의 선택은 그런 질서를 거스르는 것이었습니다. 그는 자기 집단의 역사적 감정이나 이해관계를 기준으로 행동하지 않았습니다. 그는 보편적 인간성 앞에서 움직였습니다. 그는 정의를 집행한 것이 아니라 자비를 베풀었습니다.

앞서 말했듯, 환대는 단순한 자선의 실천이 아니라 힘의 행사입니다. 손님은 그를 맞아들이는 주인의 손안에 있고, 피해자는 그를 구해주는 사람의 판단과 선택에 달려 있습니다. 사마리아인은 사회적으로는 변두리에 서 있던 사람이었을지 모릅니다. 그러나 그 순간만큼은 여리고 길에 쓰러진 한 인간의 생사를 쥐고 있는 위치에 있었습니다. 그 관계는 결코 동등하지 않았습니다. 오히려 일상의 사회적 질서가 뒤집힌 장면이었습니다.

예수께서는 강도 만난 자의 신분을 명시하지 않으셨지만 우리는 그가 유대인이었을 가능성을 충분히 짐작할 수 있습니다. 그렇지 않다면 사마리아인의 행동이 이토록 급진적으로 들리지 않았을 것입니다. 이 이야기를 우리의 맥락으로 옮겨 본다면 역사적 갈등의 상징적 공간에서 '착한 일본인'을 말하는 것과 비슷할 것입니다. 혹은 지역적 감정이 여전히 남아 있는 자리에서 부산에서 '착한 광주 사람'이나, 혹은 광주에서 '착한 부산 사람'을 이야기하는 경우와도 같을 것입니다. 그런 긴장 위에서 이 비유는 서 있습니다.

혁명은 복수가 아니라 자비에서 시작된다

세상에서 환대는 흔히 여유 있는 자가 부족한 자에게 베푸는 시혜로 통합니다. 그 과정에서 베푸는 자는 은연중에 우위에 서고, 받는 자는 빚진 자의 위치로 인식되기 마련입니다. 환대는 상대를 보호하는 동시에 통제할 수 있는 위치를 만들어냅니다.

하지만 성경이 보여주는 환대의 방식은 정반대입니다. 멸시받던 사마리아인이 자신들을 탄압해 온 유대인에게 보여준 힘은 서늘한 복수가 아니라 따뜻한 자비였습니다. 정의를 집행하는 대신 자비를 선택한 것입니다. 이것은 전혀 다른 차원의 해방입니다.

하나님은 다른 길로 오신다

물론 이런 길을 택하면 사람들의 박수를 받기 어렵습니다. 영향력을 넓히기도 쉽지 않습니다. 세상의 계산법과 맞지 않기 때문입니다. 그럼에도 이것이야말로 혁명적인 선포이며, 새 시대를 사는 그리스도인들이 몸으로 살아내야 할 방식입니다. 억눌리고 비천한 이들이 힘을 갖게 될 때, 그 힘의 궁극적 표현은 복수가 아니라 자비여야 합니다. 덜 익은 정의를 행사하는 것이 아니라 정의가 요구하는 선을 넘어서는 자비를 선택하는 것입니다.

권력을 쥔 독재자들이 두려워하는 것도 이 지점입니다. 언젠가 억눌렸던 자들이 힘을 갖게 되었을 때 자신들에게 돌아올 일이 무엇일지에 대한 두려움입니다. 정의가 회복되는 순간, 과거의 가해자가 심판받을지도 모른다는 공포입니다. 혁명이 두려운 이유는 힘의 역전이 곧 보복으로 이어질 것이라는 예상 때문입니다. 정의는 강자가 약자에게 요구하기도 하고, 약자가 강자에게 요구하기도 하는 언어입니다.

그러나 정의가 힘의 균형을 맞추는 도구라면 자비는 관계를 새롭게 만드는 힘입니다. 자비는 구조를 단숨에 뒤집는 힘이라기보다 마음을 바꾸는 힘입니다. 마르틴 루터 킹의 시민권 운동이 그러했습니다. 그는 국가를 인질로 삼아 보복을 실행하려 하지 않았습니다. 그는 공포에 호소하지 않았고, 이상과 희망에 호소했습니다. 그는 폭력의 논리를 용서와 사랑의 논리로 전환했습니다. 그는 적대적인 사회에 대해 복수자가 아니라 이웃으로 섰습니다. 자비라는 약자의 힘은 여전히 살아 있으며, 지금도 세상을 변화시킬 수 있는 힘입니다.

선한 사마리아인은 거친 정의를 선택할 수 있었던 자리에서 자비를 선택했습니다. 정의를 집행하기에는 충분히 명분이 있었고, 상황도 유리하지 않았습니다. 그러나 그는 불평하지 않았고 계산하지도 않았습니다. 그는 여인숙 주인에게 비용을 맡기고 조용히 떠났습니다. 마치 비밀

번호와 신용카드를 건네듯 아무 조건 없이 책임을 맡겼습니다. 어쩌면 무모해 보이는 행동이었을지도 모릅니다. 그는 자신의 이름을 알리지 않았고, 감사의 말을 요구하지도 않았습니다. 그저 다시 길을 떠났습니다. 그리고 이전과 다름없는 일상으로 돌아갔을 것입니다.

예수께서는 그를 높이 평가하셨습니다. 그는 율법이 요구하는 최소선을 넘어섰습니다. 그는 의로움이 무엇인지, 영원한 생명이 무엇인지에 대한 단서를 몸으로 알고 있었던 사람이었습니다. 그래서 예수께서는 말씀하십니다. "가서 너도 이와 같이 하라."

질문을 넘어, 이웃이 되라는 부르심

이 이야기를 그저 따뜻한 인류애의 교훈으로 마무리하거나 "참 좋은 사람이구나" 하는 감상으로 흘려보내기에는 아직 남아 있는 질문이 있습니다. 예수께서 이 비유를 들려주신 맥락을 잊어서는 안 됩니다. 그것은 "누가 나의 이웃입니까?"라는 한 젊은 법조인의 질문에 대한 대답이었습니다.

법률가의 질문은 결코 순진하게 받아들여서는 안 됩니다. 그들의 질문 속에는 이미 답이 전제되어 있기 때문입니다. 이 젊은 율법 교사가 정말 원한 것은 해답이 아니었습니다. 그는 진리를 찾기보다, 질문을 빌미로 예수를 시험하고 자신의 지적 우월함을 드러내는 데 더 관심이 있었습니다. 자신의 총명함과 신학적 통찰을 드러내기 위한 질문이었기에 그것은 대화라기보다 시험에 가까웠습니다. 대답을 경청하려는 태도보다 질문을 통해 주도권을 쥐려는 의도가 더 강했습니다.

그는 먼저 예수께 "영생을 얻으려면 무엇을 해야 합니까?"라고 물었습니다. 예수께서는 곧바로 답을 주시기보다 되묻습니다. "율법에 무

하나님은 다른 길로 오신다

엇이라 기록되었으며 네가 어떻게 읽느냐?” 그때 이 젊은 법조인이 직접 율법을 요약하여 대답합니다. “네 마음을 다하며 목숨을 다하며 힘을 다하며 뜻을 다하여 주 너의 하나님을 사랑하고 또한 네 이웃을 네 자신 같이 사랑하라”(27).

예수께서는 그의 대답을 부정하지 않으셨습니다. 오히려 분명히 인정하셨습니다. “네 대답이 옳도다 이를 행하라 그러면 살리라.” 문제는 지식의 정확성에 있지 않았습니다. 그는 이미 정답을 알고 있었습니다. 남은 것은 그것을 ‘행하는 일’이었습니다.

그러나 그는 거기서 멈추지 않았습니다. 성경은 그가 “자기를 옳게 보이려고”(29) 다시 물었다고 기록합니다. 하나님을 사랑하라는 명령은 비교적 추상적입니다. 그러나 ‘이웃’은 구체적입니다. 경계를 설정할 수 있고, 선을 그을 수 있습니다. 누가 포함되고 누가 제외되는지 정할 수 있습니다. 그는 이미 ‘이웃이 아닌 자들’을 잘 알고 있었습니다. 이방 민족들, 율법이 경계하라고 명한 자들, 함께 섞이지 말라고 경고한 사람들 말입니다. 그렇게 되면 ‘이웃’은 점점 좁아집니다. 결국 나와 비슷한 사람, 나와 안전한 거리에 있는 사람들만 남습니다.

예수께서는 이 총명한 젊은이에게 시야를 넓히라고 요구하십니다. 자비의 대상이 누구인지를 다시 보라고 하십니다. 그분이 이야기 속에 세우신 인물은 사회적으로 배척받던 자, 유대인들의 경멸을 받던 사마리아인이었습니다. 이것은 의도된 반전입니다.

예수께서 그에게 요청하신 것은 “사마리아인이 이런 일을 했으니 그를 사랑하라”는 말이 아니었습니다. 오히려 사마리아인이 행한 일이 ‘사랑에서 비롯된 것’임을 보라고 하신 것입니다. 그리고 그 사랑의 방식대로 너도 행하라고 명하십니다. 초점은 인물의 신분이 아니라 사랑의 동기와 방향에 있습니다.

이야기 속에서 본받으라고 제시된 이는 '낯선 자'입니다. 혈연도, 종교적 친연성도, 사회적 의무도 없는 사람입니다. 도움을 베풀어야 할 아무런 명분이 없던 이방인입니다. 그가 모델로 제시된 이유는, 교양 있는 사회인이면 마땅히 보여야 할 최소한의 친절을 말하기 위함이 아닙니다. 예수께서 선포하시는 새 율법에서는 타인의 기대에 부응하는 행위만으로는 충분하지 않기 때문입니다. 정의의 최소선을 지키는 것으로는 부족합니다.

기존의 '이웃' 개념은 더 이상 작동하지 않습니다. 경계로 나누고 범주로 규정하던 정의는 무너집니다. 심지어 정의와 환대에 대한 옛 기준들조차 흔들립니다. 예수께서 선포하신 것은 파격적인 새 질서입니다. 아직 완전히 도래하지는 않았지만 반드시 임할 나라의 질서입니다.

우리가 낯선 이들에게 자비를 베풀 때 단지 도덕적 모범을 보이는 것이 아닙니다. 우리는 하나님의 현존이 확장될 공간을 마련합니다. 하나님의 새롭게 하시는 사랑의 순환에 참여합니다. 그 사랑은 자신의 한계를 넘어서게 하고, 타인 또한 두려움과 배타성의 굴레에서 풀어줍니다.

환대는 하나님의 메시지가 지나가는 길이다

히브리서의 권면을 기억하십시오. "형제 사랑하기를 계속하고 손님 대접하기를 잊지 말라 이로써 부지중에 천사들을 대접한 이들이 있었느니라"(히 13:1-2). 이 말씀은 아브라함과 사라의 장막을 떠올리게 합니다. 그들이 낯선 이들을 맞아들이지 않았다면 하나님의 약속을 전하는 음성도 듣지 못했을 것입니다. 낯선 자를 맞아들인 자리에서 역사가 열렸고, 약속이 구체가 되었으며, 하나님의 계획이 드러났습니다. 환대는 단순한 친절이 아니라 하나님의 메시지가 통과하는 통로였습니다.

하나님은 다른 길로 오신다

반대로 가장 거룩한 탄생의 밤에 문을 닫았던 여인숙 주인을 생각해보십시오. 그의 이름은 전해지지 않지만 그의 거절은 기억됩니다. 그는 비천한 나그네를 받아들이지 않았습니다. 그러나 세상은 결국 말구유에 귀를 기울였고, 들판의 목자들과 먼 길을 찾아온 이방의 방문객들에게 주목했습니다. 하나님은 언제나 중심이 아니라 주변에서, 권력이 아니라 낯선 자리에서 자신을 드러내셨습니다.

선한 사마리아인의 이야기에서도 마찬가지입니다. 길가에 쓰러진 이름 없는 한 사람이 새로운 나라의 계시를 드러내는 도구가 되었습니다. 자비를 베푼 사마리아인과 자비를 입은 유대인은 그 순간 더 이상 주인과 손님, 강자와 약자가 아니었습니다. 환대의 궁극은 분리된 둘이 하나가 되는 데 있습니다. 음식을 나누고, 시간을 내어주고, 공간을 내어주는 행위 속에서 주는 자와 받는 자는 서로에게 열리고, 그 만남 안에서 하나님께도 열립니다. 모든 선한 선물의 근원이 하나님이시기 때문입니다.

이웃은 단지 물 한 잔과 빵 한 조각을 나누는 대상이 아닙니다. 이웃은 하나님께서 우리에게 주신 삶을 함께 짊어지고, 함께 기뻐하고, 함께 아파하는 사람입니다. 우리가 낯선 이를 환대할 때 우리는 그를 정의하는 것이 아니라 그와 함께 새로운 관계를 창조합니다.

그리고 그때 비로소 우리는 알게 됩니다. 누가 우리의 이웃인지뿐 아니라 우리가 누구이며 우리는 누구의 것인지도. 자비와 환대의 자리에서 우리는 하나님의 나라를 미리 살아내며, 그 나라에 속한 자로서 우리의 정체성을 확인합니다. 그러므로 이제 질문은 바뀝니다. "누가 나의 이웃입니까?"에서 "나는 오늘 누구의 이웃이 될 것입니까?"로 말입니다.

3부. 길 위에서 결단하다

30

주님이 오시면 우선순위가 바뀐다

누가복음 10:38-42

"마르다야 마르다야 네가 많은 일로 염려하고 근심하나
몇 가지만 하든지 혹은 한 가지만이라도 족하니라
마리아는 이 좋은 편을 택하였으니 빼앗기지 아니하리라"(41-42).

이제 우리는 두 자매의 이야기를 나누려 합니다. 마르다와 마리아입니다. 이 이야기는 그저 가정사의 한 장면이 아닙니다. 삶에 대한 비유이며, 신앙공동체의 자화상입니다. 이 두 인물이 어떤 유형의 사람을 가리키는지 생각하며 들어보기 바랍니다.

마르다와 마리아는 쌍둥이는 아니지만 우리는 늘 두 사람을 함께 떠올립니다. 마리아를 생각하면 마르다가 따라오고, 마르다를 말하면 마리아가 빠지지 않습니다. 그러나 누가가 전하는 이 이야기의 핵심은 두 자매가 '함께' 있다는 사실이 아니라 '다르다'는 사실에 있습니다. 그 다름이 우리의 시선을 붙잡습니다.

이 둘 가운데 하나를 선택하라고 한다면 쉽지 않습니다. 마치 세상을 둘로 나누어 한쪽만을 택하라고 하는 것과 같습니다. '마르다 가문'과 '마리아 가문'이 있다면 우리는 어느 쪽에 서겠습니까?

하나님은 다른 길로 오신다

분주한 손길과 서운한 마음 사이에서

우리는 마르다 가문의 사람들을 잘 압니다. 그들은 묵묵히 일하는 사람들입니다. 그들이 없으면 공동체는 제대로 돌아가지 않습니다. 특히 교회는 이런 마르다들 덕분에 숨을 쉽니다.

주일 예배 후 점심을 준비하는 사람은 누구입니까? 산더미 같은 설거지를 도맡고, 낯선 방문객을 친절히 안내하며 궂은자리를 지키는 이는 누구입니까? 유아실을 지키고, 꽃을 꽂고, 수양회에 따라가 뒤치다꺼리를 하는 사람은 누구입니까? 대개는 마르다입니다. 보이지 않는 자리에서 조용히 일하는 이들, 앞에서 시작하고 뒤에서 마무리하는 이들, 이들이 바로 마르다들입니다.

그들이 없다면 교회는 굴러가지 않습니다. 행주산성의 아낙네들, 전쟁터의 간호사들, 주일 식당을 지키는 손길들, 이들이야말로 공동체를 떠받치는 숨은 기둥입니다. 그래서 우리의 마음이 자연스럽게 마르다에게 기울어지는 것은 이상한 일이 아닙니다. 우리는 그녀의 상황을 이해할 수 있기 때문입니다.

본문은 예수께서 방문하신 일이 사전에 준비된 약속이었는지 분명히 말하지 않습니다. 단지 "자기 집으로 영접하더라"고 기록합니다. 누군가 문을 두드렸고, 그녀가 문을 열었다는 것입니다. 갑작스러운 방문이었을 가능성이 큽니다.

갑작스러운 손님이라면 주인의 마음은 어떠했겠습니까? 집 안을 정리해야 하고, 손님 맞을 준비를 해야 하고, 음식도 차려야 합니다. 정신이 없었을 것입니다. 특히 중동 지역에서는 손님을 극진히 대접하는 일이 전통이자 엄격한 예절이었습니다. 손님 접대는 단순한 친절을 넘어, 공동체의 품격을 드러내는 가장 중요한 사회적 미덕이었습니다. 더

구나 예고 없이 찾아온 손님이라면 더욱 정성을 다해야 했습니다. 준비가 부족할수록 환대는 더 두터워져야 했습니다.

이러한 환대의 문화는 유대인 가정에서도 뚜렷했습니다. 유월절 식탁에 엘리야를 위한 빈자리를 남겨두는 풍습이 그 상징입니다. 혹시라도 그가 찾아온다면 함께 식사할 수 있도록 자리를 비워두는 것입니다. 손님은 언제든 하나님의 뜻을 전하는 존재가 될 수 있다는 믿음이 그 안에 담겨 있습니다. 그러므로 손님 접대를 소홀히 하는 일은 단순한 무례가 아니라 공동체 안에서 수치를 당할 일이었습니다.

이런 배경 속에서 보면, 마르다는 분명히 자신이 해야 할 일을 하고 있었습니다. 문제는 그녀가 그 일을 '혼자' 감당하고 있었다는 점입니다. 동생 마리아는 주님의 발치에 앉아 말씀을 듣고 있었습니다. 그 모습이 얄밉게 느껴지지 않았겠습니까? 속이 부글부글 끓어오르는 것은 자연스러운 일이었습니다.

본문은 마르다의 심정을 비교적 절제된 어조로 전하지만 그 안에 담긴 긴장은 충분히 읽힙니다. 마르다는 돕지 않는 동생뿐 아니라 예수님께도 섭섭했을 것입니다. 자신은 비지땀을 흘리며 식사를 준비하는데, 아무도 그 수고를 알아주지 않는 듯했기 때문입니다. 오히려 마리아를 두둔하시는 말씀까지 들었으니 말입니다. "마르다야, 마르다야… 마리아는 좋은 편을 택하였다." 만일 내가 그 자리에 있었다면 나 역시 마음이 상했을지 모릅니다. 나의 수고는 당연한 것으로 여겨지고, 나의 환대는 주목받지 못하는 것처럼 느껴졌을 테니까요.

성실함을 넘어, 먼저 붙들어야 할 것

그렇다면 무엇이 마르다의 잘못입니까? 무엇이 문제였다는 말입니까?

하나님은 다른 길로 오신다

본문은 그녀가 "많은 일로 분주하였다"고 말합니다. 그녀는 준비할 것이 많았고, 마음은 쉴 틈이 없었습니다. 여러 일에 마음이 갈라지고, 염려와 근심이 겹겹이 쌓여 있었습니다. 그런 상황에서 동생의 도움이 절실했을 것입니다. 오히려 마르다는 우리 시대에 가장 잘 어울리는 인물처럼 보입니다. 생각이 많고, 책임감이 강하며, 활동적이고 현실적인 사람 말입니다. '활동'과 '걱정'은 오늘날 우리가 성실함의 증거로 여기는 덕목이 아닙니까?

이 세상의 수많은 마르다들은 언제나 상황 판단이 빠르고 실천력이 뛰어납니다. 늘 무엇이 옳은지 분별하고, 꼭 필요한 일을 적재적소에서 해내려는 책임감 강한 사람들입니다. 그들은 정확한 질문을 던지고, 분명한 대답을 요구합니다. 상황을 읽고, 계획을 세우고, 실행에 옮기는 사람들입니다. 여러분은 그런 이들을 잘 알고 있습니다. 어쩌면 여러분 자신일지도 모릅니다.

예기치 않은 손님이 찾아왔다고 해서 음식 준비를 크게 걱정하지는 않을지 모릅니다. 그러나 어떤 사회적, 지적, 도덕적 목표를 이루어야 한다는 부담을 느끼는 순간, 우리는 분주해집니다. 책임이 주어질수록 긴장하고 기대가 클수록 마음이 조급해집니다.

주님도 우리가 그런 현실 속에 살아간다는 사실을 모르지 않으십니다. 그래서 예수께서 "마르다야, 마르다야…"라고 부르시며 속도를 늦추라고 하실 때, 우리는 당황합니다. "어떻게 그렇게 여유롭게 말씀하실 수 있습니까?", "해야 할 일이 많은데 어떻게 멈추라고 하십니까?"

우리는 자신의 수고가 인정받기를 바랍니다. 공동체를 위해 애쓴 만큼은 누군가 알아주기를 바랍니다. 그런데 때로 주님은 우리의 분주함을 대수롭지 않게 여기시는 듯합니다. 이 시대에 성실한 어른으로 살아가는 일이 얼마나 버거운지 이해하지 못하시는 것처럼 느껴집니다.

그러나 여기서 한 가지를 분명히 해야 합니다. 예수님은 마르다라는 사람의 가치나, 그녀가 정성껏 감당한 수고의 가치를 결코 무시하신 것이 아닙니다. "할 일은 다 끝났으니 아무것도 하지 말라"는 말씀이 아닙니다. 현실을 무시한 낙관주의를 선포하신 것도 아닙니다.

주님께서 짚어주신 것은 헌신의 옳고 그름이 아니라 우선순위의 문제였습니다. "네가 많은 일로 염려하고 근심하나 몇 가지만 하든지 혹은 한 가지만이라도 족하니라"(41-42). 마리아는 지금 가장 필요한 것이 무엇인지 알고 있었다는 말씀입니다. 잠시 멈추어 앉아 듣는 일, 주님과의 관계를 먼저 세우는 일 말입니다.

이것은 일이 중요하지 않다는 뜻이 아닙니다. 여러분의 수고를 주님이 하찮게 여기신다는 뜻도 아닙니다. 예수께서도 공동체가 마르다들의 헌신 없이 굴러가지 않는다는 사실을 아십니다. 다만 일보다 앞서야 할 것이 있다는 사실, 활동보다 먼저 붙들어야 할 중심이 있다는 사실을 일깨우고 계신 것입니다.

좋은 편을 택하라: 마리아는 알고 있었다

여기서 드러나는 핵심은 '우선순위'의 문제입니다. 무엇을 먼저 붙들어야 하는지, 삶의 질서를 어디에 세워야 하는지에 관한 문제입니다. 예수께서는 무엇이 먼저 와야 하는지에 대해 매우 분명하셨습니다. 이미 산상설교에서 그 원칙을 밝히신 바 있습니다. "무엇을 먹을까, 무엇을 마실까, 무엇을 입을까 염려하지 말라." 그 말씀의 결론을 우리는 잘 알고 있습니다. "그런즉 너희는 먼저 그의 나라와 그의 의를 구하라 그리하면 이 모든 것을 너희에게 더하시리라"(마 6:33).

이 말씀은 추상적인 위로가 아니라 이 세상에서 분주하게 살아가는

하나님은 다른 길로 오신다

모든 '마르다들'을 향한 실제적인 선언입니다. 예수께서 문제 삼으신 것은 활동 자체가 아니라 무엇을 먼저 두느냐는 순서였습니다. 내가 보기에는 이것이 마리아가 택한 "좋은 편"입니다. 누구도 그것을 그녀에게서 빼앗을 수 없습니다. 마리아는 우선순위를 바로 세웠습니다. 예수의 발아래 앉는 일이 다른 모든 일보다 앞선다는 사실을 알았습니다.

그렇다면 "예수의 발아래 앉는다"는 것은 무엇을 의미합니까? 우리는 예수께서 이 가정을 이미 여러 번 방문하셨음을 알고 있습니다. 그분은 이들과 가까운 관계였습니다. 나사로를 향한 예수의 사랑은 분명했습니다. 그러므로 이번 방문은 단순한 친목 방문이 아니었음을 이해하려면, 본문이 시작되는 문장을 주목해야 합니다.

"그들이 길 갈 때에…"(38).

이 문장은 단순한 이동을 뜻하지 않습니다. 누가복음의 흐름 속에서 그것은 예수께서 예루살렘을 향해, 십자가를 향해 나아가시는 여정의 한 장면입니다. 이것은 한가로운 산책 중의 방문이 아닙니다. 마지막 순례의 길 위에서 이루어진 만남입니다. 하나님의 뜻을 향해 의도적으로 걸어가시는 분의 여정 속에서 잠시 멈춘 순간입니다.

마리아는 그날의 분위기가 평소와 다르다는 것을 직감했을 것입니다. 예수의 말씀 속에 이전과는 다른 긴박함이 담겨 있음을 느꼈을 것입니다. 그래서 그녀는 일상의 틀을 멈추었습니다. 평소라면 언니와 함께 부엌일을 나누었을 것입니다. 그러나 그날은 달랐습니다. 손을 멈추고 자리를 옮겨, 발치에 앉았습니다.

마르다가 화가 난 이유도 거기에 있습니다. 평소처럼 함께 일하던 동생이 그날만은 전혀 손을 대지 않았기 때문입니다. 그러나 마리아는 이번 방문이 예전과 같지 않다는 것을 알았습니다.

그렇습니다. 주님이 지나가십니다. 그리고 그분이 지나가신 후 우

3부. 길 위에서 결단하다

리의 삶은 더 이상 이전과 같지 않습니다. 예수의 방문은 일상의 흐름을 멈추게 합니다. 그 순간은 반복되지 않을 시간일 수 있습니다.

마리아는 예수가 단순히 시간을 보내기 위해 들르신 것이 아님을 알았습니다. 그분이 어디로 가시는지 정확히 알았다고 말할 수는 없을 것입니다. 그러나 그녀는 자신이 어디에 앉아 있는지는 알고 있었습니다. 위대한 스승의 발 앞에, 그분의 얼굴을 마주한 자리, 그분의 말씀이 자신의 삶을 지탱하는 지팡이가 되는 자리 말입니다.

마리아의 위대함은 미래를 내다본 데 있지 않습니다. 오히려 주님이 곁에 계신 지금 이 순간의 가치를 절감하고, 그 자리를 놓치지 않고 꽉 붙잡은 데 있습니다.

주는 자에서 받는 자로: 환대의 전환

우리는 마르다와 마리아의 이야기를 통해 한 가지 결정적인 교훈을 배웁니다. 그것은 '받는 것'의 중요성입니다.

세상이 말하는 환대는 대개 '얼마나 잘 대접하느냐'에 달려 있습니다. 마르다는 이 점에서 탁월했습니다. 예수께 최고의 식사와 안락한 쉼자리를 제공하고자 동분서주했습니다. 손이 많이 가고, 신경이 쓰이고, 에너지가 소모되는 일입니다. 당연히 칭찬받을 만한 수고입니다. "고맙다"는 말 한마디쯤은 들어야 할 일입니다.

그러나 예수께서 베다니의 일상을 멈추게 하실 때 단지 일정만 중단된 것이 아닙니다. '역할'이 중단된 것입니다. 그분은 더 이상 손님이 아니셨습니다. 그 집의 주인이셨습니다. 주시는 분은 예수였고, 다른 이들은 받는 자리에 서야 했습니다.

영국의 오래된 관습 가운데 이런 말이 있습니다. "주권자(왕이나 여

하나님은 다른 길로 오신다

왕)가 당신의 집을 방문하면, 그가 머무는 동안 그 집은 더 이상 당신의 집이 아니다." 왕이 그 지붕 아래 머무는 순간, 그는 손님이 아니라 주인입니다. 마르다와 마리아가 예수께 베푼 환대는 사실 그분이 그들에게 베푸신 것에 비하면 아무것도 아니었습니다.

문제는 여기에 있습니다. 이 세상의 마르다들은 '받는 사람'이 되기 어려운 사람들입니다. 주는 것이 더 복되다 하지만 실제로는 받는 것이 더 어렵습니다. 받는 순간 우리는 신세를 지게 되고 자율성이 흔들리고 의존적인 위치에 서게 되기 때문입니다.

누군가에게 무언가를 받아보십시오. 우리는 곧 갚아야 한다는 압박을 느낍니다. 그것은 단지 예의 때문이 아닙니다. 관계의 균형을 회복하고 싶기 때문입니다. 빚진 상태로 남아 있고 싶지 않기 때문입니다.

'주는 것'은 힘이 됩니다. 주는 자는 위에 서고, 받는 자는 아래에 선 듯한 구조가 형성됩니다. 그래서 우리는 넉넉해서 주는 것이 아니라 주는 행위가 우리에게 통제감과 주도권을 주기 때문에 주는 경우가 많습니다. 끊임없이 일하고, 봉사하고, 돌보는 사람들은 정작 자신이 무엇을 절실히 필요로 하는 존재인지 돌아볼 여유를 잃어버립니다.

그러나 예수께서 우리를 찾아오실 때 그분은 우리의 결핍을 드러내십니다. 우리가 먼저 베풀어야 할 존재가 아니라 먼저 받아야 할 존재임을 일깨우십니다. 우리는 그분의 은혜와 평화 없이는 설 수 없는 사람들입니다.

그러므로 더 많은 일을 하지 못할까 봐 걱정하지 마십시오. 봉사의 양이 신앙의 깊이를 증명하지는 않습니다. 오히려 일이 산처럼 쌓여 있을 때 잠시 멈추십시오. 속도를 늦추십시오. 그리고 주님을 바라보십시오. 그분의 말씀을 들으십시오. 마리아가 택한 것은 게으름이 아니라 질서였습니다. 먼저 받아야 할 것을 받는 자리에 앉은 것이었습니다.

예배의 본질: 드림이 아니라 받음

그러므로 이 이야기는 곧 우리의 삶에 대한 비유입니다. 주는 것과 받는 것에 관한 비유이며, 행동doing과 존재being에 관한 비유입니다. 일상의 한복판에 임하시는 예수의 임재에 관한 비유이며, 평범한 하루가 어떻게 비범한 시간이 되는지에 대한 비유입니다.

이것은 또한 우선순위에 관한 비유입니다. 무엇을 먼저 두어야 하는지, 무엇을 뒤로 미루어야 하는지에 대한 이야기입니다. 먼저 해야 할 것을 먼저 하고, 나중의 것은 나중으로 돌리는 영적 질서에 관한 가르침입니다.

결국 이것은 두 자매의 이야기이면서 동시에 우리의 이야기입니다. 그들의 태도와 선택을 통해 주님은 오늘날 교회와 우리 시대를 향한 중요한 교훈을 주십니다.

더 나아가 이 비유는 우리의 예배에 대한 비유이기도 합니다. 우리가 교회에서 드리는 기도, 찬양, 가르침, 교제는 예수님을 위해 분주하게 '해드리는 일'이 아닙니다. 그분을 기쁘게 하기 위해 애쓰는 종의 몸짓이 아닙니다. 우리는 무엇인가를 성취하기 위해 이 자리에 모인 것이 아닙니다. 우리는 그분의 발아래 앉기 위해 모였습니다.

우리가 경배하고 찬양하는 이유는 그분만이 경배와 찬양을 받으시기에 합당하신 분이기 때문입니다. 예배의 본질은 우리가 드리는 행위에 있지 않고 우리가 받는 은혜에 있습니다. 우리는 완전한 사람들이기 때문에 예배하는 것이 아닙니다. 거룩한 자들의 모임이 되었기 때문에 노래하는 것도 아닙니다.

우리는 연약하기 때문에 무릎을 꿇습니다. 그분의 임재 앞에서 우리의 한계를 인정하기 때문에 머리를 숙입니다. 위로부터 오는 신뢰와

하나님은 다른 길로 오신다

힘과 고요함을 필요로 하기 때문에 그 앞에 앉습니다. 그래서 마리아의 자리는 패배의 자리가 아니라 은혜의 자리입니다. 멈춤의 자리는 게으름의 자리가 아니라 새 힘을 얻는 자리입니다.

이 이야기에서 우리가 반드시 기억해야 할 한 가지가 있습니다. 예수께서 방문하시면 모든 것이 예전과 같을 수 없다는 사실입니다. 일정도, 역할도, 우선순위도 바뀝니다. 그리고 무엇보다 우리 자신이 달라집니다. 그분이 지나가신 자리는 이전과 같지 않습니다. 그분의 말씀을 들은 사람은 이전의 사람으로 남을 수 없습니다. 주님이 오셨기 때문입니다. 그러므로 우리의 삶도 더 이상 예전과 같지 않을 것입니다.

31

기도는 흥정이 아니라 맡김이다

누가복음 11:1-13

"내가 너희에게 말하노니 비록 벗 됨으로 인하여서는 일어나서 주지 아니할지라도
그 간청함을 인하여 일어나 그 요구대로 주리라
내가 또 너희에게 이르노니 구하라 그러면 너희에게 주실 것이요
찾으라 그러면 찾아낼 것이요
문을 두드리라 그러면 너희에게 열릴 것이니
구하는 이마다 받을 것이요 찾는 이는 찾아낼 것이요
두드리는 이에게는 열릴 것이니라"(8-10).

TV 프로그램 중에 한 분야에서 탁월한 경지에 오른 이들을 소개하는 《생활의 달인》이라는 코너가 있습니다. 새벽 배송 신문 사이에 광고지를 정확히 끼워 넣는 손놀림, 남대문 상가에서 식사 상을 머리에 이고 계단을 오르내리는 아주머니, 회를 종이처럼 얇게 떠내는 일식집 주방장, '비'처럼 몸을 자유롭게 쓰는 춤꾼, 가수 장윤정이 한 음절에 혼을 실어 꺾어 부르는 트로트 창법까지…. 누군가 한 가지 일을 경이롭게 잘해 내는 모습을 보면 우리는 묻게 됩니다. "도대체 그 비결이 무엇입니까? 한번만 가르쳐주십시오."

복음서에서 제자들이 예수께 다가온 장면이 그랬습니다. 어느 날 예수께서 기도하고 계셨습니다. 제자들은 그분의 기도가 단순한 종교적 습관이 아니라 삶 전체를 지탱하는 힘의 원천임을 보았습니다. 그래서 이렇게 요청합니다. "주여, 우리에게도 기도를 가르쳐주십시오." 그들의

질문은 단순히 방법을 묻는 것이 아니었습니다. "당신이 가진 그 깊이와 에너지를 우리도 경험하고 싶습니다"라는 갈망이었습니다.

예수께서는 두 가지를 제시하십니다.

첫째, 실제적인 모델을 주셨습니다. "너희는 이렇게 기도하라." 그리고 우리가 '주기도문'이라 부르는 짧고 단정한 기도를 가르쳐주셨습니다. 이 기도는 진정한 기도의 구조와 중심을 압축해 보여주는 모범입니다. 마치 피아노를 처음 배우는 학생에게 선생이 기본 음계를 반복하게 하듯 기도의 기본 리듬과 방향을 몸에 익히게 하신 것입니다.

피아노를 배우는 이들이 손가락을 단련하기 위해 반복해서 연습하는 하농Hanon 교본이 있습니다. 단순해 보이지만 기본기를 깊이 다지는 데 결정적인 역할을 합니다. 반복 속에서 손이 길들여지고 음악의 기초가 몸에 배게 됩니다. 하농 연습곡이 단조로운 반복으로 손가락을 단련하듯, 주기도문은 우리의 영혼을 단련합니다. 물론 주문처럼 의미 없이 되풀이하는 것은 예수께서 경계하신 중언부언일 뿐입니다. 그러나 이 기도를 천천히, 의식적으로, 자기 삶에 스며들게 한다면 우리는 기도의 달인이신 주님께 효과적으로 배우는 셈이 됩니다. 마치 탁월한 스승 곁에서 배우듯, 주님의 기도가 점차 나의 기도가 되도록 몸에 익히는 과정입니다.

예수께서는 단지 '형식'을 주신 것으로 끝내지 않으셨습니다. 기도의 더 깊은 문제를 아셨기 때문입니다. 기도의 핵심은 어떻게 말하느냐 이전에, 누구에게 말하느냐에 달려 있습니다. 우리는 어떤 하나님께 기도합니까? 그분은 어떤 성품을 지니신 분입니까? 우리가 부르는 대상은 과연 어떤 분입니까? 이 질문을 풀어내기 위해 예수께서는 제자들의 상상력을 자극하십니다. 그리고 한 가지 비유를 들려주십니다.

3부. 길 위에서 결단하다

어느 날 한 사람이 잠자리에 들었습니다. 그런데 한밤중에 문을 두드리는 소리가 납니다. 나가보니 친구입니다. 여행 중이었고 하룻밤 묵기를 청합니다. 당시 중동 지역에서는 이런 일이 흔했습니다. 더운 낮을 피해 밤에 이동하는 일이 많았고 숙소도 드물었기에 아는 사람의 집에 신세를 지는 것이 일반적이었습니다. 게다가 환대는 최고의 미덕이었습니다.

그는 반갑게 친구를 맞았지만 이내 난감해졌습니다. 손님에게 내어줄 음식이 전혀 없었기 때문입니다. 결국 그는 밤중에 이웃집으로 갑니다. 문을 두드리며 급히 말합니다. "빵 몇 조각만 빌려주십시오. 예기치 않은 손님이 왔습니다."

문 안에서 들려오는 목소리는 분명 달갑지 않았을 것입니다. 잠에서 덜 깬 투덜거림이 묻어납니다. "이 밤중에 무슨 일입니까? 아이들이 다 자고 있는데…." 그러면서도 마지못해 말합니다. "잠깐 기다리시오."

예수님은 단순히 인간적인 우정을 설명하려 이 비유를 드신 것이 아닙니다. 제자들이 기도할 때 과연 어떤 하나님을 그리고 있는지 묻고자 하셨습니다. 우리는 혹시 문을 두드릴 때마다 투덜거리는 이웃 같은 하나님을 떠올리고 있지는 않습니까? 마지못해 들어주시는 분, 귀찮아하시면서도 억지로 응답하시는 분으로 말입니다.

당시 팔레스타인의 농가 대부분은 방 한 칸으로 이루어진 구조였습니다. 가족이 한 공간에서 함께 잠을 자는 형편이었으니 한밤중에 누군가 일어나면 온 집안이 깰 수밖에 없습니다. 예수께서는 이웃이 처음엔 거절하더라도 계속 문을 두드리며 간청하면 결국 일어나 들어줄 수밖에 없다고 말씀하십니다. 다만 그 이유는 자비로운 동정심 때문이 아니라 끈질긴 간청에 못 이겨서라는 점을 강조합니다. 이미 아이들도 잠에서 깼을 것이고, 더 이상 버틸 수 없어 마지못해 빵을 내어주는 모습입니다. "비록 벗 됨으로 인하여서는 일어나서 주지 아니할지라도 그 간청함을 인하여 일어나 그 요구대로 주리라"(8).

그러나 여기서 질문이 생깁니다. 예수님이 가르치신 기도의 본질이 정말 이것일까요? 하나님은 우리가 끈질기게 졸라대지 않으면 응답하지 않는 무관심한 분이실까요? 마치 혈압이 오를 때까지 계속 두드려야만 문을 여는 분처럼 묘사하신 것입니까? 우리의 요청이 탐탁지 않지만 성가신 간청에 못 이겨 마지못해 허락하시는 분이란 말입니까?

솔직히 이 비유는 처음 읽을 때 적지 않은 혼란을 줍니다. 그러나 한 성경학자의 제안이 이 장면을 새롭게 보게 했습니다. 신약성경이 기록된 헬라어에는 '카이'καί라는 작은 접속사가 있습니다. 문맥에 따라 '그리고'로도, '그러나'로도 번역될 수 있습니다. 비슷한 내용을 이어줄 때는 '그리고'가 적절하지만 대조를 강조할 때는 '그러나'로 옮겨야 합니다.

이 학자는 오늘 본문에서 이웃의 이야기를 마친 뒤 이어지는 구절을 단순한 연결이 아니라 뚜렷한 대조로 읽어야 한다고 제안합니다. 즉 "그리고 내가 너희에게 이르노니"가 아니라 "그러나 내가 너희에게 이르노니"라는 뉘앙스입니다. 그렇다면 비유 속 이웃은 하나님을 직접적으로 닮은 존재가 아니라 오히려 대조를 위한 장치가 됩니다.

이렇게 읽기 시작하면 기도의 의미가 전혀 다르게 들립니다. 무정하고 퉁명스러운 이웃은 하나님을 설명하는 이미지가 아니라 우리가 하나님을 오해할 때 떠올리는 왜곡된 상(像)에 가깝습니다. 그것은 창세기에서 뱀이 인간의 마음에 심어놓은 두려움과 닮아 있습니다. 하나님은 인간에게 호의적이지 않으며 우리의 성취를 기뻐하지 않으며 어쩌면 우리를 탐탁지 않게 여기는 분이라는 생각 말입니다.

하나님의 선하심을 의심하는 이 두려움이야말로 죄의 깊은 뿌리입니다. 성경 전체는 바로 이 왜곡된 오해를 풀기 위한 하나님의 기나긴 대답입니다. 구약과 신약은 하나님에 대한 인간의 오해를 벗겨내고, 일그러진 평판을 회복하려는 이야기입니다.

그러므로 마지못해 일어나는 이웃은 우리가 기도하는 하나님을 보여주는 상징이 아닙니다. 오히려 하나님을 그렇게 오해하는 우리의 내면을 드러내는 거울입니다. 예수께서는 그 왜곡을 깨뜨리기 위해 이 비유를 사용하신 것입니다.

요구를 넘어선 더 깊은 응답

그렇다면 이 마지못해 일어나는 이웃의 이야기가 전하려는 핵심은 무엇입니까? 단서는 그 비유 다음에 이어지는 작은 연결어 속에 담겨 있습니다. 예수께서는 말씀하십니다. "[그러나] 내가 또 너희에게 이르노니 구하라 그러면 너희에게 주실 것이요 찾으라 그러면 찾아낼 것이요 문을 두드리라 그러면 너희에게 열릴 것이니"(9).

여기서 강조점은 이웃의 태도가 아니라 하나님에 대한 참된 이미지입니다. 예수께서는 곧이어 우리가 품어야 할 하나님 상(像)을 분명히 제시하십니다. 그것은 무관심한 이웃의 모습이 아니라 돌보고 사랑하는 부모의 모습입니다. 자녀가 간절히 구할 때 부모는 귀찮아하거나 억지로 허락하지 않습니다. 오직 자녀의 안위만을 헤아리는 깊은 사랑으로 반응합니다. 더 나아가 자녀가 요구한 것보다 더 좋은 것을 주려는 마음입니다.

"너희 중에 아버지 된 자로서 누가 아들이 생선을 달라 하는데 생선 대신에 뱀을 주며 알을 달라 하는데 전갈을 주겠느냐?" 그리고 결정적

하나님은 다른 길로 오신다

으로 말씀하십니다. "너희가 악할지라도 좋은 것을 자식에게 줄 줄 알거든 하물며 너희 하늘 아버지께서 구하는 자에게 성령을 주시지 않겠느냐"(11-13).

다만 하나님이 우리가 요구한 그대로를 늘 주신다는 뜻은 아닙니다. 우리는 종종 자신에게 진짜 필요한 것이 무엇인지조차 모를 때가 많기 때문입니다. 그래서 예수께서는 '성령'을 말씀하십니다. 하나님은 단순히 요구 목록을 처리하시는 분이 아니라 우리의 필요를 가장 깊이 아시는 분이십니다. 그분의 응답은 우리의 소원보다 더 크고, 더 지혜롭고, 더 선한 방식으로 주어집니다.

성 어거스틴의 『고백록』에는 깊은 울림을 주는 대목이 있습니다. 바로 어머니 모니카에 대한 회상입니다. 모니카는 신실하고 깊은 신앙을 지닌 여인이었고, 아들 어거스틴이 그리스도의 사람으로 살아가기를 간절히 바랐습니다.

그러나 젊은 어거스틴은 방탕했던 아버지를 닮아 육체적 욕망과 세속적 성공을 좇아 살았습니다. 어머니가 간절히 소망하던 신앙의 길에는 전혀 관심이 없었습니다. 그는 재능이 뛰어난 젊은 학자였고, 북아프리카에서 자랐지만 자신의 예술적·지적 가능성을 펼치기 위해 이탈리아로 가야 한다고 믿었습니다. 북아프리카에서는 더 이상 자신을 발전시킬 수 없다고 여겼던 것입니다.

어머니의 만류에도 불구하고 그는 결국 이탈리아로 떠나기로 결심합니다. 그곳에서 수사학을 배우고, 더 큰 무대에서 자신의 능력을 시험하고자 했습니다. 모니카에게 이것은 절망과도 같은 소식이었습니다. 아들이 곁을 떠나면 신앙으로 돌아올 기회가 완전히 사라질 것이라 생각했기 때문입니다.

어느 날 밤, 모니카는 북아프리카 해변의 작은 예배당에서 눈물로 기도하고 있었습니다. 그러나 그 순간 어거스틴은 이미 배를 타고 지중해를 건너 밀라노로 향하고 있었습니다.

밀라노는 당시 이탈리아의 문화적 중심지였습니다. 그는 그곳에서 최고의 수사학을 배우고 싶어 했습니다. 누군가 그에게 말했습니다. "최상의 수사학을 보고 싶다면 매 주일 밀라노 성당에 가보시오." 그곳에는 암브로스 감독이 있었습니다. 그는 이탈리아 전역에서 가장 뛰어난 설교가로 명성이 높았습니다. 그를 소개한 이는 덧붙였습니다. "그가 무엇을 말하는지는 듣지 말고, 어떻게 말하는지만 들으시오."

그러나 어거스틴은 매 주일 성당에 나가 암브로스의 설교를 듣는 동안, 단지 수사학적 기교만이 아니라 복음의 내용 자체에 사로잡히기 시작했습니다. 말씀은 그의 지성과 감성을 파고들었습니다. 하나님은 그의 인간적 약점과 야망을 통로로 삼아, 결국 그를 깊은 회심으로 이끄셨습니다. 그리고 그는 훗날 서구 기독교 사상을 형성한 가장 위대한 사상가 가운데 한 사람이 되었습니다.

모니카는 당시 전혀 알지 못했습니다. 암브로스가 자신보다 더 적합한 방식으로 아들의 영혼에 복음을 심을 사람이라는 사실을 말입니다. 세월이 흐른 뒤 어거스틴은 이 사건을 회고하며 이렇게 고백합니다. 어머니가 그 밤에 드린 기도—아들이 곁을 떠나지 않게 해 달라는 간구—는 그 '형식'은 거절되었지만 기도의 '본질'은 응답되었다는 것입니다. 그녀가 진정으로 원한 것은 아들이 곁에 남는 것이 아니라 하나님께 돌아오는 것이었기 때문입니다.

두려움에서 맡김으로

이 이야기의 핵심은 우리를 향한 하나의 초청입니다. 신뢰하라는 초

하나님은 다른 길로 오신다

청입니다. 보이는 현실의 표면 아래에는 혼돈이 아니라 분명한 선함 Goodness이 흐르고 있다는 사실을 믿으라는 초청입니다. 하나님은 빛이시며 그 안에는 조금의 어둠도 없습니다. 그분의 성품은 모호하지 않고, 선함 자체입니다.

그러므로 기도는 문제 해결을 재촉하는 행위가 아닙니다. 우리의 간청은 우리보다 더 멀리 보시는 분, 더 깊이 이해하시는 분 그리고 끝까지 선하신 분의 손에 맡겨지는 것입니다. 우리는 삶의 작은 조각만 보고 구하지만, 하나님은 전체 그림을 보시고 가장 알맞게 응답하십니다. 우리의 기도가 섣부르고 미숙할지라도, 완전하신 주님은 이를 선하게 다듬어 이루십니다.

하나님의 응답은 비유 속 이웃처럼 무관심하거나 마지못해 이루어지는 것이 아닙니다. 그분의 응답은 우리를 우리 자신보다 더 잘 아시는 사랑에서 흘러나옵니다. 우리가 원하는 것보다 실제로 필요한 것을 더 정확히 아시는 하늘 아버지의 마음에서 나옵니다.

그러므로 기도할 때 두려움이 아니라 신뢰로 나아가십시오. 우리 기도를 들고 계신 그분의 선하심을 의지하십시오. 그 선하심 안에서 기도는 더 이상 요구가 아닙니다. 계산도, 흥정도 아닙니다. 그것은 맡김입니다. 우리는 결과를 움켜쥐려 애쓰는 대신, 사랑하시는 아버지의 손에 내려놓습니다. 그래서 초조함은 잦아들고 조급함은 누그러집니다. 응답이 아직 보이지 않아도 우리는 이미 선하신 분의 품 안에 있습니다.

4부

은혜는 버는 것이 아니다

하나님 나라의 역설

노예의 삶을 끝내는 날, 안식일

누가복음 13:10-17

"열여덟 해 동안이나 귀신 들려 앓으며
꼬부라져 조금도 펴지 못하는 한 여자가 있더라
예수께서 보시고 불러 이르시되 여자여 네가 네 병에서 놓였다 하시고 안수하시니
여자가 곧 펴고 하나님께 영광을 돌리는지라"(11-13).

노벨평화상 수상자이자 나치 대학살의 생존자인 엘리 위젤Elie Wiesel은 안식일에 대한 아련한 기억을 이렇게 회상합니다.[6]

어린 시절 내가 살던 마을에서 지켰던 안식일의 추억을 나는 결코 잊을 수 없습니다. 설령 모든 것을 잊게 된다 해도, 그날의 기억만은 내 안에 남아 있을 것입니다. 가장 가난한 가정에도 스며들던 안식일 특유의 온기와 평온함 때문입니다.

식탁 위에 가지런히 펼쳐진 하얀 식탁보.
희미하게 흔들리던 촛불.
그 불빛에 부드럽게 비치던 가족들의 얼굴.
리듬을 타듯 기도하던 할아버지의 목소리.

내가 살던 마을은 세월의 뒤안길로 서서히 사라져가겠지만 안식일마다 켜지던 촛불의 희미한 빛과 그 따스함만은 오래도록 기억할 것입니다. 날 중의 날, 바로 그 안식일이 오면 온갖 고통과 근심은 어디론가 사라지고, 이웃 사이에 오가던 질투와 다툼의 소리도 잦아들었습니다. 서로 간에 쌓였던 마음의 빚들조차 그날만은 모두 멈추었습니다. 안식일이 다가오면 마치 온 우주를 감싸듯 세상 곳곳에 따뜻한 평화와 사랑의 기운이 잔잔하게 감돌았습니다. 주린 이들이 찾아와 먹었고, 외로운 이들도—이방인이든, 타지에서 온 나그네든, 피난민이든— 회당 예배가 끝나면 어느 집에서나 저녁 식탁에 함께 앉을 수 있었습니다.

그 안식일로 다시 돌아갈 수만 있다면 그 삶을 다시 살 수만 있다면 나는 내가 가진 모든 것을 기꺼이 내어놓겠습니다.

위젤의 이 회고를 읽으며, 나는 어린 시절 내가 경험했던 주일의 모습과 얼마나 닮았는지 새삼 놀라게 됩니다.

원래 주일은 '안식'과 '휴식'과 '축제'의 날이었습니다. 잔칫집처럼 따뜻하고 유쾌한 평안이 머물던 날이었습니다. 16세기 종교개혁이 낳은 신앙고백서인 『하이델베르크 신앙교육서』는 이를 "안식을 축하하는 날"day of festive rest이라 부릅니다(제38주일). 안식은 억압이 아니라 기쁨이었고 의무가 아니라 은혜였습니다.

노동을 멈추고 존엄을 회복하다

아마 여러분에게도 어린 시절 주일의 기억이 있을 것입니다. 어떤 이에게는 기쁨으로, 어떤 이에게는 다소 무거운 의무로 남아 있을지 모릅니다. 일이나 장사, 공부를 멈추어야 했던 날, '성수주일'이라는 이름 아래 여러 제약과 금지가 따르던 날로 기억될 수도 있습니다. 그러나 세월이 흐르며 많은 규정과 제한은 사라졌습니다. 그렇다고 해서 주일의 본질까지 사라진 것은 아닙니다.

> 잘 다려 옷장에 걸어두었던 주일용 옷.
> 교회로 향하던 신작로와 논두렁길.
> 가족이 나란히 걷던 평화로운 걸음.
> 경건하게 울려 퍼지던 찬송.
> 하나님께 드리던 간절한 기도.
> 주일 저녁 손님과 함께 나누던 따뜻한 식사와 대화.
> 시간이 잠시 멈춘 듯한 오후의 고요.
> 무언가를 기다리는 듯한 잔잔한 정적.

그날은 하나님의 은혜에 모든 초점이 모이던 날이었습니다. 안식을 누리며 기쁨을 맛보던 날이었습니다. 진정한 해방과 자유를 경험하던 날이었습니다. 하나님의 명령을 억지로 지키는 날이 아니라 구원의 기억을 기쁨으로 되새기는 날이었습니다.

> 네 하나님 여호와가 네게 명령한 대로 안식일을 지켜 거룩하게 하라
> 엿새 동안은 힘써 네 모든 일을 행할 것이나 일곱째 날은 네 하나님
> 여호와의 안식일인즉 너나 네 아들이나 네 딸이나 네 남종이나 네 여
> 종이나 네 소나 네 나귀나 네 모든 가축이나 네 문 안에 유하는 객이
> 라도 아무 일도 하지 못하게 하고 네 남종이나 네 여종에게 너 같이
> 안식하게 할지니라 너는 기억하라 네가 애굽 땅에서 종이 되었더니

하나님은 다른 길로 오신다

신명기 5장은 안식일을 지켜야 하는 이유를 분명히 밝힙니다. 너희 조상들이 400년 동안 애굽에서 종살이했기 때문이라는 것입니다. 그렇다면 애굽에서의 삶은 어떠했습니까?

그곳에는 휴가가 없었습니다. 하루의 쉼도 허락되지 않았습니다. 인간으로 존중받지 못했습니다. 노예처럼 도구처럼 취급받았습니다. 이름 없는 숫자로, 작업반 단위로 분류되었습니다. 벽돌을 찍어내고 거대한 건축물을 세우는 노동력에 불과했습니다.

안식일에 이 사실을 기억하라는 것입니다. 그 기억을 뼛속 깊이 되새기라는 것입니다. 어떻게 하나님께서 그런 억압의 자리에서 너희를 건져내셨는지를, 어떻게 노역과 착취에서 해방시키셨는지를, 어떻게 십장들의 비인간적인 감독과 잔혹한 채찍질에서 풀어주셨는지를.

안식일은 단순한 종교 행위가 아닙니다. 땀 흘리는 노동의 굴레에서 한 걸음 물러나 하나님이 이미 이루신 해방을 몸으로 기억하는 날입니다. 일손을 멈춤으로써 우리는 선언하는 것입니다. "나는 더 이상 노예가 아니다. 나는 하나님의 구원받은 백성이다."

신명기 5장에 따르면 안식일의 초점은 먼저 '예배 의식'에 있지 않습니다. 오히려 '멈춤', 곧 타임오프time-off에 있습니다. 어떤 멈춤입니까? 누구를 위한 멈춤입니까? 일주일의 끝에 다다라 온몸의 근육통을 호소하는 사람들을 위한 멈춤입니다. 육체적·정신적으로 탈진한 이들을 위한 멈춤입니다. 안식일은 쉼 없는 탐욕으로부터 연약한 노동자를 보호하는 신성한 울타리입니다. 이윤만을 좇아 사람을 기계 부품처럼 착취하려는 비정한 체계로부터 인간의 존엄을 지켜내는 장치입니다. "너는 일로 규정되는 존재가 아니다"라고 선언하는 하나님의 법입니다.

후대의 종교 지도자들이 안식일을 무거운 규정의 짐으로 바꾸어놓기도 했습니다. 그러나 본래 안식일은 짐이 아니었습니다. 그것은 해방의 날이었습니다. 기쁨의 날이었습니다.

하나님 앞에서 참 자유를 흠뻑 누리는 날, 환한 얼굴로 서로를 맞고 마음껏 찬송하며 억눌린 어깨를 활짝 펴고 깊은숨을 내쉬는 축제의 날입니다. 안식일은 금지의 날이 아니라 회복의 날입니다. 노동을 멈춤으로써 인간의 존엄을 회복하고, 구원의 기억을 다시 불러오는 날입니다. 그날 우리는 쉼으로 예배하고, 자유로 하나님을 증언합니다.

경건한 난센스를 넘어서: 예수의 도전

이 말이 다소 낯설게 들린다면 느헤미야서를 펼쳐보십시오. 그 안에는 안식일의 본래 의미를 되살려주는 인상적인 장면이 담겨 있습니다. 느헤미야서는 바벨론 포로에서 돌아온 이스라엘 공동체가 어떻게 무너졌던 신앙을 회복해가는지를 기록합니다. 특히 율법, 곧 토라에 대한 사랑이 다시 살아나는 순간을 보여줍니다.

포로 귀환 공동체는 광장에 함께 모였습니다. 학사 에스라가 율법을 낭독하자 백성은 숨을 죽이고 그 말씀을 들었습니다. 그런데 예상치 못한 일이 벌어졌습니다. 안식일에 율법이 선포되자 사람들 사이에서 울음이 터져 나온 것입니다. 왜 울었는지는 분명하지 않습니다. 잃어버린 세월에 대한 회한이었는지, 말씀 앞에서 찔림을 받았기 때문이었는지 혹은 해방의 감격 때문이었는지 알 수 없습니다. 그러나 분명한 것은 그들이 통곡하며 슬피 울었다는 사실입니다.

그때 총독 느헤미야가 일어나 백성에게 이렇게 말합니다. "오늘은 너희 하나님 여호와의 성일이니 슬퍼하지 말며 울지 말라 하고 느헤미야가 또 그들에게 이르기를 너희는 가서 살진 것을 먹고 단 것을 마시되 준비하지 못한 자에게는 나누어 주라 이 날은 우리 주의 성일이니 근심하지 말라 여호와로 인하여 기뻐하는 것이 너희의 힘이니라"(느 8:9-10).

얼마나 놀라운 선언입니까! "여호와로 인하여 기뻐하는 것이 너희의 힘이니라!" 안식일은 눈물에 머무는 날이 아니라 기쁨으로 일어서는 날이라는 것입니다. 하나님께서 주시는 기쁨이야말로 공동체를 다시 세우는 힘이라는 고백입니다.

그러나 어느 시점부터 이 기쁨의 본질은 흐려졌습니다. 예수님 시대에 이르러 안식일은 더 이상 해방과 축제의 날로 인식되지 않았습니다. 하나님이 노예를 자유인으로 만드신 날을 기념하는 날이라는 본래의 의미는 점점 사라졌습니다. 대신 안식일은 규정과 금지의 목록으로 채워졌습니다. 영혼을 자유롭게 하는 해방의 은혜 liberating grace 를 잊어버린 탓에, 안식일은 도리어 사람을 옭아매는 무겁고 숨 막히는 짐으로 전락하고 말았습니다.

당시의 극단적인 율법주의는 이런 식이었습니다. 어떤 이들은 말했습니다. 안식일에 닭고기를 먹는 것은 괜찮지만 닭에게 모이를 주는 것은 안 된다는 것입니다. 왜냐고 묻자 이런 설명이 따랐습니다. 닭이 모이를 먹다 곡식 알갱이를 떨어뜨릴 수 있고, 그것이 싹이 트면 씨를 뿌린 셈이 되며, 씨를 뿌리는 것은 '일'이기 때문에 금지된다는 것입니다. 얼마나 비논리적이며 궤변에 가까운 해석입니까?

또 다른 이들은 여자는 안식일에 거울을 볼 수 없다고 주장했습니다. 거울을 보다가 흰 머리카락을 발견하고 뽑을 수 있기 때문이라는 것입니다. 머리카락을 뽑는 행위는 '추수'에 해당하며, 추수는 노동이므로

4부. 은혜는 버는 것이 아니다

금지라는 논리였습니다. 말씀의 정신은 사라지고, 형식만 남은 해석이었습니다.

또 이런 사례도 전합니다. 한쪽 다리를 나무 의족으로 대신하던 사람이 있었다고 합시다. 안식일에 집에 불이 났다면 당연히 뛰어나와야 할 것입니다. 그러나 일부 율법 해석에 따르면 의족을 착용한 채로 나오면 안 된다는 것입니다. 나무를 '옮기는 행위'가 노동에 해당하기 때문이라는 주장입니다. 얼마나 비상식적인 결론입니까?

본문에서 예수께서는 바로 이런 '경건한 난센스'에 정면으로 도전하고 계십니다.

땅을 보던 사람이 하늘을 바라보다

어느 날 예수께서 회당에서 가르치고 계셨습니다. 말씀을 전하시던 중, 그분의 시선이 한 사람에게 멈추었습니다. 청중 가운데 허리가 심하게 굽은 한 여인이 있었기 때문입니다. 등이 뒤틀려 곧게 설 수 없었고, 시선은 늘 땅을 향해 있었습니다. 그렇게 살아온 세월이 무려 18년이었습니다.

마르틴 루터는 이 여인의 모습을 두고 의미심장한 해석을 내놓았습니다. 그는 이 장면을 "하나님의 은혜 없이 살아가는 인간의 형편"을 보여주는 상징이라 말했습니다. 루터는 이를 가리켜 라틴어로 "호모 인쿨바투스 인 쎄"homo incurvatus in se, 곧 "자기 자신 안으로 굽어 들어간 인간"이라고 불렀습니다.

하나님의 해방하시는 은혜가 없는 인간은 자기 안으로 접혀 있는 존재라는 것입니다. 그는 늘 자신을 중심으로 생각하고, 자신만을 위해 말하며, 자신만의 문제에 매달립니다. 시야는 좁아지고 관심은 축소되

하나님은 다른 길로 오신다

며 삶의 무게는 점점 자신에게로 쏠립니다.

그런 사람은 결코 자유로운 사람이 아닙니다. 그는 짐에 눌린 사람이며 본문이 말하듯 사탄에게 '결박된' 사람입니다. 마귀에게 사로잡혀 시선이 위를 향하지 못하는 상태입니다. 오늘날 우리는 이런 상태를 다른 말로 표현합니다. 우리는 그것을 '세속적'이라고 부릅니다.

'세속적'secular이라는 단어는 본래 라틴어 '세쿨룸'(saeculum, 현세, 이 세상)에서 비롯되었습니다. 세속적인 사람은 이 시대에 갇힌 사람입니다. 이 세대의 논리와 가치에 사로잡혀, 그 너머를 보지 못하는 사람입니다. "이 세상이 전부다. 그 이상은 없다"라고 말하는 사람입니다. 그런 사람은 고개를 들어 하나님을 바라볼 수 없습니다. 자기 자신 안으로 굽어 있기 때문입니다.

예수께서는 그런 여인을 보셨습니다. 그분의 마음이 움직였습니다. 단순한 관찰이 아니라 깊은 연민이었습니다. 그리고 그녀를 앞으로 부르셨습니다.

"여자여, 네가 네 병에서 놓였다(해방되었다, 풀렸다)."

그 말씀은 단순한 선언이 아니었습니다. 예수께서 손을 얹으시자 즉시 그녀의 몸이 곧게 펴졌습니다. 18년 동안 땅만 보며 살던 사람이 하늘을 바라보게 되었습니다. 그리고 그녀는 하나님을 찬양하기 시작했습니다. 은혜는 이렇게 사람을 곧게 세웁니다. 해방은 이렇게 시선을 위로 돌려놓습니다. 안식은 이렇게 굽은 존재를 다시 자유로운 존재로 일으켜 세웁니다.

해방의 날을 감시의 날로 바꾼 사람들

그 일이 일어난 날은 안식일이었습니다. 아마 누군가는 이렇게 물을지

4부. 은혜는 버는 것이 아니다

도 모릅니다. "꼭 그날이어야 했는가?", "하필 안식일에 고쳐야 했는가?"

예수께서는 이 여인을 안식일에 고치시면 큰 논란이 일어날 것을 모르지 않으셨습니다. 하루만 더 기다리셨다면 어떠했겠습니까? 율법학자들과 바리새인들과의 마찰도 피할 수 있었을 것입니다. 더욱이 이 여인은 이미 18년을 그렇게 살아왔습니다. 하루 더 기다린다고 해서 상황이 더 나빠질 것도 아니지 않습니까?

그러나 주님은 기다리지 않으셨습니다. 안식일에 병을 고치심으로써 예수께서는 회당장의 사고 체계에 정면으로 도전하셨습니다. 단순히 한 여인을 치유하신 것이 아니라 안식일을 둘러싼 왜곡된 신학을 드러내셨습니다.

왜 그러셨을까요? 그 여인이 결박된 존재였던 것처럼 회당장 역시 다른 방식으로 결박된 사람이었기 때문입니다. 그는 병에 묶인 것은 아니었지만 율법주의라는 틀에 묶여 있었습니다. 그는 육체는 곧게 서 있었지만 마음은 자기 확신과 종교적 체계 안으로 깊이 굽어 있었습니다. 주님은 치유를 단 하루도 미루지 않으셨습니다. 종교 지도자들이 이미 안식일을 해방과 기쁨의 날이 아닌, 차가운 감시와 억압의 날로 심각하게 왜곡해버렸기 때문입니다. 사람을 살리는 법이 사람을 묶는 도구가 된 것입니다.

하지만 안식일은 본래 하나님의 선물입니다. 우리가 하나님께 드리는 선물이 아닙니다. 안식일은 우리를 위해 만들어진 날입니다. 우리가 안식일을 위해 존재하는 것이 아닙니다(막 2:27). 하나님은 안식일을 해방의 날로 주셨습니다. 기쁨의 날로 주셨습니다. 안식을 축하하는 축제의 날로 주셨습니다.

그러므로 안식일은 우리를 고정된 형식 속에 가두기 위한 제도가 아닙니다. 엄수주의자가 되라고 주신 날도 아닙니다. 그날은 우리를 다

하나님은 다른 길로 오신다

시 사람답게 세우는 날입니다. 굽은 존재를 곧게 펴고, 묶인 존재를 풀어내고, 땅만 보던 시선을 하늘로 들어 올리는 날입니다. 예수께서는 그 본래의 의미를 되찾기 위해, 바로 그 안식일에 행동하셨습니다.

자유주의가 아니라 자유하게 하시는 분

내가 한때 살았던 네덜란드에서 있었던 일입니다.

1952년, 네덜란드는 거대한 폭풍과 홍수로 큰 피해를 입었습니다. 바람과 파도가 제방을 위협했고, 여러 마을이 물에 잠길 위기에 놓였습니다. 그중 한 마을은 철저한 주일 성수주의 전통을 지닌 공동체였습니다. 안식일에는 어떤 형태의 노동도 해서는 안 된다고 배워온 매우 엄격한 신앙인들이었습니다.

폭풍이 거세지자 마을을 둘러싼 제방을 즉시 보수하지 않으면 공동체 전체가 위험에 처할 상황이 되었습니다. 생존을 위해서는 일요일에도 작업을 해야 했습니다.

관할 경찰이 교회 목사에게 상황을 알렸고, 목사는 긴급히 제직회를 소집했습니다. 회의는 격렬했습니다. 장로들이 차례로 일어나 말했습니다. "우리는 어떤 일이 있어도 제4계명을 지켜야 합니다." "집과 농장과 생명을 잃는다 해도 계명을 어길 수는 없습니다." "우리는 전능하신 하나님을 믿습니다. 하나님은 폭풍을 잠잠케 하실 수 있습니다." "우리는 기도해야 합니다. 그러나 설령 폭풍이 멈추지 않는다 해도 하나님의 거룩한 율법을 깨뜨리는 것보다는 모든 것을 잃겠습니다."

목사는 마지막으로 설득했습니다. "예수님께서도 안식일에 사람을 고치지 않으셨습니까? 안식일은 사람을 위해 있는 것이지, 사람이 안식일을 위해 있는 것이 아니라고 말씀하지 않으셨습니까?"

그때 한 장로가 조심스럽게 일어나 말했습니다. "목사님, 저는 오랫동안 이 말씀을 드릴까 망설였습니다. 그러나 오늘은 말씀드려야겠습니다. 저는 우리 주님이… 약간은 자유주의적인 분이 아니었을까 하는 생각을 떨칠 수 없었습니다."

그 말은 단어 선택의 실수였습니다. 더 정확히 말하면, 예수님에 대한 오해였습니다. 예수님은 '자유주의적'liberal인 분이 아니라 '자유롭게 하시는'liberating 분이십니다. 그분은 규범을 가볍게 여기려 오신 분이 아니라 규범의 본래 목적을 회복하려 오신 분입니다. 예수님은 사람을 해방하기 위해 오셨습니다. 안식일을 원래 의도대로 되돌리기 위해 오셨습니다.

하나님이 의도하신 안식일은 무엇입니까? 해방의 날입니다. 백성이 곧게 설 수 있는 날입니다. 속박에서 풀려난 사람처럼 가슴을 펴고 걸을 수 있는 날입니다. "나는 너를 애굽 땅, 종 되었던 집에서 인도하여 낸 네 하나님 여호와라 … 네 하나님 여호와가 네게 명령한 대로 안식일을 지켜 거룩하게 하라 … 너는 기억하라 네가 애굽 땅에서 종이 되었더니 네 하나님 여호와가 강한 손과 편 팔로 거기서 너를 인도하여 내었나니 그러므로 네 하나님 여호와가 네게 명령하여 안식일을 지키라 하느니라"(신 5:6, 12-15).

안식일은 율법의 무게를 더하는 날이 아닙니다. 굽은 등을 펴는 날입니다. 하나님의 기쁨이 우리의 힘이 되는 날입니다. 잃어버린 존엄을 회복하는 날입니다. 무거운 짐을 내려놓고 진정한 자유를 누리는 날입니다. 안식일은 해방의 날입니다. 기쁨의 날입니다. 하나님이 인간을 다시 사람답게 세우시는 날입니다.

하나님은 다른 길로 오신다

33

하나님 나라의 가격표는 다르다

누가복음 14:1, 7-14

"무릇 자기를 높이는 자는 낮아지고 자기를 낮추는 자는 높아지리라"(11).

긴 세월이 흐르며 사람들의 삶의 방식과 겉모습은 크게 변했습니다. 하지만 시대가 훌쩍 바뀌어도 인간의 내면 깊은 곳에서 좀처럼 사라지지 않는 낡은 습성들이 여전히 남아 있습니다. 예수께서 이 땅에 오셔서 보여주신 하나님 나라를 제대로 본다면 그런 습성은 고칠 수 있습니다. 오늘 본문 역시 그중 하나를 건드립니다.

미국 서부 개척 시대를 떠올려보십시오. 아직 자동차가 보편화되지 않았던 시절, 사람들은 역마차stagecoach를 타고 이동했습니다. 서부 영화에서 자주 보던 그 마차입니다. 대략 여섯 명 남짓 탈 수 있는 작은 승합마차였는데, 흥미롭게도 모든 좌석이 동일하지는 않았습니다. 오늘날 비행기 표가 일등석·비즈니스석·이코노미석으로 구분되는 것처럼 그때도 좌석에 등급이 있었습니다.

그러나 그 차별은 좌석의 크기나 음식의 질 때문이 아니었습니다.

자리도, 먹는 것도 거의 같았습니다. 차이는 다른 데 있었습니다. 비상 상황이 벌어졌을 때 감당해야 할 책임이 달랐던 것입니다.

마차가 진흙탕에 빠지거나 가파른 언덕을 오를 때가 문제였습니다. 일등석 승객은 가장 비싼 값을 치른 만큼 어떤 일이 생겨도 자리에 그대로 앉아 있을 수 있었습니다. 문제 해결은 다른 사람의 몫이었습니다. 이등석 승객은 상황이 생기면 내려서 걷다가, 문제가 해결되면 다시 탑승할 수 있었습니다. 삼등석 승객은 가장 싼 표를 산 대신, 문제가 생기면 직접 해결에 참여해야 했습니다. 진흙탕에 들어가 마차를 밀어야 했고, 언덕을 오를 때는 함께 힘을 보태야 했습니다. 땀을 흘리고 몸으로 수고하는 자리였습니다.

하나님 나라는 가격표가 다르다

이것은 인간 본성을 잘 보여주는 상징처럼 느껴집니다. 우리는 '일등석'을 특권으로 이해합니다. 귀찮은 일, 힘든 일, 몸으로 감당해야 하는 일에서 면제되는 것이 곧 성공이라 생각합니다. 더 높은 자리에 오를수록 더 적게 수고하는 것이 당연하다고 여깁니다.

그 지점에서 예수의 가치 체계는 우리를 멈춰 세웁니다. 예수께서는 세상이 말하는 '일등석'의 의미를 완전히 뒤집으셨기 때문입니다. 그분은 이 세상의 서열과 특권의 구조를 근본부터 전복하셨습니다.

덴마크 철학자 키에르케골이 들려주는 비유가 있습니다. 어느 날 밤 유명한 백화점에 도둑이 들었습니다. 다음 날 직원과 손님들이 들어가 보니 물건은 그대로였지만 가격표가 모두 뒤바뀌어 있었습니다. 수백만 원짜리 명품 가방이 만 원이 되어 있고, 값싼 슬리퍼가 백만 원이 되어 있었습니다. 값비싸다고 여겼던 것이 싸지고, 하찮게 보이던 것이

하나님은 다른 길로 오신다

가장 비싸게 매겨진 것입니다.

키에르케골은 이것이 하나님 나라의 비밀이라고 말합니다. 하나님 나라는 이 세상의 가치표를 통째로 바꾸어놓습니다. 우리가 비싸다고 생각하는 것이 하나님 눈에는 값없을 수 있고, 우리가 하찮게 여기는 것이 하나님 눈에는 가장 귀할 수 있습니다.

예수님의 말씀을 떠올려보십시오. 하나님의 눈에 '일등'은 특권을 누리는 자리가 아닙니다. 모든 것이 나를 위해 준비되어 있다고 생각하는 자리가 아닙니다. 오히려 "나는 모든 이를 위해 준비되어 있다"고 말할 수 있는 자리입니다. 어려움을 기꺼이 떠맡는 자리, 종의 역할을 마다하지 않는 자리입니다.

참된 일등석은 다른 사람이 문제를 해결해주기를 기다리며 앉아 있는 자리가 아닙니다. 팔을 걷어붙이고 문제 한가운데로 들어가는 자리입니다. 가장 낮은 자리에서 가장 많이 사랑하는 자리입니다. 하나님 나라에서는 특권이 높음을 결정하지 않습니다. 섬김이 높음을 증명합니다.

수건을 두른 하나님

우리 주님께서 이 땅에 계시던 마지막 밤을 기억하십니까? 그분은 사랑하는 제자들과 마지막 식사를 나누기를 간절히 바라셨습니다. 유월절 전날 저녁, 다락방에 제자들이 모였습니다.

그러나 그 자리에는 묘한 긴장감이 감돌고 있었습니다. 그들은 하루 종일 흙먼지 길을 걸어왔습니다. 이제 식탁에 기대어 식사하기 전에 시원한 물로 발을 씻는 것이 마땅했습니다. 그러나 아무도 움직이지 않았습니다.

4부. 은혜는 버는 것이 아니다

이유는 단순했습니다. 그날 그들은 논쟁하고 있었기 때문입니다. 누가 더 큰 자인가, 누가 장차 도래할 하나님 나라에서 더 높은 자리를 차지할 것인가를 두고 속 좁은 자존심 싸움이 벌어진 탓이었습니다. 형제라 부르던 이들 사이를 경쟁심이 갈라놓고 있었습니다. 그들 중 누구도 종의 일을 하려 하지 않았습니다. 발을 씻는 일은 가장 낮은 자의 몫이었기 때문입니다.

솔직히 말해봅시다. 조금이라도 더 앞서고 싶고, 더 높아지고 싶은 욕망이 우리 안을 지배하고 있다면 우리는 결코 허리를 굽히지 않을 것입니다. 다른 사람 아래로 들어가려 하지 않을 것입니다. 그 어색하고 불편한 침묵의 순간, 예수께서 움직이셨습니다.

요한복음은 그 장면을 장엄하게 기록합니다. "유월절 전에 예수께서 자기가 세상을 떠나 아버지께로 돌아가실 때가 이른 줄 아시고 세상에 있는 자기 사람들을 사랑하시되 끝까지 사랑하시니라 … 저녁 먹는 중 예수는 아버지께서 모든 것을 자기 손에 맡기신 것과 또 자기가 하나님께로부터 오셨다가 하나님께로 돌아가실 것을 아시고 저녁 잡수시던 자리에서 일어나 겉옷을 벗고 수건을 가져다가 허리에 두르시고 이에 대야에 물을 떠서 제자들의 발을 씻으시고 그 두르신 수건으로 닦기를 시작하여…"(요 13:1-5).

그분은 주인이셨지만 종의 자리에 서셨습니다. 권위를 지니셨지만 수건을 허리에 두르셨습니다. 가장 높으신 분이 가장 낮은 자리로 내려오셨습니다. 그리고 말씀하셨습니다. "내가 너희에게 행한 것 같이 너희도 행하게 하려 하여 본을 보였노라"(15).

여기서 반드시 붙들어야 할 문장이 있습니다. "예수께서 자기가 세상을 떠나 아버지께로 돌아가실 때가 이른 줄 아시고…"(1). 이것이 섬김의 신학적 근거입니다. 예수께서는 자신의 정체성을 아셨습니다. 자

하나님은 다른 길로 오신다

신의 삶이 하나님의 선물임을 아셨습니다. 자신의 가치가 업적이나 지위로 결정되지 않음을 아셨습니다. 그래서 허리를 굽히는 것이 자신의 품위를 떨어뜨리지 않는다는 사실을 아셨습니다. 종의 일을 하는 것이 자신의 신분을 위협하지 않는다는 것을 아셨습니다. 자기 존재가 이미 하나님의 은혜 안에서 확고했기 때문입니다.

은혜를 아는 사람은 서열에 집착하지 않습니다. 정체성이 흔들리지 않는 사람은 특권에 매달리지 않습니다. 그래서 예수는 세상의 등급 체계를 전복하셨습니다. 일류·이류·삼류로 나누는 방식 자체를 뒤집으셨습니다. 하나님 나라에서의 '일등'은 가장 편한 자리가 아닙니다. 가장 많은 특권을 누리는 자리가 아닙니다. 진짜 일류는 자발적으로 섬기는 사람입니다. 누가 시켜서가 아니라 기꺼이 수건을 두르는 사람입니다. 발을 벗고 진흙 속으로 들어가는 사람입니다. 예수를 따른다는 것은 입으로 고백하는 차원을 넘어 발로 따라가는 것입니다. 스스로 종이 되기를 선택하는 삶, 자발적 섬김을 기쁨으로 받아들이는 삶, 그것이 하나님 나라에서 가장 높은 자리입니다.

오늘날 세상에서도 "섬김의 리더십"을 말합니다. 그러나 그 뿌리는 이미 복음서에 있습니다. 가장 높으신 분이 가장 낮은 자리에서 우리의 발을 씻기셨기 때문입니다.

은혜를 아는 사람은 상석을 탐하지 않는다

인간으로서 우리의 가치는 경쟁에서 앞선 성취나 눈에 띄는 업적으로부터 오지 않습니다. 우리의 참된 가치는 하나님의 행동에서 비롯됩니다.

예수님께 대하여 "하나님께로부터 오셨다가 하나님께로 돌아가신 분"이라고 고백하는 그 진리는, 사실 우리 각 사람에게도 적용되는 심오한 진리입니다. 우리 역시 하나님께로부터 와서 하나님께로 돌아가는 존재입니다. 요한의 표현을 빌리자면 우리는 이 땅에 잠시 머무는 "하늘에서 와서 하늘로 돌아가는 나그네"입니다.

이 사실이 무엇을 말해줍니까? 우리의 존재 가치가 하나님으로부터 선물로 주어졌다는 것입니다. 우리는 우연의 산물이 아니라 하나님의 의지와 사랑 안에서 시작된 존재입니다. 그리고 하나님께로 돌아갈 존재입니다. 이 출발과 종착이 이미 우리의 존엄을 규정합니다.

그러므로 우리의 가치는 외형적 기준에 의해 평가되지 않습니다. 학벌, 경력, 재산, 장식, 소유, 외모, 사회적 지위 같은 것들이 우리의 존재 가치를 결정하지 않습니다. 성경은 우리를 "하나님의 보물"(쉬운성경)이요, "왕 같은 제사장"이며 "거룩한 백성"이라 부릅니다(출 19:5-6, 벧전 2:9). 하나님의 자녀라는 사실 하나만으로도 우리는 이미 최상의 작품 masterpiece이며, 하나님의 눈에는 일등석 손님과 같은 존재입니다.

사도 바울은 이를 한 문장으로 압축합니다. "나는 하나님의 은혜로 오늘의 내가 되었습니다"(고전 15:10, 새번역). 여기에 자유의 근원이 있습니다. 자기 증명을 위해 애쓸 필요가 없는 자유, 남보다 앞서야 한다는 강박에서 풀려나는 자유, 비교와 경쟁의 사슬에서 벗어나는 자유입니다. 이 자유는 은혜라는 분수대에서 솟구쳐 나오는 물과 같습니다. 그 물로 우리는 서로의 발을 씻길 수 있습니다. 세상을 살아가며 묻게 되는 먼지와 더러움을 창조적으로 감당할 수 있습니다.

이것이 본문의 핵심입니다. 잔치 자리에 초대받았을 때 굳이 상석을 차지하려 애쓰지 말고, 기꺼이 말석에 앉으라는 예수의 가르침 말입니다. 이미 하나님의 풍성한 은혜로 우리의 근본적 필요가 채워졌기 때문입니다.

그러니 자기 가치를 증명하겠다며 체면이나 신분, 학벌, 명품, 돈,

하나님은 다른 길로 오신다

집, 외모, 가문, 여가 같은 것들에 매달릴 필요는 없습니다. 은혜로 충만한 사람은 외형적 장식에 집착하지 않습니다. 자기 존재가 하나님의 선물임을 아는 사람은 굳이 높아지려 애쓰지 않아도 됩니다. 이미 충분히 존귀하기 때문입니다.

이미 사랑받은 사람의 자유

이 원리는 우리가 잔치를 열 때에도 동일하게 적용됩니다. 손님 명단을 작성하면서 우리의 사회적 지위를 높여줄 사람들을 먼저 떠올리는 대신, 이렇게 물어야 합니다.

"지금 이 식탁이 가장 필요한 사람은 누구인가?"

"누가 한 끼의 따뜻한 식사와 진심 어린 관심을 절실히 필요로 하는가?"

그들을 초대하는 이유는 우리의 성공이나 능력을 과시하기 위함이 아닙니다. 우리의 재능과 여유를 사용해 그들을 기쁘게 하고, 위로하고, 축복하기 위함입니다. 이것이 성경이 말하는 청지기의 길stewardship입니다. 청지기는 주인의 것을 맡아 관리하는 사람입니다. 자기 소유처럼 소비하는 사람이 아니라 맡겨진 것을 통해 생명을 살리는 사람입니다.

삶을 근본적으로 바꾸고 싶다면 그리고 더 나은 삶을 살고 싶다면 우리 주님의 모범과 가르침을 따르는 것보다 더 확실한 길은 없습니다. 하나님의 눈에 '일류'는 은혜를 알고 자발적으로 종이 되는 사람입니다. 그는 섬김을 의무로 여기지 않습니다. 기쁨으로 감당합니다. 다른 사람을 섬긴다고 해서 자신의 가치가 떨어진다고 생각하지 않습니다. 이미 하나님의 은혜로 자기 존재가 확정되었음을 알기 때문입니다. 그는 문제의 일부가 아니라 해답의 일부가 되는 사람입니다. 그의 존재는 분위기를 바꾸고, 공동체를 밝게 만듭니다. 이런 사람이 한 사람만 있어도 교회와 사회는 달라집니다.

그리고 여기서 좋은 소식이 있습니다. 이 길은 소수의 영웅만을 위한 길이 아닙니다. 우리 모두에게 열려 있습니다. 여러분은 이미 하나님의 사랑을 전적으로 받은 사람들입니다. 이 은혜의 진리가 마음 깊이 뿌리내릴 때 더 이상 인정받기 위해 애쓰지 않아도 됩니다. 대신 세상의 필요를 향해 자유롭게 움직일 수 있습니다. 궁핍한 자를 섬기고, 눌린 자를 일으키며 하나님의 기쁨을 나누는 자발적인 종이 될 수 있습니다.

은혜 안에서 여러분은 이미 충분히 존귀합니다. 그 자유 안에서 사랑을 행동으로 옮기십시오.

하나님은 다른 길로 오신다

34

환대하는 공동체, 경계를 허무는 공동체

누가복음 15:1-10

"이와 같이 죄인 한 사람이 회개하면
하나님의 사자들 앞에 기쁨이 되느니라"(10).

세상살이는 만만하지 않습니다. 감당할 수 있을 것이라 여겼던 무게가 어느 순간 우리의 역량을 넘어섭니다. 어깨를 짓누르는 짐은 한두 가지가 아닙니다. 삶의 중압감, 외부에서 밀려오는 압력, 설명하기 어려운 내적 긴장, 끊이지 않는 근심과 염려와 불안이 공기처럼 우리를 둘러싸고 있습니다.

물가는 치솟고, 자녀의 대학 등록금은 연간 천만 원을 훌쩍 넘습니다. 청년 실업은 젊은 세대를 긴장 속에 묶어두고, 한반도를 둘러싼 기류는 좀처럼 밝아 보이지 않습니다. 기후와 날씨마저 우리의 마음을 힘들게 합니다. 시선을 세계로 넓혀도 상황은 다르지 않습니다. 생태계는 신음하고, 국가 간의 분쟁은 끊이지 않습니다. 사도 바울의 표현처럼 "피조물이 다 이제까지 함께 탄식하며 함께 고통을 겪고"(롬 8:22) 있다는 말은 결코 과장이 아닙니다.

거창한 사회적, 국가적 위기가 아니더라도 평범한 일상을 버텨내는 사람들의 마음은 점점 예민해집니다. 참을성은 짧아지고, 사소한 일에도 쉽게 짜증을 냅니다. 죽고 사는 문제가 아닌데도 날카롭게 반응하고, 불평하고, 투덜거립니다. 겉으로는 고요해 보여도 언제 터질지 모르는 휴화산과 같습니다.

신앙의 영역도 예외가 아닙니다. 나태와 권태, 귀찮음과 덧없음, 허전함과 무료함, 짜증과 분노, 무기력과 지루함이 어느새 뒷문으로 스며듭니다. 겉으로는 꼬박꼬박 예배를 드리고 교회 봉사도 이어가지만 정작 내면 깊은 곳에서는 활력을 잃고 서서히 무감각해지기 십상입니다.

그렇다면 이런 불평과 피로가 가득한 세상에서 우리는 어떻게 신바람 나게 살 수 있을까요? 누가복음 15장이 그 질문에 대한 중요한 실마리를 제공합니다. 예수께서는 불만과 냉소로 굳어버린 사람들 앞에서 참된 기쁨이 무엇인지 가르치십니다. 잃어버린 양, 잃어버린 동전, 잃어버린 아들의 비유를 통해 기쁨이 어디서 오는지, 언제 터져 나오는지, 무엇을 향해 열려 있는지를 보여주십니다.

이 비유들이 선포된 배경을 기억해야 합니다. 예수의 사역을 못마땅하게 여기며 끊임없이 트집을 잡던 종교 지도자들, 곧 바리새인들과 서기관들이 그 자리에 있었습니다. 오늘날의 언어로 바꾸자면 신학적 식견은 뛰어나지만 마음은 굳어 있던 사람들, 교리에는 정통했지만 기쁨에는 인색했던 종교 엘리트들이었습니다. 그들은 시시비비를 가리는 데는 밝았지만, 잃어버린 사람을 되찾았을 때 함께 기뻐하는 법은 잊은 사람들이었습니다.

예수께서는 바로 그들에게, 그리고 오늘의 우리에게 묻고 계십니다. "너희가 잃어버린 것을 다시 찾을 때 기뻐해본 적이 있느냐?" 참된 기쁨은 조건이 좋아질 때가 아니라 잃었던 것을 회복할 때 시작된다는 것을

하나님은 다른 길로 오신다

말입니다.

불평은 문을 닫고, 환대는 문을 연다

그들은 예수를 달가워하지 않았습니다. 겉으로는 침묵했지만 속으로는 불만이 끓고 있었습니다. 수군거리며 예수를 못마땅하게 여겼습니다. 이유는 분명했습니다. 예수께서 죄인들을 받아들이시고, 그들과 함께 식사하며, 이야기를 나누셨기 때문입니다. 당시 사회적 통념으로 보자면 평판이 좋지 않은 이들과 스스럼없이 어울리셨기 때문입니다.

반면 바리새인들과 종교학자들은 사람을 구분하여 사귀었습니다. 언제나 둘로 나누어 평가하고 판단했습니다. 사귈 사람과 사귀어서는 안 될 사람, 쓸 만한 사람과 못 쓸 사람, 괜찮은 사람과 가까이해서는 안 될 사람으로 분류했습니다. 그 판단의 기준은 대체로 종교적 잣대였습니다. 율법 준수 여부가 대표적이었습니다. 십일조 생활, 안식일 엄수, 할례와 종교 예식, 음식 규례와 정결법 같은 항목들이 기준이 되었습니다.

문제는 그들에게 율법 준수의 엄숙함은 있었지만 신앙의 기쁨은 없었다는 점입니다. 그들의 얼굴은 늘 심각했고, 경건은 있었으나 생동감은 부족했습니다. 삶의 즐거움이나 기쁨은 천박한 이들의 소란쯤으로 여겼습니다. 그러니 예수의 행보를 이해하기 어려웠습니다. 죄인들과 함께 먹고 마시며 웃고 대화하시는 모습은 그들의 종교적 세계관과 어울리지 않았습니다.

본문은 바리새인들의 "불평과 수군거림"을 예수의 "죄인들을 환영하심"과 선명하게 대비합니다. 복음서를 읽다 보면 종교 지도자들이 예수께 보인 다양한 반응을 발견하게 됩니다. 따져 묻고, 다그치고, 분노하고, 심지어 죽일 계획을 세우기도 했습니다. 그 여러 반응 가운데 반복적으로 등장하는 것이 불만과 수군거림입니다. 특히 예수께서 누군가를 영접하고 환대하실 때마다 그 반응이 나타났습니다.

쑥덕거림과 환대는 함께 설 수 없습니다. 누군가를 진심으로 환영하면서 동시에 그를 험담할 수는 없습니다. 마음으로 받아들였다면 뒤에서 투덜거릴 이유도 사라집니다.

베드로전서는 이 지점을 정확히 짚어줍니다. 제자의 길을 걷는 이들에게 이렇게 권면합니다. "기도가 막히지 않도록 조심하라." "사랑은 허다한 죄를 덮는다." "하나님의 여러 은혜를 맡은 선한 청지기처럼 서로를 섬기라." "섬길 때는 하나님이 공급하시는 힘으로 하라." 그리고 이어서 말합니다. "불평 없이 서로 환대하라"(벤전 3:7, 4:8-11 참조).

참고로 '환대'를 영어로 hospitality라고 합니다. 호텔업을 hospitality business이라고 합니다. 환대를 전문적으로 하는 일이라는 뜻입니다. 병원을 hospital이라고 합니다. 모두 이방인, 병자, 손님을 친절하게 '받아들이는 것'과 관계가 있는 말입니다. 불평은 문을 닫고, 환대는 문을 엽니다. 수군거림은 경계를 세우고, 환대는 경계를 허뭅니다. 예수의 길은 분명했습니다. 불만의 공동체가 아니라 환대의 공동체를 세우는 길이었습니다.

완벽한 사람이 아니라 돌아온 사람

예수께서는 바리새인들과 율법학자들의 수군거림을 들으셨습니다. 불만이 묻어나는 구시렁거림, 달갑지 않다는 표정과 숨은 탄식까지 모두 아셨습니다. 그러자 그분은 논쟁으로 대응하지 않으셨습니다. 대신 비유를 들려주셨습니다. 그리고 그 비유를 통해 참된 삶의 기쁨이 무엇인지 보여주셨습니다.

하나님은 다른 길로 오신다

예수의 비유는 그림 언어입니다. 추상적인 개념을 설명하기보다 생생한 장면을 눈앞에 펼쳐 보여줍니다. 잃어버린 양 한 마리를 찾아낸 목자의 기쁨을 보십시오. 그는 그 양을 어깨에 들쳐 메고 기뻐하며 돌아옵니다. 잃어버린 동전을 찾기 위해 등불을 켜고 집 안을 샅샅이 뒤지던 여인을 보십시오. 마침내 동전을 찾았을 때 그녀는 친구들과 이웃을 불러 모읍니다. "나와 함께 즐거워합시다. 내가 잃어버린 동전을 찾았습니다."

얼마나 기쁘면 그렇게 하겠습니까? 그런데 여기서 예수께서는 잠시 멈추어 해설을 덧붙이십니다. 마치 "잘 들으라"는 듯이 말씀하십니다. "내가 너희에게 이르노니…." 그리고 이렇게 선언하십니다. "이와 같이 죄인 한 사람이 회개하면 하늘에서는 회개할 것 없는 의인 아흔아홉으로 말미암아 기뻐하는 것보다 더하리라"(15:7). 또한 다음 구절입니다. "내가 너희에게 이르노니 이와 같이 죄인 한 사람이 회개하면 하나님의 사자들 앞에 기쁨이 되느니라"(15:10).

하늘의 기쁨입니다. 천사들이 함께 즐거워하는 기쁨입니다. 회개는 단지 도덕적 반성이 아니라 하늘을 들썩이게 하는 사건이라는 뜻입니다.

그런데 누가복음 15장의 세 번째 비유, 곧 잃어버린 아들의 비유에 이르면 조금 다른 점이 눈에 띕니다. 앞선 두 비유처럼 예수의 직접적인 논평이 붙어 있지 않습니다. 대신 아버지의 음성이 들립니다. 큰아들을 향한 간곡한 호소입니다. "얘 너는 항상 나와 함께 있으니 내 것이 다 네 것이로되 이 네 동생은 죽었다가 살아났으며 내가 잃었다가 얻었기로 우리가 즐거워하고 기뻐하는 것이 마땅하다"(31-32). 비록 예수께서 직접 "하늘이 기뻐한다"고 덧붙이시지는 않지만 독자는 이미 압니다. 이 장면 또한 하늘의 잔치와 맞닿아 있다는 것을.

세 비유를 가만히 들여다보면 공통된 장면이 반복됩니다. 잃어버린 것을 찾는 수고, 마침내 발견했을 때의 환호 그리고 사람들을 불러 모아 함께 기뻐하는 잔치입니다. 어깨에 양을 메고 돌아오는 목자, 동전을 손에 쥐고 안도의 숨을 내쉬는 여인, 체면을 잊고 달려 나가 아들을 끌어안는 아버지. 눈물과 웃음이 동시에 흐르는 장면입니다.

그렇다면 하늘의 기쁨은 언제 터져 나옵니까? 본문은 분명히 말합니다. 잃어버린 한 영혼을 끝까지 찾아가 환대할 때입니다. 아흔아홉을 남겨두고서라도 하나를 향해 나아갈 때입니다. 계산을 멈추고 품을 때입니다. 은혜로 가득한 환대가 이루어질 그때 하늘은 기뻐합니다.

하늘의 기쁨은 완벽한 사람을 확인할 때가 아니라 잃어버린 이를 다시 품을 때 시작됩니다. 그것이 예수께서 우리 마음의 화폭에 그려주신 참된 기쁨의 그림입니다.

먼저 환대받은 사람만이 환대할 수 있다

크리스틴 폴은 『자리를 내어주다: 기독교 환대의 회복*Making Room: Recovering Hospitality as a Christian Tradition*』에서 이렇게 말합니다. "환대의 삶은 예배로부터 시작된다. 하나님의 은혜와 관대하심을 인식하는 예배로부터 그리스도인의 환대는 흘러나온다."[7]

이 말은 단순한 미덕의 강조가 아닙니다. 환대는 성품의 문제가 아니라 은혜 인식의 결과라는 뜻입니다. 예수의 제자들이 세상의 관습을 거슬러 친절을 실천할 수 있었던 이유도 여기에 있습니다. 그들은 한때 잃어버린 존재였습니다. 그러나 하나님의 은혜가 그들을 찾아냈고, 그 은혜가 그들의 인생을 다시 일으켜 세웠습니다. 압도적인 자비를 경험한 사람들, 용납받은 사람들, 다시 시작할 기회를 받은 사람들이었습니다. 그렇기에 그들은 계산이 아니라 기쁨으로 사람을 맞이했습니다. 자

하나님은 다른 길로 오신다

신들이 받은 은혜를 따라, 하나님을 기쁘시게 하는 방식으로 타인을 품을 수 있었습니다.

결국 우리의 환대는 자신이 경험한 은혜의 깊이에 비례합니다. 하나님의 은혜를 알고, 맛보고, 체험한 사람만이 타인을 품을 수 있습니다. 은혜를 모르면 환대는 의무가 되고, 은혜를 알면 환대는 자연스러운 흘러넘침이 됩니다. 다른 이를 포옹하는 행위가 거룩해지는 이유는 그것이 이미 우리를 품으신 하나님의 포옹을 반영하기 때문입니다.

그래서 우리는 성례 앞에 섭니다. 세례의 물을 기억합니다. 성찬의 식탁을 기억합니다. "내가 먼저 환대받은 사람"이라는 사실을 되새깁니다. 예배는 단지 의식이 아니라 기억의 자리입니다. 내가 잃어버린 양이었고 잃어버린 동전이었고 집을 떠났던 아들이었다는 사실을 다시 확인하는 자리입니다.

"전에는 잃었더니 이제는 찾았고, 전에는 보지 못하였더니 이제는 본다"는 고백은 단순한 찬송 가사가 아닙니다. 그것은 환대의 출발선입니다. 하나님의 넉넉하심과 관대하심을 경험한 사람만이 팔을 벌릴 수 있습니다. 그러나 더 깊은 역설이 있습니다. 비유 속 기쁨의 절정은 우리가 은혜를 받았음을 깨닫는 순간에만 머물지 않습니다. 우리가 잃어버린 마지막 하나를 찾아 나설 때, 벼랑 끝에 선 이를 향해 손을 내밀 때, 상처를 보듬고 끌어안고 함께 울고 웃을 그때, 기쁨은 가장 충만해집니다.

은혜를 기억하는 예배에서 환대가 시작되고, 환대를 실천하는 자리에서 예배의 기쁨은 완성됩니다. 이 기쁨은 혼자 누리는 감정이 아닙니다. 교회, 곧 그리스도의 몸 안에서 말하는 '환대'는 개인의 체험으로만 머물 수 없습니다. "나만 환대받았다"에서 끝나는 순간, 그것은 이미 복음의 온도를 잃습니다. 환대는 공동체의 사건이어야 하고 환대의 기쁨 또한 공동체의 기쁨이어야 합니다.

목회자에게 두려운 말이 무엇일까요? "오늘 설교는 최악이었어요." "요즘 헌금이 줄고 있네요." "왜 이 교회는 그 찬송만 부르죠?" "설교가 늘 비슷해요." … 솔직히 말해 이런 말들은 아프지만 치명적이지는 않습니다.

그러나 길거리에서 이런 말을 듣는다면 어떨까요? "목사님, 지난주에 교회에 갔는데… 아무도 저를 반겨주지 않았습니다." 이 한마디는 공동체의 심장을 찌릅니다. 우리는 환대와 영접, 돌봄의 태도를 진지하게 생각해야 합니다. 환대는 프로그램이 아니라 공동체의 존재 방식이기 때문입니다. 그 시작은 언제나 하나님의 환대입니다.

"하나님이 세상을 이처럼 사랑하사…." 그 사랑은 선택된 소수에게만 향한 것이 아니었습니다. 그러므로 교회는 하나님을 닮아야 합니다. 누군가를, 각 사람을, 마지막 한 사람을 향해 문을 열어야 합니다. 우리가 손을 뻗어야 할 범위는 그리스도께서 손을 내미셨던 만큼입니다. 우리가 찾아 나서야 할 범위는 그리스도께서 찾으셨던 자리까지입니다. 우리가 포옹해야 할 범위는 그리스도께서 품으셨던 사람들까지입니다.

여러분 자신이 그리스도의 팔이라는 뜻입니다. 그리스도의 팔로서 누군가를 거룩하게 끌어안을 때 여러분은 단지 사람을 맞이하는 것이 아닙니다. 그리스도께서 그 사람을 통해 오시는 것을 맞이하는 것입니다. 본회퍼의 언어를 빌리자면 그리스도께서 그리스도를 영접하시는 사건입니다. 그래서 환대는 예절이 아니라 신학입니다. 그리고 교회는 그 신학을 몸으로 살아내는 곳입니다.

은혜의 산소를 불어넣는 사람들

"제가 해도 되겠습니까?"

"제가 섬겨도 되겠습니까?"

"제가 도와도 되겠습니까?"

식당에서, 학교에서, 가정에서 그리고 교회에서 이런 말이 자연스럽게 흘러나온다면 그곳은 이미 그리스도의 몸입니다. 손을 펴 죄인을 영접하시고 품으셨던 주님의 심장이 뛰는 공동체입니다. 유년부 아이들의 입에서, 중고등부 학생들의 입에서, 청년들의 입에서, 장로와 권사, 집사들의 입에서 이런 말이 들려온다면 우리는 점점 예수님을 닮아가고 있는 것입니다. 환대는 프로그램이 아니라 문화이고, 문화는 말에서 시작되기 때문입니다.

그러므로 이렇게 자문해보십시오. "지금 여기에서 나는 그리스도의 손이 될 수 있는가?" 사역위원회에 자원할 때, 교회 부엌에서 기쁨으로 음식을 준비할 때, 예배당 문에서 처음 오는 이를 맞이할 때, 낯선 이와 마주 앉아 이야기를 들어줄 때, 누군가의 고통을 끝까지 경청할 때, 교회학교 교사가 아이의 눈높이로 내려설 때, 목회자가 한 영혼을 위해 애쓸 때, 그 순간마다 우리는 환대를 실천하고 있는 것입니다.

환대란 단순히 친절한 태도가 아닙니다. 가장 작은 자를 찾아가고, 잃어버린 이를 발견하고, 돌아온 이를 축하하며, 상처 입은 이를 보듬고, 놓치지 않으려 꼭 붙드는 일입니다. 그리고 마침내 함께 기뻐하는 일입니다.

어쩌면 바리새인들의 불평은 예수께서 죄인들과 식사하셨기 때문이 아니라 자기들과 식사하지 않으셨기 때문이었는지도 모릅니다. 조금 낯설게 들릴지 모르지만 우리는 "왜 나를 환영해주지 않는가?"를 묻기 전에 "나는 누구를 환영하고 있는가?"를 물어야 합니다. 이곳이 내가 섬김을 받는 장소인지 아니면 내가 누군가를 맞이하는 장소인지를 스스로에게 물어야 합니다.

4부. 은혜는 버는 것이 아니다

우리 주변의 공기는 불평으로 탁해져 있습니다. 조금만 건드려도 터질 듯한 긴장으로 가득합니다. 이런 시대일수록 하나님의 백성은 그 공기 속에 은혜의 산소를 불어넣는 사람으로 부름받습니다.

환대는 분위기를 바꿉니다. 환대는 공간의 온도를 바꿉니다. 환대는 공동체의 표정을 바꿉니다. 환대가 시작되면 기쁨은 흘러넘칩니다. 마치 가득 채운 물잔이 넘쳐 흐르듯 그 기쁨은 숨길 수 없습니다. 우리는 그것을 느낄 수 있습니다. 포옹 속에 맺히는 눈물, 되찾은 양을 어깨에 메고 외치는 기쁨, 누군가를 섬기는 손길 속에서 드러나는 따뜻함.

그 손이 곧 그리스도의 손입니다.

그 얼굴에서 우리는 그리스도를 봅니다.

하나님은 다른 길로 오신다

35

상실의 자리에서 시작되는 복음

누가복음 15:1-10; 딤전 1:12-17

"너희 중에 어떤 사람이 양 백 마리가 있는데 그중의 하나를 잃으면 …
어떤 여자가 열 드라크마가 있는데 하나를 잃으면…"(눅 15:4, 8).

"내가 전에는 비방자요 박해자요 폭행자였으나…"(딤전 1:13).

혹시 길을 잃어본 적이 있습니까? 낯선 외국에서, 잠시 한눈판 사이 일행과 떨어져 홀로 남겨졌던 순간 말입니다. 간혹 대공원에서 미아를 찾는 방송을 들어본 적이 있을 것입니다. 부모를 잃고 울고 있는 아이를 본 적도 있을 것입니다. 그 아이의 울음은 단순한 슬픔이 아닙니다. 얼굴이 사색이 되어, 연약한 영혼을 덮쳐오는 공포에 짓눌려 터져 나오는 울음입니다. 보호받던 세계가 한순간에 사라졌을 때 인간은 그렇게 웁니다. '잃어버림'은 단지 장소의 문제가 아닙니다. 내가 속해야 할 자리, 나를 붙들어주던 의미의 중심을 상실한 상태를 가리킵니다.

이 '잃어버린 바 됨'을 비극적으로 보여주는 작품이 있습니다. 우나무노Miguel de Unamuno의 단편 「선한 순교자 성 임마누엘Saint Emmanuel the Good Martyr」입니다. 이 이야기는 한 마을의 신부, 돈 임마누엘을 중심으로 전개됩니다.

309

4부. 은혜는 버는 것이 아니다

돈 임마누엘은 사람들을 진심으로 사랑한 목회자였습니다. 파탄 직전의 가정을 회복시키고, 방황하는 십 대들을 붙들어 세웠습니다. 병든 이를 찾아가 위로하고, 죽음 앞에 선 이들과 함께 울었습니다. 그는 공동체를 위해 자신을 아낌없이 내어준 사람이었습니다. 특히 그의 마음은 늘 가장 낮은 자리를 향했습니다. 주목받지 못하는 사람들, 사회적으로 밀려난 사람들, 잊힌 사람들, 이미 '잃어버린' 듯 보이는 사람들 곁에 그는 서 있었습니다.

그에게는 사람의 마음을 깊이 울리는 특별한 은사인 목소리가 있었습니다. 주일마다 울려 퍼지는 그의 음성은 회중의 영혼을 흔들었습니다. 설교는 단순한 전달이 아니라 사건이었습니다. 사람들은 그의 음성을 통해 하나님을 경험한다고 느꼈습니다.

어느 성금요일 저녁, 그는 십자가 위에서 예수께서 외치신 절규를 힘껏 선포했습니다. "나의 하나님, 나의 하나님, 어찌하여 나를 버리셨나이까?" 그 음성은 예배당을 가르며 회중의 심장을 파고들었습니다. 마치 골고다 언덕 아래 서 있는 듯한 전율이 흘렀습니다. 그는 분명 위대한 신부였습니다.

그러나 아무도 모르는 비밀이 있었습니다. 그는 자신이 전하는 그 복음을 믿지 못하고 있었습니다. 예수의 부활을 확신하지 못한 채, 깊은 의심 속에서 방황하고 있었습니다. 겉으로는 하나님을 증언했지만 속으로는 하나님께 버림받은 듯한 공허를 견디고 있었습니다.

그에게 '잃어버린 영혼'은 교리가 아니라 자신의 현실이었습니다. 믿고 싶지만 믿어지지 않는 밤들, 영혼을 잠식하는 두려움 속에서 그는 수없이 흔들렸습니다. 때로는 삶을 내려놓고 싶은 충동과 씨름해야 했습니다.

이 이야기의 비극은 여기에 있습니다. 사람들을 붙들어주는 자리에

하나님은 다른 길로 오신다

서 정작 그는 길을 잃고 있었습니다. 겉으로는 중심에 서 있었지만 내면의 중심은 무너져 있었습니다. '잃어버린 바 됨'이란 그런 상태일지도 모릅니다. 제자리에 서 있는 것처럼 보이지만 영혼의 뿌리가 흔들리고 있는 상태 말입니다.

잃어버림의 여러 얼굴들

곰곰이 생각해보면 이러한 방황과 상실감은 특정한 상황에 국한되지 않습니다. 어디에서든 경험할 수 있습니다. 어떤 사람들은 가장 신성한 일을 하면서도 '잃어버림'을 경험합니다. 거룩한 의무를 수행하고, 신앙적 책임을 다하고 있음에도 불구하고, 문득 자기 영혼이 비어 있음을 발견합니다. 마치 돈 임마누엘 신부처럼 말입니다. 거룩한 명분을 붙들고 서 있으나 정작 자신의 중심은 흔들리고 있을 수 있습니다.

또 어떤 이들은 교회 안에서 일어나는 수많은 변화 속에서 자신이 어디에 서 있는지 모른 채 미아가 된 듯 느낍니다. 특히 나이 드신 어른들 가운데 이런 고백을 자주 듣습니다. "우리 교회는 안정적이었는데… 우리 교단도 하나로 묶여 있었는데… 이제는 도대체 무엇이 무엇인지 모르겠어. 기본적인 이슈들조차 갈라지고, 열 사람이 모이면 열세 가지 의견이 나와." 급격한 변화의 물결 속에서 자신이 설 자리가 사라졌다고 느끼는 것입니다.

어린아이들도 예외가 아닙니다. 특히 깨어진 가정에서 자란 아이들, 원치 않은 존재처럼 태어나 버려진 아이들, 어린 나이에 정서적·신체적 상처를 입은 아이들도 마찬가지입니다. 그들은 아직 말로 다 표현하지 못할 뿐, 깊은 상실을 겪고 있습니다. 보호받아야 할 자리에서 밀려난 영혼은 그렇게 방황합니다.

이 모든 모습은 메릴린 먼로가 겪었던 자아 상실과도 닮아 있습니다. 화려한 명성과 성공의 중심에 서 있었지만 내면은 무너져 내리고 있었습니다. 어네스토 카데날의 시 「메릴린 먼로를 위한 기도」는 그 영적 공황을 이렇게 표현합니다.

주님, 메릴린 먼로라 불리던 이 여인을 받아주소서.

제가 말씀드리는 메릴린 먼로는

이 세상 어딘가에 있는 모든 메릴린 먼로들입니다.

(당신은 그녀의 진짜 이름을 아실 것입니다.

아홉 살에 강간당한 고아 소녀의 이름,

열여섯 살에 스스로 목숨을 끊으려 했던

가게 점원의 이름을.)

이제 이 메릴린 먼로들이 당신 앞에 나아옵니다.

화장기 없는 맨얼굴로,

매니저도 없이,

카메라도 없이,

사인회의 소란도 없이,

홀로.

광활한 우주의 어둠과 마주한

고독한 우주비행사처럼 홀로 당신 앞에 섭니다.

그녀는 침대에서 싸늘하게 발견되었습니다.

수화기를 손에 쥔 채로.

형사들은 끝내 알아내지 못했습니다.

그녀가 누구에게 전화를 걸고 있었는지.

하나님은 다른 길로 오신다

누군가에게 닿으려 했지만

돌아온 것은 차가운 자동응답기 소리뿐이었습니다.

"잘못 거셨습니다."

주님,

그토록 간절히 원했으나 끝내 닿지 못한 그 전화—

당신께서 받아주소서.

그렇습니다. '잃어버린 바 되었다'는 경험은 이렇게 다양한 얼굴을 하고 다가옵니다. 불신앙의 한복판에서, 급변하는 공동체 안에서, 상처 입은 어린 시절 속에서 혹은 성공과 명예의 정점에서조차 사람은 길을 잃습니다.

그런데 여기에는 한 가지 더 분명히 구분해야 할 점이 있습니다. 스스로 잃어버렸다고 느끼지만 실제로는 그렇지 않은 경우가 있습니다. 그런 상태는 아직 희망이 남아 있습니다. 적어도 자신이 어디에 서 있는지 돌아볼 가능성은 있기 때문입니다.

반대로 자신은 옳은 길을 가고 있다고 확신하지만, 실제로는 이미 길을 잃은 경우가 있습니다. 본문에 나오는 율법 선생들과 바리새인들이 바로 그런 사람들이었습니다. 그들은 자신이 가장 바른 길 위에 서 있다고 조금도 의심하지 않았습니다. 자신들이 잃어버린 존재일 수 있다는 생각은 아예 하지 않았습니다.

그들이 중얼거리기 시작합니다. "이 사람이 죄인들을 받아들이고 그들과 함께 식사한다." 그들의 눈에 예수는 질서를 무너뜨리는 인물이었습니다. 그러자 예수께서 대답하십니다. 그리고 먼저 '잃어버린 양'의 비유를 들려주십니다. 누가, 어떻게, 무엇을 잃어버린 것인지에 대한 가르침이 시작됩니다.

우리는 조금씩 길을 잃는다

예수의 비유에 등장하는 잃어버린 양은 어느 날 갑자기 사라진 것이 아닙니다. 여기저기 입질하다가, 고개를 숙인 채 땅만 바라보다가 길을 잃었습니다. 이 풀밭에서 저 풀밭으로 옮겨 다니며 풀을 뜯는 사이, 자신도 모르게 목자와 양 떼가 나아가는 방향에서 조금씩 벗어나 무리와 멀어진 것입니다.

잃어버림은 대개 점진적입니다. 서서히 떠내려가는 것과 같습니다. 사람들은 우정에서 조금씩 멀어집니다. 하루아침에 등을 돌리는 것이 아니라 어느 날 문득 돌이켜보니 이미 멀어져 있는 것입니다. 부부 사이도 그렇습니다. 갑작스러운 파국보다는 사소한 무관심과 작은 오해들이 쌓이며 거리가 생깁니다. 신앙 역시 마찬가지입니다. 어느 날 갑자기 무너지는 것이 아니라 서서히 약해집니다.

그러다 어느 순간, 자신이 길을 잃었다는 사실을 깨닫습니다. 그때는 이미 혼란과 두려움이 밀려옵니다. 어디로 가야 할지 모릅니다. 방황이 시작됩니다. "이제 나 혼자 남았구나." 가장 가까이 있다고 믿었던 존재가 보이지 않는 것 같은 절망을 경험합니다.

비유 속 양은 '조금씩', '점차' 잃어버린 바 되었습니다. 푸른 풀의 유혹에 이끌려 지금 어디로 가는지도 모른 채 입질하다가 길을 잃었습니다. 문제는 길을 잃은 사건 자체보다, 그렇게 방황하게 된 자기 자신입니다.

예를 들어보겠습니다. 부부 관계가 멀어질 때, 그것이 한순간의 폭팔 때문만은 아닙니다. 어떤 극적인 결단 때문도 아닙니다. 작은 무관심, 사소한 선택, 대수롭지 않게 넘긴 말 한마디들이 쌓이면서 금이 갑니다. 신앙의 상실도 이와 다르지 않습니다. 어느 날 갑자기 "믿지 않겠다"라

하나님은 다른 길로 오신다

고 선언해서가 아니라 조금씩 밀려난 결과입니다.

그래서 신앙의 삶에는 훈련이 필요합니다. 정기적인 예배, 매일의 기도, 결단하여 드리는 헌신과 같은 것들입니다. 이런 일들이 형식처럼 보일지 몰라도 사실은 우리를 붙들어주는 울타리입니다. 그것을 게을리하는 순간부터 표류는 시작됩니다.

신앙은 하루아침에 사라지지 않습니다. 신앙이 더는 삶을 이끄는 동력이 되지 않을 그때부터 상실은 진행됩니다. 갑작스러운 붕괴가 아니라 점진적인 이탈입니다. 초원에서 조금씩 풀을 따라가다 보니 어느새 목자가 보이지 않는 지점까지 와 있는 양과 같습니다.

담배를 예로 들면 이해가 쉽습니다. 담배 한 대 피웠다고 폐암이 생기지는 않습니다. 한 갑을 피웠다고 곧바로 병이 생기는 것도 아닙니다. 그러나 여러 해 동안 조금씩 피워온 결과가 몸을 무너뜨립니다.

우리의 신앙도 그렇습니다. 하루아침에 잃어버리는 것이 아닙니다. 셀 수 없이 작은 게으름, 사소한 잘못된 선택, 무심코 넘긴 무관심, 대수롭지 않게 여긴 타협들이 겹겹이 쌓여 어느 순간 삶의 중심이 텅 비어버립니다. 그렇게 우리는 모르는 사이에, 조금씩, 잃어버린 바 됩니다.

스스로 돌아올 수 없는 상태

예수님은 두 가지 비유를 통해 우리가 어떻게 잃어버린 바 되는지를 보여주십니다.

첫째는 잃어버린 양입니다. 양은 스스로 길을 벗어났습니다. 부주의와 경솔함, 무사태평과 무심함 때문이었습니다. 고개를 숙인 채 풀만 바라보다가, 어느새 목자에게서 멀어졌습니다. 자신의 선택과 태도 속에서 길을 잃은 경우입니다.

둘째는 잃어버린 동전입니다. 동전은 스스로 길을 잃은 것이 아닙니다. 여인의 부주의로 바닥에 떨어져 어둠 속에 파묻힌 것입니다. 이 비유는 또 다른 길을 보여줍니다. 누군가의 무관심과 경솔함 때문에 잃어버린 바 되는 경우입니다. 많은 어린이가 그렇습니다. 부모와 교사의 부주의 속에서 상처를 입고 길을 잃습니다. 교회 안에서도 마찬가지입니다. 동료의 무관심과 냉담함이 한 영혼을 어둠 속에 떨어뜨릴 수 있습니다.

바울은 디모데전서 1장 13절에서 이런 종류의 '잃어버림'을 고백합니다. "내가 전에는 훼방자요 박해자요 폭행자였습니다. 그러나 그러한 행동은 내가 믿지 않을 때에 알지 못하고 한 것이므로, 하나님께서 나에게 자비를 베풀어주셨습니다"(새번역). 한때 그는 그리스도를 대적했고, 제자들을 협박하며 교회를 무너뜨렸습니다. 그러나 그는 그것이 무지와 불신앙 가운데서 한 일이었다고 말합니다. 그는 자신이 무엇을 하고 있는지 몰랐습니다. 아직 목자를 만나지 못했기 때문입니다.

더 심각한 것은, 그는 자신이 잃어버린 사람이라는 사실조차 느끼지 못했다는 점입니다. 오히려 하나님을 위해 옳은 일을 하고 있다고 확신했습니다. 다메섹으로 가던 길에서 육신의 눈이 멀었을 때 비로소 그의 영적 눈이 열리기 시작했습니다. 그 순간 그는 깨닫습니다. 자신이 의지하던 것, 자랑하던 것, 구원을 보장한다고 믿던 것들이 모두 허상이었음을 말입니다. 그는 그것을 "배설물"이라 부릅니다.

"내가 전에는 훼방자요 박해자요 폭행자였습니다." 이 고백은 곧 교만과 자만에 사로잡혀 있었던 자신의 상태를 인정하는 말입니다. 그러나 그는 거기서 멈추지 않습니다. 한때 잃어버린 자였지만 이제는 발견되었습니다(벧전 2:25 참고). 말로 다할 수 없는 하나님의 자비 때문이었습니다. 그는 목자에게 발견된 것입니다.

하나님은 다른 길로 오신다

잃어버린 바 되었다는 것은 목자에게서 멀어졌다는 뜻입니다. 목자와 별거한 상태입니다. 그래서 베드로는 말합니다. "너희가 전에는 양과 같이 길을 잃었더니 이제는 너희 영혼의 목자와 감독 되신 이에게 돌아왔느니라"(벧전 2:25).

어떤 분은 자신이 지금 어디에 서 있는지 잘 안다고 생각할지 모릅니다. 그러나 그리스도와 떨어져 있다면 그는 여전히 목자 없는 양입니다. 양은 방향 감각이 거의 없습니다. 길을 잃으면 스스로 돌아올 능력이 없습니다. 그래서 성경은 말합니다. "우리는 다 양 같아서 그릇 행하여 각기 제 길로 갔거늘…"(사 53:6).

잃어버린 양이 할 수 있는 일은 없습니다. 주저앉아 발견되기를 기다릴 뿐입니다. 이 점에서 양은 동전과 닮았습니다. 동전 역시 스스로 빛을 향해 굴러 나올 수 없습니다. 누군가가 등불을 켜고 찾아야 합니다.

잃어버린 양도, 잃어버린 동전도 스스로를 구할 능력이 없습니다. 발견의 주도권은 전적으로 목자와 주인에게 있습니다. 모든 경우를 따져보면 잃은 양은 결국 죽은 양입니다. 잃은 동전은 아무 쓸모 없는 동전입니다. 잃어버린 상태는 생명과 단절된 상태이기 때문입니다.

복음은 개선이 아니라 부활이다

두 비유를 통해 예수님이 말씀하시려는 주제는 분명합니다. '죽음'입니다. 그리고 그 죽음을 치료할 수 있는 유일한 길은 '부활'입니다. 죽음과 부활, 이것이 복음의 구조입니다.

잃어버린 자는 무덤 속 나사로와 같은 자리에 있습니다. 나사로는 스스로 무덤에서 걸어 나와 예수를 찾은 것이 아닙니다. 예수께서 그를 찾아오셨습니다. 예수께서 외치셨습니다. "나사로야, 나오라!" 그 음성

4부. 은혜는 버는 것이 아니다

이 죽은 자를 불러냈습니다. 죽은 자가 살아서 나온 것입니다.

그렇다면 발견되기 위해 우리가 해야 할 일은 무엇입니까? 사실상 아무것도 없습니다. 나사로가 한 일은 무엇입니까? 아무것도 없었습니다. 그는 죽어 있었습니다. 그의 유일한 소망은 자신이 죽어 있다는 사실이었습니다.

이 역설을 이해해야 합니다. 우리의 죽음이 오히려 희망입니다. 예수님은 죽은 자를 살리시는 일을 가장 즐겨 행하십니다. 그분은 우리를 조금 더 나은 사람으로 개량하기 위해 오신 것이 아닙니다. 도덕적으로 개선하기 위해 오신 것도 아닙니다. 죽은 자를 일으켜 세우기 위해 오셨습니다. 이것이 복음의 심장입니다.

다시 두 비유로 돌아가봅시다. 잃은 양과 잃은 동전은 모두 '부활'의 이야기입니다. 그 안에서 우리가 무엇을 해야 하는지에 대한 지시는 들리지 않습니다. 양이 목자를 찾는 이야기가 아닙니다. 목자가 양을 찾습니다. 동전이 여인을 찾는 이야기가 아닙니다. 여인이 등불을 켜고 동전을 찾습니다. 하나님이 지금 우리를 찾고 계십니다.

심지어 우리가 길 잃은 상태라는 사실조차 깨닫지 못하고 있을 때도, 하나님은 우리를 찾기 위해 이미 움직이고 계십니다. 우리가 아직 힘이 없을 때 그리스도는 우리를 위해 죽으셨습니다. 우리가 여전히 죄인일 때 이미 우리를 위해 죽으셨습니다.

그렇다면 두 비유의 마지막에 등장하는 '회개'는 무엇입니까? "죄인 하나가 회개하면…"이라는 말씀으로 이야기는 끝납니다. 그러나 여기서 말하는 회개는 단순히 "실수했습니다. 고치겠습니다"라는 수준이 아닙니다. 이 회개는 이렇게 고백하는 것입니다. "저는 제 죄로 인해 죽은 자입니다." "저는 잃어버린 바 되었기에 제 안에는 아무 희망도 없습니다." "잃은 양과 동전처럼 저는 저 자신을 구할 능력이 없습니다."

하나님은 다른 길로 오신다

그렇습니다. 진정한 회개는 자기개선의 결심이 아니라 자기부인의 고백입니다. "제 삶은 제 손을 떠났습니다. 제가 다시 산다면 그것은 전적으로 하나님의 자비입니다. 저의 새 인생은 말로 다할 수 없는 은총의 선물입니다."

기억하십시오. 그리스도인의 삶은 언제나 죽음에서 시작합니다. 죽음이 있고 그 위에 부활이 있으며, 그 부활의 빛 속에서 비로소 참된 회개가 일어납니다. 죽음 - 부활 - 회개. 이것이 복음의 리듬입니다.

양의 위대한 목자이신 그분께 영광과 존귀가 세세에 영원토록 있을지어다. 아멘.

36

은혜를 탕진하시는 하나님

누가복음 15:1-3, 11b-32

"아버지가 이르되 얘 너는 항상 나와 함께 있으니 내 것이 다 네 것이로되
이 네 동생은 죽었다가 살아났으며 내가 잃었다가 얻었기로
우리가 즐거워하고 기뻐하는 것이 마땅하다 하니라"(31-32).

예수님의 가르침 가운데 가장 널리 사랑받는 부분을 꼽는다면 아마도 그분의 비유들일 것입니다. 그중에서도 특히 깊이 기억에 남는 비유들은 제3복음서, 곧 누가복음에 집중되어 있다고 해도 과언이 아닙니다. '선한 사마리아인', '부자와 나사로', '불의한 재판장', '불의한 청지기', '바리새인과 세리' 그리고 지금 살펴볼 '방탕한 아들'의 비유가 그렇습니다.

이 비유들은 다른 복음서의 짧고 압축적인 비유들과는 결이 다릅니다. '겨자씨'나 '누룩'의 비유처럼 한 장면으로 끝나는 간결한 교훈이 아닙니다. 길이가 더 길고, 이야기의 흐름이 있으며, 등장인물의 감정과 관계가 서서히 드러납니다. 또한 씨를 뿌리거나 고기를 낚는 자연의 장면보다, 사람 사는 이야기—갈등과 선택, 관계와 단절—에 더 깊이 초점을 맞춥니다. 누가의 비유는 인간의 내면을 비추는 드라마에 가깝습니다.

하나님은 다른 길로 오신다

이 비유를 제대로 이해하려면, 그 앞에 놓인 두 비유를 먼저 살펴보아야 합니다. 잃은 양의 비유와 잃은 동전의 비유입니다. 한 마리 양을 잃어버렸고 목자가 찾아 나섰고 마침내 발견되었고, 그 기쁨으로 잔치가 벌어졌습니다. '잃어버림 – 찾음 – 발견 – 기쁨'이라는 구조가 불과 몇 절 안에 응축되어 있습니다. 동전의 비유도 마찬가지입니다. 잃어버렸고, 등불을 켜고 샅샅이 찾았고, 마침내 발견했고, 기쁨이 터져 나왔습니다. 간결하지만 분명한 리듬을 가지고 있습니다.

그러나 '방탕한 아들'의 비유는 전혀 다른 호흡을 가집니다. 한 아들이 아버지를 거스르고, 재산을 요구하고, 집을 떠나고, 무너지고, 돌아오는 과정이 점진적이고 섬세하게 펼쳐집니다. 이야기꾼은 우리를 단숨에 결론으로 끌고 가지 않습니다. 천천히 조심스럽게 이 인간 드라마 속으로 인도합니다. 등장인물의 감정과 선택을 따라가다 보면 우리는 어느새 그 안에 서 있게 됩니다.

이 세 비유는 하나로 묶여 있지만 같은 교훈을 단순 반복하는 구조는 아닙니다. 각기 다른 색과 결을 지니고 있습니다. 그럼에도 복음서 기자는 이 세 이야기를 나란히 배열합니다. 아마도 잃은 양과 잃은 동전의 비유는, 아버지와 두 아들에 관한 장대한 드라마를 여는 전주곡과 같은 역할을 하는 듯합니다. 먼저 공통으로 흐르는 주제를 보겠습니다.

은혜는 왜 우리를 불편하게 하는가

첫째로 눈에 띄는 주제는 '잃어버림'입니다. 잃은 양, 잃은 동전, 잃은 아들. 세 비유 모두 무엇인가가 사라지면서 이야기가 시작됩니다. 잃어버림이 사건의 발단입니다. 그런데 이 점을 유심히 들여다보면 흥미로운 사실이 하나 있습니다. 그 어디에도 거친 비난이나 정죄의 어조가 없습

4부. 은혜는 버는 것이 아니다

니다. 이야기는 놀랄 만큼 부드럽고 유순하게 전개됩니다. 적어도 첫 두 비유에서는 그렇습니다. 양은 길을 잃었고, 덤불 사이에서 헤맸을 것입니다. 동전은 어떻게 하다가 굴러 떨어졌을 것입니다. 예수께서는 그 상실의 과정 자체를 엄하게 질책하지 않으십니다.

세 번째 비유도 분위기는 크게 다르지 않습니다. 둘째 아들이 유산을 요구하고 집을 떠나는 장면은 분명 충격적입니다. 그러나 화자는 격앙되지 않습니다. 오히려 인간적인 동정과 여백을 남긴 채 천천히 이야기를 이어갑니다. 여기서 우리는 '잃어버림'과 '방황'을 더 넓은 시선으로 보게 됩니다. 그것이 언제나 악의적인 반역이나 고의적 범죄만을 뜻하는 것은 아닙니다. 때로는 삶의 흐름 속에서, 인간의 연약함 속에서 일어나는 일이기도 합니다. 예수께서 세리와 죄인들 곁에 서신 이유도 바로 이런 이해와 아량 때문이 아니겠습니까?

두 번째 공통 주제는 '발견'입니다. 더 정확히 말하면 '찾음'입니다. 양도, 동전도, 아들도 결국 찾게 됩니다. 하나도 영원히 잃어버려지지 않습니다. 그래서 저는 가끔 이렇게 생각해봅니다. 왜 이 비유들의 전통적 명칭은 늘 부정적인가? '잃은 양', '잃은 동전', '탕자'. 차라리 '찾은 양', '찾은 동전', '돌아온 아들'이라 불렀다면 더 좋지 않았을까 하고 말입니다. 이 이야기의 중심은 '상실'이 아니라 '회복'이기 때문입니다.

이 사실은 아버지의 요약적 선언에서 가장 또렷하게 드러납니다. "이 네 동생은 죽었다가 살아났으며 내가 잃었다가 얻었기로…"(32). 이 한 문장은 히브리 시의 평행법처럼 두 구절이 서로를 비추며 의미를 확장합니다.

네 이 동생은 죽었다가dead 다시 살아난 것이야life.
네 이 동생은 한때는 잃었지만lost 이제 찾은 것이야found.

하나님은 다른 길로 오신다

첫 구절은 둘째 구절로 풀어지고, 둘째 구절은 첫째 구절을 심화합니다. '죽음'은 곧 '잃어버림'의 상태입니다. 본질에서 단절된 상태입니다. 반대로 '살아남'은 곧 '찾아짐'입니다. 다시 관계 안으로, 다시 생명 안으로 들어오는 사건입니다. 잃어버림보다 더 비참한 상태가 어디 있겠습니까. 그리고 발견됨, 찾아짐보다 더 큰 은총이 어디 있겠습니까.[8]

세 번째 주제는 분명합니다. '기쁨'입니다. 세 비유는 모두 잔치로 끝납니다. 목자는 양을 찾고 기뻐합니다. 여인은 동전을 찾고 이웃을 불러 함께 기뻐합니다. 아버지는 아들이 돌아오자 풍악을 울리고 잔치를 베풉니다. 여기까지는 이해하기 쉽습니다.

그러나 문제는 그다음입니다. 큰아들이 견딜 수 없었던 것은 동생의 귀환 그 자체가 아니었습니다. 그를 위해 베풀어진 '잔치'였습니다. 그는 이렇게 생각했을지도 모릅니다. "돌아온 건 다행이지. 잘못을 깨달았으니 그나마 다행이야. 머리를 숙이고 조용히 있으면 받아줄 수도 있지." 그러나 풍악과 춤과 기쁨은 참을 수 없었습니다. 그에게 걸림돌은 회개가 아니라 '기쁨'이었습니다.

이 점은 우리를 불편하게 합니다. 신앙의 길목에서 기쁨이 걸림돌이 될 수 있다는 사실 말입니다. 특히 스스로를 경건하다고 여기는 사람일수록 넘치는 기쁨을 가벼운 감정으로 치부하기 쉽습니다. "용서는 좋다. 회개도 필요하다. 그런데 굳이 잔치까지?" 우리는 속으로 묻습니다. '죄의 무게에 비해 기쁨이 너무 가볍지 않은가?'

사실 문제는 기쁨이 아니라 은혜입니다. 은혜는 우리가 당연하게 여겨온 공정함과 정의의 잣대를 단숨에 뛰어넘기에, 그 계산의 경계를 허물며 터져 나오는 기쁨은 종종 우리를 몹시 불편하게 만듭니다. 은혜는 우리가 계산해온 기준을 무너뜨리기 때문입니다. 우리가 당연하다고 여긴 보상 논리를 넘어가기 때문입니다.

4부. 은혜는 버는 것이 아니다

그리하여 우리는 회개와 용서는 받아들이면서도 은혜로 인한 기쁨에는 머뭇거립니다.

그러나 예수께서 들려주신 세 비유는 분명히 말합니다. 잃은 것을 찾는 일은 기쁨으로 끝나야 한다고, 발견은 잔치로 이어져야 한다고. 그것이 하늘의 리듬이라고 말입니다.

회개보다 먼저 시작된 사랑

우리는 공동체를 건강하게 지키기 위해서는 어느 정도 거리를 둘 필요가 있다고 말할지도 모릅니다. 의심스러운 사람들을 경계하는 것이 지혜이며, 누군가 공동체 안으로 들어와 어린이들에게 나쁜 영향을 준다면 당연히 막아야 하지 않겠느냐고 합니다. 그들을 돕고 돌보고 바로 세우는 일은 필요하지만 그것과 공동체 안에 자리를 내어주는 일은 별개의 문제라고 생각합니다. 관계가 회복되었다고 해서 그 회복을 축제처럼 환영하는 것은 또 다른 문제라고 여깁니다.

누가 이렇게 생각합니까? 여러분과 나, 그리고 비유 속의 큰아들이 그런 사람입니다. 큰아들이 견디지 못했던 것은 동생의 귀환 자체가 아니었습니다. 그를 위해 울려 퍼진 음악, 차려진 잔치, 터져 나오는 기쁨이었습니다. 돌아온 것은 참을 수 있었습니다. 그러나 기쁨은 참을 수 없었습니다.

이 비유를 반복해서 읽다 보면 분명해지는 것이 있습니다. 이야기의 중심은 작은아들의 회개가 아닙니다. 초점은 아버지의 사랑과 용서에 있습니다. 그래서 많은 주석가들은 이 비유의 전통적 제목이 충분하지 않다고 말합니다. '탕자 비유'가 아니라 '기다리는 아버지의 비유', 혹은 '고통받으며 사랑하는 아버지의 비유'라고 불러야 한다고 주장합니

하나님은 다른 길로 오신다

다. 그 말에는 일리가 있습니다.

우리는 흔히 둘째 아들에게 모든 시선을 집중합니다. 그러나 이 이야기에는 두 아들이 있습니다. 그리고 두 사람 모두 문제입니다. 그러니 둘을 서로 대결시키지 마십시오. 둘째 아들은 노골적으로 집을 떠났고, 큰아들은 집 안에 남아 있었지만 마음은 떠나 있었습니다. 우리의 관심은 두 아들이 아버지와 어떻게 관계 맺고 있는지에 두어야 합니다.

이야기를 따라가다 보면 한 가지 사실에 놀라게 됩니다. 아버지는 두 아들 모두에게서 거절이나 배척의 태도를 보이지 않습니다. 둘 다 사랑합니다. 더 정확히 말하자면, 사랑받을 자격이 전혀 없어 보일 때 사랑합니다. 가장 사랑받기 어려운 순간에 사랑합니다.

둘째 아들이 돌아와 초라한 모습으로 서 있을 때, 그를 사랑하는 일은 오히려 쉬워 보일지 모릅니다. 비참한 몰골로 돌아온 아들을 누가 외면하겠습니까? 그러나 아버지의 사랑은 그가 불쌍해졌기 때문에 시작된 것이 아닙니다. 이미 그가 집을 박차고 나가던 순간부터, 재산에 눈이 멀어 아버지의 마음을 짓밟던 그때부터 시작된 사랑이었습니다. 아버지는 그의 선택과 상관없이 사랑하고 있었습니다.

큰아들도 마찬가지입니다. 아버지는 그가 순종하던 시절에도 사랑했고, 분노로 얼굴을 붉힌 채 잔치 자리를 외면하던 그 마지막 순간까지도 그를 사랑하고 있었습니다. 집 안에 있었지만 마음은 닫혀 있었던 그 순간에도 아버지의 사랑은 변하지 않았습니다.

이 비유의 진짜 긴장은 여기 있습니다. 두 아들의 상태가 아니라 그들 모두를 향해 멈추지 않는 아버지의 사랑입니다. 그 사랑은 계산하지 않습니다. 조건을 따지지 않습니다. 회개가 완성되기를 기다렸다가 시작되는 사랑이 아닙니다. 이미 시작되어 있었던 사랑입니다.

이 비유는 우리를 불편한 질문 앞으로 밀어붙입니다. 신앙이란 결국 승자와 패자를 가려내는 일인가? 둘째 아들과 큰아들 가운데 누가 옳은지를 판정하는 것이 신앙의 본질인가? 그러나 이 이야기는 그런 방향으로 흘러가지 않습니다. 신앙은 누가 더 도덕적으로 우월한가를 겨루는 경쟁의 장이 아니며, 남의 죄를 세세히 분류하여 서열을 매기는 일에 관심을 두지도 않습니다. 오히려 선함을 기뻐하고, 용서를 선포하며, 다시 살아난 생명을 축하하는 데 더 큰 관심을 둡니다.

전통적으로 이 비유는 하나님이 죄인은 받아들이시고 바리새인과 서기관은 물리치신다는 이야기로 이해되어 왔습니다. 또 더 넓은 문맥에서는, 하나님의 은혜가 이스라엘을 넘어 이방인에게까지 확장된다는 상징으로도 읽혀왔습니다. 이런 해석이 틀렸다고 말할 수는 없습니다. 그러나 그것이 전부는 아닙니다. 우리가 따라온 흐름 속에서 이 비유는 무엇보다도 사랑과 용서와 은혜를 선포하는 복음의 선언으로 읽혀야 합니다. 그 은혜는 특정한 집단이나 방향을 향해 제한적으로 흐르는 것이 아니라 죄로 얼룩진 하나님의 자녀 모두를 향해 쏟아집니다.

어쩌면 이 비유의 진짜 '탕자'(蕩者, 탕진하는 분)는 둘째 아들이 아니라 아버지일지도 모릅니다. 둘째 아들이 재산을 탕진했다면 아버지는 자격 없는 자들을 향해 자신의 한없는 은혜를 탕진하듯 쏟아부으셨기 때문입니다. 자격 없는 자들에게, 용서받을 수 없어 보이는 자들에게, 계산하지 않고 흘려보냅니다. 그래서 팀 켈러 목사는 이 비유를 '탕자 하나님'The Prodigal God의 이야기라고 부릅니다. 하나님이야말로 헤아릴 수 없이 넘치는 사랑을 아낌없이 소비하시는 분이기 때문입니다.[9]

우리 삶에 진정한 잔치가 일어나려면, 하나님의 사랑을 받는 것에

하나님은 다른 길로 오신다

그쳐서는 안 됩니다. 우리의 형제자매가 그 사랑 안으로 들어오는 것도 함께 기뻐할 수 있어야 합니다. 그들이 회개한 죄인이든, 아직 미완의 존재이든, 우리가 경건하든 부족하든 상관없습니다. 하나님의 선물은 언제나 '생명'입니다. 그리고 그 생명은 기쁨으로 가득한 생명입니다.

그 기쁨을 함께 누리지 못한다면 우리는 여전히 잔치 밖에 서 있는 큰아들일지도 모릅니다. 그러나 아버지는 여전히 문을 열어두십니다. 그리고 우리를 향해서도 말씀하십니다.

"들어오라. 함께 기뻐하자."

하나님의 은혜는 언제나 생명이며, 그 생명은 기쁨입니다.

4부. 은혜는 버는 것이 아니다

37

자유의 무게

누가복음 15:11-24

"우리가 먹고 즐기자
이 내 아들은 죽었다가 다시 살아났으며
내가 잃었다가 다시 얻었노라 하니 그들이 즐거워하더라"(23-24).

키르케고르가 들려주는 한 우화입니다.

인적 드문 외진 시냇가, 물소리가 줄줄 흐르는 그곳에 한 송이 백합이 피어 있었습니다. 백합은 온종일 기쁨에 잠겨 있었습니다. 솔로몬의 모든 영화보다 더 찬란했고, 그 자태는 고요하면서도 눈부셨습니다. 맑게 갠 하늘 아래 흐르는 물소리는 마치 그 존재를 찬미하는 연주처럼 들렸습니다.

그러던 어느 날, 작은 새 한 마리가 날아와 그 곁에 앉았습니다. 아무 말도 하지 않은 채 잠시 머물다 떠났습니다. 다음 날에도 다시 찾아왔고, 며칠을 머물다 또 사라졌습니다. 그렇게 왔다가 가고, 머물다 떠나는 일이 반복되었습니다.

백합에게 그것은 낯설고 이해하기 어려운 일이었습니다. 한곳에 뿌리내리고 사는 존재에게, 자유롭게 오르내리는 날갯짓은 설명되지 않는

하나님은 다른 길로 오신다

세계였습니다. '왜 저 새는 우리처럼 한자리에 머물지 않는 걸까?' 이 질문은 백합의 마음을 서서히 흔들기 시작했습니다.

그 작은 새는 달콤한 목소리로 속삭였습니다.

"나는 자유로운 몸이야."

"가고 싶으면 가고, 오고 싶으면 오지."

"원하기만 하면 어디든지 옮겨 다니며 살 수 있어."

그 말은 칭찬처럼 들렸지만 사실은 유혹이었습니다. 이전까지 단한 번도 자신을 불행하다고 느껴본 적 없던 백합은, 어느새 자신의 삶이 답답하고 지루한 것처럼 느끼기 시작했습니다. 한곳에 묶여 있는 운명이 갑자기 속박처럼 보였습니다.

'왜 나는 다른 곳에 심어지지 않았을까?'

'왜 나는 이렇게 외진 곳에 있는가?'

'더 화려한 곳에서, 더 빛나는 백합으로 살 수는 없었을까?'

의심은 만족을 잠식했고, 비교는 감사의 자리를 밀어냈습니다.

마침내 백합은 그 새의 말을 믿기로 했습니다. 다음 날, 새는 이른 아침에 날아와 주둥이로 뿌리 주변의 흙을 파헤치기 시작했습니다. 백합은 가슴이 설레었습니다. 이제야 자유로운 삶이 시작되는 것 같았습니다. 흙이 모두 걷히자, 새는 발로 백합을 움켜쥐고 다른 꽃들이 만발한 곳을 향해 날아올랐습니다.

그러나 공중에 오르는 순간, 백합은 숨이 가빠지기 시작했습니다. 뿌리를 잃은 존재는 더 이상 숨 쉴 수 없었습니다. 얼마 지나지 않아, 그 눈부신 꽃은 힘없이 시들어버렸습니다.

만일 하나님이 심어 두신 그 자리에 그대로 남아 있었더라면 그 백합은 예수께서 말씀하신 그 들판의 꽃 가운데 하나였을 것입니다. "들의 백합화가 어떻게 자라는가 생각하여보라 … 내가 너희에게 말하노

4부. 은혜는 버는 것이 아니다

니 솔로몬의 모든 영광으로도 입은 것이 이 꽃 하나만 같지 못하였느니라"(마 6:28-29).

그러나 이제 그 꽃은 사라졌습니다. 유혹은 이렇게 속삭였습니다. "너는 자유롭지 않아." "저 먼 곳으로 가야 비로소 자유로워질 수 있어."

백합은 그 말을 믿었습니다. 그리고 뿌리를 잃었습니다.

탕자가 꿈꾼 독립의 실체

이 백합은 탕자와 닮아 있습니다. 탕자 역시 자유를 뿌리를 끊는 것으로 머나먼 나라로 떠나는 것으로 이해했습니다. 예수의 비유에 등장하는 둘째 아들도 같은 생각을 품었습니다. 그는 더 이상 눈치를 보지 않아도 되며 책임에서 벗어난 삶을 꿈꾸었습니다.

그 선언의 밑바닥에는 더 무서운 의미가 숨어 있었습니다. 그는 아버지에게 말합니다. "제게 돌아올 몫을 미리 주십시오." 이 요청은 단순한 재산 분배의 문제가 아니었습니다. 중동 문화를 연구한 케네스 베일리는 여러 마을을 다니며 이 장면에 대해 물었습니다. 사람들은 단호히 답했습니다. 만일 그런 요구를 한다면 아버지가 그를 매질했을 것이며, 그냥 두지 않았을 것이라고. 이유는 분명했습니다. "그건 아버지가 죽었으면 좋겠다는 말이니까요."

아버지를 떠나는 것, 누구에게도 구속받지 않는 것, 아무도 내 삶에 간섭하지 못하게 하는 것, 오직 내 방식대로 사는 것. 둘째 아들에게 자유란 바로 그런 것이었습니다. 그는 아버지의 품을 벗어나는 것을 자유라 여겼고, 아버지가 없는 상태야말로 진짜 자유라고 믿었습니다. 자기 뜻대로 사는 삶이 가장 자유로운 삶이라고 여긴 것입니다.

그래서 그는 외칩니다. "아버지, 재산 중 제게 돌아올 몫을 미리 주

하나님은 다른 길로 오신다

십시오." 그 외침은 단순한 요구가 아니었습니다. 그것은 선언이었습니다. "나는 당신 없이 살겠습니다"라는 선언이었습니다.

그의 마음 밑바닥에는 두려움이 있었습니다. 혹시 내가 삶을 충분히 만끽하지 못한 채 머물러 있는 것은 아닐까 하는 조바심이 있었습니다. 그는 뒤처질까 봐 두려웠고, 놓칠까 봐 두려웠습니다. 그는 아버지 없이도 내가 무엇인가가 될 수 있다는 것을 증명하고 싶었습니다. 자신의 창조적 열정과 본능을 마음껏 펼쳐 보이고 싶은 충동이 그를 밀어붙였습니다.

이런 목소리는 낯설지 않습니다. 우리도 한때 비슷한 충동을 느끼지 않았습니까? 둘째 아들의 외침 속에서 우리의 목소리를 듣고 있지는 않습니까?

"아버지, 제 몫을 주십시오."

"아버지, 더는 간섭하지 마십시오."

"아버지, 저는 당신 없이 살아보겠습니다."

프레드릭 비크너 Frederick Buechner는 한 설교에서 이 탕자의 비유를 떠올리게 하는 이야기를 들려줍니다. 열두세 살 남짓한 한 소년의 이야기입니다.

침울하고 분노에 차 있던 그 소년은 어느 날 총을 집어 들어 자기 아버지를 쏘았습니다. 총에 맞은 아버지는 끝내 숨을 거두었습니다. 조사하던 경찰이 왜 그런 짓을 했느냐고 묻자, 소년은 아버지를 견딜 수 없었다고 대답했습니다. 아버지가 너무 많은 것을 요구했고 늘 자신을 감시하며 뒷조사를 했으며, 그래서 미워했다는 것이었습니다.

그 후 소년은 청소년 보호시설에 수감되었습니다. 어느 늦은 밤, 교도관이 복도를 순찰하다가 어디선가 흐느끼는 소리를 들었습니다. 귀를 기울이자 그 소년의 방에서 나는 소리였습니다. 어둠 속에서 소년은 흐느끼며 이렇게 중얼거리고 있었습니다. "아버지… 아버지… 아버지가 계셨더라면!"

비크너는 이 이야기가 우리 모두의 삶에 대한 하나의 비유라고 말합니다. 우리의 '아버지', 곧 하나님을 우리가 밀어냈다는 것입니다. 우리 사회가 그분을 살해한 셈이라는 것입니다. 사상가도, 작가도, 영화감독도, 방송 제작자도 하나님을 심각하게 받아들이지 않습니다. 하나님은 고리타분한 유물, 시대에 뒤떨어진 관념으로 치부됩니다.

그러나 그분은 여전히 거기에 계십니다. 문밖에서 우리의 흐느낌을, 상실감에 터져 나오는 절규와 깊은 밤의 탄식을 조용히 듣고 계십니다.

알렉산더 솔제니친Alexander Solzhenitsyn은 이렇게 회고한 적이 있습니다. "반세기 전, 내가 어렸을 때 러시아를 휩쓸며 나라를 몰락으로 이끈 거대한 재앙, 곧 혁명의 원인에 대해 노인들이 한숨 섞어 하던 말을 기억합니다. '사람들이 하나님을 잊어버렸기 때문이야.'"

그는 그 후 50년 동안 러시아 혁명의 역사를 연구했습니다. 수백 권의 책을 읽고, 수백 명의 증언을 들었으며, 그 참혹한 잔해를 정리하는 여덟 권의 책까지 썼습니다. 그런데도 누군가 6천만 명의 생명을 집어삼킨 그 비극의 원인을 한 문장으로 말해달라고 묻는다면, 그는 결국 이렇게 대답할 것이라고 말합니다. "사람들이 하나님을 잊어버렸습니다. 그래서 이 모든 일이 일어난 것입니다." 하나님 없는 삶Godlessness이야말로 수용소Gulag로 향하는 첫걸음입니다."

그는 덧붙입니다. 20세기의 근본적인 병이 무엇이냐고 묻는다면 다시 이렇게 말할 수밖에 없다고. "사람들이 하나님을 잊었습니다." 그래서 이런 일들이 일어났고, 그래서 탕자에게 일어났던 일이 20세기의 인류에게도 반복되었다는 것입니다.

하나님은 다른 길로 오신다

아버지는 결코 자비를 낭비하지 않으신다

탕자는 그 나라의 한 시민에게 몸을 의탁합니다. 그리고 주인은 그를 돼지 치는 들판으로 보냅니다. 여기서 우리가 잊지 말아야 할 사실이 있습니다. 이 탕자는 유대인입니다. 유대인에게 돼지는 부정한 동물입니다. 당시 랍비들은 "돼지를 치는 자는 저주를 받을지어다"라고 말하곤 했습니다. 그러니 둘째 아들이 돼지를 치게 되었다는 것은 단순히 직업을 얻은 것이 아니라 자신이 서 있던 전통과 종교, 배워온 가치와 정체성으로부터 완전히 이탈했다는 뜻입니다. 그는 생계를 위해 돼지를 돌보고 있었지만 실상은 자기 자신을 돼지의 자리로 끌어내리고 있었던 것입니다.

바로 그때, 그 바닥에서 그는 비로소 정신이 들기 시작합니다. "이게 무엇인가? 나는 자유를 원했지 않은가? 나는 내 일을 하겠다고, 아버지와 뿌리를 끊어야 비로소 나다운 삶을 살 수 있다고 생각하지 않았는가? 그런데 지금 남은 것은 무엇인가? 자유가 아니라 쇠사슬이 아닌가." 아버지를 떠나야 자유로울 수 있다고 믿었던 선택이 이제는 자신을 조롱하는 것처럼 느껴집니다. 그것은 마치 숨을 멈추면서 공기로부터 자유로워지겠다고 말하는 것과 같습니다. 아버지는 우리가 들이마시는 공기와 같습니다.

그는 일어섭니다. 그리고 아버지께로 돌아가기로 결심합니다. 길을 걸으며 여러 번 다짐합니다. "아버지, 내가 하늘과 아버지께 죄를 지었습니다." 그는 고백을 준비합니다. 자신이 저지른 일을 인정하고 최소한 품꾼의 자리라도 얻기를 바라며 돌아옵니다.

그러나 여기서 한 가지 질문이 생깁니다. 만일 아버지가 이렇게 말했다면 어떻게 되었겠습니까. "아들아, 그런 얼굴로 내 앞에 오지 마라.

4부. 은혜는 버는 것이 아니다

네가 무슨 염치로 돌아오느냐. 네가 연습한 그 말 몇 마디로 네 죄를 다 갚을 수 있다고 생각하느냐. 나는 네 변명에 속지 않는다.”

얼마 전 한 대형교회 목사가 이런 말을 했다고 합니다. 폐암에 걸렸으면서도 담배를 끊지 않는 사람을 불쌍히 여길 필요가 없다고, 에이즈 환자 역시 하나님의 형벌을 받은 것이니 연민할 이유가 없다고, 악한 사람은 자신이 저지른 죄의 대가로 고통 속에 죽어야 마땅하다고, 그런 이들에게 자비를 낭비할 필요가 없다고 말입니다.

만일 돌아온 아들에게 아버지가 그런 식으로 말했다면 우리는 어떻게 하겠습니까? 그것이 과연 복음입니까? 그것이 과연 아버지의 마음입니까?

매일 아침 새롭게 열리는 은혜의 문

그러나 예수님은 전혀 다른 장면을 보여주십니다. 아들이 아직 먼발치에 있는데도 가장 먼저 그를 알아본 이는 아버지였습니다. 멀리서 아들의 초라한 모습을 본 순간, 아버지의 가슴은 터질 듯한 연민으로 무너져 내렸습니다. 체면도, 위엄도 내려놓고 달려갑니다. 그리고 그를 얼싸안았습니다. 그리고 뺨을 비벼대며 울었습니다.

렘브란트Rembrandt는 이 장면을 생애 말년에 유화로 남겼습니다. 그는 이전에도 탕자에 관한 수많은 스케치와 판화를 제작했지만 마지막에 이르러 가장 깊은 색채로 귀향의 순간을 그려냈습니다. 암스테르담 국립박물관의 전 관장은 이 작품을 가리켜 복음을 가장 심오하게 형상화한 그림이라고 평했습니다. 흥미로운 점은, 이 그림이 돌아온 아들의 모습을 거의 드러내지 않는다는 사실입니다. 그의 얼굴은 보이지 않습니다. 오직 그의 등만 보입니다. 그는 아버지의 발 앞에 무릎을 꿇고

하나님은 다른 길로 오신다

있습니다. 깊은 슬픔과 후회 속에 잠겨 있을 것입니다. 그러나 그림의 초점은 돌아온 아들이 아닙니다.

모든 시선은 아들의 굽은 등을 다정히 감싸 안은 아버지의 두 손으로 모아집니다. 그 손에는 판단이 아니라 연민이, 책망이 아니라 긍휼이 담겨 있습니다. 어떤 이들은 그림 속 아버지가 시각장애인처럼 보인다고 말하기도 합니다. 그러나 관장은 다르게 해석합니다. 아버지는 보지 못하는 것이 아니라 보기를 거부한 것입니다. 아들의 초라함과 죄를 더 이상 응시하지 않으려고 오히려 사랑으로 덮기 위해 눈을 감은 것입니다. 감긴 눈은 무관심이 아니라 더 깊은 사랑의 표정입니다.

우리는 한때 속박 아래에서 신음하던 이스라엘의 외침을 기억합니다. "야웨께서 나를 버리셨다." "주께서 나를 잊으셨다." 그 절망의 탄식에 대해 하나님은 이렇게 응답하셨습니다. "여인이 어찌 그 젖 먹는 자식을 잊겠으며 자기 태에서 난 아들을 긍휼히 여기지 않겠느냐 그들은 혹시 잊을지라도 나는 너를 잊지 아니할 것이라 내가 너를 내 손바닥에 새겼고 너의 성벽이 항상 내 앞에 있나니"(사 49:14-16).

그렇습니다! 주님의 변함없는 사랑은 결코 멈추지 않으며 그분의 자비는 결코 다함이 없습니다. 그분의 인자하심은 매일 아침마다 새로우며 그분의 신실하심은 심히도 큽니다. 아들이 돌아오기 전부터 시작된 사랑은, 돌아온 후에도 멈추지 않습니다. 그리고 오늘도 여전히 우리를 향해 열려 있습니다.

4부. 은혜는 버는 것이 아니다

38

은혜를 열매로 바꾸는 일, 감사

누가복음 17:11-19

"예수께서 대답하여 이르시되 열 사람이 다 깨끗함을 받지 아니하였느냐
그 아홉은 어디 있느냐 이 이방인 외에는
하나님께 영광을 돌리러 돌아온 자가 없느냐 하시고
그에게 이르시되 일어나 가라 네 믿음이 너를 구원하였느니라 하시더라"(17-19).

한 번은 경륜이 깊은 한 설교자가 막 목회의 길에 들어선 젊은 목회자에게 이런 충고를 했다고 합니다. 앞으로 수많은 설교를 하게 될 텐데, 설교를 들으러 나오는 교인들은 대략 세 부류라는 사실을 기억하라는 것이었습니다.

첫째는 세례를 받은 사람, 둘째는 세례는 받지 않았지만 꾸준히 출석하는 사람, 그리고 셋째는 단 한 번 설교를 들으러 왔다가 다시는 오지 않을 사람입니다. 앞의 두 부류는 계속해서 말씀을 듣고 신앙생활을 이어 갈 가능성이 있습니다. 목회자가 도울 여지도 있습니다. 그러나 문제는 마지막 사람입니다. 그에게는 그날, 그 한 시간이 평생에 '복음'을 들을 수 있는 처음이자 마지막 시간이 될지도 모르기 때문입니다. 그래서 그 노목사는 젊은 목회자에게 이렇게 물었습니다.

"그럴 때 당신은 어떻게 설교하겠습니까?"

이 질문은 내게도 여전히 무겁게 다가옵니다. 혹시 이번이 그 사람의 마지막 기회라면 설교자는 무엇을 전해야 할까요? 하나님에 관한 가장 찬란한 소식, 이 세상 어디에서도 들을 수 없는 하나님 나라의 소식을 선포해야 하지 않겠습니까? 그 생각은 내게 두려움이면서도 동시에 벅찬 긴장을 안겨줍니다.

그렇다면 매주마다 하나님의 구원 경륜을 모두 다 설교해야 한다는 말입니까? 누군가에게는 단 한 번뿐일 기회라면 창세기에서 요한계시록까지, 북쪽 단에서 남쪽 브엘세바까지, 성경 전체를 빠짐없이 전해야 하지 않겠습니까? 그러나 한 편의 설교 안에 그 모든 것을 담는다는 것이 과연 가능하겠습니까?

이 심각한 질문에 대해 그 노목사는 뜻밖의 답을 내놓았습니다. "그럴 필요는 없습니다. 설교할 때마다 오직 한 본문을 선택하십시오. 그리고 그 본문을 천연동굴의 '입구'처럼 여기십시오. 혹은 집 안을 들여다보는 문구멍처럼 생각하십시오. 그 본문을 통해 들어가면 복음 전체가 보이도록 설교하십시오."

한 본문은 동굴의 입구와 같습니다. 그 좁은 입구를 지나면 전혀 다른 세계가 펼쳐집니다. 설교자는 그 세계를 보여주는 사람입니다. 본문은 작지만 그 안에는 복음의 우주가 들어 있습니다. 핵심은 여러 본문을 얕게 훑고 지나가는 것이 아니라 하나의 본문이라도 깊이 파고들어 그 안에 숨겨진 복음의 정수를 온전히 드러내는 데 있습니다.

물론 기억해야 할 것이 있습니다. 모든 성경 본문이 복음의 세계를 보여주지만 각각은 서로 다른 각도에서, 서로 다른 빛깔로 그 세계를 비춥니다. 하나의 본문은 복음의 한 단면을 보여주지만 그 단면 속에는 여전히 복음 전체의 숨결이 살아 있어야 합니다. 설교자는 바로 그 숨결을 드러내는 사람입니다.

은혜는 내려오고, 감사는 올라간다

본문도 마찬가지입니다. 이 짧은 이야기 안에 복음 전체가 담겨 있습니다. 그러나 그것은 언제나 그렇듯, 특정한 각도와 관점에서 비춥니다. 말씀은 '은혜'와 '감사', 다시 말해 하나님의 은혜와 인간의 보은(報恩)에 대해 말합니다.

예수께서 열 명의 나병환자를 고치셨습니다. 이것이 은혜입니다. 우리가 사랑받을 만해서가 아닙니다. 자격이 있어서도 아닙니다. 그럼에도 예수는 우리를 사랑하십니다. 우리의 죄를 담당하시고, 우리의 병고를 짊어지시며, 깨진 삶을 다시 세우십니다. 상처 입은 마음을 어루만지시고 처한 상황을 바꾸십니다.

이것이 복음의 핵심입니다. 우리는 이 모든 것을 한 단어로 묶어 '은혜'grace라고 부릅니다. 그 말만으로도 이미 가슴을 울립니다. 성경 사상을 한 단어로 압축하라면 나는 주저하지 않고 '하나님의 은혜'라고 말하겠습니다.

은혜란 무엇입니까? 우리 안으로 들어오셔서 우리를 치료하시는 예수 그리스도입니다. 우리와 같이 되셔서 우리를 이해하시는 예수 그리스도입니다. 약이 몸속에 퍼지듯 우리 존재 깊은 곳까지 스며드는 그리스도입니다. 그리스도께서 우리를 위해 행하시는 모든 것을 가리키는 이름이 곧 은혜입니다.

그렇다면 감사는 무엇입니까? 감사는 은혜에 대한 우리의 응답입니다. 은혜가 하나님 편의 움직임이라면 감사는 인간 편의 움직임입니다.

은혜와 감사Grace & Gratitude. 나이가 들수록 우리의 인생은 마땅히 이 두 축 사이를 쉼 없이 오가야 한다는 확신이 듭니다. 은혜로부터 감사로, 그리고 감사에서 다시 은혜로. 우리의 인생은 이 왕복 운동 속에

하나님은 다른 길로 오신다

서 제자리를 찾습니다. 칼 바르트Karl Barth의 표현을 빌리자면, 은혜와 감사는 하늘과 땅처럼 한 쌍입니다. 번개가 치면 반드시 천둥이 따르듯 은혜가 임하면 감사가 울려야 합니다. 은혜는 감사로 메아리쳐 되돌아옵니다.

문제는 여기 있습니다. 하나님의 은혜는 언제나 넉넉합니다. 항상 거기에 있습니다. 그러나 우리의 감사는 그렇지 않습니다. 감사는 턱없이 부족하고 때로는 지나치게 인색합니다. 더 큰 문제는 감사가 사라진 자리에서 우리의 삶이 방향을 잃고 있다는 사실을 우리가 잘 깨닫지 못한다는 데 있습니다.

그래서 예수께서 묻습니다. "열 명이 다 깨끗함을 받지 않았느냐? 그 아홉은 어디 있느냐?" 한 사람만 돌아와 "감사합니다"라고 말했습니다. 나머지 아홉은 어디로 갔습니까? 그들의 문제는 병이 낫지 않은 것이 아니었습니다. 그들은 분명 육신의 치유를 얻었으나, 정작 은혜를 베푸신 예수를 알아보지는 못했습니다.

그들은 다른 일에 바빴습니다. 달라진 삶을 정리하느라, 새로운 가능성에 취해 있느라 혹은 자기 삶을 회복하는 일에 정신이 팔려 있느라, 정작 그 은혜의 근원이신 예수는 안중에도 없었습니다. 은혜는 받았지만 은혜의 주체는 놓쳐버린 것입니다.

물론 그 아홉 명이 전혀 감사하지 않았다고 말할 수는 없습니다. 그들 역시 기뻤을 것입니다. 감격했을 것입니다. 어쩌면 소리 높여 하나님을 찬양했을지도 모릅니다. 그러나 그 감사 속에서 정작 자신들을 고치신 분을 보지 못했습니다. 감사의 감정은 있었지만 감사의 대상은 흐릿해졌습니다.

우리도 그렇지 않습니까? 감격은 있으되, 기억은 없습니다. "정말 다행이다"라고 말하지만 "누가 나를 여기까지 이끌었는가"를 묻지 않습

4부. 은혜는 버는 것이 아니다

니다. 감사의 언어는 남아 있지만 은혜의 주체는 사라져버리는 경우가 얼마나 많습니까?

흥미롭게도 영어에서 '생각하다'think와 '감사하다'thank는 어원을 같이한다고 합니다. 감사는 생각에서 시작된다는 뜻입니다. 깊이 생각하지 않으면, 우리는 진정으로 감사할 수 없습니다. 고요히 앉아 지나온 시간과 지금을 찬찬히 되짚어보지 않는다면 우리는 하나님께서 베풀어주신 은혜를 너무도 쉽게 잊어버립니다. 시간을 내어 과거를 돌아보지 않으면 우리를 향하신 그분의 은혜로운 손길은 기억 저편으로 사라집니다.

에스더서에 나오는 아하수에로왕의 이야기를 떠올려보십시오. 어느 날 밤, 그는 잠을 이루지 못합니다. 그래서 궁중 기록을 가져오게 하여 읽게 합니다. 거기에는 모르드개가 왕을 암살하려는 음모를 미리 알려주었다는 사실이 적혀 있었습니다.

그 대목에서 왕이 묻습니다. "모르드개라 했느냐? 그에게 상을 내렸는가? 보답은 했는가?"

신하가 대답합니다. "아직 아무 보답도 하지 못했습니다."

왕은 놀랍니다. "즉시 보은하라. 그가 내 생명을 구하지 않았는가!" 그리하여 모르드개는 왕의 옷을 입고, 왕관을 쓰고, 왕의 말을 타고 거리를 행진하게 됩니다. 잊혔던 은혜가 기억의 수면 위로 떠오르자 즉각적인 보답이 뒤따랐습니다. 그동안 왕은 밀려드는 국정에 쫓겨 그 고마운 사건을 까맣게 잊고 지냈습니다. 은혜가 사라진 것이 아니라 기억에서 밀려난 것입니다. 그러나 회상하는 시간 속에서 은혜는 다시 떠올랐고 그때 비로소 감사가 행동으로 이어졌습니다.

우리도 아하수에로왕과 다르지 않습니다. 아니, 더 자주 그렇습니다. 우리는 너무 바쁩니다. 해야 할 일, 챙겨야 할 일, 해결해야 할 문제들

하나님은 다른 길로 오신다

속에서 과거의 은혜는 마음 밖으로 미끄러져 나갑니다. 누군가 말했듯 우리는 원한은 돌에 새기고 은혜는 물에 새기는 사람들입니다.

그러므로 잠시 멈추십시오. 의자를 뒤로 젖히고, 시간을 내어 생각해보십시오. 감사하기 위해 생각하십시오. 생각하지 않으면 감사도 없습니다. 그러나 깊이 생각하면 잊혔던 은혜가 하나둘 떠오를 것입니다. 그리고 그 기억 속에서 감사는 다시 살아날 것입니다.

좋은 땅에 떨어진 씨앗처럼 살아가기

일반적인 감사나 막연한 고마움은 큰 의미가 없습니다. 우리는 종종 대상 없이 "아이고 고맙다, 일이 잘됐네"라고 말합니다. 그러나 곰곰이 생각해보면, 그런 감사는 공중에 흩어질 뿐입니다. 감사가 진정한 의미를 가지려면 그것은 반드시 구체적인 대상에게로 향해야 합니다.

예수께서 묻습니다. "열 명이 다 깨끗함을 받지 않았느냐? 그런데 나머지 아홉은 어디 있느냐?" 도대체 무엇이 문제였습니까? 그들의 문제는 예수를 보는 눈을 잃어버렸다는 데 있습니다. 더 아이러니한 것은, 그들이 그렇게 된 이유가 종교적 의무를 충실히 이행했기 때문이라는 사실입니다. 얼마나 역설적입니까? 신앙의 규례를 지키다가 정작 주님을 놓쳐버렸습니다.

예수께서 말씀하셨습니다. "가서 너희 몸을 제사장들에게 보이라." 당시 제사장은 일종의 보건 당국자였습니다. 나병이 나았는지 확인하고, 사회로 복귀할 수 있는 합법적인 증서를 발급할 수 있는 유일한 사람들이었습니다.

그러나 그 과정은 간단하지 않았습니다. 병이 나은 사람은 먼저 성전에 가야 합니다. 살아 있는 새 두 마리를 가지고 가서, 한 마리를 흐르

4부. 은혜는 버는 것이 아니다

는 물 위에서 잡고, 다른 한 마리를 그 피에 적신 뒤 제사장이 일곱 번 뿌립니다. 그리고 "이제 정결하다"고 선언하며 살아 있는 새를 놓아줍니다. 그 후 옷을 빨고, 털을 밀고, 몸을 씻어야 합니다.

이것이 전부는 아닙니다. 아직도 해야 할 일이 남아 있습니다. 고침을 받은 후 팔 일이 되는 날에, 제물을 가지고 다시 성전에 가야 합니다. 어린 양 세 마리와 곡식 제물과 기름을 준비합니다. 제사장은 한 마리를 속죄 제물로 드리고, 그 피를 나은 사람의 오른쪽 귓불과 오른손 엄지, 오른발 엄지에 바릅니다. 이 모든 절차를 마친 후에야 비로소 사회 복귀가 허락됩니다. 시간도 들고, 비용도 듭니다.

이 복잡한 예식 속에서 그들의 시야에서 예수는 점점 멀어졌습니다. 예수의 말씀에 순종하여 제사장에게 갔지만 절차를 밟는 동안 정작 그 은혜의 근원을 잊어버렸습니다.

이것이 종교 행위의 위험입니다. 바쁜 신앙생활 속에서 예수를 놓치는 일입니다. 우리는 교회 일에 열심입니다. 주일 예배, 수요 예배, 금요 기도회, 새벽 기도회에 참석합니다. 성경 공부, 성가대, 남녀 전도회, 구역 모임, 봉사 활동까지 감당합니다. 노회와 총회 차원의 일들에도 참여합니다. 그러나 그러한 일들에 몰두하다가 우리를 보내신 분을 잊어버릴 수 있습니다. 이것은 참으로 역설입니다.

"나머지 아홉은 어디 있는가?" 왜 감사가 이토록 중요합니까? 감사는 단지 예의 문제가 아닙니다. 하나님과의 관계 문제입니다. 은혜가 하나님으로부터 내려오는 것이라면 감사는 그 은혜를 하나님께 다시 올려드리는 통로입니다. 우리의 감사는 그분의 은혜를 그분께 돌려 드리는 행위입니다. 감사는 은혜를 찬양으로 바꾸는 일입니다.

하나님으로부터 우리에게 내려오는 은혜는 하늘에서 땅으로 내려오는 최고의 선물입니다. 우리로부터 하나님께로 올라가는 감사는 땅에

하나님은 다른 길로 오신다

서 하늘로 올려 드리는 최고의 응답입니다.

우리가 은혜와 감사라는 아름다운 순환 고리 밖으로 밀려날 때, 분주함에 쫓겨 감사를 놓치고 종교적 의무만 남을 때, 우리의 삶은 더 이상 하나님을 향해 열려 있다고 말할 수 없습니다. 하나님을 향한 인생이 아니라 하나님을 잃어버린 인생이 되고 맙니다.

예수의 비유에 나오는 씨앗을 생각해보십시오. 길가에, 돌 위에, 가시덤불 가운데 떨어진 씨앗은 결실하지 못합니다. 농부에게 그것은 낭비된 씨앗입니다. 열매를 맺지 못하는 씨앗이 무슨 의미가 있겠습니까?

그러나 좋은 땅에 떨어진 씨앗은 열매를 맺습니다. 돌아와 감사한 한 나병환자는 그 좋은 땅과 같습니다. 그는 은혜를 받고 끝나지 않았습니다. 그 은혜를 감사로 돌려드림으로써 열매를 맺었습니다. 하나님께 감사하는 사람은 이와 같습니다. 은혜를 열매로 바꾸는 사람입니다.

부활의 관점에서 복음서 읽기

"열 사람이 다 깨끗함을 받지 않았느냐? 그런데 나머지 아홉은 어디 있느냐?"

이 질문은 부활의 빛 아래서 이 이야기를 읽기 시작할 때 우리에게 더욱 또렷해집니다. 복음서의 모든 이야기는 결국 부활을 향해 열려 있습니다. 겉으로는 치유 이야기, 만남의 이야기, 갈등의 이야기처럼 보이지만 그 밑바닥에는 언제나 부활의 그림자가 드리워져 있습니다.

예수께서 다시 살아나지 않으셨다면 그분의 말씀은 모두 죽은 언어가 되고 맙니다. 예수께서 부활하지 않으셨다면 그분이 행하신 일들은 아무 의미 없는 사건으로 흩어지고 말 것입니다. 부활은 예수의 말씀과 행위를 다시 살아나게 한 사건입니다.

부활의 아침에 예수는 무덤에서만 나오신 것이 아닙니다. 그분의 지상 생애 전체가 함께 살아났습니다. 그분이 하신 말씀도, 그분이 행하신 치유도, 그분이 보여주신 사랑도, 그분과 함께 무덤에서 다시 걸어 나왔습니다.

그러므로 복음서의 이야기는 언제나 부활의 관점에서 읽혀야 합니다. 그것들은 부활절 아침에 무슨 일이 일어났는지를 들여다보게 하는 문구멍과 같습니다. 열 명의 나병환자 이야기도 마찬가지입니다. 이것은 단순한 치유의 이야기가 아니라 죽음과 생명의 이야기입니다.

성경에서 죽음은 단순히 호흡이 멈추는 상태를 의미하지 않습니다. 죽음은 추방입니다. 공동체로부터 밀려나는 것입니다. 버려짐입니다. 반대로 생명은 다시 용납되어 공동체의 일원으로 함께 어우러져 사는 것을 의미합니다.

이런 의미에서 나병은 죽음을 상징합니다. 나병환자는 마을 밖으로 쫓겨나 사람들과 함께 살 수 없습니다. 그는 사회적으로 죽은 사람입니다. 그러나 예수는 생명입니다. 예수는 그들을 다시 공동체로 돌려보내십니다. 그들을 다시 "함께 사는 사람"으로 만드십니다.

이 점에서 열 명의 나병환자 이야기는 요한복음 11장에 나오는 나사로의 이야기와 나란히 놓을 수 있습니다. 예수께서 무덤 앞에 서서 말씀하십니다. "아버지여, 내 말을 들어주심을 감사하나이다." 그리고 외치십니다. "나사로야, 나오라." 죽었던 사람이 수족이 묶인 채로 걸어 나옵니다. 그때 예수께서 말씀하십니다. "그를 풀어주어 가게 하라."

이것이 복음입니다. 이것이 좋은 소식입니다. 묶여 있던 자를 풀어주시는 하나님, 죽음의 자리에서 걸어 나오게 하시는 하나님. 이것이 없다면 우리는 모두 무덤 속에 머물러 있는 존재와 다르지 않습니다.

좋은 소식이 무엇입니까? 하나님께서 우리를 죽음에서 일으키셨

하나님은 다른 길로 오신다

다는 것입니다. 우리는 무엇을 했습니까? 나사로가 한 일을 생각해보
십시오. 그는 아무것도 하지 않았습니다. 죽은 자가 무엇을 할 수 있겠
습니까?

복음은 바로 여기에 있습니다. 우리가 무엇을 해서 살아난 것이 아
닙니다. 그분이 우리를 불러내셨기 때문에 살아난 것입니다. 우리가 한
일은 단 하나, 그 부르심에 의해 걸어 나오는 것뿐입니다. 그분이 다 하
셨습니다. 이것이 은혜입니다.

은혜에 응답하는 가장 좋은 길

로버트 캐폰Robert Capon은 그의 책 『정오에서 오후 3시까지From Noon
Till Three』에서 나사로 이야기를 이렇게 해석합니다. 예수께서 나사로가
죽은 지 나흘 만에 도착하셨을 때 마르다가 말합니다. "주님, 지금은 시
체에서 냄새가 날 때입니다. 죽은 지 벌써 나흘이 되었습니다."

캐폰은 이 말을 단지 나사로에 대한 설명으로 보지 않습니다. 이것
은 우리에 대한 진술이라는 것입니다.

그렇습니다. 우리는 이미 죽은 지 나흘이 지난 사람들입니다. 아니,
나흘이 아니라 수천 일, 수만 일을 죽음 속에서 살아온 존재들입니다. 우
리의 삶 한복판에는 언제나 죽음이 스며 있습니다. 발목까지, 허리까지,
코끝까지, 때로는 머리끝까지 차오른 죽음 속에서 살아갑니다.

그러나 나사로의 이야기와 열 명의 나병환자의 이야기를 통해 우리
는 놀라운 사실을 보게 됩니다. 우리의 죽음이야말로 하나님 역사가 시
작되는 자리라는 사실입니다. 사회적 죽음에서 나병환자들이 일어나는
일, 육체적 죽음에서 나사로가 걸어 나오는 일, 이 모든 것은 하나님의
일방적인 호의, 다함 없는 은총의 행위입니다.

하나님은 아무것도 없는 데서 창조하시는 분입니다. 아무 소망 없는 자리에서 다시 살리시는 분입니다. 그 일에 대해 우리가 할 수 있는 일은 없습니다. 나사로가 자신의 부활을 위해 준비한 것이 있었습니까? 아무것도 없습니다.

"나사로야, 나오라!" 예수의 부르심 이후에 벌어진 일은 나사로의 능력에 달린 일이 아니었습니다. 그가 무덤 밖으로 비틀거리며 나왔을지라도 그것은 본질이 아닙니다. 본질은 부르심입니다. 생명은 이렇게 일방적으로 주어지는 선물입니다. 받기 위해 준비해야 할 조건도, 갖추어야 할 자격도 없습니다. 우리의 삶도 이와 같습니다. 우리가 다시 살아난 것은 하나님의 전적인 은혜 때문입니다. 부활은 우리의 업적이 아니라 그분의 선물입니다.

그렇다면 이제 질문이 남습니다. 이렇게 다시 살리시는 은총, 부활시키시는 은혜에 대해 우리는 어떻게 응답해야 합니까? 무엇으로 갚을 수 있겠습니까?

성경은 한 가지 길을 말합니다. 감사의 희생 제사입니다. '감사'라는 이름의 제물입니다. "여호와께 감사하라 그는 선[善, '토브' בוט]하시며 그의 인자하심['헤세드' דסח, 다함 없는 사랑]이 영원함이로다"(대상 16:34).

은혜가 하늘에서 내려온다면 감사는 하늘로 다시 올라가는 응답입니다. 우리는 은혜를 되돌려 드릴 수 없습니다. 그러나 우리는 찬양으로, 감사로 그 은혜를 하나님께 돌려 드릴 수 있습니다. 그것이 살아난 자의 삶입니다.

하나님은 다른 길로 오신다

39

감사는 뒤를 돌아보는 것이다

누가복음 17:11-19

"보시고 이르시되 가서 제사장들에게 너희 몸을 보이라 하셨더니
그들이 가다가 깨끗함을 받은지라"(14).

본문은 예수께서 예루살렘으로 가시는 길에 일어난 일입니다.

예루살렘은 중요하고 거룩한 일들이 일어나는 곳입니다. 사람들이 꿈을 찾아 떠나는 곳이기도 합니다. 옛날 우리나라에서 지방 사람들이 더 나은 삶을 찾아 서울로 상경했듯이 우리는 저마다 꿈을 품고 예루살렘을 향해 길을 나섭니다.

그런데 그 길이 늘 순탄하지는 않습니다. 직장을 잃거나, 건강을 잃거나, 사랑하는 사람을 잃는 일들이 우리를 멈춰 세웁니다. 꿈꾸고 계획했던 것이 일순간 무너져 내리는 경험입니다. 그러나 뜻하지 않은 방해로 멈춰 선 바로 그 자리에서 예수 그리스도를 만나기도 합니다.

주님은 잘나가던 사람들의 길목만이 아니라, 멈춰 선 사람들의 자리에도 찾아오십니다. 내가 세워두었던 계획보다 더 크신 분이 우리 앞에 서 계십니다.

돌아온 한 사람

예수께서 예루살렘으로 가시는 길에 나병환자 열 명을 만나게 됩니다.
1세기에 가장 두려운 병이 나병(한센병)이었습니다. 당시 마을마다 제사
장들이 있었는데, 그들의 역할 중 하나가 나병의 확산을 관찰하고 조사
하는 것이었습니다. 오늘날로 치면 역학 조사와 방역을 담당하는 공중
보건의 역할이었습니다.

나병은 손발톱이 빠지고 살이 무르며 온몸으로 퍼지는 무서운 병이
었습니다. 전염성도 강해 자칫하면 마을 전체를 휩쓸어 버릴 수도 있었
습니다. 동네에서 누군가 갑자기 장갑을 끼고 나타나면 제사장은 그를
불러 세워 손가락을 조사했습니다. 나병의 조짐이 보이면 즉시 격리하
여 동네 바깥으로 추방했습니다.

예수께서 만난 열 명의 나병환자들에 대해 우리가 아는 것은 거의
없습니다. 남자인지 여자인지, 사회적 신분이 무엇인지, 부자였는지 가
난했는지, 이름도 모릅니다. 나병이 그들의 모든 정체성을 앗아간 듯합
니다. 그들은 그저 "열 명의 나병환자"로만 알려졌습니다.

그런데 한 가지는 압니다. 아홉 명은 유대인이고 한 명은 사마리아
인이었다는 것입니다. 이 점이 흥미롭습니다. 유대인과 사마리아인 사
이에는 한국과 일본 사이처럼 오래되고 깊은 반목이 있었습니다. 유대
인들은 사마리아인들을 노골적으로 멸시했습니다. 그런데 그토록 사이
가 나쁜 이들이 한 무리를 이루고 있었던 것입니다. 동병상련이라고 할
까요. 꿈을 향해 나아가다 큰 위기를 만나면, 내 편 네 편 하던 다툼이 모
두 부질없어집니다. 오로지 불행이라는 공통분모 앞에서 서로 연대하게
됩니다. 열 명의 나병 환자, 그들은 이제 '주변인'이라는 새로운 그룹에
속하게 된 것입니다.

하나님은 다른 길로 오신다

이 열 명의 그룹을 보면서 교회가 떠올랐습니다. 교회 안에는 사회적으로 성공한 이들도 있지만, 당장 월세를 내지 못해 쩔쩔매다 목회자를 찾아오는 이들도 있습니다. 대가족의 따뜻함 속에 사는 분이 있는가 하면 외롭게 혼자 사시는 분도 있습니다. 눈에 띄는 자리에서 섬기는 분이 있는가 하면, 주일마다 조용히 자리를 지키다 돌아가는 분도 있습니다.

그럼에도 오래 목회하면서 발견한 사실이 하나 있습니다. 시기의 차이는 있겠지만 우리는 모두 스스로를 '아웃사이더'처럼 느낀다는 것입니다. 동네 바깥에 살던 나병환자들처럼 말입니다. 공동체에서 존경받는 자리에 있다 해도 우리는 모두 자신의 삶이 낱낱이 드러나는 것이 두려워 '장갑'을 끼고 있습니다. 나병환자가 병을 숨기기 위해 장갑을 꼈듯이 말입니다.

나병이 손끝과 발끝에서부터 서서히 몸을 잠식해 들어오듯, 여러분의 영혼을 야금야금 갉아먹는 무언가가 있지는 않습니까? 개인적인 상처, 반복되는 실망과 좌절, 쫓아버릴 수 없는 두려움, 매일 싸워야 하는 우울증 같은 것들입니다. 이 자리에 오기까지 얼마나 힘들었는지 옆 사람은 모를 것입니다. 어떤 분은 지금 옛날의 나병에 해당하는 암과 싸우고 있을지도 모릅니다. 그 이야기를 꺼내면 사람들이 어색해하며 거리를 두려 한다는 것도 알고 있습니다. 마치 전염이라도 되는 듯 말입니다. 또 어떤 분은 신앙에 대해 의심하며 고민하고 있을지 모릅니다. 주일 아침 예배당의 성도들은 다들 멀쩡해 보이고 힘차게 찬송을 부르지만, 정작 나 혼자만 그 무리 속에서 속절없이 무너져 내리는 것처럼 느껴질 때가 있습니다.

이런저런 이유로 스스로를 '아웃사이더'라고 느낀다면 자연히 신앙 공동체로부터 점점 멀어지고 싶은 유혹을 받게 될 것입니다.

아웃사이더가 드리는 기도

그레이엄 그린Graham Greene의 소설 『소진된 인간A Burnt-Out Case』은 쿼리Querry라는 성공한 건축가의 이야기입니다. 그는 하나님을 믿지 않으면서도 성당을 짓는 사람이었습니다. 그러다 믿지도 않는 종교 건물을 짓는다는 것이 어색해져 시청사 같은 일반 건물로 방향을 바꿉니다. 그런데 짓다 보니 자신은 종교보다 정치를 더 믿지 않는다는 생각이 들었습니다. 세속적으로는 크게 성공했지만 쿼리의 내면은 아무것도 신뢰하지 않는 상태였고, '믿음의 세계'에 속하지 못한다는 이방인 같은 감각이 그를 무겁게 짓눌렀습니다.

그러던 어느 날 그는 아프리카 콩고의 나병환자 마을(나자로 마을)로 떠납니다. 도착하자마자 그곳 의사Dr. Colin로부터 "소진된 영혼"이라는 진단을 받습니다. 일종의 나병에 걸린 영혼이라는 선언이었습니다. 얼마의 시간이 흐른 어느 날 밤, 그는 밀림에서 실종된 하인을 찾아 나섭니다. 하인을 발견했을 때는 너무 어둡고 추워서 마을로 돌아오기 어려운 시간이었습니다. 손가락이 없는 하인은 뭉툭한 손으로 그를 붙잡고 있었습니다. 쿼리는 결국 얼음처럼 굳어가는 그 몸을 가슴으로 품었습니다. 그 순간, 주변인들의 공동체를 품는 그 행위를 통해 쿼리는 진정한 신앙을 발견합니다. 그 후 그는 나병환자 마을에 단순하고 간결한 예배당을 짓습니다. 그리고 그것을 평생의 역작으로 여깁니다. 처음으로 자신이 진정 믿는 무언가를 담아 지은 건물이었기 때문입니다.

열 명의 나병환자들은 예수께 오직 한 가지만을 구했습니다. "우리를 불쌍히 여겨주소서!" 육신의 치유를 먼저 요청한 것이 아니었습니다. 치유받기에는 너무 심한 중증 환자들이었습니다. 그들이 구한 것은 오직 자비와 긍휼이었습니다. 사실 우리도 다르지 않습니다. 구원이 어

하나님은 다른 길로 오신다

떻게 생겼는지조차 알지 못할 만큼 두려움을 안고 살아갑니다. 그래서 우리는 그저 자비를 구합니다. 이것은 오직 하나님만이 우리를 구원하실 수 있다는 것을 아는 자들의 마지막 탄원입니다. 그리고 이 길만이 예수 그리스도께 나아가는 유일한 방법입니다. 우리가 예배마다 죄를 고백하는 것도 이 때문입니다. 여러분을 교회 안의 인사이더로 만드는 것은 이 고백입니다.

가는 동안 낫더라

누가는 한 가지를 분명히 알려줍니다. 예수께서 나병환자들을 "보았다"는 것입니다(14절). 당시 사람들은 나병환자들을 외면했습니다. 그 병이 자신에게도 일어날 수 있다는 사실을 떠올리고 싶지 않았기 때문입니다. 어쩌면 이미 자신의 영혼 어딘가에서 같은 병이 시작되고 있다는 것을 직면하기 싫었기 때문이기도 합니다. 하지만 예수는 달랐습니다. 그분은 여러분에 대한 진실을 적극 "보십니다". 판단하고 정죄하기 위해서가 아니라 치유하기 위해서입니다. 여러분의 진실을 외면하지 않고 끝까지 바라보시는 분은 오직 그분뿐입니다.

　나병환자들을 보신 예수는 제사장들에게 가서 몸을 보이라고 하셨습니다. 제사장들은 환자의 상태를 살펴 완치를 확인하고 마을 공동체로 돌려보내는 결정권을 가진 사람들이었습니다. 중요한 것은 예수께서 그들을 치유하시기 전에 먼저 이 말씀을 하셨다는 것입니다. 아직 낫지 않은 몸으로 제사장에게 가라고 하신 것입니다. 이것은 이런 뜻입니다. "희생자처럼 행동하지 마라. 이 문제가 당신의 삶을 지배하도록 내버려 두지 마라. 구원자를 만난 사람답게 당당하게 걸어가라." 그리고 본문은 말합니다. "그들이 가는 동안 깨끗하게 되었더라"(14).

여러분의 삶에서 깨어진 곳이 있다면—마음이든, 건강이든, 믿음이든— 치유 과정에서 스스로 담당해야 할 역할이 있습니다. "일어나 다시 앞으로 가는 것"입니다. 일터로 돌아가고, 공동체로 돌아가고, 일상으로 돌아가는 것입니다. 식품을 사러 가게로 가면서, 공과금을 내면서, 콧물을 훔치며 직장으로 돌아가면서, 시험을 보러 학교에 가면서, 한 번 더 협상하면서, 의사를 한 번 더 찾아가면서, 그 걸음 가운데 예수의 치유가 온다는 것을 믿으면서 말입니다.

대개 하나님의 은혜는 우리가 "앞으로 어떻게 될까" 반신반의하며 한 걸음 내디딜 때 바로 그 발걸음 뒤를 조용히 따라옵니다. 이것이 믿음의 모습입니다. 믿음은 얼마나 많은 신학을 아는지의 문제가 아닙니다. 느낌이나 신비적 경험과도 무관합니다. 믿음은 결국 "다시 걸어가려는 결심"입니다.

평범한 일상을 감사로 살아가는 사람

나병환자 중 한 명이 자신이 치유받았음을 알고 큰 소리로 하나님께 찬양하며 예수께로 돌아왔습니다(15). 주님께 유턴한 것입니다. 그리고 "예수의 발 아래에 엎드리어 감사"(16)했습니다. 가던 길을 돌이켜 예수의 발아래 엎드려 감사하는 것, 이보다 더 아름답고 명확한 예배의 정의가 어디 있겠습니까. 성경은 이 사람이 사마리아인이었다고 밝힙니다.

열 명 모두가 치유를 받았지만 오직 사마리아인, 즉 아웃사이더만 예수의 발아래 엎드렸습니다. 이것이 본문의 하이라이트입니다. 감사할 줄 몰라도 예수의 자비를 받지 못하는 것은 아닙니다. 나머지 아홉 명도 긍휼을 받았습니다. 그러나 감사할 줄 모르면 예수님을 발견할 수는 없습니다.

하나님은 다른 길로 오신다

이 기적의 핵심은 육신의 병이 나았다는 데 있지 않습니다. 삶의 길에서 우리와 동행하시는 구원자께로 다시 방향을 돌리는 데 있습니다. 열 명의 나병환자들도 결국 다시 병들고 죽었을 것입니다. 우리도 마찬가지입니다. 언젠가는 직업을 잃고, 건강을 잃고, 생명을 다하는 날이 옵니다. 모든 것을 잃을 것입니다. 그러나 단 하나만은 절대 잃지 않습니다. "하나님의 사랑"입니다. 그리고 그 사랑이 우리를 영원한 집까지 데려갑니다.

감사하는 사람들은 반드시 꿈이 회복된 사람들일 필요가 없습니다. 그들은 걷던 길을 멈추고 돌아서서, 내내 함께 걸어오신 구세주를 발견한 사람들입니다. 예수께서 그에게 말씀하셨습니다. "일어나 가라 네 믿음이 너를 구원하였느니라." "나를 따라 예루살렘으로 가자"가 아니었습니다. 그저 "일어나 가라"였습니다. 네게 주어진 그 길로 돌아가라는 것입니다. 평범한 일상으로 돌아가라는 것입니다. 그렇습니다. 평범한 일상을 감사로 사는 사람이 비범한 삶을 사는 것입니다.

G. K. 체스터튼은 이렇게 썼습니다. "이 세상에 경이와 기적이 모자라지 않습니다. 모자란 것은 그에 대한 우리의 경탄입니다. 예배는 그리스도의 비범한 사역을 경탄과 경이감으로 바라보도록 영혼을 훈련하는 것입니다. 신앙의 삶에서 경탄과 찬양은 감사와 동의어입니다."

감사하는 사람은 매일의 삶 속에 숨어 있는 작은 기적들을 발견합니다. 불평하는 일에 익숙하지 않고, 후회하는 일에 시간을 낭비하지 않습니다. 하나님의 끝없는 사랑에 매일 경탄하기에 두려움이 스며들 틈이 없습니다. 세상의 소유를 두고 조바심 내기보다, 동행하시는 구세주를 더 깊이 알아가기만을 소원할 뿐입니다. 그것을 봄으로써 삶의 모든 것을 감당할 수 있게 됩니다.

40

우리는 아직 기도를 모른다

누가복음 18:1-8

"내가 너희에게 이르노니 속히 그 원한을 풀어주시리라
그러나 인자가 올 때에 세상에서 믿음을 보겠느냐"(8).

어떤 마을에 한 재판장과 한 과부가 있었습니다. 두 사람은 너무도 선명하게 대비되는 인물들이었습니다. 한 사람은 세력을 쥔 악한 재판장이었고, 다른 한 사람은 가난하고 힘없는 과부였습니다. 그 재판장은 하나님을 두려워하지도 않았고, 사람에 대한 연민도 없었습니다.

그의 관심은 오직 자기 자신뿐이었습니다. 정의나 공평이 아니라 자신의 이익이 그의 기준이었습니다. 공평한 판결을 내린다? 억눌린 자에게 용기를 준다? 억울한 사정을 귀 기울여 듣는다? 고아의 편에 서서 변호한다? 과부의 사건을 성심껏 챙긴다? 그에게는 전혀 어울리지 않는 말들입니다.

그는 속으로 이렇게 계산하는 사람입니다. '내가 당신을 도와주기를 바라오? 그럼 먼저 내게 무엇을 줄 수 있소? 정의를 원하오? 그렇다면 대가를 가져오시오. 세상 일이란 기름칠 없이는 돌아가지 않는 법이

오.' 정의는 거래의 대상이었고, 공평은 값이 매겨진 상품이었습니다.

그런데 그가 상대해야 할 사람은 과부입니다. 가장 보호받아야 할 사람, 가장 도움이 필요한 사람입니다. 이 과부는 구약성경이 반복해서 언급하는 그 과부의 모습과 겹쳐집니다. 사회적 약자, 정의와 공평이 제대로 보장되지 않는 사람입니다(출 22:22-24; 신 24:17; 27:19). 남편도, 보호자도, 경제적 기반도 없는 채로 남겨진 존재입니다.

더구나 그녀는 자신의 얼마 남지 않은 재산을 지켜달라고 법률가와 재판장을 찾았다가 오히려 그들에게 이용당하는 그런 과부입니다. 법의 보호를 받기는커녕 도리어 약자를 옭아매는 억압의 도구가 되어버린 비정한 현실 한가운데 던져진 사람입니다.

성가시게 굴어도 좋다

우리의 비유에 등장하는 과부는 매우 고통스러운 시간을 보내고 있습니다. 정의와 공의를 세워야 할 재판장에게서 오히려 정의를 얻어내지 못한 채, 긴 싸움을 이어가고 있는 여인입니다. 오만하고 사람을 무시하는 그 재판장 앞에서 얼마나 오래, 얼마나 집요하게, 얼마나 많은 눈물로 호소했는지 우리는 다 알지 못합니다. 아마 하나님만이 아실 것입니다.

그렇다면 이 과부가 한 일은 무엇입니까? 그녀가 유능한 변호사를 고용할 수 있었겠습니까? 그럴 형편이 못 되었습니다. 그녀가 쥔 유일한 무기는 끈질기게 매달려 상대를 지치게 만드는 집요함뿐이었습니다. 상대를 피곤하게 만들 정도로 집요해진 것입니다. 거머리처럼 달라붙어 물러서지 않은 것입니다. 바로 그 재판장에게입니다. 하나님도 두려워하지 않고 사람도 무시하는 그 냉혹한 재판장에게 말입니다.

4부. 은혜는 버는 것이 아니다

누가는 이 비유를 전하면서 그 재판장과 과부에 대해 많은 설명을 덧붙이지 않습니다. 그러나 조금만 상상력을 더하면 장면이 그려집니다. 거리에서 재판장의 뒤를 쫓고 공식 행사장까지 불쑥 찾아가 정의를 외치며, 심지어 꼭두새벽에도 대문을 두드리고 창문에 돌이라도 던질 기세로 물러서지 않는 결연한 모습이 떠오릅니다.

마침내 재판장은 그녀를 더 이상 외면할 수 없게 됩니다. 그렇다고 해서 그가 갑자기 하나님을 두려워하는 사람이 되었기 때문은 아닙니다. 정의의 가치를 깨닫게 되었기 때문도 아닙니다. 그저 과부의 성가신 요구를 더 이상 견뎌낼 재간이 없었기 때문입니다. 철저히 지치고 피곤해진 그는 결국 그녀의 집요함 앞에 두 손을 들고 만 것입니다. 결국 그는 이렇게 말합니다. "좋소. 당신이 원하는 대로 해주겠소. 제발 이제 그만하시오." 과부의 끈질긴 요청이 끝내 상황을 움직였습니다

이 비유의 요점은 분명합니다. 불의한 재판장도 집요한 과부의 청을 들어주었다면 의로우신 하나님은 밤낮으로 부르짖는 자녀들의 기도를 얼마나 더 들어주시겠습니까? 사람을 무시하던 재판장조차 끈질긴 요청 앞에 굴복했다면 자녀를 사랑하시는 하나님께서 그들의 간구를 외면하시겠습니까?

이 비유는 하나님을 성가시게 만들어야 응답하신다는 뜻이 아닙니다. 하나님을 억지로 설득해야만 움직이시는 분으로 그리는 것도 아닙니다. 오히려 정반대입니다. 불의한 재판장조차 집요한 간청을 들어주는데, 하물며 정의로우시고 자녀를 사랑하시는 하나님께서 우리의 부르짖음을 어찌 외면하시겠느냐는 가장 강력한 대비를 보여주는 말씀입니다.

이 정도면 이 비유의 핵심은 충분히 드러났을 것입니다.

하나님은 다른 길로 오신다

그런데도 이 비유는 우리를 불편하게 만드는 질문을 남깁니다.

정말로 그런가? 하나님께서는 밤낮 부르짖는 그의 택하신 자들을 위하여 반드시 정의를 베푸시는가? 억울함을 당한 자녀들의 사정을 끝내 풀어주시는가? 정말로 그러한가?

우리는 예수께서 주신 약속을 잘 알고 있습니다.

"구하라 그리하면 너희에게 주실 것이요 찾으라 그리하면 찾아낼 것이요 문을 두드리라 그리하면 너희에게 열릴 것이니"(마 7:7).

"무엇이든지 기도하고 구하는 것은 받은 줄로 믿으라 그리하면 너희에게 그대로 되리라"(막 11:24).

"너희가 내 이름으로 무엇을 구하든지 내가 행하리니"(요 14:13).

분명한 약속입니다. 그런데 이 약속들은 정말 이루어지는가? 말 그대로 사실인가?

그러나 우리의 신산한 일상은 자주 이 약속에 고개를 가로젓습니다. 매일 접하는 뉴스와 우리가 직접 겪는 비극적 사건들은 "정말 기도가 응답되는가?" 하는 아픈 의문을 남깁니다.

우리는 무엇을 보았습니까? 남편과 자녀들, 가족과 교회 공동체의 간절한 기도에도 불구하고 한 젊은 어머니가 세상을 떠나는 일을 봅니다. 어린 자녀들이 "전쟁터에 나간 아빠를 지켜주세요"라고 울부짖어도, 아버지가 돌아오지 못하는 일을 봅니다. 아브라함의 자손이라 불리던 수많은 유대인이, 신실한 믿음에도 불구하고 나치의 수용소에서 연기처럼 사라져버린 역사도 알고 있습니다.

이 현실 앞에서 우리는 묻지 않을 수 없습니다. 약속은 어디에 있는가? 기도는 어디로 가는가? 하나님은 정말로 정의를 행하시는가?

이 모든 것을 우리는 두 눈으로 봅니다. 삶을 돌아보면, 이런 사례는 끝이 없습니다. 그래서 우리는 고통스러운 질문 앞에 섭니다. 도대체 예수께서 하신 약속은 무엇입니까? "구하라, 주실 것이요. 찾으라, 찾을 것이요. 두드리라, 열릴 것이다"라는 말씀은 사실이 아닙니까? 아니면 우리를 위로하기 위한 심리적 위안에 불과한 것입니까?

다시 생각해봅니다. 예수께서는 "구하라, 그러면 내가 한번 고려해보겠다"고 말씀하지 않으셨습니다. "구하라, 그러면 주어질 것이다"라고 단정하셨습니다. 조건을 덧붙이지도 않으셨습니다. "세속적인 것은 말고 영적인 것만 구하라"는 단서를 달지도 않으셨습니다. "내 이름으로 무엇이든지 구하면 내가 행하리라"고 말씀하셨습니다.

그러므로 생각하는 신자라면 이 문제를 피할 수 없습니다. 뉴스를 볼 때마다, 병원을 찾을 때마다, 가정이 흔들릴 때마다, 사업이 무너질 때마다 우리는 묻게 됩니다. 정말로 그 약속은 사실인가?

우리는 산을 옮겨달라고 기도하지 않습니다. 허황된 기적을 요구하지도 않습니다. 우리가 구하는 것은 단순합니다. 그분의 아드님이 하신 약속을 지켜달라는 것입니다. "무엇이든지 기도하고 구하는 것은 받은 줄로 믿으라 그리하면 너희에게 그대로 되리라"(막 11:24). 이 말씀이 공허하지 않기를 바랄 뿐입니다. 그런데 현실은 때때로 그 약속을 무색하게 만듭니다. 그렇다면 계속 기도해야 합니까? 왜 약속은 더디거나 보이지 않습니까?

기도 응답이 지연될 때 흔히 듣는 뻔한 대답들이 있습니다. 믿음이 부족해서라거나, 기도 방식이 틀렸다거나, 온전히 순종하지 않아서 그렇다는 식의 핑계입니다.

그러나 이런 대답은 설득력이 없습니다. 때로는 상처 위에 소금을 뿌리는 것과 같습니다. 성경은 수많은 조건을 붙이지 않습니다. "이것을

하나님은 다른 길로 오신다

기억하고 저것을 지켜야 응답이 온다"고 말하지 않습니다. 오히려 직설적으로, 끈질기게 구하라고 말합니다.

그렇다면 기도해도 아무 일도 일어나지 않는 것처럼 보일 때 무엇이 문제입니까? 본문은 이렇게 말합니다. "아무것도 문제가 아닙니다. 단 한 가지를 제외하고는 말입니다. 그것은 포기하는 것입니다."

응답 직전에 포기한 기도

오늘의 비유는 이렇게 시작합니다. "항상 기도하고 낙심하지 말아야 할 것을 비유로 말씀하여 이르시되…." 기도하는 사람은 언젠가 포기하고 싶은 유혹을 만납니다. 낙심하고 싶은 유혹, "이만하면 충분히 기도했다"라고 말하고 싶은 유혹, "아무 일도 일어나지 않는다"라고 중얼거리며 물러서고 싶은 유혹 말입니다.

누가복음을 조금 더 넘기면 우리는 겟세마네 동산에서 기도하시는 예수님을 만나게 됩니다. "아버지여, 하실 수만 있다면 이 잔을 내게서 옮겨주시옵소서." 그러나 그 간절한 기도에 대해 하늘은 침묵하는 듯 보였습니다. 영혼의 깊은 번민 속에서 예수께서는 힘써 기도하셨습니다. 항상 기도하고 포기하지 말라고 말씀하신 분이 누구입니까? 하나님의 침묵을 몸으로 겪으신 그분이 아닙니까?

주님의 마지막 말씀은 무엇이었습니까? "기도해보았으나 아무 소용이 없었다"가 아니었습니다. "아버지 내 영혼을 아버지 손에 부탁하나이다"(눅 23:46)였습니다. 이 고백은 우리에게 분명히 말합니다. 기도가 효력이 없는 것처럼 보일 때, "내가 무엇을 잘못했는가"라고 자책하지 말라는 것입니다. 체념하고 멈추지 말라는 것입니다. 그 순간 우리가 저지를 수 있는 가장 큰 실수는 기도를 그만두는 것입니다.

자크 엘룰Jacques Ellul은 『기도와 현대인*Prayer and Modern Man*』에서 이렇게 말합니다. "하나님은 쉽게 양보하시는 분이 아닙니다. 쉽게 굴복하시는 분도 아닙니다. 상황에 따라 이리저리 흔들리는 분도 아닙니다. 어떤 기도에든 자동으로 응답하는 기계가 아닙니다."[10]

사람들은 종종 좋은 기도와 나쁜 기도를 구분하려 합니다. 경건하고 올바른 기도는 응답되고, 어리석고 미숙한 기도는 거절된다고 생각합니다. 그러나 문제는 그렇게 단순하지 않습니다. 기도를 가르는 것은 말의 능숙함이 아닙니다. 얼마나 그럴듯하게 표현하느냐가 아니라 자신의 존재 전체를 얼마나 하나님께 온전히 내어 맡기느냐에 달려 있습니다. 어떤 기도는 존재의 깊은 자리에서 하나님을 붙들지만 어떤 기도는 마음은 빠진 채 같은 말만 되풀이하는 데 머뭅니다.

결국 중요한 것은 기도의 형식이 아니라 기도하는 사람의 헌신입니다. 기도의 수사가 아니라 기도하는 이의 집요함입니다. 우리는 속으로 이렇게 말합니다. '기도해보았지만 별 효과가 없는 것 같다.' 겉으로는 말하지 않아도 마음속에서는 그렇게 중얼거립니다.

그런 생각이 드는 이유는 우리가 기도를 안다고 생각하기 때문입니다. 기도가 무엇인지 이미 이해했다고 여기기 때문입니다. 그러나 어쩌면 우리는 기도를 너무 빨리 판단하고 있는지도 모릅니다. 기도가 무엇인지 안다고 생각하는 그 지점에서 우리는 가장 큰 오해 속에 서 있는지도 모릅니다.

한 가지 예를 들어보겠습니다. 어느 날 수영을 배우기로 결심했다고 합시다. 수영 교본을 사서 열심히 읽습니다. 자유형, 평영, 접영의 동작을 외우고, 팔과 다리의 순서를 암기합니다. 머리는 어떻게 두고, 숨은 언제 들이마시고 내쉬는지도 다 배웠습니다. 그리고 수영장 가장자리로 가서 곧장 물속으로 뛰어듭니다. 책에 나온 대로 해봅니다. 양팔을 뻗고, 발을

하나님은 다른 길로 오신다

붙이고, 무릎을 오므리고, 숨을 내쉬고, 팔을 둥글게 저어봅니다.

그런데 몸은 마음처럼 움직이지 않습니다. 정신은 혼란스럽고, 코와 입으로 물이 들어옵니다. 결국 허우적거리다가 가라앉습니다. 라커룸으로 돌아오며 이렇게 중얼거립니다. "수영? 해봤는데 안 되더라."

그러나 수영은 활자로 마스터할 수 있는 지식이 아닙니다. 숙련된 이들의 몸짓을 관찰하며, 얕은 물에서 수없이 반복하며 몸으로 익혀야 하는 감각입니다. 다리 동작 따로, 팔 동작 따로, 호흡을 따로 익히다가 그것을 하나로 묶어야 합니다. 그렇게 시간을 들이고 몸을 맡겨야 비로소 물과 친해집니다.

기도도 마찬가지입니다. 포기하지 않는 것이 본질입니다. 예수님의 제자들을 생각해보십시오. 그들은 어릴 적부터 기도를 배운 사람들입니다. 회당의 기도문을 암송했고, 식사 때마다 하루에도 여러 차례 기도하던 사람들입니다. 기도라면 이골이 났을 그들이 어느 날 주님께 "기도하는 법을 가르쳐주십시오"라고 청했습니다. 매일같이 기도를 암송하던 자들이 진짜 기도를 처음부터 다시 배우려 했다는 것은 실로 충격적인 역설입니다.

이 사실은 무엇을 말해줍니까? 예수께서 가르치신 기도는 그들이 알고 있던 형식 이상의 것이었다는 뜻 아닙니까? 기도는 단순한 종교적 습관이 아니라 삶 전체를 하나님께 열어놓는 깊은 차원의 일이었다는 뜻 아닙니까?

그러므로 우리는 기도가 잘되었는지 못되었는지를 재빨리 저울에 달기 전에 먼저 자신에게 물어야 합니다. '나는 너무 쉽게 포기한 것은 아닌가? 몇 걸음 걷다가 돌아선 것은 아닌가?' 우리는 아직 초보자입니다. 기도라는 영적 훈련의 문턱에 선 사람들입니다. 초보자가 몇 번 시도해보고 "이건 효과가 없다"라고 단정할 수 있겠습니까?

믿음은 감정이 아니라 깨어 있는 태도다

끈질긴 과부의 비유는 예상 밖의 질문으로 끝납니다. "그러나 인자가 올 때에 세상에서 믿음을 보겠느냐?"(눅 18:8). 이 말씀은 기도와 믿음을 하나로 묶습니다. 기도는 단순한 요청이 아니라 하나님을 신뢰하는 행위이며, 그 신뢰는 끝까지 붙드는 끈질김으로 드러난다는 것입니다. 믿음은 순간의 감정이 아니라 깨어 있는 태도입니다.

인자가 오실 때, 그분은 여전히 깨어 있는 사람을 보시겠습니까? 약속을 붙들고 끝까지 기다리는 사람을 발견하시겠습니까? 아니면 하나님을 향한 기대는 식어버리고, 사람들은 계산과 확률, 눈에 보이는 가능성에만 자신을 맡긴 채 살아가고 있겠습니까? 기도는 사라지고 분석만 남고, 기다림은 사라지고 조급함만 남고, 신뢰는 사라지고 자기보호만 남아 있겠습니까? 예수님의 질문은 바로 그 지점을 겨냥합니다.

어리석은 부자의 비유를 떠올려보십시오. "오늘 밤 네 영혼을 도로 찾으리라"는 음성을 들었을 때 그는 깨달았습니다. 자신의 인생이 바삐 달려왔지만 정작 하나님 앞에서는 잠들어 있었다는 사실을 말입니다. 그는 기회를 놓치지 않았고, 경쟁에서 앞섰고, 세상 일에는 누구보다 민감했습니다. 그러나 하나님 앞에서는 눈을 감고 있었습니다. 그 밤이 모든 것을 결정하는 밤이라는 사실을 보지 못했습니다.

예수의 마지막 질문은 분명합니다. 인자의 오심을 기다리는 사람은 깨어 있는 사람입니다.

"인자가 올 때에 세상에서 믿음을 보겠느냐?"

그 말은 곧 이렇게 들립니다. "기도를 포기하지 않는 사람을 보겠느냐?"

예수는 한 가지를 확언하십니다. "너의 기도는 하늘에서 들리고 있

하나님은 다른 길로 오신다

다." 문제는 응답이 닿는가에 있지 않습니다. 문제는 이 땅에 여전히 기도하는 사람들이 있겠느냐는 데 있습니다.

우리는 기도와 관련해서 대부분 이렇게 묻습니다. "하나님이 내 기도를 들으시는가? 응답하실 것인가?" 그러나 예수는 다른 질문을 던지십니다. "내가 올 때, 이 땅에 기도하는 사람이 있겠느냐? 등불은 켜져 있을 것인가, 아니면 모두 꺼져 있을 것인가? 어둠이 세상을 덮고, 기다림이 사라진 자리에 침묵만 남아 있을 것인가? 아니면 여기저기서 아직 꺼지지 않은 작은 불빛들이 빛나고 있을 것인가?"

이 비유는 결국 우리를 향한 질문입니다. 당신은 짙은 어둠 속에서도 끝내 기도의 불씨를 꺼트리지 않고, 주님 오실 때 그분을 맞이할 작고 눈부신 등불 가운데 하나입니까?

은혜는 버는 것이 아니다

누가복음 18:9-14

"바리새인은 서서 따로 기도하여 이르되
하나님이여 나는 다른 사람들 곧 토색, 불의, 간음을 하는 자들과 같지 아니하고
이 세리와도 같지 아니함을 감사하나이다 나는 이레에 두 번씩 금식하고
또 소득의 십일조를 드리나이다"(11-12).

우리는 '바리새인'이라는 말을 들으면 자동으로 부정적인 부분을 떠올립니다. 신약성경 속에서 그들은 예수와 대립하는 인물로 등장하기 때문입니다. 그러나 그들은 처음부터 악한 사람들이 아니었습니다. 오히려 좋은 의도로 출발한 사람들이었습니다. 문제는 그들이 복음의 중심에서 비켜나다가 결국 잘못된 자리에 서게 되었다는 데 있습니다.

1세기 유대교 여러 종파 가운데서도 바리새인들은 가장 신실하고 성실하게 율법을 지킨 이들입니다. 무엇보다 기도의 꽃을 피운 이들이었습니다. 그렇다면 왜 그 이름이 오랜 세월 부정적 상징으로 남게 되었을까요? 오늘날 교회에서 누군가를 두고 "바리새인 같다"라고 말한다면 그것은 결코 칭찬이 아닙니다. 어떻게 이런 일이 벌어졌습니까? 선한 의도를 지닌 사람들이 어째서 예수 그리스도와 갈등을 빚는 자리에 서게 되었습니까? 이 질문은 복음의 본질과 깊이 맞닿아 있습니다.

오직 성경이라 말하면서

만일 여러분이 1세기 예루살렘에서 집을 사려고 했다면 아마 부동산 중개업자는 바리새인들이 사는 동네를 추천했을 것입니다. 치안은 안정적이고, 주민들은 성실하며, 도덕적 기준도 높습니다. 공동체 의식도 강하고, 종교적 열심도 남다릅니다. 겉으로 보기에 더없이 건전한 동네입니다.

바리새인들은 율법을 열심히 연구했고, 사회적으로도 존경받는 위치에 있었습니다. 경건과 도덕에 있어 흠잡을 데가 없었습니다. 법을 잘 지켰고, 법을 사랑했습니다. 다만 그 열심이 때로는 타인을 평가하고 판단하는 태도로 나타나기도 했습니다. 그러나 그것 역시 스스로는 '정의'와 '거룩함'을 지키려는 노력이라 여겼을 것입니다.

바리새인을 이웃으로 둔다면 아마 창문에 커튼을 치고 싶은 마음이 들지도 모릅니다. 그들의 시선이 부담스럽기 때문입니다. 그들은 언제나 기준을 가지고 있었고, 그 기준에 비추어 삶을 재단하려 했습니다.

그들의 신앙생활을 조금 더 들여다보면, 바리새인들은 모세의 율법은 물론, 여러 세대를 거치며 굳어진 전통과 관습까지도 엄격하게 지켰습니다. 이른바 '장로들의 유전'입니다. 학자들은 이를 '이중 토라'Dual Torah라고 부릅니다. 하나는 기록된 율법이고, 다른 하나는 전통과 인습입니다.

'이중 토라'라는 표현은 단순한 학술 용어가 아닙니다. 한편에는 구약성경이 가르치는 율법(토라)이 있고, 다른 한편에는 성경 밖에서 전해 내려온 수많은 규범과 권고, 전통이 있습니다. 예를 들어 "하늘은 스스로 돕는 자를 돕는다"라는 말을 우리는 익숙하게 들어왔습니다. 그러나 성경에는 그런 문장이 없습니다. 오히려 그 정신은 성경의 핵심과 어긋

4부. 은혜는 버는 것이 아니다

나는 부분이 있습니다. 그럼에도 이런 격언은 오랜 세월 삶의 지혜처럼 받아들여져 왔습니다.

이와 같은 규범과 조언은 부모에게서, 스승에게서, 친구에게서 혹은 우리 시대의 문화와 사회적 분위기 속에서 배워온 것들입니다. 문제는 우리가 그것들을 성경의 가르침과 나란히 놓고 아무 의심 없이 함께 수용하며 살아간다는 데 있습니다.

그래서 우리 모두는 일종의 '이중 토라'를 지니고 있습니다. 성경과 더불어, '좋은 사람'이 되게 해준다고 믿는 각종 규율과 관습을 동시에 붙들고 살아갑니다. 겉으로는 "오직 성경"을 외치지만 실제 삶에서는 성경 밖의 기준들을 자연스럽게 규범으로 삼는 경우가 적지 않습니다.

예수께서 바리새인들을 통해 우리에게 지적하시는 것도 바로 이 지점입니다. 하나님 말씀보다 인간의 전통과 규범이 앞설 때 그것이 오히려 하나님 음성을 듣는 데 방해가 될 수 있다는 사실입니다. 이 문제를 분명히 드러내기 위해 예수께서는 또 하나의 비유를 말씀하십니다.

안전지대에 머무는 신앙: '괜찮은 죄인'이라는 착각

두 사람이 기도하기 위해 성전에 올라갔습니다. 바리새인과 세리, 곧 세금 징수 관리였습니다. 그들은 개인 경건을 위해 조용히 들른 것이 아니라 공적 예배에 참여하러 간 것입니다. 바리새인은 혼자 꼿꼿이 서 있었습니다. 그 자세 하나만으로도 많은 것을 말해줍니다. 그렇게 경건하고 단정한 사람 곁에 누가 감히 나란히 설 수 있겠습니까?

그는 이렇게 기도하기 시작합니다. "하나님, 감사합니다. 나는 다른 사람들과 같지 않으니 감사합니다. 세상을 보십시오. 도둑과 불의한 자

하나님은 다른 길로 오신다

들, 간음하는 자들, 심지어 저기 저 세리 같은 인간들…. 그들과 같지 않음을 감사합니다.”

세리는 당시 유대 사회 전체로부터 경멸을 받던 존재였습니다. 로마 제국과 결탁해 동족에게 세금을 거두던 자들이었기 때문입니다. 이미 무거운 세금 위에 더 얹어 착취했고, 불만을 제기하면 가차 없이 조사와 압박을 가했습니다. 오늘날 표현으로 하자면 서민의 삶을 저인망 식으로 훑어내던 사람들이었습니다. 율법도, 장로들의 전통도 아랑곳하지 않고 자기 이익을 챙긴 자들입니다. 바리새인은 바로 그런 사람들을 떠올리며, 자신은 그와 다르다는 사실에 감사하고 있는 것입니다.

여기서 먼저 기억해야 할 점이 있습니다. 그는 하나님께 감사하고 있다는 사실입니다. 이것이 핵심입니다. 우리도 비슷하지 않습니까? 기도할 때, 큰 악을 저지르지 않았고 최소한 똑바로 살려고 애쓴 점을 하나님께 감사하지 않습니까? 남에게 상처 주지 않은 것, 최소한의 도리를 지킨 것을 감사하지 않습니까? 그렇다면 우리 역시 바리새인의 기도와 크게 다르지 않을지도 모릅니다.

물론 우리는 완전하지 않습니다. 실수도 합니다. 그러나 노골적인 악을 일삼는 사람은 아니라고 생각합니다. 배신하거나 노골적으로 착취하는 사람은 아니라고 여깁니다. 우리는 스스로를 죄인이라 부르지만 세리처럼 끔찍한 죄인은 아니라고 선을 긋습니다. ‘몹쓸 죄인’이 아니라 그저 ‘괜찮은 죄인’이라고 생각합니다. 양심에 큰 통증을 주지 않는, 그럭저럭 괜찮은 범주의 죄인 말입니다.

바리새인의 기도는 계속됩니다. “나는 이레에 두 번 금식합니다. 내 소득의 십분의 일을 빠짐없이 드립니다.” 이제 비교가 노골화됩니다. 그러나 이 대목에서도 우리는 그와 완전히 다르다고 말하기 어렵습니다. 일주일에 두 번은 아니더라도 금식한 적이 있을 것이고, 십일조도 드려왔을 것입니다. 친절한 말을 건넨 적도 있고, 누군가를 도운 적도 있으며, 하나님의 부르심에 성실히 응답하려 애써왔을 것입니다.

우리는 그것을 대놓고 자랑하지는 않습니다. 그러나 마음속 장부에는 차곡차곡 기록해둡니다. 소극적으로는 큰 잘못을 피했고, 적극적으로는 나름의 기준, 곧 우리의 '이중 토라'에 따라 최선을 다해 살았다고 자부합니다. 기준에 비추어보면, 꽤 괜찮은 한 주였습니다. 그렇다면 우리 역시 바리새인과 크게 다르지 않습니다. 자신을 죄인이라 고백하면서도 실제로는 '괜찮은 죄인'이라는 안전지대 안에 머물러 있는 셈입니다.

반면 세리도 기도했습니다. 그러나 그는 하늘을 우러러보지도 못했습니다. 멀찍이 서서 가슴을 치며 말합니다. "하나님, 이 죄인을 불쌍히 여겨주십시오." 이것이 전부입니다. 변명도 없습니다. 어쩔 수 없었다는 설명도 없습니다. 더 나쁜 사람이 있다는 비교도 없습니다. 그는 자신을 포장하지 않았습니다. 그저 자신의 죄를 인정하고, 하나님의 자비와 긍휼을 구했을 뿐입니다.

'괜찮은 죄인'이 하나님에게서 더 멀다

비유를 마치신 예수께서는 그 의미를 직접 밝히셨습니다. "의롭다"는 선언을 들은 이는 바리새인이 아니라 세리였다는 것입니다. 하나님의 눈에 옳게 보인 사람은 스스로를 자랑한 자가 아니라 가슴을 치며 긍휼을 구한 자였습니다. 그리고 예수께서는 덧붙이십니다. "무릇 자기를 높이는 자는 낮아지고 자기를 낮추는 자는 높아지리라"(14).

그렇다면 바리새인의 문제는 무엇이었습니까? 예수님의 관점에서 보면 그는 하나님 앞에서 자신을 낮추지 않았습니다. 신앙의 본질은 내

하나님은 다른 길로 오신다

가 남보다 얼마나 도덕적이고 윤리적인가에 있지 않습니다. 도덕과 윤리가 기독교의 핵심은 아닙니다. 물론 그것이 불필요하다는 뜻은 아닙니다. 오히려 그리스도인은 누구보다 더 도덕적이어야 하고 윤리적이어야 합니다. 그러나 신앙의 중심에는 '죄의 용서'와 '구원'이 있습니다. 예수께서 이 땅에 오신 목적은 도덕도 조금 더 개선하기 위함이 아니었습니다. 한 설교자의 표현처럼 그분은 '장의사'로 오셨습니다. 죄로 죽은 우리를 장례 치르듯 끝내시고 새로운 생명을 주시기 위해 오셨다는 뜻입니다.

그러므로 남보다 낫다는 사실에 감사하는 것과, 하나님의 자비에 감사하는 것은 전혀 다른 일입니다. 오직 겸손한 사람만이 자비에 감사합니다. 겸손하지 않고는 긍휼을 구할 수 없습니다. 자신을 '괜찮은 죄인'이라 여기는 사람에게 하나님은 절실하지 않습니다. 그에게 필요한 것은 약간의 도덕적 수정보완일 뿐입니다. 그러나 자신을 '몹쓸 죄인'으로 아는 사람에게는 구원자가 필요합니다. 용서가 절실합니다. 이것이 신앙의 핵심입니다.

삶이 완전히 무너지고, 모두가 당신의 실패를 알고 있다면 하나님의 긍휼을 구하는 일은 오히려 쉽습니다. 탕자일 때 아버지의 자비를 구하는 것은 자연스럽습니다. 그러나 죄가 세련되고, 드러나지 않고, 주변 사람들로부터 "그래도 괜찮은 사람"이라는 평을 듣고 있다면 하나님의 자비를 구하는 일은 오히려 더 어렵습니다. 바리새인이 긍휼을 구하는 일은 산을 옮기는 일만큼이나 어려웠을 것입니다.

우리가 불편해하는 지점도 바로 여기입니다. 자신이 '덜된 죄인'이 아니라 '몹쓸 죄인'이라는 말을 듣고 싶지 않습니다. 그러나 그 불편함 자체가 우리의 교만을 드러냅니다. 우리는 죄에 대해서조차 체면을 세우려 합니다. 이것이 '이중 토라'의 어리석음입니다.

예수의 메시지는 명확합니다. 남들보다 나아 보일지라도, 하나님의 긍휼 없이는 결코 그분과 바른 관계를 맺을 수 없다는 것입니다. 그렇다면 '괜찮은 죄인'이 어떻게 자비를 구할 수 있습니까?

첫째, '이중 토라'를 내려놓아야 합니다. 하나님 앞에 설 때 두 개의 권위를 동시에 쥘 수 없습니다. 전통과 관습, 물려받은 규칙들은 우리를 단정하고 예의 바른 사람으로 포장할 수는 있습니다. 그러나 그것이 우리를 하나님께 인도하지는 못합니다. 오직 예수 그리스도만이 우리를 아버지께로 이끄십니다. 그분이 우리를 이끄시는 이유는 우리가 자격이 있어서가 아니라 그분이 우리를 사랑하시고 용서하시기 때문입니다.

용서보다 위대한 선물은 없습니다. 그리스도인이 된다는 것은 '몹쓸 죄인'이 '용서받은 죄인'이 되었다는 뜻입니다. 우리가 아무리 많은 선행을 쌓았어도, 아무리 헌신하고 수고했어도, 그것이 하나님의 사랑이 주시는 죄 사함을 넘어설 수는 없습니다.

예수께서는 바리새인의 죄를 지적하시며 겉치레 선행만으로는 부족함을 보여주셨습니다. 그들은 십일조는 바쳤으나, 늙은 부모를 봉양하는 데는 인색했습니다. 그들은 간음하지 않았습니다. 그러나 마음속에는 욕망을 품었습니다. 그들은 친절했습니다. 그러나 사랑하지는 않았습니다. 사랑 없는 친절은 위선일 뿐입니다. 그리고 위선은 하나님 앞에서 결코 의로움이 될 수 없습니다.

자랑의 자리에서 엎드림의 자리로

여기서 예수님은 바리새인들의 마음 깊은 곳에 자리 잡은 불안을 건드리십니다. 우리는 규칙과 율법을 완벽히 지킬 수 없습니다. 스스로도 그것을 압니다. 우리는 율법을 어길 뿐 아니라 그 정신까지 짓밟습니다.

하나님은 다른 길로 오신다

타인에게는 엄격한 심판자가 되면서도 정작 자신에게는 판결을 미룹니다. 그러나 그 유보된 판결이야말로 우리 자신을 향한 심판을 차곡차곡 쌓아가는 일임을 기억해야 합니다.

하나님의 긍휼, 자비, 용서, 불쌍히 여기심, 곧 하나님의 은혜가 아니고서는 누구도 하나님께로부터 "괜찮다"는 선언을 받을 수 없습니다. 은혜는 버는 것이 아니라 받는 것입니다. 우리는 공로를 들고 서는 사람이 아니라 거지처럼 자비를 구하는 사람입니다. 선함만으로는 충분하지 않습니다. 이 사실을 우리는 이미 수없이 배워왔습니다.

구약의 예언자 미가는 이렇게 노래합니다. "주와 같은 신이 어디 있으리이까 주께서는 죄악과 그 기업에 남은 자의 허물을 사유하시며 인애를 기뻐하시므로 진노를 오래 품지 아니하시나이다 다시 우리를 불쌍히 여기셔서 우리의 죄악을 발로 밟으시고 우리의 모든 죄를 깊은 바다에 던지시리이다 주께서 옛적에 우리 조상들에게 맹세하신 대로 야곱에게 성실을 베푸시며 아브라함에게 인애를 더하시리이다"(미 7:18-20).

그러므로 신앙의 마지막 자리는 자랑이 아니라 엎드림입니다. 우리가 붙들어야 할 것은 우리의 선행이 아니라 우리를 깊은 바다에서 건져 올리시는 하나님의 자비입니다. 스스로를 의롭다 여기는 순간 우리는 멀어지고, 긍휼을 구하는 순간 우리는 하나님께 가까워집니다. 결국 구원은 우리의 높아짐이 아니라 낮아짐 속에서 선물처럼 주어지는 은혜입니다.

42

하나님의 은혜에는 경계가 없다

누가복음 18:9-14

"내가 너희에게 이르노니 이에 저 바리새인이 아니고
이 사람이 의롭다 하심을 받고 그의 집으로 내려갔느니라
무릇 자기를 높이는 자는 낮아지고 자기를 낮추는 자는 높아지리라 하시니라"(14).

사람의 속을 뒤집어 놓는 일에 하나님만큼 능하신 분이 또 있을까요! 요나는 마지못해 니느웨로 갔습니다. 그의 머릿속에는 오직 심판의 불이 쏟아지는 장면뿐이었습니다. 뜨거운 유황불과 진노가 그 도시를 집어삼키는 광경만을 고대했습니다.

그런데 정반대의 일이 벌어집니다. 그 불같은 설교를 듣고 니느웨 사람들이 하나님을 믿기 시작한 것입니다. 높은 자에서 낮은 자까지, 귀족에서 평민까지, 모두가 베옷을 입고 재를 뒤집어쓰며 통회했습니다. 도시 전체가 흔들리는 회개의 물결에 휩싸였습니다. 심지어 왕까지도 왕복을 벗고 베옷을 입은 채 재 가운데 앉아 울며 회개했습니다.

왕이 내린 조서는 이렇게 선포합니다.

사람이나 짐승이나 소 떼나 양 떼나 아무것도 입에 대지 말지니 곧 먹

하나님은 다른 길로 오신다

지도 말 것이요 물도 마시지 말 것이며 사람이든지 짐승이든지 다 굵은 베 옷을 입을 것이요 힘써 하나님께 부르짖을 것이며 각기 악한 길과 손으로 행한 강포에서 떠날 것이라 하나님이 뜻을 돌이키시고 그 진노를 그치사 우리가 멸망하지 않게 하시리라 그렇지 않을 줄을 누가 알겠느냐(욘 3:7-9).

이 기도의 핵심은 마지막 문장입니다. "그렇지 않을 줄을 누가 알겠느냐?" 모든 희망을 하나님의 자비에 거는 고백입니다. 한 문장으로 줄이면 이것입니다. "하나님, 이 죄인을 불쌍히 여기소서."

성경은 이렇게 기록합니다. "하나님이 그들이 행한 것 곧 그 악한 길에서 돌이켜 떠난 것을 보시고 하나님이 뜻을 돌이키사 그들에게 내리리라고 말씀하신 재앙을 내리지 아니하시니라"(욘 3:10).

이 지점에서 요나는 폭발합니다. 매우 싫어하고 성을 냅니다(욘 4:1). 빈정거리듯 하나님께 말합니다. "주께서는 은혜로우시며 자비로우시며 노하기를 더디하시며 인애가 크시사 뜻을 돌이켜 재앙을 내리지 아니하시는 하나님이신 줄을 내가 알았음이니이다"(4:2).

요나는 하나님의 은혜가 못마땅했습니다. 차라리 이런 하나님 밑에서 사느니 죽는 것이 낫겠다고까지 말합니다. 그때 하나님이 조용히 물으십니다.

"요나야, 네가 성내는 것이 옳으냐?"

은혜에 화를 내는 사람들

이 질문은 요나에게만 던져진 말이 아닙니다. 세대를 넘어 모든 그리스도인에게 되풀이되어 울리는 질문일지도 모릅니다. 한없이 흘러넘치는 하나님의 은혜, 때로는 낭비처럼 보이기까지 하는 그 은혜 앞에서 마음이 불편해지는 우리를 향한 질문입니다. 은혜가 걸림돌이 되어버릴 때 우리는 빈정거리고 차갑고 잔인해집니다. 그때 하나님의 음성이 비수처럼 꽂힙니다.

"네가 그렇게 화를 내는 것이 옳으냐?"

우리는 은근히 하나님의 은혜에도 경계선을 그으려 합니다. 어디까지가 허용되고, 어디서부터는 안 된다고 말뚝을 박고 싶어 합니다. 마치 그 결정권이 우리에게라도 있는 것처럼 말입니다. 누가복음의 표현대로, "자기를 의롭다고 믿고 다른 사람을 멸시하는 자들"에게 주어지는 질문입니다. 요나에게 던지신 그 질문은 사라지지 않습니다.

만일 세리가 의롭다 함을 받고 집으로 돌아가는 장면을 보았다면 요나는 또다시 분노했을지도 모릅니다. 세리는 오직 "하나님의 은혜로만" 의롭다 함을 받았기 때문입니다. 물론 가슴을 치며 기도했습니다. 그러나 의롭다 하시는 선언은 결국 은혜로우시고 자비로우시며 노하기를 더디 하시고 인애가 풍성하신 하나님에게서 온 것입니다. 비유는 단순합니다. 겸손이 높임을 받는다는 메시지는 분명합니다. 바울의 고백처럼 "은혜가 더하여 넘쳐서 하나님께 영광을 돌리게 하려"(고후 4:15) 한다는 진리를 떠올리게 합니다.

그럼에도 세리가 의롭다 함을 받고 돌아가는 길목에서 이 세상의 요나들은 여전히 분노합니다. 은혜에 화를 냅니다. 이 아이러니가 우리의 현실입니다.

은혜는 열려 있고, 우리는 닫혀 있다

누가복음 18장은 이 비유가 끝나자마자 또 하나의 장면을 이어 붙입니

하나님은 다른 길로 오신다

다. 예수께서 어린아이들을 축복하시는 장면입니다. "어린아이들이 내
게 오는 것을 용납하고 금하지 말라 하나님의 나라가 이런 자의 것이니
라"(16). 예수께서 아이들을 안고 계신 모습을 상상해보십시오. 그런데
사람들이 아기들까지 데려오자 제자들이 나서서 막아섭니다. 누가는
"제자들이 보고 꾸짖거늘"이라고 기록합니다. 제자들의 얼굴이 붉으락
푸르락했을 것입니다.

조금 전 그들은 세리의 비유를 들었습니다. 그러나 바로 그 자리에
서, 은혜의 문 앞에 선 아이들을 향해 화를 내고 있습니다. 제자들은 요
나와 닮아 있습니다. 이 비유가 제자들에게 쉽게 이해되는 이야기였겠
습니까? 결코 그렇지 않습니다. 듣는 순간 고개를 끄덕일 수는 있어도,
마음 깊은 곳까지 받아들이는 일은 또 다른 문제입니다.

요나도, 제자들도, 그리고 우리도 여전히 그 질문 앞에 서 있습니다.
"네가 성내는 것이 옳으냐?"

아마 예수님께서는 이 비유를 한 번으로 끝내지 않으셨을 것입니
다. 제자들이 "누가 더 큰가"를 두고 다투었을 그때 다시 들려주지 않으
셨을까요? "판단하지 말라"고 하시며 남의 눈 속 티를 말하기 전에 자기
눈의 들보를 보라 하셨을 때, 그 장면에서 이 이야기를 겹쳐 말씀하지
않으셨을까요? 혹은 선지자들을 가르치시다가, 미가의 말을 인용하실
때였을지도 모릅니다. "사람아 주께서 선한 것이 무엇임을 네게 보이셨
나니 여호와께서 네게 구하시는 것은 오직 정의를 행하며 인자를 사랑
하며 겸손하게 네 하나님과 함께 행하는 것이 아니냐"(미 6:8). 겸손이 무
엇인지를 설명하시며, 바리새인과 세리의 기도를 다시 꺼내 드셨을 법
합니다.

상상해보십시오. 회당에서 시편 51편이 낭독됩니다. "하나님이여
주의 인자를 따라 내게 은혜를 베푸시며 주의 많은 긍휼을 따라 내 죄악

을 지워주소서." 그 기도가 울려 퍼질 때 예수님은 조용히 바리새인과 세리 비유를 덧붙이셨을지도 모릅니다. 겸손은 시의 언어로 그치는 것이 아니라 성전 한 구석에서 가슴을 치는 한 사람의 현실이 되어야 하니 말입니다.

나는 바리새인과 세리, 이 두 사람이 이후에도 계속 성전에 올라갔으리라 생각합니다. 그리고 지금도 반복되어야 할 말씀입니다. 종교적 자기의로 가득 찬 시대, 신학적 정통성을 내세우며 타인을 쉽게 정죄하는 시대, 은혜를 말하면서도 은혜를 잃어버린 시대이기 때문입니다. 이 비유는 "자기를 의롭다고 믿고 다른 사람을 멸시하는 자들"을 향해 쏘아진 화살입니다. 은혜에 분노하는 마음을 겨냥한 말씀입니다.

이 비유를 두고 위르겐 몰트만Jürgen Moltmann은 장문의 설교를 남겼습니다.[11] 4,000단어에 이르는 깊이 있는 해설입니다. 그러나 질문은 남습니다. 100단어 남짓한 이 짧은 비유를 알아듣지 못한다면 4,000단어가 과연 우리를 바꿀 수 있겠는가? 길이가 아니라 심장이 문제입니다.

나는 언젠가 제자들 중 하나가, 어쩌면 베드로였을지, 야고보였을지, 요한이었을지 모를 그가 성전 한 구석에 서서 하늘을 우러러보지도 못한 채 외치는 순간을 상상합니다. "하나님, 이 죄인에게 자비를 베풀어주소서." 그 고백이 터져 나올 때까지 예수님은 이 비유를 반복하셨을 것입니다.

여러분 앞에도 두 길이 있습니다. 하나는 하나님의 은혜에 분노하는 길입니다. 다른 하나는 구석을 찾아 무릎 꿇고 은혜를 구하는 길입니다. 선택은 언제나 우리 몫입니다. 지금 이 자리에서.

하나님은 다른 길로 오신다

5부

십자가와 부활, 그리고 새로운 세계

복음의 절정

43

기대를 내려놓아야 희망이 보인다

누가복음 19:37-44

"또 너와 및 그 가운데 있는 네 자식들을 땅에 메어치며
돌 하나도 돌 위에 남기지 아니하리니
이는 네가 보살핌 받는 날을 알지 못함을 인함이니라 하시니라"(44).

예수께서 나귀를 타고 예루살렘에 입성하실 때 그분은 단연 행렬의 중심이었습니다. 누가는 그 무렵 예수께 수많은 제자들이 따르고 있었으며 예수께서 행하신 "능력의 일들"을 떠올리며 흥분 속에 하나님을 찬양했다고 전합니다. 예루살렘으로 이어지는 길에는 환호가 터졌습니다.

"여호와의 이름으로 오는 자가 복이 있음이여"(시 118:26).

어떤 이들은 겉옷을 벗어 길에 펼쳤습니다. 마치 왕을 위해 붉은 융단을 까는 것처럼 그들은 예수를 메시아로 환영했습니다.

주전 8세기 예언자들의 시대부터 이스라엘은 새로운 왕을 기다려 왔습니다. 다윗의 후손으로서 나라를 회복할 왕, 솔로몬이 다윗의 나귀를 타고 즉위 행진을 했던 것처럼 영광스럽게 예루살렘에 입성할 왕을 말입니다. 예언자 스가랴는 오래전에 장차 올 왕은 "겸손하여서 나귀를 타시나니 나귀의 작은 것 곧 나귀 새끼"(슥 9:9)를 탈 것이라고 예언했습

하나님은 다른 길로 오신다

니다. 예수께서 유월절에 맞춰 나귀를 타고 예루살렘으로 들어오셨을 때 사람들은 확신했습니다. 그들은 노래하고 춤추며 오랫동안 기다려온 메시아를 환영했습니다.

눈물로 예언하신 멸망

그러나 이 장면에는 어딘가 어긋난 구석이 있습니다. 퍼레이드의 주인 공이라면 군중을 향해 미소를 지으며 손을 흔드는 것이 자연스럽지 않 겠습니까? 모두가 환호하고 기대가 정점에 달한 순간입니다.

그런데 예수의 반응은 전혀 달랐습니다. 예루살렘이 한눈에 내려다 보이는 지점에 이르자 그분은 울기 시작하셨습니다. 환호의 중심에서 흘러내리는 눈물, 이보다 더 역설적인 장면이 있을까요? 그분은 예루살 렘의 장래를 알고 계셨습니다. 그래서 탄식하셨습니다. "너도 오늘 평 화에 관한 일을 알았더라면 좋을 뻔하였거니와 지금 네 눈에 숨겨졌도 다"(37).

'예루살렘'이라는 이름은 '평화의 성'을 뜻합니다. 그러나 그 평화의 도시는 곧 파괴와 재앙을 맞게 될 것입니다. 평화를 만드신 분이 눈앞에 서 계셨는데도, 그들은 그분을 알아보지 못했습니다. 이어서 예수는 무 서운 예언을 하십니다. "날이 이를지라 네 원수들이 토둔을 쌓고 너를 둘러 사면으로 가두고 또 너와 및 그 가운데 있는 네 자식들을 땅에 메 어치며 돌 하나도 돌 위에 남기지 아니하리니"(43-44).

그리고 그 이유를 밝히십니다. "이것은 하나님께서 너를 찾아오신 때를 네가 알지 못했기 때문이다"(44, 새번역). 직역하면 '방문의 시간'The Time of God's Coming to you, NIV입니다. 하나님께서 너를 찾아오신 시간, 즉 하나님이 예수 그리스도를 통해 너를 돌보시기 위해 오셨는데 너희

5부. 십자가와 부활, 그리고 새로운 세계

는 그 방문을 인식하지 못했다는 뜻입니다.

그들이 주님을 알아보지 못한 이유는 단순합니다. 몰라서가 아니라 자신들의 헛된 기대가 눈을 가렸기 때문입니다. 그들은 구원자를 기다렸지만 자기들이 상상한 방식의 구원자를 기다렸습니다. 잘못된 기대가 눈을 가리면, 하나님의 방문조차 알아보지 못합니다.

이제 우리의 시선을 예수님을 울게 한 예루살렘 사람들에게로 돌려보겠습니다. 도대체 무엇이 그분을 울게 했을까요? 어쩌면 그 눈물은 그들만이 아니라 우리를 향한 것이었을지도 모릅니다. 예루살렘 사람들의 무엇 때문에, 그리고 우리의 무엇 때문에 예수님은 탄식하셨을까요? 메시아에 대한 잘못된 인식과 오해, 곧 왜곡된 기대 때문이었습니다.

사람들은 메시아가 자기들을 위해 마땅히 해야 할 일이 있다고 생각했습니다. 그들은 철저히 자기들의 입맛에 맞는 왕을 원했습니다. 만약 예수가 그 기대를 채워주지 않는다면, 그들은 가차 없이 왕을 버릴 참이었습니다. 그리고 비극은 상상이 아니라 현실이 됩니다. 바로 그 주간 금요일에, 기대는 배신감으로 변하고, 배신감은 분노로, 분노는 십자가로 이어집니다.

'기대'란 무엇입니까? 사전적 정의로 말하면, 앞으로 일이 이렇게 되어야 한다고 마음속에 미리 그려놓는 것입니다. "이렇게 되어야만 해." "적어도 그렇게는 해주셔야지." 기대란 바람이지만 동시에 요구이기도 합니다.

여러분이 그날 예루살렘으로 향하는 길가에 서 있었다고 상상해보십시오. 예수께서 행하신 기적을 직접 보았거나 적어도 소문을 들은 사람들 틈에 서 있었다면 어떠했겠습니까? 아마 우리 역시 열렬히 환호했을 것입니다. 침이 마르도록 찬사를 보내며 그분을 왕이라 불렀을 것입니다. 왜 그렇습니까? 우리 역시 기대가 있기 때문입니다. 왕으로 오신

하나님은 다른 길로 오신다

예수께서 우리를 위해 뭔가를 해주실 것이라는 기대 말입니다.

여러분은 예수님께 무엇을 기대하십니까? 그분이 반드시 해주셔야 한다고 생각하는 것은 무엇입니까? 혹시 그런 기대 때문에 정작 그분이 오셨는데도 알아보지 못하고 지나쳐버리는 일은 없습니까?

삶이 조금 더 나아지기를 기대합니까? 더 건강해지고, 더 행복해지고, 덜 외롭고, 덜 상처받기를 기대합니까? 이왕이면 형편도 좀 더 채워지고, 문제는 빨리 해결되기를 바라지 않습니까? 속을 썩이는 자녀 문제나 직장 안의 갈등, 눈엣가시 같은 사람을 하나님이 대신 정리해주시기를 기대하지는 않습니까? 여러분의 '기대 목록'에는 무엇이 적혀 있습니까? 그 목록이 혹시 우리의 눈을 가리고 있지는 않습니까?

기대가 무너진 자리에는 분노가 따라온다

예수께서 기대를 충족시켜 주지 않으실 때 여러분은 어떻게 반응합니까? 헛된 기대와 참된 신뢰를 구별하지 못한 채 우리는 쉽게 낙심의 나락으로 떨어집니다. "예수님, 이제 그만하겠습니다." 이 정도라면 아직 돌이킬 여지가 있습니다. 그러나 어떤 이들은 거기서 멈추지 않습니다. 돌아설 뿐 아니라 아예 그리스도께 적대적인 태도로 서기까지 합니다. 자기의 기대가 채워지지 않았기 때문입니다.

예수께서 우신 까닭이 바로 여기에 있습니다. 사람들이 기대했던 메시아, 자기들이 상상해온 하나님과 다르다고 판단되는 순간, 그들은 배신하거나 버리거나 배도합니다. 가룻 유다가 그러했습니다. 그는 예수께 실망했고 결국 배반했습니다. 베드로도 다르지 않았습니다. 그 역시 자신이 기대했던 방식의 예수가 아니었기에 두려움 앞에서 그분을 부인하게 됩니다. 환호하던 군중 또한 예외가 아니었습니다. 침이 마르도록 찬양하던 그 입술이 머지않아 "예수를 죽여라. 바라바를 살리라"라고 외칠 것입니다. 기대가 무너진 자리에는 언제나 분노가 따라옵니다.

누가는 그 흥겨운 입성 이후 무엇이 잘못되었는지를 차례로 보여줍니다. 예수께서 처음 하신 일은 성전에 들어가신 것이었습니다. 그리고 그곳에서 환전상들의 상을 둘러엎고 그들을 내쫓으셨습니다(19:45). 우리는 부드럽고 충돌을 피하는 지도자를 기대합니다. 그러나 예수님은 성전의 타락에 타협 없이 정면으로 맞서셨습니다.

이어지는 장면에서 예수는 세금 논쟁에 휘말립니다. 그리고 단호하게 말씀하십니다. "가이사의 것은 가이사에게, 하나님의 것은 하나님께 바치라"(20:25). 우리는 지도자가 세금을 줄여주겠다고 약속하길 기대합니다. 그러나 예수는 오히려 책임을 강조하셨습니다. 더 나아가 과부의 헌금을 보시며 하나님께 드려야 할 것을 드리지 않는 문제를 지적하십니다(21:1 이하).

결정적으로 예수는 예루살렘의 멸망을 예언하십니다(21:20). 우리는 지도자가 "앞으로 모든 것이 좋아질 것입니다"라고 말해주기를 바랍니다. 상상해보십시오. 선거 유세장에서 어떤 후보가 "저를 뽑으십시오. 그러면 상황은 더 악화될 것입니다"라고 말한다면 그가 당선될 수 있겠습니까? 불행을 예고하는 왕을 누가 환영하겠습니까?

그러나 기억해야 합니다. 예수는 우리가 듣고 싶어 하는 말을 들려주기 위해 오신 분이 아닙니다. 우리의 기대를 만족시키기 위해 오신 분도 아닙니다. 그분은 우리의 구원자가 되기 위해 오셨습니다. 그리고 우리가 가장 절실히 구원받아야 할 대상 가운데 하나는 우리의 '잘못된 기대'입니다.

본문은 군중 속의 바리새인들이 예수께 말한 장면을 전합니다. "선생이여 당신의 제자들을 책망하소서"(39). 그들의 말은 이런 뜻과도 같

하나님은 다른 길로 오신다

습니다. "이 일이 어떻게 끝날지 당신도 알지 않습니까? 기대가 무너지면 사태는 통제 불능이 될 것입니다." 그러나 예수의 대답은 단호했습니다. "내가 너희에게 말하노니 만일 이 사람들이 침묵하면 돌들이 소리 지르리라"(40).

이 세상은 희망을 갈망합니다. 그러나 우리는 '진짜 희망'과 '헛된 기대'를 혼동합니다. 기대란 미래를 미리 설계하고, "반드시 이렇게 되어야 한다"고 규정하는 것입니다. 그 계산에서 조금이라도 벗어나면 우리는 실망합니다. 그러나 희망은 다릅니다. 희망은 사건에 초점을 맞추지 않습니다. 한 분에게 초점을 맞춥니다.

성경이 말하는 희망은 우리가 바라는 결과가 아니라 우리가 신뢰하는 분 예수 그리스도께 초점을 둡니다. 그분의 길은 우리의 길과 다르고 그분의 방식은 우리의 계산과 다릅니다. 희망은 특정한 시나리오를 믿는 것이 아니라 그리스도를 신뢰하는 것입니다. 그래서 희망은 우리를 실망시키지 않습니다. 오히려 우리의 계산을 넘어, 우리를 놀라게 합니다.

자기 기대로 가득찬 곳에 하나님은 머물지 않으신다

눈물을 흘리시며 예수께서는 말씀하십니다. "너도 오늘 평화에 관한 일을 알았더라면 좋을 뻔하였거니와 지금 네 눈에 숨겨졌도다"(42). 잘못된 기대에 사로잡힌 사람은 하나님의 방문마저 자기 일정표에 맞추려 합니다. 만나는 시간도, 장소도, 방식도 자기가 정해야 한다고 여깁니다. 그래서 자기가 정한 시간에 나가 보았는데 그분이 없다고 느껴지면 곧바로 실망하고, 불평하고, 원망하며 돌아섭니다. "이제 다시는 안 본다." 그렇게 말하며 스스로를 더욱 비참하게 만듭니다.

그러나 하나님의 방문은 그렇게 이루어지지 않습니다. 하나님은 우리의 기대에 맞추어 움직이시는 분이 아닙니다. 예수께서 예루살렘을 바라보며 우신 이유는 다가올 재앙이 보였기 때문입니다. 그리고 그 재앙의 이유를 분명히 밝히십니다. "이것은 하나님께서 너를 찾아오신 때를 네가 알지 못했기 때문이다"(44, 새번역). 하나님이 찾아오신 시간, 책망하시고 싸매시고 돌보시기 위해 방문하신 그때를 알아보지 못했기 때문이라는 것입니다.

사실 우리의 일상은 하나님이 방문하시는 순간들로 꿰뚫려 있습니다. 그 순간은 우리가 예상하던 장면이 아닐 수 있습니다. 우리가 예배하고 있다고 느끼는 때만이 아니라 오히려 우리의 계획이 어긋나는 자리에서 찾아오기도 합니다. 문제는 그 순간을 인식하느냐입니다. 하나님의 방문을 알아보지 못하는 데서 불행은 시작됩니다.

이 세상에는 자기중심적인 기대로 삶을 가득 채운 사람들이 많습니다. 개인도, 조직도, 사회도, 심지어 교회 공동체도 예외가 아닙니다. 그들은 자신을 향해 몸이 굽어진 여인과도 같습니다. 영적으로, 정신적으로 곱사등이가 되어 안쪽으로만 구부러져 있습니다. 온통 자기 생각과 자기 계산에만 매달리다 보니 결국 각자는 물 위에 떠 있는 기름방울처럼 고립됩니다. 외로운 섬이 되고, 자기 작은 왕국의 군주가 됩니다. 그리고 점점 왜소해집니다. 작아지고, 하찮아지고, 보잘것없어집니다.

C. S. 루이스는 지옥을 이런 곳으로 묘사했습니다.[12] 서로에게서 단절된 미세한 자아들만 남아 있는 곳, 기대가 채워지지 않아 불평과 분노로 스스로를 소진해버린 사람들이 가득한 곳 말입니다. 많은 이들이 있음에도 철저히 외롭고, 누군가 자기 몫을 빼앗아 갈까 봐 두려워 움켜쥔 손을 펴지 못하는 곳. 단테가 말한 것처럼 "이곳에 들어오는 자들아, 모

하나님은 다른 길로 오신다

든 희망을 버려라"라는 문장이 어울리는 자리입니다.

그러나 그리스도를 따르는 사람들은 다릅니다. 그들은 자신을 향해 굽어진 사람들이 아니라 고개를 들어 다가올 나라를 학수고대하는 사람들입니다. 목을 길게 빼고 저 멀리서 오실 주인을 기다리는 사람들입니다. 이 세상 어디에서도 완전한 위로를 찾지 못하는, 그래서 어딘가 슬픔을 품고 사는 사람들입니다. 루이스의 표현을 빌리자면 '위로받을 길이 없는 비밀'을 가슴에 안고 사는 이들입니다.

그럼에도 그들은 예기치 않게 찾아오실 하나님의 방문을, 그분의 나라를 기다립니다. 이것이 희망입니다. 계산된 기대가 아니라 인격이신 그리스도를 향한 신뢰입니다. 그 희망은 혼자가 아니라 공동체 안에서 살아납니다. 성만찬의 식탁을 중심으로 둘러앉아 영원한 희망이신 그리스도를 기억하고 그분의 몸과 피를 나누는 자리에서 다시 고개를 듭니다. 목이 길어 슬픈 사람들이, 그러나 동시에 가장 큰 희망을 품은 사람들이 그리스도인입니다.

기대가 아닌 희망이 있는 자리

한 미국인 목사가 교인들과 함께 성지 순례를 갔습니다. 그들은 베들레헴을 방문했고, 그곳에서 이스라엘의 엄격한 봉쇄 속에 고단한 삶을 이어가고 있던 아랍 크리스천들을 만났습니다. 여러 가정으로 나뉘어 민박을 하게 되었는데, 형편이 넉넉하지 않은 그들이 오히려 정성껏 손님을 맞이했습니다. 그 환대는 말로 다 표현할 수 없을 만큼 깊고 눈물겨운 것이었습니다.

주일이 되자 작은 교회에 함께 모여 합동 예배를 드렸습니다. 미국인과 아랍인, 남자와 여자, 배 나온 부유한 미국인들과 남루한 옷차림의

5부. 십자가와 부활, 그리고 새로운 세계

아랍 크리스천들이 한자리에 섰습니다. 그리고 함께 성찬을 나누었습니다. 아랍인 목사가 예식을 인도하며 이렇게 말했습니다. "이 성찬은 예수 그리스도를 사랑하는 모든 사람에게 거저 주어지는 선물입니다."

그 공동체는 자신들이 가장 귀하게 여기는 것을 내어주고 있었습니다. 사람들은 줄을 섰고, 회중은 함께 찬송을 불렀습니다. 그리스도의 몸이 흑인과 백인, 팔레스타인 사람과 미국인, 가난한 자와 부자에게 차별 없이 나누어졌습니다.

그 미국인 목사는 눈물 속에서 하나의 비전을 보았습니다. 그것은 하나님의 방문이었습니다. 그곳에는 훌륭한 정치적 미래를 담은 청사진도, 불의에 분노하라는 선동도, 정교한 평화 전략도 없었습니다. 누구를 비난하거나 희생양으로 삼지도 않았습니다. 기대가 좌절될 때 흔히 나타나는 분풀이와 정죄의 분위기도 없었습니다.

그 대신 그들은 예수 그리스도의 환대를 경험했습니다. 성찬의 식탁으로 초대하시는 분은 그리스도 자신이셨습니다. 그곳에서 그들은 희미하지만 분명한 희망을 보았습니다. 그리스도가 발견되는 곳에는 가능성이 있기 때문입니다. 그곳에는 여전히 희망이 있기 때문입니다.

주변을 돌아보면 우리는 기대가 넘쳐나는 사회 속에 살고 있음을 어렵지 않게 깨닫습니다. 그러나 역설적으로 희망은 거의 없습니다. 우리는 마땅히 받아야 할 것을 요구합니다. 더 편안해지기를 기대합니다. 불만이 해소되기를 바랍니다. 하지만 공동체 전체를 관통하는 '위대한 희망'은 찾아보기 어렵습니다. 각자의 사소하고 철저히 자기중심적인 기대들만이 넘쳐날 뿐입니다.

한 사회가 위대한 희망을 잃어버리면 사람들은 마치 내일이 없는 것처럼 살아갑니다. 오늘만 남은 사람처럼 소비하고, 허비하고, 소진합니다. 경제학자들은 이것이 우리가 부채를 다루는 방식이라고 지적합

하나님은 다른 길로 오신다

니다. 미래의 소득을 미리 당겨 써버리고, 감당할 수 없는 소비를 오늘의 욕망으로 정당화하며, 상환은 '언젠가'의 문제로 미루는 태도 말입니다. 사회학자들은 우리가 가족을 대하는 태도에서도 같은 징후를 본다고 지적합니다. 생태학자들은 지구가 신음하고 있으며, 심지어 돌들까지 소리를 지르는 것 같다고 말합니다. 미래가 없는 것처럼 착취하고 파괴하기 때문입니다.

이 구조는 단순한 경제 문제가 아니라 영적 문제이기도 합니다. 우리는 희망을 잃어버린 자들처럼 행동하면서도, 여전히 기대만은 포기하지 않습니다. 그래서 더 많이 움켜쥐고, 더 빨리 소비하고, 더 즉각적인 만족을 요구합니다. 위대한 희망이 사라진 자리에 조급한 기대가 대신 들어서기 때문입니다.

좁은 문, 위대한 희망

이 모든 현실 앞에서 예수께서 우십니다. 우리는 희망 없이 살 수 없는 존재입니다. 희망을 잃으면, 옛 예루살렘처럼 우리 역시 무너질 수밖에 없습니다.

그러므로 교회가 종려주일에 선포해야 할 것은 분명합니다. 위대한 희망이 이미 우리 가운데 들어왔다는 사실입니다. 그 이름은 예수 그리스도입니다. 이 희망은 우리의 계산에서 나온 것이 아닙니다. 우리가 기대했던 방식으로 오지도 않았습니다. 그래서 붙잡기가 쉽지 않습니다.

그러나 이 희망은 우리를 자기 집착의 근시안에서 벗어나게 합니다. 우리를 평화로 가득한 새 예루살렘으로 인도합니다. 그 도성에는 모든 민족과 나라와 인종, 부자와 가난한 자, 의인과 죄인, 우리가 사랑하는 사람과 낯선 이들 모두를 위한 자리가 있습니다. 삶의 공간이 열려 있습니다.

그러나 그 문은 좁습니다. 우리의 기대를 움켜쥔 채로는 그곳(새 예루살렘)에 들어갈 수 없습니다. 계산과 요구를 내려놓고, 오직 그리스도를 신뢰하는 자만이 그 문을 통과합니다. 그러므로 묻습니다. 우리는 기대를 붙들 것입니까, 아니면 희망이신 그리스도를 붙들 것입니까?

하나님은 다른 길로 오신다

그분이 보신 것을 우리는 보지 못했다

누가복음 19:29-44

"가까이 오사 성을 보시고 우시며 이르시되
너도 오늘 평화에 관한 일을 알았더라면 좋을 뻔하였거니와
지금 네 눈에 숨겨졌도다"(41-42).

나는 퍼레이드에 별다른 매력을 느끼지 못합니다. 기억을 더듬어보면, 대개는 시시하거나 기대만큼 흥미롭지 않았기 때문입니다. 그러니 종려주일의 퍼레이드를 기록한 누가복음을 읽으며 마음이 어땠겠습니까? 흥미롭게도 복음서 저자인 누가 역시, 이 입성 행렬에 대해 다소 차분하고 건조한 시선을 유지하는 듯 보입니다. 아니, 어쩌면 의도적으로 차분하게 그 장면을 다루고 있는지도 모릅니다. 이 점은 같은 사건을 전하는 마태·마가·요한복음과 비교해보면 더욱 분명해집니다.

이른바 "승리의 입성"이라 불리는 장면을 누가가 어떻게 기록하는지 자세히 살펴보십시오. 다른 복음서에서 볼 수 있는 화려하고 고조된 장면들이 거의 등장하지 않습니다. 종려나무 가지를 흔드는 모습이 없습니다. "호산나!"를 외치는 군중의 함성도 없습니다. 예수를 보기 위해 사람들이 몰려다니는 소동도 없습니다. 도시 전체가 들떠 있는 분위기

5부. 십자가와 부활, 그리고 새로운 세계

도 찾아보기 어렵습니다. 요한복음이 묘사하는, 나사로를 살리신 이후의 폭발적인 기대와 흥분과는 사뭇 다릅니다. 누가에게 종려주일의 행렬은 과장된 승리의 퍼레이드가 아니라 관심 있는 사람들만 모여 조용히 참여한 사건처럼 보입니다. 흥행에 성공한 행사가 아니라 오히려 소박하고 제한된 모임에 가까워 보입니다.

그러나 그렇다고 해서 이 사건이 의미 없는 장면이었던 것은 아닙니다. 누가가 강조하는 주인공은 "제자의 온 무리"(37)입니다. 기뻐하며 큰 소리로 하나님을 찬양하던 바로 그들입니다. 그들은 왜 그렇게 기뻐했습니까? "자기들이 본 바 모든 능한 일"(37), 곧 지금까지 예수께서 행하신 기적과 말씀을 직접 보고 들었기 때문이었습니다.

군중 퍼레이드가 아니라 제자들의 고백

제자의 온 무리, 그들은 누구였습니까? 그들 가운데는 풍랑이 몰아치던 갈릴리 호수 한가운데서 예수와 함께 배를 타고 있었던 이들이 있었을 것입니다(눅 8:22-26). 거라사 지방 해변에서 귀신 들린 자가 자유를 얻는 장면을 곁에서 지켜본 사람들도 있었습니다(8:26-39). 회당장 야이로의 집에서, 이미 죽은 줄 알았던 어린 딸이 예수의 한마디에 일어나던 순간을 눈으로 확인한 이들이었습니다(8:41-42, 49-56). 열두 해 동안 혈루증으로 고통받던 여인이 조용히 예수의 옷자락을 붙잡고 치유를 경험하던 현장에 서 있던 사람들도 있었습니다(8:43-48).

그들이 본 것은 무엇이었습니까? 악명 높던 세리 삭개오의 집에 예수께서 들어가시는 장면을 곁에서 지켜보았습니다(19:1-10). "이 집에 구원이 이르렀다"고 선언하시는 음성을 들은 사람들이었습니다. 여리고 길가에서 구걸하던 맹인을 예수께서 고치시는 것을 목격했습니다

(18:35-43). 예수께서 자신이 고난당하실 것을 예고하실 때 그 말씀을 들은 사람들입니다(18:31 – 34). 하늘나라의 비유를 가까이에서 들었고, 가난한 자를 돌보라 하신 말씀, 남을 판단하지 말라 하신 경고, 원수까지 사랑하라 하신 급진적인 가르침을 귀로 듣고 가슴에 새긴 사람들이었습니다.

따라서 그들의 환호는 순간적으로 들뜬 군중 심리가 아니라, 직접 생생하게 체험한 은혜에서 우러나온 진실한 고백이었습니다. 그들은 소문에 흥분한 사람들이 아니라 함께 걸어온 사람들이었습니다. 그들이 본 예수는 단지 기적을 행하는 인물이 아니라 죄인을 찾아가고 눈먼 자를 고치고 가난한 자를 일으키는 분이었습니다. 그래서 그들은 외칠 수 있었습니다. 그들의 찬양은 기대에서 나온 것이 아니라 목격에서 나온 것이었습니다.

이 제자들의 무리는, 자신들이 직접 보고 들은 하나님의 능력에 대해 기뻐하며 소리 높여 찬양하고 있었습니다. 누가의 시선에서 이 찬양은 "예수님, 당신이 바로 그 왕이십니다!"라고 외치는 정치적 선언이 아니었습니다. 도시를 가득 메운 군중의 흥분이나, 먹거리와 볼거리로 넘쳐나는 축제의 열기와도 달랐습니다. 누군가 즉흥적으로 분위기에 휩쓸려 "오늘은 대단한 퍼레이드가 되겠군!" 하고 흥분하는 장면도 아닙니다.

누가에게서 큰 소리는 구경꾼들에게서 나오지 않습니다. 제자들에게서 나옵니다. "제자의 온 무리"에게서 터져 나옵니다. 그들은 자신들이 체험한 은혜에 대해 하나님께 감사하며 찬양하고 있었습니다. 그래서 외쳤습니다. 그것은 단순한 행렬의 흥겨움이 아니라 체험에서 우러난 고백이었습니다.

누가복음에는 종려나무 가지를 흔드는 장면도, "지극히 높은 곳에

5부. 십자가와 부활, 그리고 새로운 세계

서 호산나"라는 함성도 등장하지 않습니다. 대신 제자들은 이렇게 외칩니다. "찬송하리로다 주의 이름으로 오시는 왕이여 하늘에는 평화요 가장 높은 곳에는 영광이로다"(19:38).

누가복음을 주의 깊게 읽는 독자라면 이 문장의 음조를 놓치지 말아야 합니다. 예수와 함께 '길'을 걸어오며 그분의 말씀을 귀 기울여 들었던 이들은 여기서 익숙한 후렴을 알아차립니다. 이 외침은 낯선 구호가 아닙니다. 거룩한 성탄의 밤, 베들레헴 들판에서 목자들이 들었던 천상의 합창과 같은 선율입니다. "지극히 높은 곳에서는 하나님께 영광이요 땅에서는 하나님이 기뻐하신 사람들 중에 평화로다"(2:14).

마치 긴 독주가 이어지던 연주회에서 색소폰 연주자가 갑자기 모두가 아는 멜로디를 불어 관객의 가슴을 울리듯, 종려주일의 제자 무리는 오래전 들려온 하늘의 후렴을 다시 부르고 있습니다. 베들레헴의 천군 천사들이 사용했던 그 악보를, 이제 예루살렘으로 향하는 길 위에서 제자들이 이어받아 부르고 있는 것입니다.

기억하십니까? "오늘 다윗의 동네에 너희를 위하여 구주가 나셨으니 곧 그리스도 주시니라"(2:11). 그 밤에 울려 퍼졌던 찬송이 이제 다시 울립니다. 그러므로 종려주일은 단순한 입성 행렬이 아닙니다. 탄생에서 시작된 이야기의 연장선이며 하늘의 선율이 땅 위에서 다시 메아리치는 순간입니다.

그때 무리 중 몇몇 바리새인들이 예수께 말합니다. "선생이여 당신의 제자들을 책망하소서"(39). 그들의 요구는 분명했습니다. 퍼레이드를 멈추라는 것이었습니다. 찬양을 그치게 하라는 것이었습니다. 소요를 진정시키고 무리를 흩으라는 것이었습니다. 바리새인들은 예수께 제자들을 꾸짖으라고 청합니다. 정신 차리게 하라고, 주제 파악을 하게 하라고 요구합니다. 출생부터 지금 이 예루살렘 입성에 이르기까지, 예수가

하나님은 다른 길로 오신다

행한 모든 일을 두고 열렬히 찬양하고 증언하는 그들의 목소리를 멈추게 하라고 말합니다.

그들의 말 속에는 이런 뜻이 담겨 있습니다. "저들이 모든 것을 잘못 보고 있다고 말해주십시오. 저들의 증언은 과장이고 오해라고 말해주십시오. 구원의 이야기를 그만하라고 명하십시오. 우리는 듣고 싶지 않습니다." 바리새인들은 퍼레이드가 싫었던 것이 아니라 그 고백이 두려웠던 것입니다. 그 찬양 속에 담긴 의미를 알고 있었기 때문입니다. 그래서 귀를 막고 싶었던 것입니다.

행렬을 보지 말고, 그 길에 서라

그러나 예수께서 대답하셨습니다. "내가 너희에게 말하노니 만일 이 사람들이 침묵하면 돌들이 소리 지르리라"(40).

무리가 입을 다물면 돌들이 외칠 것입니다. 차가운 돌들조차 하나님을 향한 기쁨의 노래와 증언을 멈추지 않을 것입니다. 능하신 일들과 기사들을 창조 세계 자체가 선포할 것입니다. 산과 언덕에서 노래가 터지고, 들의 나무들이 손뼉을 칠 것입니다(사 55:12).

제자들의 찬양은 감정의 고조가 아니라 필연이었습니다. 그들은 하나님의 넘치는 사랑과 복음의 광대함, 도래하는 하나님 나라의 확실한 약속을 보았습니다. 그래서 입을 다물 수 없었습니다. 그날 일어난 일은 단순한 행진이 아니었습니다. 종려주일은 퍼레이드가 아니라 복음이 입을 얻은 순간이었습니다.

누가는 그의 독자들에게 퍼레이드가 지나가는 길가 한 모퉁이에 서 있으라고 조용히 요청하는 듯합니다. 제자들의 노래가 울려 퍼질 때 뒤를 돌아보라는 것입니다. 성경에 기록된 하나님의 능하신 일들뿐 아니

5부. 십자가와 부활, 그리고 새로운 세계

라 우리의 삶 속에서 이미 행하신 일들을 떠올려보라고 합니다.

그리고 동시에 앞을 바라보라고 말합니다. 예수께서 예루살렘을 향해 곧장 걸어가시는 그 길, 배반의 밤을 향한 길, 고난의 십자가를 향한 길, 사랑했던 이들에게 버림받을 그 길을 보라고 말입니다.

예수께서는 십자가를 향해 묵묵히 걸음을 옮기셨습니다. 차가운 죽음 한가운데서 두 팔을 벌려 온 세상을 끌어안기 위해 그 자리로 나아가신 것입니다. 끝까지 사랑하시는 사랑의 자리로 나아가십니다. 그리고 우리를 부르십니다. 길가의 관람석이 아니라 십자가 아래로 오라고, 구경꾼의 자리가 아니라 동행자의 자리로 오라 하십니다. 우리의 자리는 모퉁이 구경꾼의 자리가 아니라 십자가 곁입니다.

그 길에 발을 내딛는 순간, 우리는 구경꾼의 자리를 벗어나 어느새 십자가를 향하는 그 장엄한 행렬 안에 함께 서 있게 됩니다. 그리고 길을 따라 걷다 보면 예수께서 멈추십니다. 가까이 오사 성을 보시고 우십니다. "너도 오늘 평화에 관한 일을 알았더라면 좋을 뻔하였거니와."

심판이 아니라 눈물로 오신 주님

예수께서 예루살렘을 바라보시며 우셨습니다. 도시를 보시고, 백성을 보시고, 그 안의 종교를 보시고, 인간의 완고함을 보시고 우셨습니다. 그분이 가까이 오셨을 때 먼저 흐른 것은 심판이 아니라 눈물이었습니다.

종려주일이 지나면 우리는 고난주간으로 들어갑니다. 교회는 종종 여러 예배에 참석하라고 권합니다. 세족목요일, 성금요일, 부활절을 준비하자고 말합니다. 물론 그것은 귀한 일입니다. 그러나 고난주간을 단지 우리의 감정과 눈물로만 채운다면 중심을 놓칠 위험이 있습니다. 이 주간은 무엇보다 "그분의 눈물"을 묵상하는 시간이어야 합니다. 우리가

하나님은 다른 길로 오신다

울기 전에, 우리를 보시고 우신 주님을 바라보는 시간이어야 합니다.

누가복음의 종려주일은 화려한 퍼레이드가 아닙니다. 그것은 환호 속에서 흐르는 눈물의 장면입니다. 지금도 세상을 보시며, 교회를 보시며, 우리 각 사람을 보시며 우시는 주님이 계십니다. 그 눈물은 패배의 눈물이 아닙니다. 사랑이 끝까지 포기하지 않을 때 흘러내리는 눈물입니다. "돌아오라"는 부르심의 눈물이며, "지금이라도 보라"는 초청의 눈물입니다. 우리가 붙들고 있는 기대를 내려놓고, 이미 우리 앞에 서 계신 평화의 주를 알아보라는 눈물입니다. 종려주일은 환호로 시작되지만 그 중심에는 울고 계신 예수가 서 있습니다. 그리고 그 눈물 속에서 우리는 무너지지 않는 희망을 만납니다.

5부. 십자가와 부활, 그리고 새로운 세계

45

하나의 교회, 하나의 식탁

누가복음 22:14-20

또 떡을 가져 감사 기도 하시고 떼어 그들에게 주시며 이르시되
이것은 너희를 위하여 주는 내 몸이라
너희가 이를 행하여 나를 기념하라 하시고 저녁 먹은 후에
잔도 그와 같이 하여 이르시되 이 잔은 내 피로 세우는 새 언약이니
곧 너희를 위하여 붓는 것이라"(19-20).

매년 10월 첫째 주일은 전 세계 교회가 그리스도 안에서 한 몸임을 고백하는 성만찬 주일입니다. 우리는 지리적으로는 흩어져 있지만 그리스도 안에서 하나임을 고백합니다. 이 세상에는 수많은 교단이 존재하지만 교회는 하나입니다. 성만찬의 형식은 다양할 수 있지만 식탁은 하나입니다. 이 하나의 식탁을 중심으로 온 교회가 모여 다섯 가지 거룩한 의미를 되새깁니다.

첫째 기억하는 일입니다. 우리는 예수의 죽으심을 기억합니다. 주님은 말씀하셨습니다. "이것은 너희를 위하여 주는 내 몸이라 너희가 이를 행하여 나를 기념하라 하시고 … 이 잔은 내 피로 세우는 새 언약이니 곧 너희를 위하여 붓는 것이라"(19-20).

예수께서 염려하신 것은 세상이 자신을 잊는 것이 아니었습니다. 그분이 염려하신 것은 제자들이 잊는 것이었습니다. 은혜를 경험한 사

하나님은 다른 길로 오신다

람들이 결국 다른 것에 마음을 빼앗길 것을 아셨기 때문입니다. 그래서 주님은 기억하라고 명하셨습니다. 단지 추억하라는 뜻이 아니라 십자가를 중심에 두라는 요청입니다. 예수는 자신이 단지 크리스마스의 아기로만, 위대한 도덕 교사로만 기억되기를 원하지 않으셨습니다. 그분은 성금요일의 고난받는 종으로 기억되기를 원하셨습니다.

빵을 떼어 나누시고 잔을 건네시던 그 밤, 예수는 이미 자신을 내어주고 계셨습니다. "받아 먹어라. 이것은 너희를 위한 내 몸이다. 받아 마시라. 이것은 너희를 위한 내 피다." 그 식탁은 단순한 만찬이 아니라 십자가를 미리 살아내는 자리였습니다. 우리는 이것을 잊어서는 안 됩니다. 우리는 이것을 반복하여 기억해야 합니다.

둘째는 선포입니다. 사도 바울은 말합니다. "너희가 이 떡을 먹으며 이 잔을 마실 때마다 주의 죽으심을 그가 오실 때까지 전하는 것이니라"(고전 11:26).

우리는 이 식탁에 둘러서서 무엇인가를 조용히 되새기는 것에 머물지 않습니다. 우리는 예수의 죽음의 의미를 선포합니다. 그분은 단지 시대를 잘못 만난 사상가로 죽은 것이 아닙니다. 종교 권력의 정치적 음모에 희생된 비운의 인물로 끝난 것도 아닙니다. 고상한 자기희생의 도덕적 모범을 보여주기 위해 죽으신 것도 아닙니다.

그분은 우리의 죄 때문에 죽으셨습니다. 세상의 죄를 대신 짊어지기 위해 죽으셨습니다. 사도 바울은 이렇게 증언합니다. "내가 받은 것을 먼저 너희에게 전하였노니 이는 성경대로 그리스도께서 우리 죄를 위하여 죽으시고"(고전 15:3). 이것이 우리가 선포하는 복음입니다. 성만찬은 침묵의 의식이 아니라 십자가를 향한 공개적 고백입니다.

셋째는 참여입니다. 주님의 식탁 둘레에 서서 우리는 기억하고 선포할 뿐 아니라 참여합니다. 사도 바울은 묻습니다. "우리가 축복하는

5부. 십자가와 부활, 그리고 새로운 세계

바 축복의 잔은 그리스도의 피에 참여함이 아니며 우리가 떼는 떡은 그리스도의 몸에 참여함이 아니냐”(고전 10:16). 여기서 중요한 단어는 ‘참여’입니다.

한번 생각해보십시오. 이미 지나가버린 일에 지금 참여할 수 있습니까? 우리는 지난주 예배에 다시 참여할 수 없습니다. 이미 끝난 전쟁에 지금 참여할 수도 없습니다. 왜 그렇습니까? 그것은 과거의 사건이기 때문입니다. 참여는 현재에만 가능합니다. 지금 일어나고 있는 일에만 참여할 수 있습니다.

그렇다면 우리가 성만찬에서 그리스도의 죽음에 참여한다고 말할 수 있는 이유는 무엇입니까? 그분이 죽은 자들 가운데서 살아나셨기 때문입니다. 예수의 죽음은 먼 과거의 사건으로 박제되어 역사 박물관에 전시된 낡고 무기력한 유물이 결코 아닙니다. 부활하신 주님 안에서 그 죽음은 지금도 살아 있습니다. 그 고난의 능력은 지금도 구원의 능력으로 역사합니다. 우리가 빵을 떼어 먹고 잔을 마실 때 우리는 단지 상징을 기념하는 것이 아닙니다. 우리는 그리스도의 죽음과 그 죽음이 흘려보낸 생명의 능력 안으로 들어갑니다. 우리는 그분의 죽음에 참여합니다. 그분과 함께 옛 사람이 죽고, 그분과 함께 새 생명으로 살아납니다.

넷째는 연합입니다. 주님의 식탁 둘레에서 우리는 연합합니다. 여기, 전 세계 교회가 한 자리에 모입니다. 여기, 하나의 거룩하고 보편적인 교회가 드러납니다. 나라가 다르고 언어가 달라도, 전통과 예식이 달라도, 우리는 한 빵을 나눕니다.

사도 바울은 말합니다. “떡이 하나요 많은 우리가 한 몸이니 이는 우리가 다 한 떡에 참여함이라”(고전 10:17). 한 떡을 나눈다는 것은 표면 아래에 흐르는 깊은 일치를 가리킵니다. 우리는 나누어지지 않습니다. 그리스도가 나누어지지 않기 때문입니다. 장로교만을 위한 그리스도가 따

하나님은 다른 길로 오신다

로 계시지 않고, 가톨릭만을 위한 그리스도가 따로 계시지 않으며, 감리교나 침례교만을 위한 그리스도가 따로 계시지 않습니다. 오직 하나의 교회를 위한 한 분의 그리스도만 계십니다. 그래서 빵도 하나입니다.

우리가 한 빵에서 떼어낸 조각을 먹을 때, 우리는 말없이 이렇게 고백하게 됩니다. "이 빵은 하나에서 나왔습니다. 나 역시 하나의 교회에 속해 있습니다. 여러분과 같은 빵을 먹고, 같은 주님을 받습니다." 성만찬은 개인적 체험을 넘어 우리를 하나의 몸으로 묶는 사건입니다.

다섯째, 우리는 기대합니다. 무엇을 기대합니까? 장차 아버지의 나라에서 그리스도와 함께 먹고 마실 그날을 기대합니다. 그래서 우리는 지금 작은 빵 한 조각과 작은 잔 하나를 받으면서도 더 큰 식탁을 바라봅니다.

예수께서 마지막 밤에 잔을 건네시며 말씀하셨습니다. "이에 잔을 받으사 감사 기도 하시고 이르시되 이것을 갖다가 너희끼리 나누라 내가 너희에게 이르노니 내가 이제부터 하나님의 나라가 임할 때까지 포도나무에서 난 것을 다시 마시지 아니하리라 하시고"(눅 22:17-18). 이 말씀은 단절의 선언이 아니라 약속의 선언입니다. 지금은 멈추지만 다시 마실 날이 온다는 약속입니다. 이 잔은 끝이 아니라 기다림입니다.

그 약속은 이사야의 환상과 맞닿아 있습니다(사 25:6-9). 선지자는 장차 하나님께서 "모든 민족"을 위하여 잔치를 베푸실 것을 보았습니다. 기름진 음식과 오래 저장한 맑은 포도주로 차려진 연회, 모든 백성을 초대하는 하나님의 식탁을 보았습니다. 성만찬은 그 미래의 잔치를 미리 맛보는 자리입니다. 우리는 아직 완성되지 않은 나라를 기다리며, 약속의 조각을 손에 쥡니다.

그러므로 이 식탁은 과거만을 향하지 않습니다. 십자가를 기억하면서도 동시에 미래를 바라봅니다. 우리는 완성될 나라를 기대합니다. 동

5부. 십자가와 부활, 그리고 새로운 세계

서남북에서 모여 한 자리에 앉게 될 그날을 기대합니다. 그날 우리는 서로를 바라보며 이렇게 고백할 것입니다. "그날에 말하기를 이는 우리의 하나님이시라 우리가 그를 기다렸으니 그가 우리를 구원하시리로다 이는 여호와시라 우리가 그를 기다렸으니 우리는 그의 구원을 기뻐하며 즐거워하리라"(사 25:9).

성만찬은 과거를 기념하는 의식이면서 동시에 미래를 향한 선언입니다. 우리는 기억하고, 선포하고, 참여하고, 연합하며, 마침내 기대합니다. 작은 빵과 잔을 통해 우리는 더 큰 식탁을 바라봅니다. 그리고 그 기대 속에서 오늘도 희망을 붙듭니다.

하나님은 다른 길로 오신다

46

기도는 그리스도의 손을 거친다

누가복음 22:31-32, 로마서 8:26-27

"시몬아, 시몬아, 보라 사탄이 너희를 밀 까부르듯 하려고 요구하였으나
그러나 내가 너를 위하여 네 믿음이 떨어지지 않기를 기도하였노니
너는 돌이킨 후에 네 형제를 굳게 하라"(눅 22:31-32).

"이와 같이 성령도 우리의 연약함을 도우시나니
우리는 마땅히 기도할 바를 알지 못하나 오직 성령이 말할 수 없는 탄식으로
우리를 위하여 친히 간구하시느니라 마음을 살피시는 이가 성령의 생각을 아시나니
이는 성령이 하나님의 뜻대로 성도를 위하여 간구하심이니라"(롬 8:26-27).

한국 교회 안에서 교회력 가운데 유난히 희미해진 절기가 바로 승천일(昇天日, Ascension Day)입니다. 우리는 성탄절과 부활절은 크게 기념하지만 그리스도께서 하늘로 오르신 날은 비교적 조용히 지나치곤 합니다. 그러나 교회는 오래전부터 이 날을 기쁨으로 지켜왔습니다. 왜 우리는 예수의 승천을 축하합니까? 승천은 단순한 떠남의 사건입니까 아니면 지금 우리의 삶과 직결된 복음의 현재입니까?

『하이델베르크 신앙교육서』는 승천의 의미를 이렇게 요약합니다. 승천하신 그리스도는 "하늘에서 우리를 위하여 하나님 아버지의 면전에서 간구하십니다"(주의 날 18, 문답 49). 이것은 단지 과거의 교리를 설명하는 말이 아닙니다. 지금도 그리스도께서 우리를 위해 일하신다는 고백입니다. 그분은 우리의 기도를 먼저 받으시고, 정결하게 하시며, 하나님의 뜻에 맞게 다듬어 아버지께 올려 드리십니다.

승천 이후, 우리의 기도는 더 안전해졌다

우리는 매일 기도합니다. 아침에 눈을 뜨며, 잠들기 전, 식탁에서, 병실에서, 걱정과 감사 속에서 수없이 기도합니다. 그러나 어느 순간 이런 의문이 스며듭니다. 이 기도들은 어디로 가는가? 정말 하나님께 닿는가?

어느 날 텅 빈 예배당에 들어섰을 때 나는 문득 이런 상상을 했습니다. 천장에 수많은 풍선이 매달려 있는 모습이 눈앞에 그려졌습니다. 그것은 마치 성도들이 드린 기도들처럼 보였습니다. 천장에 걸린 채 더 이상 올라가지 못하는 풍선들, 바람이 빠져 서서히 아래로 내려오는 풍선들처럼 혹시 우리의 기도도 저렇게 공중에 머물다 흩어지는 것은 아닐까 하는 생각이 스쳤습니다.

하나님은 우리의 모든 기도를 들으시는가? 바쁘신 하나님께서 보통 사람들의 사소한 기도까지 기억하시는가? 혹시 '기도가 센' 사람의 기도를 더 잘 들으시는 것은 아닐까? 그러나 복음은 그렇게 말하지 않습니다. 하나님은 편애하지 않으시고 우리의 기도는 사라지지 않습니다.

다만 그 기도는 곧장 하나님의 보좌 앞으로 직행하는 것이 아니라 먼저 그리스도의 손을 거칩니다. 우리는 마땅히 무엇을 기도해야 할지 알지 못합니다. 우리의 기도는 종종 자기중심적이고, 초점이 흐려져 있으며, 두려움과 욕망이 뒤섞여 있습니다. 그래서 승천하신 그리스도께서 우리의 기도를 붙드시고 다듬고 정결하게 하셔서 아버지께 올려 드리십니다.

성경은 "우리는 마땅히 기도할 바를 알지 못하나 오직 성령이 말할 수 없는 탄식으로 우리를 위하여 친히 간구"(롬 8:26-27)하신다고 말합니다. 성령은 우리의 연약함을 도우시고, 그리스도는 하늘에서 우리를 위해 간구하십니다. 우리의 기도는 홀로 떠오르는 풍선이 아닙니다. 그것

하나님은 다른 길로 오신다

은 중보자의 손에 붙들려, 하나님의 뜻 안에서 새롭게 빚어집니다.

승천은 예수의 부재가 아니라 중보의 시작입니다. 하늘로 오르신 그리스도는 우리에게서 멀어진 것이 아니라 하나님의 보좌 가까이에서 우리를 위해 서 계십니다. 즉 우리의 기도는 천장에 매달려 있지 않습니다. 그리스도의 손에 붙들려 하나님의 마음에 이르고 있습니다.

기도는 실력의 문제가 아니라 의존의 문제

성경은 우리에게 기도하라고 명하면서도, 동시에 우리가 기도할 줄 모른다고 말합니다. 이 모순처럼 보이는 진술 앞에서 우리는 당황합니다. 한편에서는 "쉬지 말고 기도하라"(살전 5:17)고 권면하고, 다른 한편에서는 "마땅히 기도할 바를 알지 못[한다]"(롬 8:26)고 선언합니다. 그렇다면 우리는 기도해야 합니까 아니면 멈춰야 합니까?

복음은 우리를 딜레마에 방치하지 않습니다. 오히려 그 사이로 우리를 밀어 넣습니다. 기도할 줄 모르지만 기도해야 하는 자리, 그 연약함의 자리에 서게 합니다. 우리는 능숙해서 기도하는 것이 아니라 연약하기 때문에 기도하는 것입니다. 기도는 실력의 문제가 아니라 의존의 문제입니다.

복음서는 이를 극적으로 보여줍니다. 베드로가 예수를 부인하기 직전, 그는 자신만만하게 말합니다. "주님과 함께라면 감옥에도, 죽는 데에도 가겠습니다." 그러나 예수의 대답은 전혀 다른 차원에 서 있습니다. "시몬아, 시몬아, 보라 사탄이 너희를 밀 까부르듯 하려고 요구하였으나 그러나 내가 너를 위하여 네 믿음이 떨어지지 않기를 기도하였[다]"(눅 22:31-32).

예수는 베드로의 열심을 칭찬하지 않으셨습니다. 오히려 그의 한계를 직면하게 하셨습니다. 사탄이 체로 곡식을 흔들 듯 흔들 것이며, 스스로는 그 공격을 감당할 수 없다는 사실을 말씀하신 것입니다. 믿음은 결단만으로 유지되지 않습니다. 충성의 의지나 감정의 열기로 지켜지지 않습니다. 믿음은 중보가 필요합니다.

예수의 말씀은 분명합니다. "네 믿음이 무너지지 않도록 내가 너를 위하여 기도하였다." 베드로를 끝내 붙들어준 힘은 그의 영웅적 결단이 아니었습니다. 예수를 향한 베드로의 충성심이 아니었습니다. 그를 지탱한 것은 그를 위해 이미 기도하고 계셨던 주님의 중보였습니다.

기도할 줄 모르는 우리가 기도할 수 있는 이유도 여기에 있습니다. 우리의 기도는 우리의 성숙에 달려 있지 않습니다. 우리의 믿음은 우리의 의지로 보존되지 않습니다. 승천하신 그리스도께서 우리를 위하여 간구하시고 성령께서 말할 수 없는 탄식으로 우리를 도우시기 때문에 우리는 기도합니다.

그러므로 기도는 잘하는 사람이 드리는 말이 아닙니다. 붙들린 사람이 내쉬는 숨입니다. 우리가 기도하는 까닭은 우리가 강해서가 아니라 우리를 위해 기도하시는 분이 계시기 때문입니다.

내가 모르는 깊이까지 기도하시는 성령

베드로의 인생을 떠받치고 있던 보이지 않는 기둥은 예수의 중보기도였습니다. 그 삶의 앞면에는 변덕과 두려움과 실패가 선명하게 드러나 있습니다. 그는 큰소리치다가 무너졌고, 충성을 맹세하다가 부인했습니다. 그러나 그것이 그의 전부는 아니었습니다. 그의 이야기의 결정적 장면은 언제나 이면에서 일어나고 있었습니다. 그리스도께서 그를 붙들고 계셨다는 사실이 그것입니다.

하나님은 다른 길로 오신다

베드로의 겉모습만 본다면 그는 실패한 제자에 불과합니다. 그러나 그의 배후에는 지속적인 중보가 흐르고 있었습니다. 그 중보가 있었기에 베드로는 완전히 무너지지 않았습니다. 중요한 것은 그의 의지가 아니라 그를 위해 기도하고 계신 주님의 신실함이었습니다.

우리도 다르지 않습니다. 우리 믿음이 아직 꺼지지 않았다면 그것은 우리가 끝까지 잘 버텨냈기 때문이 아닙니다. 우리가 그분을 놓지 않았기 때문이 아닙니다. 오히려 그분이 우리를 놓지 않으셨기 때문입니다. 베드로의 신앙이 넘어지지 않는 이유는 예수를 향한 베드로의 신실함 때문이 아니라 베드로를 향한 예수의 신실함 때문입니다. 신앙의 구심점은 우리의 결단이 아니라 그리스도의 간구입니다. 카드보드로 지은 집처럼 무너질 수 있는 믿음을 붙들어주는 것은 "네 믿음이 떨어지지 않기를 내가 기도하였다"는 그 한마디입니다.

이 모습은 마치 어린아이에게 걷는 법을 가르치는 장면과 같습니다. 아이가 걷는 것은 그가 부모의 손을 단단히 붙잡고 있기 때문이 아니라 부모가 아이의 손을 놓지 않고 있기 때문입니다. 아이의 손은 약하지만 붙잡고 있는 손은 강합니다. 우리의 믿음도 이와 같습니다. 우리의 손은 떨리지만 그리스도의 손은 흔들리지 않습니다.

이제 우리는 로마서 말씀을 새롭게 이해할 수 있습니다. "우리는 마땅히 기도할 바를 알지 못하나." 왜 우리는 기도할 줄 모릅니까?

첫째, 우리는 상황의 심각성을 알지 못하기 때문입니다. 베드로가 사탄의 시험을 가볍게 여겼듯이 우리도 자신이 얼마나 취약한지 잘 모릅니다. 위기의 깊이를 과소평가합니다. 우리가 처한 상황이 얼마나 심각하고 위중한가를 모르기도 합니다. 그래서 기도의 방향이 빗나가기도 합니다. 종종 우리는 잘못된 것을 위해 기도합니다. 기도해야 할 것이 아닌 전혀 다른 것을 기도하는 경우가 많다는 말입니다. 게다가 하나님

5부. 십자가와 부활, 그리고 새로운 세계

의 응답은 종종 우리가 알 수 없는 형태로, 인식할 수 없는 방식으로 올 때가 있습니다.

둘째, 영혼의 깊이에 대한 무지 때문입니다. 우리는 자신을 안다고 말하지만 실제로는 우리 영혼의 깊이를 거의 알지 못합니다. 물론 우리는 자신의 생각과 감정, 욕망의 일부를 인식합니다. 그러나 그것은 빙산의 일각에 불과합니다. 우리가 안다고 여기는 것은 수면 위에 드러난 작은 부분일 뿐, 그 아래에 잠긴 거대한 영역에 대해서는 거의 알지 못합니다.

우리 의식의 저변에는 설명하기 어려운 욕망과 두려움, 상처와 갈망이 층층이 쌓여 있습니다. 무의식과 잠재의식의 세계는 거칠고 깊으며 예측하기 어렵습니다. 그것은 마치 지각 아래에서 들끓는 용암과 같습니다. 평온해 보이는 지표면 아래에서 원초적인 열망과 본능, 억눌린 욕구들이 끓어오르고 있습니다. 그리고 이 보이지 않는 세계는 우리가 선택하고 결정하며 느끼고 행동하는 방식에 막대한 영향을 미칩니다.

우리는 종종 겉으로 드러난 이유만을 붙들고 기도합니다. 그러나 정작 우리 안에서 작동하는 진짜 동기와 상처, 왜곡된 욕망은 스스로도 제대로 인식하지 못합니다. 그래서 우리의 기도는 부분적일 수밖에 없습니다. 우리는 전체를 알지 못한 채, 단편만을 가지고 하나님께 나아갑니다.

이처럼 인간 영혼의 깊은 영역은 너무나 복잡하고 불투명하여 스스로는 온전히 파악할 수 없습니다. 오직 성령만이 그 깊이를 아십니다. 성령만이 우리의 무의식과 잠재의식까지 통찰하시고, 그 모든 것을 하나님 앞에 정확히 드러내실 수 있습니다. 우리가 말로 표현하지 못하는 것, 스스로도 이해하지 못하는 것까지도 성령은 아십니다. 그래서 우리의 기도는 우리의 이해를 넘어, 성령의 중보 안에서 온전해집니다.

하나님은 다른 길로 오신다

기도가 막힌 날에도 하나님은 일하신다

그리스도의 영은 우리의 의식과 무의식, 잠재의식의 세계를 모두 알고 계십니다. 환하게 불 켜진 거실만이 아니라 어두운 지하실까지, 우리 영혼의 구석구석을 아시는 분입니다. 성령께서는 우리 영혼의 전체 모습을 아시기 때문에 가장 어두운 자리에 웅크리고 있는 것들까지 하나님 앞에 내어놓으시며 우리를 대신해 도움을 구하실 수 있습니다.

이것이 바로 좋은 소식입니다. 우리는 종종 영적인 고갈과 메마름을 경험합니다. 하늘을 향해 아무리 부르짖어도 단 한 방울의 비도 입술을 적시지 않는 것 같은 때가 있습니다. 단비를 간절히 갈구해도 공허한 메아리만 돌아오는 때가 있습니다. 기도하면서도 그 기도가 천장 너머로 올라가고 있는지 의심하게 되는 때가 있습니다. 혼란스럽고 산만하여 기도를 제대로 드릴 수 없는 때도 있습니다. 자신이 시작한 기도가 어디로 향하는지조차 모른 채 영혼이 혼돈 속을 헤매는 때도 있습니다. 어떻게 기도해야 할지 몰라 그저 입을 다물고 있을 수밖에 없는 때도 있습니다.

어느 경우든, 반드시 기억해야 할 사실이 있습니다. 성령님은 우리가 연약함 가운데 있을 때 우리 곁에서 돕고 계신다는 것입니다. 우리가 너무 연약하여 삶의 바닥을 치고 있을 때, 영적 침체의 깊은 골짜기에서 더 이상 내려갈 수 없을 것 같을 때, 너무 무지하여 어찌할 바를 모르고 있을 때 성령님은 우리의 갈망과 영혼의 고통스러운 소원을, 말로 다 표현할 수 없는 그것들을 하나님 아버지의 귀에 해석하고 번역하여 들려드리는 분이십니다.

승천일에 우리는 이것이 그리스도께서 우리를 위해 중보하신다는 의미임을 기억해야 합니다. 주님께서 천상에서 우리를 위해 중보기도를 드리신다는 것은 무엇을 뜻합니까? 그것은 그리스도께서 우리의 손을 놓지 않고 꼭 붙들고 계신다는 뜻입니다. 그리스도께서 우리를 위해 기도하시기 때문에 우리의 믿음은 결코 쓰러지지 않는다는 뜻입니다. 그리스도께서 우리의 기도 안에서 우리와 함께 기도하시며, 그 기도가 하나님께 받아들여지도록 하신다는 뜻입니다. 우리의 믿음이 견고히 설 수 있는 것은 우리가 그리스도께 충실하기 때문이 아니라 그리스도께서 우리를 향해 신실하시기 때문입니다.

하나님은 다른 길로 오신다

내가 너를 위해 기도하였다

누가복음 22:31-34, 54-62

"주께서 돌이켜 베드로를 보시니 베드로가 주의 말씀 곧 오늘 닭 울기 전에
네가 세 번 나를 부인하리라
하심이 생각나서 밖에 나가서 심히 통곡하니라"(61-62).

외국에서 다른 교파의 교인들, 심지어 로마 가톨릭교회의 신자들과 대화를 나누다 보면 자연스럽게 교리 이야기가 나옵니다. 내가 장로교 목사라고 밝히면 곧 이런 말을 듣습니다. "아, 당신은 이중 예정론을 믿는 분이군요" 혹은 "칼빈주의자시군요"라고 합니다. 흔히들 예정론을 칼빈주의와 동일시하거나 예정론은 곧 장로교의 전유물이라는 식입니다.

그러나 이런 반응은 신학의 역사적 전망을 놓친 것입니다. 역사를 조금만 돌아보면 사정은 전혀 다릅니다. 교부 어거스틴은 16세기 종교개혁자 칼빈보다 천 년이나 앞서 예정 교리를 체계화한 인물입니다. 그는 로마 가톨릭과 개혁주의 모두에 깊은 영향을 끼쳤습니다. 또한 로마 천주교의 위대한 신학자로 평가받는 토마스 아퀴나스 역시 예정 교리를 철저하게 진술했습니다. 예정은 특정 교파의 소유물이 아닙니다. 교회의 오랜 사유 속에서 다루어져 온 주제입니다.

이런 오해는 외부에만 있는 것이 아닙니다. 많은 장로교인조차 이렇게 생각합니다. 예정설은 개혁교회나 장로교의 교리이고, 그것을 처음 세운 이는 칼빈이며, 대부분은 이 교리를 반기지 않고, 만약 찬반 투표를 한다면 아마 사라질 교리일 것이라고 말입니다.

나는 하나님의 선택 혹은 하나님의 예정에 관해 여러 사람과 깊이 있는 대화를 나눈 적이 있습니다. 흥미롭게도 대화의 끝에 우리는 비슷한 지점에 서게 되었습니다. 우리 모두 '예정론'이라는 용어 자체를 좋아하지 않는다는 사실을 인정했습니다. 그러나 동시에 '선택'이라는 주제가 성경의 핵심이라는 점에는 동의했습니다.

문제는 주제를 다루는 방식이었습니다. 하나님의 선택을 지나치게 추상적이고 사변적인 논리로만 다루다 보니 신앙적 유익을 주기보다는 도리어 교인들에게 깊은 혼란만 안겨주는 결과를 낳았습니다. 그 결과 '선택'은 금기어처럼 되어버렸습니다. 입에 올리기 어려운, 다루면 복잡해지는 주제가 되어버린 것입니다.

그래서 많은 그리스도인은 이 주제를 피합니다. 선택 이야기가 나오면 당황하거나, 아예 하나님의 사랑 뒤에 숨겨버립니다. "나는 하나님의 사랑을 믿습니다. 예정은 믿지 않습니다." 이렇게 말합니다.

이때 자주 인용되는 말씀이 있습니다. "하나님이 세상을 이처럼 사랑하사 독생자를 주셨으니 이는 그를 믿는 자마다 멸망하지 않고 영생을 얻게 하려 하심이라"(요 3:16). 또는 "주 여호와의 말씀이니라 내가 어찌 악인이 죽는 것을 조금인들 기뻐하랴 그가 돌이켜 그 길에서 떠나 사는 것을 어찌 기뻐하지 아니하겠느냐?"(겔 18:23)

선택을 하나님의 사랑 뒤로 밀어내려는 사람들에게는 나름의 논리가 있습니다. 하나님은 집이 가득 차기를 원하시고, 모든 사람이 구원받기를 원하십니다. 그런데 선택 교리는 그 사랑을 제한하는 것처럼 보입

하나님은 다른 길로 오신다

니다. 선택받은 사람에게만 해당하는 사랑이라면 그것은 성경이 증언하는 하나님의 보편적 사랑과 어긋나는 것이 아니냐는 질문입니다. 결론은 단순합니다. 선택 교리는 없어져야 한다는 것입니다.

많은 그리스도인이 하나님의 선택을 하나님의 사랑과 대립시키는 실수를 범합니다. 마치 둘 중 하나를 택해야 하는 것처럼 말입니다. 선택은 사랑을 제한하고, 사랑은 선택을 무력화한다는 식으로 이해합니다.

선택은 사랑의 다른 이름이다

나는 여러분과 함께 하나님의 선택과 하나님의 사랑이 사실상 하나라는 사실을 생각해보려 합니다. 이 둘은 서로를 떠받치는 동전의 양면과 같습니다. 이렇게 말해봅시다.

하나님의 선택은 하나님의 사랑입니다.

하나님의 사랑은 하나님의 선택입니다.

그러므로 우리가 하나님께 선택받았다고 믿는다는 것은, 곧 하나님께 사랑받고 있음을 믿는다는 뜻입니다.

아마 여러분은 '선택'을 이런 방식으로 생각해본 적이 없을 것입니다. 우리는 대개 선택을 추상적 개념으로 배워왔습니다. 영원 속에서 일어난 어떤 결정, 세상 기초가 놓이기 전에 하나님께서 내리신 칙령, 역사의 저 너머 어딘가에서 선포된 전지전능한 결정처럼 말입니다. 그렇게 배웠기 때문에 자연스럽게 그렇게 이해합니다.

예를 들어 벨기에 신앙고백서는 '선택'을 이렇게 진술합니다. "선택은 하나님의 변하지 않는 목적입니다. 이 목적에 따라 하나님은 다음과 같은 일을 행하셨습니다. 세상의 기초가 놓이기 전, 순전한 은혜로, 하나님 자신의 뜻의 자유롭고 선하신 기쁨에 따라, 하나님은 자기 자신의 잘

5부. 십자가와 부활, 그리고 새로운 세계

못으로 인해 본래의 결백한 상태에서 죄와 멸망에 떨어진 온 인류 가운데서 일정한 수의 사람들을 그리스도 안에서 선택하사 구원에 이르게 하셨습니다."

틀린 말이 아닙니다. 그러나 매우 추상적입니다. 무겁고 차갑게 느껴집니다. 사람들의 마음을 오래 붙들기에는 거리가 있습니다. 하지만 이것은 선택을 설명하는 여러 방식 가운데 하나일 뿐입니다. 선택은 다른 방식으로도 논할 수 있습니다. 본문은 그런 길 가운데 하나입니다. 선택을 정면으로 설명하지는 않지만 이야기 속에서 보여줍니다.

베드로는 예수님께 끝까지 충성하겠다고 장담합니다. 감옥에도, 죽음의 자리에도 함께 가겠다고 말합니다. 이것은 허세가 아닙니다. 그는 진심이었습니다. 우리도 결단의 순간에는 진심으로 헌신을 약속하지 않습니까?

그런데 베드로 이야기의 비극은 여기에 있습니다. 그는 예수를 부인할 때에도 여전히 예수를 사랑하고 있었다는 사실입니다. 친구를 비난하면서도 그를 사랑할 수 있듯이, 배우자에게 성실하지 못하면서도 여전히 사랑한다고 말할 수 있듯이 말입니다.

왜 이런 일이 벌어집니까? 우리는 한 사람 안에 서로 다른 자아가 충돌하는 존재이기 때문입니다. 우리는 사랑하는 것을 스스로 깨뜨립니다. 우리가 세운 평화를 우리가 허물어버립니다. 우리 안에는 서로 반대 방향으로 끌어당기는 힘이 동시에 작동합니다.

이런 의미에서 죄는 단순하지 않습니다. 죄는 언제나 설명하기 어려운 신비를 품고 있습니다. 죄를 지을 때 우리는 범죄자인 동시에 희생자입니다. 우리가 하고 싶은 일을 하는 듯하지만 사실은 하고 싶지 않은 일을 하기도 합니다. 죄는 내면을 찢어놓는 사건입니다. 우리는 스스로와 갈등하며 무너집니다.

하나님은 다른 길로 오신다

베드로는 그런 인간의 전형입니다. 사랑하지만 부인하고, 충성을 맹세하면서도 무너지는 사람입니다. 그리고 그 자리에서 우리는 하나님의 선택을 추상적 교리가 아니라 살아 있는 사건으로 보게 됩니다.

무너진 자리에서 드러난 기도

베드로가 예수님을 부인했을 때 그는 자기 행동이 얼마나 비열하고 혐오스러운지 알았습니다. 그것이 썩어빠진 짓이라는 것도 알았습니다. 무엇보다 자신이 지금 무슨 일을 하고 있는지 분명히 알고 있었습니다.

그는 자기 자신을 미워하고 있었습니다. 자신이 하는 말과 행동이 자신의 가슴을 찢고 있다는 사실도 알고 있었습니다. 그는 무지해서 부인한 것이 아닙니다. 모르고 저지른 일이 아니었습니다. 알면서도, 사랑하면서도 무너졌습니다. 그래서 그는 통곡했습니다. 자신이 얼마나 비참한 인간인지 뼈저리게 알았기 때문입니다. 목 놓아 울었습니다. 여전히 예수를 사랑하고 있다는 사실을 알고 있었기 때문입니다.

그러나 그가 울었던 가장 깊은 이유는 따로 있었습니다. 예수께서 여전히 자기를 사랑하고 계신다는 것을 알았기 때문입니다.

예수께서 잡히신 뒤에도 베드로는 멀찍이서 그분을 따라갔습니다. 대제사장의 뜰에 서 있다가 하녀의 질문을 받습니다. "당신도 예수 사람 중 하나 아니오?" 베드로는 대답합니다. "무슨 말인지 모르겠소. 나는 그를 모릅니다." 다른 사람이 또 묻습니다. "당신, 예수 사람이죠?" 그는 다시 부인합니다. "아니오. 나는 예수 사람이 아니오." 약 한 시간 뒤 세 번째 사람이 다그칩니다. "당신은 틀림없이 그 사람과 함께였소." 베드로는 맹세까지 하며 말합니다. "나는 그런 사람을 모릅니다."

그리고 바로 그 순간, 평생 잊지 못할 장면이 벌어집니다. 예수께서

5부. 십자가와 부활, 그리고 새로운 세계

걸음을 멈추시고 몸을 돌이켜 베드로를 바라보셨습니다. 눈이 마주쳤습니다. 그 순간이 어떠했겠습니까? 숨이 멎는 순간이었을 것입니다. 예수님의 시선은 베드로의 심장을 얼어붙게 했습니다. 그 눈빛은 비수처럼 가슴을 파고들었습니다. 그 한 번의 시선이, 그 모든 부인의 말을 꿰뚫어 보았습니다. 그 눈빛 앞에서 베드로는 무너졌습니다.

동시에 이전에 들었던 말씀이 번개처럼 떠올랐습니다. "시몬아, 시몬아, 보라 사탄이 너희를 밀 까부르듯 하려고 요구하였으나 그러나 내가 너를 위하여 네 믿음이 떨어지지 않기를 기도하였노니 너는 돌이킨 후에 네 형제를 굳게 하라"(31-32). 이 말씀을 이제야 이해하게 된 것입니다.

베드로를 유혹의 바다에서 건져 올린 힘은 그의 충성이나 열정이 아니었습니다. 시험 앞에서 그를 끝내 무너지지 않게 한 것은 예수님을 향한 그의 결단이 아니라 그를 향한 예수님의 기도였습니다. 그의 믿음을 붙든 것은 그의 의지가 아니라 주님의 중보였습니다.

"네 믿음이 실패하지 않도록 내가 너를 위해 기도하였다."

"네가 계속 나를 믿도록 내가 너를 위해 기도하였다."

이 말씀은 주님이 체포되기 직전에 주신 말씀이었습니다. 그러나 그때 베드로는 알지 못했습니다. 사탄이 이미 가까이 다가와 있었고, 그의 신앙을 흔들 준비를 하고 있었다는 사실을 말입니다. 그는 아무것도 모르고 있었습니다. 그러나 예수님은 알고 계셨습니다.

얼마나 다행입니까. 베드로는 보지 못했지만 주님은 보고 계셨습니다. 그래서 미리 말씀하셨습니다. "사탄이 너를 청구하였다. 그러나 나는 너를 위해 기도하였다." 그 순간이 아니라 이미 오래전부터 그의 삶 배후에서 기도하고 계셨다는 뜻입니다.

베드로는 아마 자신이 똑똑해서, 용감해서, 결단력이 있어서 예수를

하나님은 다른 길로 오신다

따른다고 생각했을 것입니다. 그러나 그의 삶에는 그가 모르는 더 깊은 배경이 있었습니다. 예수님의 이 한마디는 베드로의 인생에 감추어져 있던 영원한 배경을 드러냅니다. 그의 삶은 우연히 흘러온 것이 아니었습니다. 보이지 않는 계획과 기도 위에 서 있었습니다.

베드로의 삶의 앞면을 보십시오. 대담해 보이지만 비겁하고, 열정적이지만 변덕스럽고, 쉽게 흥분하고, 결국에는 주인을 부인합니다. 우리가 아는 베드로는 그런 인물입니다. 그러나 그것이 이야기의 핵심은 아닙니다. 더 중요한 것은 삶의 후면입니다. 보이지 않는 자리에서 하나님께서 그를 붙들고 계셨다는 사실입니다. 그의 믿음을 지탱한 것은 그의 성품이 아니라 그를 위해 기도하신 주님의 손이었습니다.

선택은 이 자리에서 드러납니다. 추상적 개념이 아니라 한 사람의 삶의 배후에서 그를 붙들고 있는 사랑으로 나타납니다.

소명과 선택을 굳게 붙들라

세월이 흐른 뒤, 베드로는 심각한 시련 가운데 있는 그리스도인들에게 편지를 씁니다. 악과 고난 속에서 흔들리는 이들을 위로하기 위해서입니다. 그는 그들에게 하나님의 선택을 기억하라고 권합니다. 그들이 알지 못하는 자리에서, 보이지 않는 뒤편에서 그들을 사랑하고 계신 하나님의 사랑을 떠올리라고 말합니다. 우리가 하나님을 포기하려 할 때에도 우리를 포기하지 않으시는 사랑 말입니다. 머리가 희어진 노사도가 되어 쓴 베드로후서 1장 10절을 풀어보면 이러할 것입니다.

소명과 선택을 확고히 붙드십시오. 하나님께서 여러분을 어떻게 부르시고 선택하셨는지를 분명히 알고, 그것을 놓지 마십시오. 그리하면 여러분은 결코 넘어지지 않을 것입니다. 설령 겉으로는 넘어지는 것처럼 보일지라도, 실제로는 절대 무너지지 않을 것입니다.

나를 보십시오. 나는 주님을 부인했습니다. 그 순간 나는 내가 완전히 무너지는 줄 알았습니다. 그러나 나는 몰랐습니다. 그보다 더 중요한 일이 이미 일어나고 있었고, 그리스도의 기도가 나를 붙들고 있었다는 것을 말입니다. 그분이 나를 위해 기도하고 계셨기에 나는 넘어지는 것 같으면서도 끝내 쓰러지지 않았습니다.

이제 나는 압니다. 여러분도 나도, 지금 이렇게 서 있을 수 있는 것은 오직 그리스도의 중보기도 덕분입니다.

우리가 이 배경을 보지 못하면 삶은 피상적일 수밖에 없습니다. 무대 위의 장면만 보고, 무대 뒤에서 무슨 일이 일어나는지 모른다면 삶을 정확히 이해할 수 없습니다.

성경은 종종 이 '무대 뒤'를 보여줍니다. 시편 139편은 우리가 아직 어머니 태 속에서 형체도 갖추기 전에 하나님의 눈이 우리를 보고 계셨다고 말합니다. 우리에게 주어질 날들이 오기 전에 이미 그날들이 하나님의 책에 기록되어 있었다고 말합니다. 우리는 우연히 생긴 존재가 아닙니다. 부모를 통해 태어났지만 그 뿌리는 더 깊습니다. 우리는 하나님의 생각과 뜻에서 나온 존재입니다.

마치 위대한 화가의 작품이 캔버스에 그려지기 전에 이미 그의 마음속에 있었던 것처럼 우리가 세상에 태어나기 전부터 우리는 하나님의 마음 안에 있었습니다. 그렇다면 묻지 않을 수 없습니다. 그런 하나님께서 어찌 우리를 잊으시겠습니까? 어찌 사랑하지 않으시겠습니까? 하나님은 영원부터 영원까지 우리를 사랑하십니다.

이 사실을 알게 될 때, 곧 우리의 이름이 생명책에 기록되어 있음을

하나님은 다른 길로 오신다

깨달을 때 우리는 이해를 넘어서는 평화를 경험합니다. 마치 높은 산에 올라 시야가 확 트이는 순간과 같습니다. 모든 것이 다르게 보입니다. 베드로가 바로 그런 산에 올라선 적이 있습니다. 언제였습니까? 예수를 부인한 직후였습니다. 주님과 눈이 마주쳤을 때, 그리고 "네 믿음이 떨어지지 않도록 내가 너를 위해 기도하였다"는 말씀을 기억했을 때였습니다. 그때 그는 자신의 신앙이 자신에게 달려 있지 않다는 사실을 알았습니다. 자신을 붙들고 있는 더 깊은 손이 있다는 사실을 보았습니다.

내가 보기에 선택이 우리에게 가르치는 핵심은 이것입니다. 선택 교리는 추상적 교리가 아닙니다. 이렇게 고백하는 것입니다.

하나님이 나를 붙들고 계시기 때문에 나는 끝까지 떨어지지 않을 것입니다. 나는 하나님의 전적인 돌보심 안에 있습니다. 그분이 나를 떠받치고 계십니다. 하나님은 나를 집으로 받아들이셨습니다. 나는 버려지지 않을 것입니다.

나는 사랑받는 존재입니다. 무시되거나 폐기되지 않을 것입니다.

나의 믿음이 떨어지지 않도록 예수께서 나를 위해 기도하고 계십니다.

내가 믿는 이유는 내가 잘 붙들어서가 아니라 그리스도께서 나를 붙들고 계시기 때문입니다.

내가 끝까지 설 수 있는 이유는 나의 열정이나 헌신이 아니라 나를 향한 그분의 끝없는 헌신 때문입니다.

이것이 선택입니다.

이것이 사랑입니다.

그리고 이 사랑이 우리를 오늘도 붙들고 있습니다. 아멘.

5부. 십자가와 부활, 그리고 새로운 세계

48

하나님이 역사 안으로 뛰어드셨다[13]

누가복음 23:33-43

"예수여 당신의 나라에 임하실 때에 나를 기억하소서 하니
예수께서 이르시되 내가 진실로 네게 이르노니
오늘 네가 나와 함께 낙원에 있으리라 하시니라"(42-43)

골고다 언덕 십자가 아래 모인 이들은 단지 몇몇 구경꾼이 아니었습니다. 그 참혹한 처형장은 사실 구원의 십자로에 선 인류 전체를 축소해놓은 거대한 무대였습니다. 거기에는 통치자도 있었고 피지배자도 있었습니다. 질서를 유지하는 군병도 있었고, 질서를 깨뜨린 도둑도 있었습니다. 로마도 있었고 예루살렘도 있었습니다. 국가도, 종교도, 적대자도, 동조자도, 무관심한 자도 모두 그 자리에 서 있었습니다. 한마디로 인간의 모든 유형이 그곳에 모여 있었습니다. 그리고 그들 모두는 한 가지 문제 앞에 서 있었습니다. 구원입니다. 그들의 눈앞에서 벌어지고 있는 이 사건은 단순한 처형이 아니었습니다. "구원이 무엇인가?"라는 질문이 그 현장을 가르고 있었습니다. 그들은 의식했든 그렇지 않았든, 모두 그 문제를 생각하고 있었습니다.

인류는 지금도 십자가 앞에 서 있습니다. 더 이상 골고다 언덕의 물

하나님은 다른 길로 오신다

리적 현장에 서 있지는 않지만 십자가는 여전히 인류 앞에 수직으로 서 있습니다. 그리스도의 죽음 이후 누구도 그 시야에서 완전히 벗어날 수 없습니다. 이 말은 곧 모든 인간은 십자가에 대한 자신의 태도를 정해야 한다는 뜻입니다. 인간 존재는 구원의 필요성과 십자가의 의미를 외면할 수 없는 위치에 놓여 있습니다. 단순하고도 분명한 질문 하나가 남습니다. "나는 구원을 어떻게 이해하는가?"

이렇게 생각하는 근거는 누가복음 23장에 반복되는 한 단어에 있습니다. 바로 '구원'입니다. 그 동족어가 여러 번 등장합니다.

35절에서 관리들은 조롱합니다. "저가 남을 구원하였으니 만일 하나님이 택하신 자 그리스도이면 자신도 구원할지어다."

37절에서 군인들도 비웃습니다. "네가 만일 유대인의 왕이면 네가 너를 구원하라."

39절에서 회개하지 않는 한 도둑도 외칩니다. "네가 그리스도가 아니냐 너와 우리를 구원하라."

그러나 곧 이어 다른 도둑이 전혀 다른 방식으로 말합니다. "당신의 나라에 임하실 때에 나를 기억[구원]하소서"(42). 그는 조롱이 아니라 간구로 말합니다. 구원을 요구하는 태도가 아니라 자비를 구하는 태도입니다. 그때 예수께서 선언하십니다. "내가 진실로 네게 이르노니 오늘 네가 나와 함께 낙원에 있으리라." 구원의 능력을 스스로 증명하신 말씀입니다.

관리들, 군인들, 도둑들 그리고 예수. 그들은 서로 다른 방식으로 말했습니다. 조롱도 있었고, 비아냥도 있었고, 절규도 있었고, 간구도 있었습니다. 그러나 한 가지 공통점이 있습니다. 모두가 '구원'을 말하고 있었다는 사실입니다. 십자가 아래에서 인류는 침묵하지 않았습니다. 각자의 방식으로, 각자의 이해 속에서, 구원을 말하고 있었습니다.

5부. 십자가와 부활, 그리고 새로운 세계

자연을 정복해도 구원은 오지 않는다

십자가 아래에서 '구원'이라는 말이 반복되는 것은 특이한 현상처럼 보이지만 사실 놀라운 일은 아닙니다. 파멸과 비극, 불안과 죽음이 눈앞에 닥치면 누구나 구원을 생각하게 됩니다. 인류는 오래전부터 불행과 위험에서 벗어나려는 집념 속에 살아왔습니다. 모든 시대, 모든 지역의 인간은 늘 붕괴 직전의 세계 한복판에 서 있었기 때문입니다.

이 사실은 우리에게 중요한 통찰을 요구합니다. 우리는 태어나는 순간부터 죽음에 이르기까지 끊임없이 위협에 노출되어 있습니다. 자연과의 관계, 사회와의 관계 그리고 하나님과의 관계 속에서 우리는 결코 완전히 안전하지 않습니다. 그러므로 우리는 구원을 갈망합니다. 그리고 그 갈망은 결코 사라지지 않습니다.

첫째로, 자연에 대한 인간의 관계를 살펴보겠습니다. 우리는 자연을 관리하고 돌보도록 위탁받은 존재인 동시에, 자연으로부터 혜택을 누리는 존재이기도 합니다. 그러나 타락 이후 인간은 자연으로부터 뼈아프게 소외되었고, 그 결과 자연은 우리를 호시탐탐 위협하는 적대적이고 변덕스러운 존재로 돌변했습니다. 작열하는 여름의 태양, 혹독한 겨울 추위, 기근과 가뭄, 질병, 번개와 홍수, 지진, 부식과 부패… 이 모든 것들로부터 우리는 끊임없이 자신을 지켜내야 합니다.

이러한 위협들은 우리 삶의 사면에 두루 퍼져 있습니다. 우리는 날마다 직접적으로든 간접적으로든, 우리를 둘러싼 물리적 환경의 수많은 위험과 불편으로부터 스스로를 보호해야 하는 현실 속에 살아갑니다. 식량을 경작하고 분배하는 농부와 유통업자들, 집을 짓는 건축가들, 질병을 예방하고 치료하는 의사들, 비바람으로부터 목조 구조물을 지키는 페인트공들, 기술 혁신을 이끄는 과학자와 발명가들… 이들 모두는 서

하나님은 다른 길로 오신다

로 다른 방식으로, 그러나 하나의 공통된 목표를 향해 일하고 있습니다. 자연의 적대적 공격으로부터 인간을 지켜내는 것입니다.

그렇다고 이러한 노력들을 부정적으로 볼 필요는 없습니다. 자연의 위협에 맞서는 일은 반드시 필요할 뿐 아니라 그 자체로 유익한 일이기도 합니다. 다만 한 가지 경계해야 할 것이 있습니다. '구원'이란 결국 자연으로부터의 자유에 불과하다는 생각입니다.

탄탄한 건강과 번듯한 집, 든든한 보험과 노후 자금만 갖춰지면 마침내 안전하게 구원받았다고 안도하는 것은 현대인들의 가장 치명적이고 뿌리 깊은 착각입니다. 가득 찬 곳간을 바라보며 흐뭇해했던 어리석은 부자의 실수가 이것이었습니다. 십자가 앞에서 죽어가는 예수를 바라보며 자신의 건강한 육체에 자신감을 보였던 관원의 실수도 이것이었습니다. 강한 손과 철저한 정신력, 두둑한 지갑을 갖췄으니 안전하다고 여기는 현대인의 실수도, 강력한 무장을 갖췄으니 구원받았다고 믿는 현대 국가의 실수도 다르지 않습니다. 물리적 환경을 정복하는 것이 인간의 최고 과제이며, 육체적 죽음이야말로 인간을 위협하는 최종적 위험이라고 믿는 일부 과학자들의 실수 역시 마찬가지입니다.

이들은 공통된 맹점을 가지고 있습니다. 자연에 대한 인간의 잘못된 방향 설정이 더 깊고 근본적인 질병의 한 증상에 불과하다는 사실, 그리고 자연의 힘에 희생되는 것보다 훨씬 치명적인 사건이 인간에게 일어날 수 있다는 사실을 보지 못하는 것입니다.

가장 치명적인 위험은 보이지 않는다

둘째로, 자연에 대한 이야기가 사실이라면 사회에 관해서도 마찬가지입니다. 우리는 사회와도 불편한 관계 속에 놓여 있습니다. 우리는 이웃과

5부. 십자가와 부활, 그리고 새로운 세계

화해하지 못한 채 살아가기 일쑤이며, 때로는 자신의 열정과 욕망의 희생물이 되고, 때로는 타인의 의지와 야망에 위협받기도 합니다. 이것들로부터도 우리는 구원받아야 합니다. 이를 인식할 때 우리는 학교를 세우고 심리학을 연구하고 사회적 법률을 제정하며 선의와 호의의 문화를 키워나갑니다. 이러한 노력들은 마땅히 해야 할 일입니다.

그러나 여기서도 경계를 늦춰서는 안 됩니다. '구원'이란 결국 사회적 갈등으로부터의 자유에 불과하다는 착각이 우리를 파고들기 때문입니다. 대중에게 인정받고, 이웃과 좋은 관계를 유지하고, 좋은 평판을 얻으면 안전하다고 여기는 것. 모든 계명을 지켰다고 자부하면서도 재산을 팔고 예수를 따르지 못했던 젊은 부자 관원의 실수가 여기 있었습니다. 범죄자처럼 죽어가는 그리스도 앞에서 자신의 도덕적 명예를 내세웠던 관원들의 실수이기도 했습니다. 사회적으로 무난하게 행동하면 안전하다고 믿는 우리의 실수이며, 모든 불행의 원인을 사회적 갈등으로 환원하고 그 해소를 구원이라 믿는 일부 사회학자들의 실수이기도 합니다. 이들은 공통적으로 사회적 갈등이 더 깊은 질병의 증상에 불과하다는 사실을, 그리고 사회적 배척보다 훨씬 치명적인 위험이 인간에게 존재한다는 사실을 보지 못합니다.

셋째로, 우리는 자연과 사회로부터의 구원만이 아니라 하나님으로부터 그리고 하나님을 향한 구원을 받아야 합니다. 우리는 본래 그분과 불화한 상태에 있으며, 불순종으로 인해 파멸의 위험 앞에 서 있습니다. 이것이 가장 크고 근본적이며, 궁극적으로는 유일한 위험입니다.

지진과 홍수, 질병과 죽음의 희생물이 되는 것도 위험입니다. 사회적 편견과 정치적 압제 아래 짓눌리는 것도 위험입니다. 그러나 살아 계신 하나님 앞에서 불순종으로 타락해 가는 것은 차원이 전혀 다른 문제입니다. 말로 다 할 수 없을 만큼 두렵고 심각한 일입니다.

하나님은 다른 길로 오신다

하나님은 소멸하는 불이십니다. 그분의 진노는 온 땅을 뒤흔듭니다. 그분은 쇠막대기로 열방을 깨뜨리시고, 토기장이의 도자기처럼 산산조각 내십니다. 그분의 입술의 기운으로 악한 자들을 심판하십니다. 누가 감히 그분이 오시는 날을 견딜 수 있겠습니까. 우리가 어떻게 그 진노로부터 구원을 얻을 수 있단 말입니까.

자연과학이나 사회공학에서처럼 인간은 종교의 영역에서도 스스로 해법을 찾아왔습니다. 자연을 길들이는 기술을 개발하고 사회 개혁 프로그램을 설계했듯이 하나님을 기쁘시게 하려는 갖가지 시도들을 펼쳐왔습니다. 성전을 짓고, 기도하고, 금식하고, 절기를 지키고, 엄격한 도덕 규범을 스스로에게 부과하는 것이 인간 종교의 방식입니다. 물론 이러한 것들 자체를 반대할 이유는 없습니다. 기도와 금식, 절기는 마땅히 지켜야 할 귀한 제도들입니다.

그러나 교회를 열심히 섬기고 온갖 절기와 규례를 철저히 지키는 사람들이 자신도 모르게 빠져드는 함정이 있습니다. 종교적으로 경건하기 때문에 구원받을 것이라는 생각입니다. 이스라엘 백성이 반복해서 저질렀던 실수가 이것이었습니다. 주께서 "내가 너희의 제물들을 즐거워하지 않는다"고 말씀하신 것은 그 때문이었습니다. 바리새인들의 실수도 같은 것이었습니다. 그들은 스스로를 교회의 기둥으로 여기며 멀리 서 있는 세리와 자신들을 구별했습니다. 십자가 아래 서 있던 관원들도 마찬가지였습니다. 안식일을 어기고 종교적 전통을 가볍게 여긴 갈릴리 사람을 내려다보며 자신들의 경건함을 자랑스럽게 여겼습니다. 이것은 우리의 실수이기도 합니다. 올바른 행동과 규례의 준수가 구원의 효력을 지닌다고 여기거나, 교회를 하나님 나라와 동일시하거나, 회당에서 출교당하는 것보다 더 비극적인 일이 인간에게 일어날 수 있다는 사실을 외면할 때 우리는 같은 실수를 반복합니다.

5부. 십자가와 부활, 그리고 새로운 세계

구원이 필요 없다고 믿는 사람들

이제 다시 십자가의 장면으로 돌아가겠습니다. 십자가 앞에서 구원에 관해 가장 먼저 입을 연 것은 세상의 관원들이었습니다. 그들의 태도는 자만과 냉소였습니다. 고개를 떨구고 고통받는 예수와는 달리, 그들은 스스로 안전하고 안녕하다고 느꼈습니다.

그들은 자연에 잘 적응해 있었습니다. 비가 쏟아지고 땅이 흔들려도, 그들은 아프지 않았고 고열에 시달리지도 않았습니다. 손발에 못이 박혀 있지 않았고, 죽어가는 처지도 아니었습니다. 평안하고 건강했으며, 모든 것이 정상이었습니다. 구원이 필요 없어 보이는 사람들이 있다면 그들이었습니다.

사회적으로도 그들은 흠잡을 데 없었습니다. 버림받은 자들이 아니었고, 형벌을 받은 죄인들도 아니었습니다. 공동체 안에서 존경받는 명예로운 관원들이었으며 지도자의 자리에서 사회적 책임을 맡은 인물들이었습니다. 바라바를 석방하라 외치는 군중이 우러러보던 그런 사람들이었습니다.

그들은 하나님과도 평화로운 관계에 있다고 확신했습니다. 율법을 부지런히 해석하고 엄격하게 준수했으며, 그 기준에서 아무런 결격이 없었습니다. 근엄한 예복을 입고 길고 엄숙한 기도를 드렸으며 박하와 향신료의 십일조까지 바치고 규칙적으로 금식했습니다. 이 모든 것을 통해 그들은 주께서 자신들을 감싸 안으시리라 믿었습니다. 구원이 필요 없는 완전한 사람들…. 그것이 스스로의 자화상이었습니다.

오히려 구원이 필요한 사람은 예수처럼 보였습니다. 십자가에 못 박혀 죽어가는 육체, 사라져가는 대중적 인기, 산산조각 난 평판. 심지어 하나님마저 자신을 버리셨다는 절망적인 고백. 예수는 분명히 잃어버린

하나님은 다른 길로 오신다

바 된 자였습니다. 자연과 사람과 하나님이 함께 그를 짓누르고 있었고, 그 합산된 무게 아래 그는 무너져 내리고 있었습니다. 관원들이 냉소적으로 던진 말이 이제는 사실처럼 들렸습니다. "그가 다른 사람을 구원하였으나 자신은 구원하지 못하는구나!"

이것이 그들에게 안도감을 주었습니다. 그들은 예수가 메시아라고 자칭한 것을 신성모독으로 정죄했고 그렇다면 예수는 스스로 무죄를 입증해야 했습니다. "네가 정말 하나님의 선택받은 자라면 자신을 구원해보라!" 그러나 예수는 그렇게 하지 않았습니다. 그것은 그들에게 큰 만족이었습니다. 그들의 고소가 사실로 확인되는 순간이었습니다.

십자가 앞에서 구원을 입에 올린 두 번째 인물은 회개하지 않는 강도였습니다. 군인들이 예수를 모독하고 관원들이 빈정댄 데 이어, 강도는 조롱을 퍼부었습니다. "네가 그리스도냐? 너와 우리를 구원해보시지!" 물론 그는 예수가 실제로 구원할 것이라고 기대하지 않았습니다. 그가 원했던 것은 용서가 아니라 예전의 삶으로 돌아가는 것이었습니다. 죽음이 인간의 주된 원수라고 생각했고, 그 죽음으로부터 벗어나기를 바랐습니다. 그러나 구원이 실제로 가능하다고는 믿지 않았습니다. 관원들처럼 그도 예수를 아무런 능력 없는 허풍쟁이로 여겼습니다. 예수는 아무 대답도 하지 않았습니다. 그곳에는 진정한 이해가 없었고, 가르침의 때도 이미 지나 있었습니다.

자기를 구원하지 않으심으로 우리를 구원하시다

그 순간, 다른 강도가 입을 열었습니다. 그는 먼저 동료를 꾸짖고, 예수에 대해 이렇게 말했습니다. "이 사람은 아무런 잘못도 하지 않았다." 이 말은 단순한 변호가 아니었습니다. 예수가 재판에서 주장했던 그대로,

5부. 십자가와 부활, 그리고 새로운 세계

그가 진정 하나님의 택하신 메시아임을 인정하는 고백이었습니다. 비록 죽음을 향해 내려가고 있을지라도 그분은 반드시 다시 살아나 영원한 나라를 다스리실 것이라는 믿음의 선언이었습니다. 그래서 이 간청이 나옵니다. "예수여, 당신의 나라에 임하실 때 나를 기억하소서." 예수의 응답은 즉각적이었습니다. "내가 진실로 말하노니, 오늘 네가 나와 함께 낙원에 있으리라."

이 짧은 대화 안에서 일어나는 일은 참으로 경이롭습니다. 한 범죄자가 자신이 마땅히 형벌을 받고 있음을 인정하고, 죽음의 문턱에 선 바로 그 자리에서 예수의 정체와 사명을 놀랍게도 알아봅니다. 그리고 그분께 자신을 죽음과 무덤 너머로 데리고 가서, 영원한 생명으로 옮겨 달라고 간절히 간구합니다.

그렇다면 이 모든 조롱과 유혹 앞에서 예수는 어떠했습니까? 자신을 구원할 수 있었겠습니까? 사도들의 증언에 따르면 그럴 수 없었습니다. 아니, 정확히는 그러지 않기로 하셨습니다. 십자가를 앞두고 그분은 이렇게 기도하셨습니다. "아버지여, 이 잔을 내게서 지나가게 하소서." 그러나 기도는 이렇게 끝맺었습니다. "그러나 나의 뜻대로 마옵시고, 아버지의 뜻대로 하옵소서." 이 마지막 문장이 모든 것을 결정했습니다. 죽음 앞에서 자신을 아버지의 뜻에 내맡김으로써 그분은 스스로를 구원하는 길을 스스로 닫으셨습니다.

사람들이 하나님의 능력을 보여달라고 유혹할 때, 예수는 십자가에 철저히 매달려 있었습니다. 만일 그 유혹에 응했다면 죽음은 피할 수 있었겠지만 세상은 구세주 없이 버려진 세상이 되었을 것입니다. 그분은 자신에게 주어진 능력을 사용하지 않았습니다. 아버지와 함께 세상을 향해 품었던 사랑 때문에 그 조롱과 유혹을 외면하고 죽음을 죽으셨습니다.

하나님은 다른 길로 오신다

구원은 인간의 해법이 아니라
하나님의 돌입이다

골고다에서 실제로 무슨 일이 일어나고 있었는지를 진정으로 이해한 사람은, 앞서 언급한 이들 중 참회하는 도둑 한 사람뿐이었습니다. 가운데 십자가에 대제사장이 달려 있었지만 사람들은 그를 단순한 처형자로만 보았습니다. 피를 보았지만 그 피가 몸을 씻듯 영혼까지 영원히 깨끗하게 하는 생명의 샘이라는 사실은 보지 못했습니다. 고통과 번민은 보았지만 그 고통 속에서 조용히 열리고 있는 낙원의 문은 보지 못했습니다.

사람들은 예수께서 스스로 결박을 풀지 못하신다는 사실은 알았지만 그 결박 속에 담긴 뜻과 결단의 강인함은 보지 못했습니다. 오히려 그것을 무력함으로 오해했습니다. 그들은 예수를 십자가에 매단 것이 못이나 법정의 선고만이 아니라 그분과 아버지의 긍휼이었다는 사실을 몰랐습니다. 거기 달리신 분은 구원이 필요한 한 인간이 아니라 불쌍한 죄인들을 구원하시는 하나님-인간이셨습니다.

그러나 참회하는 도둑은 보았습니다. 성경으로 가르침받은 우리만큼 온전히 보지는 못했을지라도, 그는 진실로 보았습니다. 그리고 보는 순간 그리스도와 함께 하나님의 낙원에 들어갔습니다. 잃어버린 바 되었고 아무것도 이루지 못했던 그가 알아본 예수는, 과학적·사회적·종교적 수단으로 재난을 막으려 했던 분이 아니었습니다. 그가 본 예수는, 끔찍한 어느 날 죽음 앞에서 자연의 위협과 인간의 분노와 하나님의 진노를 온전히 짊어지신 그리스도였습니다. 그리고 살아 있는 믿음으로 그분과 연합한 자들에게 닥친 모든 위협을 영원히 제거하시는 그리스도였습니다.

이 사실로부터 우리는 중요한 진리를 배웁니다. 삶의 본질적 갈등은 인간과 자연 사이에, 혹은 인간과 인간 사이에 있지 않습니다. 근원적 갈등은 인간과 하나님 사이에 있습니다. 이 갈등은 경험으로 확인되지 않기에 많은 사람이 인식하지 못합니다. 그러나 이것을 아는 사람들은 모든 악의 뿌리가 신체적·사회적인 것이 아니라 도덕적·영적인 것임을 알게 됩니다. 따라서 이를 제거하는 길은 과학 기술이나 사회 정치적 정책이 아니라 오직 하나님의 돌입divine incursion에 있습니다.

악은 죄가 외형으로 드러난 것에 불과합니다. 그것을 취소시킬 수 있는 분은 오직 은혜로우신 하나님뿐입니다. 우리가 믿기로 그분이 그리스도 안에서 이것을 행하셨고, 진심으로 하나님을 부르는 모든 자를 위해 지금도 행하고 계십니다.

그리스도께서 다시 오시기까지 신자들은 타락하고 깨어진 세상의 자연적 악들에 계속 노출될 것입니다. 그러나 신자들은 이미 도끼 날이 악의 뿌리에 놓였음을 압니다. 하나님께서 역사 안에서 일하시며 모든 것을 최종적 완성을 향해 이끌고 계심을 압니다. 이사야의 예언이 성취를 향해 나아가고 있음을 압니다. "보라 내가 새 하늘과 새 땅을 창조하나니 이전 것은 기억되거나 마음에 생각나지 아니할 것이라 … 이리와 어린 양이 함께 먹을 것이며 … 나의 성산에서는 해함도 없겠고 상함도 없으리라"(사 65:17, 25).

이것을 믿는다면 우리는 하나님께서 이루셨고 지금도 이루어가시는 그 구원 안에서 기뻐하고 즐거워해야 할 것입니다.

하나님은 다른 길로 오신다

49

우리의 실패는 주님의 무대다

누가복음 24:13-35

"그들이 서로 이야기하며 문의할 때에 예수께서 가까이 이르러
그들과 동행하시나 그들의 눈이 가리어져서
그인 줄 알아보지 못하거늘 … 그들과 함께 음식 잡수실 때에
떡을 가지사 축사하시고 떼어 그들에게 주시니
그들의 눈이 밝아져 그인 줄 알아보더니
예수는 그들에게 보이지 아니하시는지라 그들이 서로 말하되
길에서 우리에게 말씀하시고 우리에게 성경을 풀어주실 때에
우리 속에서 마음이 뜨겁지 아니하더냐 하고"(15-16, 30-32).

탐정소설이나 추리소설을 읽을 때 우리는 종종 '흥미진진하다'고 말합니다. 사건은 처음에는 평범하게 전개되는 듯하다가 어느 순간 전혀 예상하지 못한 방향으로 급선회합니다. 독자는 기대와 실망, 확신과 의심 사이를 오가며 한 장 한 장을 넘깁니다. "맞았어, 그러면 그렇지!" 하고 무릎을 치다가도, 갑작스러운 반전에 "이건 아닌데!" 하고 탄식합니다. 그러다 마침내 얽히고설킨 실타래가 풀리며 진실의 전모가 드러납니다. 그 장면은 대개 한순간에 일어납니다.

문학에서는 이런 장면을 '인식 장면'이라고 부릅니다. 독자의 눈이 열리는 순간 "아, 바로 그거였구나!" 하고 깨닫는 순간입니다. 마치 마우스를 클릭하자 새 창이 열리듯, 전혀 다른 시야가 펼쳐집니다. 이야기는 그때 절정에 이릅니다.

성경에도 이런 장면이 수없이 등장합니다. 부활절 이른 아침의 막

달라 마리아를 생각해보십시오. 그녀는 슬픔에 잠겨 빈 무덤 밖에 서 있었습니다. 사랑하던 주님의 시신이 사라졌기 때문입니다. "왜 우느냐?"는 질문에 그녀는 "누가 우리 주님을 가져갔습니다. 어디에 두었는지 모르겠습니다"라고 말합니다. 그리고 뒤돌아섰을 때 부활하신 예수께서 그녀 앞에 서 계셨습니다. 그러나 그녀는 그분을 알아보지 못하고 동산지기로 생각했습니다. 그분이 "마리아야" 하고 이름을 부르시기 전까지는 말입니다. 그 한마디에 그녀의 눈이 열렸고, 그제야 그분이 예수이신 줄 알았습니다(요 20:11-18). 그것이 바로 그녀의 인식 장면이었습니다.

야곱의 이야기도 그렇습니다. 오랜 타향살이를 마치고 고향으로 돌아오던 길, 얍복강 나루에서 그는 가족을 먼저 보내고 홀로 남았습니다. 깊은 밤, 두려움 속에 어떤 이가 나타나 그와 씨름합니다. 밤이 새도록 이어진 사투였습니다. 야곱은 그가 누구인지 알지 못했습니다. 동이 트려 할 때 그 사람이 떠나려 하자 야곱은 붙들고 묻습니다. "당신의 이름이 무엇이오?" 그 사람은 대답 대신 축복으로 응답합니다. 바로 그 순간, 야곱은 깨닫습니다. 그분이 하나님 자신이었음을 말입니다. 그리고 고백합니다. "내가 하나님을 대면하여 보았으나 내 생명이 보존되었다"(창 32:22-32). 그 역시 인식의 순간이었습니다.

성경은 이렇게 평범한 장면 속에서 갑자기 하늘의 커튼을 걷어 올립니다. 우리가 보지 못하던 실재가 드러나는 순간 이야기는 전혀 다른 깊이를 갖게 됩니다.

낙심한 자들에게 찾아오신 부활의 주님

우리가 읽은 본문 역시 하나의 '인식 장면'을 보여줍니다. 예수께서는 예루살렘 밖, 해골의 언덕이라 불리는 골고다에서 십자가에 달려 죽으셨

하나님은 다른 길로 오신다

습니다. 그를 따르던 이들은 흩어졌습니다. 그중 두 사람이 예루살렘에서 약 11킬로미터 떨어진 엠마오로 내려가고 있었습니다.

그들은 최근 며칠 동안 예루살렘에서 일어난 사건을 잘 알고 있었습니다. 길에서 만난 행인에게 이렇게 말합니다. "나사렛 예수에 관한 일입니다. 그는 하나님과 모든 백성 앞에서, 행동과 말씀에 힘이 있는 예언자였습니다. 그런데 우리의 대제사장들과 지도자들이 그를 넘겨주어서, 사형선고를 받게 하고, 십자가에 못박아 죽였습니다. 우리는 그분이야말로 이스라엘을 구원하실 분이라는 것을 알고서 그분에게 소망을 걸고 있었던 것입니다"(눅 24:19-21, 새번역).

그들의 말에는 깊은 실망이 배어 있습니다. '이스라엘의 구원'이라는 희망이 산산이 부서졌기 때문입니다. 물론 그들은 하나님 나라에 대해 오해하고 있었지만 어쨌든 몇 년간 예수를 따르며 새로운 세상을 꿈꾸었습니다. 그러나 종교 지도자들의 시기와 모함, 로마 권력의 무책임 속에서 예수가 처형되자 그들의 꿈도 함께 무너졌습니다. 처진 어깨로 엠마오를 향해 내려가는 발걸음은 무거웠습니다.

그때 한 행인이 그들과 동행하게 됩니다. 우리는 누가복음의 독자로서 그가 예수라는 것을 알고 있습니다. 그러나 당시 그들은 알지 못했습니다. 우연한 만남처럼 보이지만 사실은 그들을 찾아오신 것이었습니다. 그럼에도 그들은 알아보지 못합니다. 누가는 이렇게 기록합니다. "그들의 눈이 가리어져서 그인 줄 알아보지 못하거늘"(16).

여기서 말하는 '눈'은 단순한 육안이 아닙니다. 실체를 분별하지 못하는 영적, 정신적 눈을 가리킵니다. 어둠 속에 있는 사람은 빛을 알아보지 못합니다. 빛이 그들을 비추기 전까지는 말입니다.

그렇다면 그들은 언제 예수를 알아보게 되었습니까? 예수께서 그들과 함께 식탁에 앉으시고, 빵을 들고, 축복하시고, 떼어 나누시고, 그들에게 주실 때입니다. 이 일련의 행동 속에서 그 익숙한 패턴 속에서 그들의 눈이 열립니다. '들고, 축복하고, 떼고, 주는' 행위는 단순한 식사 동작이 아니었습니다. 그 안에서 그들은 성육신하신 하나님의 임재 divine presence를 인식하게 됩니다.

생각해보십시오. 예수는 누구에게 찾아오셨습니까? 승리감에 도취된 사람들에게가 아닙니다. 예수의 죽음과 그로 인한 부재를 경험하고, 의기소침하여 낙담한 이들에게 찾아오셨습니다. 그리고 그들은 그 익숙한 동작을 통해, 곧 주의 만찬의 핵심적 패턴을 통해 예수를 알아봅니다. 들고, 감사하고, 떼고, 나누는 그 자리에서 그리스도는 인식되고 경험됩니다. 이러한 4중적 패턴은 모두 '주의 만찬'의 핵심 요소들이 아닙니까? 장소가 어디이든, 상황이 어떠하든 그 패턴이 반복되는 자리에서 그분의 임재는 드러납니다.

인식은 멀리서 오는 것이 아닙니다. 절망의 길 위에서, 식탁의 평범한 동작 속에서, 눈이 열리는 한순간에 찾아옵니다.

말씀과 식탁에서 열리는 눈

첫 부활절 저녁에 일어난 이 사건은 이후 기독교 역사 전체에 결정적인 흔적을 남겼습니다. 본문에 나타난 네 겹의 식사 패턴(들고, 감사하고, 떼고, 나누는 행위)은 고대 유대인의 식사 전통에서 비롯된 것입니다. 유대인의 식사는 두 방향을 갖고 있었습니다. 하나는 위로, 하나님께 찬양과 감사를 드리는 수직적 행위입니다. 다른 하나는 옆으로, 떡을 나누는 수평적 행위입니다.

이 두 가지는 사실상 그리스도인의 삶을 구성하는 핵심 요소입니다. "찬양하고, 떡을 나누라." 예수께서 친히 시작하시고 규정하신 삶의

하나님은 다른 길로 오신다

방식입니다. 이것은 일회적 사건이 아니라 공동체가 지속적으로 살아내야 할 패턴입니다. 찬양과 나눔, 감사와 섬김. 부활하신 주님이 교회에 남기신 유산입니다. 그리고 바로 이 패턴 속에서, 하나님께 감사하고 서로 나눌 때 예수 그리스도는 우리 가운데 다시 인식됩니다. 그분의 임재가 경험됩니다.

그렇습니다. 감사하고 나누는 자리, 그 자리가 주님이 임하시는 자리입니다. 그것이 그리스도인의 전형적 모습이어야 하고, 하나님 백성의 삶의 특징이어야 합니다.

그렇다면 주님은 언제 무대에 등장하십니까? 우리가 충분히 준비되었을 때입니까? 마음을 단단히 정비했을 때입니까? 교회가 완벽하게 갖추어졌을 때입니까?

그렇지 않습니다. 바울은 고린도전서 11장 23절에서 이렇게 말합니다. "주 예수께서 잡히시던 밤에." 바로 그 밤이었습니다. 반역과 배신이 뒤엉킨 자리, 어둠과 절망이 가득한 자리에서 주님은 떡을 들고 감사하며 자신의 몸을 나누셨습니다.

주님은 낙심과 실패의 자리에 오십니다. 배반과 부정 속에 오십니다. 슬픔이 가득하고 모든 것이 끝난 것처럼 보이는 순간에 오십니다. 첫 부활절 저녁도 그랬습니다. 사람들은 절망했고, 예수는 죽었고, 모든 것이 시들어버린 듯했습니다. 그때 주님은 나타나셨고, 떡을 떼심으로 자신을 인식하게 하셨습니다.

이것이 공동체에 주어진 좋은 소식입니다. 우리는 장례식의 잔치에 모이는 것이 아닙니다. 최후의 만찬을 반복하기 위해 모이는 것도 아닙니다. 우리는 주님의 식탁에, 부활하신 주님의 식탁에 모입니다.

성만찬은 단순한 의식이 아닙니다. 마술도 아니고, 빈 상징도 아닙니다. 예식을 위한 예식도 아닙니다. 그것은 하나님께서 우리 가운데 함

5부. 십자가와 부활, 그리고 새로운 세계

께하시기로 정하신 방식입니다.

우리가 선하기 때문에 주님이 오시는 것이 아닙니다. 우리가 정직하고 온전해서 임재하시는 것도 아닙니다. 하나님이 은혜로우시기 때문에 오십니다. 우리가 상처 입고, 흔들리고, 의심하는 그 자리에도 주님은 오십니다. 우리가 완전해서가 아니라 우리가 부족하기 때문에 오십니다. 이것이 복음이며 부활의 저녁에 주님이 가져오신 소식입니다.

그렇다면 우리는 어디에서 예수를 인식합니까? 하나님의 말씀 안에서입니다. 그리고 그분이 베푸신 식탁, 곧 주의 만찬 안에서입니다. 감사하고 나누는 그 자리에서 우리의 눈은 열립니다.

하나님은 다른 길로 오신다

50

부활은 다른 세계의 침공이다

누가복음 24:13-34

"그들이 서로 말하되 길에서 우리에게 말씀하시고 우리에게 성경을 풀어주실 때에
우리 속에서 마음이 뜨겁지 아니하더냐 하고
곧 그때로 일어나 예루살렘에 돌아가보니
열한 제자 및 그들과 함께한 자들이 모여 있어 말하기를
주께서 과연 살아나시고 시몬에게 보이셨다 하는지라"(32-34).

이 세상에 나 홀로 남겨졌다고 느끼는 순간, 인간은 견디기 힘든 충격과 불안에 휩싸입니다. 아이들이 장난으로 도둑놀이를 할 때를 떠올려보십시오. 술래가 된 한 아이가 갑자기 비명을 지릅니다. "저 어두운 복도에서 들리는 발소리가 혹시 진짜 도둑이라면?" "정말로 도둑이 들어온 거라면?"

순간 놀이가 현실이 되는 상상 속에서 아이는 공포에 사로잡힙니다. 마찬가지입니다. 하늘 아래 혼자 남겨졌다고 느껴지는 순간, 삶은 감당하기 어려운 무게로 다가옵니다.

부활절 아침이 그러했습니다. 막달라 마리아는 예수가 묻힌 무덤 밖에서 울고 있었습니다. 그녀는 죽음을 확인하러 왔습니다. 사랑했던 이의 차가운 시신을 보기 위해 무덤을 찾았습니다.

그러나 그녀를 맞이한 것은 죽음이 아니라 생명이었습니다.

그녀의 이름을 부른 것은 사망이 아니라 생명이었습니다. 마리아는 그 충격적인 만남에 준비되어 있지 않았습니다.

같은 날, 시골길 위에서 두 사람이 이름 모를 나그네와 동행합니다. 그들의 얼굴에는 낙심이 가득했습니다. 고개를 떨구고 풀이 죽은 모습이었습니다. 이미 패배를 받아들인 사람의 태도입니다. 희망이 사라졌을 때 인간은 먼저 시선을 잃습니다.

엠마오로 내려가던 두 제자는 깊은 절망에 빠져 있었습니다. 그들의 희망은 이미 십자가에 달린 지 며칠이 지났습니다. 그들은 예수가 하나님께로부터 오신 메시아라 믿었습니다. 그러나 그분은 이제 죽고 안 계셨습니다. 지친 발걸음으로 고향을 향해 걸으며, 그들은 예루살렘에서 일어난 일들을 반복해 이야기하고 있었습니다. 그때 예수가 그들 곁에 다가와 함께 걷기 시작했습니다.

그러나 그들은 그가 누구인지 알지 못했습니다. 왜 그들은 그분을 알아보지 못했을까요? 왜 마리아는 부활하신 예수를 정원지기로 오해했을까요? 왜 엠마오의 제자들은 오랜 시간 말씀을 나누면서도 그를 단순한 나그네로 여겼을까요? 이 질문들은 단순한 성경 해석의 문제가 아닙니다. 우리의 질문이기도 합니다. 왜 우리는 부활하신 주님을 자주 알아보지 못하는가? 왜 우리는 그분이 가까이 계셔도 눈이 어두워 인식하지 못하는가? 우리의 시력은 생각보다 좋지 않습니다.

한 학생이 교수에게 물었습니다.

"교수님, 죽은 자의 부활에 대해 설명해주십시오."

교수는 잠시 침묵하다가 말했습니다.

"나는 자네 같은 사람과는 그 문제를 논하지 않겠네."

"왜 그렇습니까?" 학생이 당황해 묻자, 교수는 이렇게 답했습니다.

"자네는 아직 인생의 한가운데 서 있지 않은가? 실패를 뼛속까지 경

하나님은 다른 길로 오신다

험해본 적도, 가슴이 찢어지는 상실을 겪어본 적도, 철저한 무력감과 패배를 맛본 적도 없지 않은가? 막다른 골목에 서 본 적도, 죽음의 그림자와 맞닥뜨린 적도 없는 자네가 어둠을 어떻게 이해하겠는가? 그리스도의 부활을 전제로 하지 않고서는 결코 해석할 수 없는 그 어둠을 자네가 어떻게 알 수 있겠는가?"

그 말은 비수처럼 학생의 마음에 꽂혔습니다. 어둠을 모르면 빛도 이해할 수 없습니다. 십자가를 모르면 부활도 인식할 수 없습니다.

어둠을 지나야 보이는 부활

그렇습니다. 그 교수의 말은 옳았습니다. 성금요일을 통과하지 않은 사람과는 부활을 깊이 논할 수 없습니다. 공허와 절망을 경험하지 않은 사람에게는 결코 부활의 빛이 도달하지 않습니다. 부활은 어둠을 통과한 자에게만 의미를 갖습니다.

이제 다시 누가복음 24장 17절로 돌아가봅니다. 예수께서 엠마오의 두 제자에게 물으셨습니다. "너희가 길 가면서 서로 주고받는 이야기가 무엇이냐?" 두 사람은 걸음을 멈추었습니다. 얼굴은 수심에 잠겼고, 고개는 깊이 숙여져 있었습니다. 역설적이게도 희망이 완전히 무너진 그들이야말로 부활의 복음을 받아들일 수 있는 자리 위에 서 있었습니다. 그러나 그들은 예수님을 알아보지 못했습니다.

그들이 실망했기 때문일까요? 단순히 낙심했기 때문일까요? 아닙니다. 그들의 실망보다 더 깊은 무엇이 그들의 눈을 가리고 있었습니다. 무엇이 그들로 하여금 주님의 현존을 보지 못하게 했을까요?

그 답은 예수께서 '새로운 창조'의 차원으로 들어가셨다는 사실과 연결됩니다. 부활하신 예수는 단순히 이전의 상태로 되돌아온 존재가

5부. 십자가와 부활, 그리고 새로운 세계

아니었습니다. 그분은 새로운 세계, 새로운 창조의 질서 안에 서 계셨습니다. 그러나 제자들은 그 세계를 인식할 수 있는 눈을 아직 갖추지 못했습니다. 그들은 새로운 창조에 초점을 맞추는 법을 몰랐습니다. 그들은 자신들이 익숙한 세계 안에, 전혀 다른 차원의 현실이 침투해 들어왔다는 사실을 이해하지 못했습니다.

우리가 사는 세계는 익숙하고 설명 가능한 세계입니다. 그런데 그 세계 안으로 전혀 다른 차원의 실재가 들어온다면 어떻겠습니까? 만일 삼차원 세계에 사는 사람이 전혀 다른 차원의 현실로 옮겨졌다고 가정해보십시오. 그가 닫힌 문을 통과해 들어간다 해도 기존의 범주로는 그것을 설명할 수 없을 것입니다.

예수의 부활은 그런 사건이었습니다. 우리가 알고 있던 질서의 연장이 아니라 전혀 새로운 창조의 시작이었습니다. 그분은 우리가 이해하던 세계의 경계를 넘어 서 계셨습니다. 그렇기에 그분은 다시 우리의 세계 안으로 들어오실 수 있었습니다.

혹시 오해가 있을까 덧붙입니다. 나는 부활 세계를 물리적 의미의 '사차원'이라 말하는 것이 아닙니다. 그저 우리의 인식 체계로는 설명할 수 없는 하나님의 새로운 세계가 열렸다는 것을 말할 수 있을 뿐입니다. 하나님의 새 창조가 도래하면 우리는 마치 눈먼 사람과 같습니다. 우리의 관습적 사고와 익숙한 세계관으로는 그 현실을 볼 수 없습니다.

그러나 예수는 언제나 눈을 열어주시는 분입니다. 길가에 앉아 있던 맹인이 외쳤습니다.

"다윗의 자손 예수여, 나를 불쌍히 여기소서!"

"내가 네게 무엇을 하여주기를 원하느냐?"

"보기를 원합니다."

예수께서 말씀하셨습니다. "가라. 네 믿음이 너를 구원하였다."

하나님은 다른 길로 오신다

보기를 원하는 자에게, 주님은 시력을 주십니다. 부활은 새로운 세계의 개방이며, 믿음은 그 세계를 보는 눈입니다.

익숙한 세계를 넘어 보게 하시는 주님

이 이야기는 곧 우리 자신에 대한 비유입니다. 우리는 우리가 사는 세계의 틀에 갇혀 눈이 먼 사람들입니다. 익숙한 범주와 경험의 한계 안에서만 생각하는 우리로서는 하나님이 여시는 새로운 세계를 스스로 볼 수 없습니다.

그러나 그 새로운 세계로부터 예수의 부르심이 들려왔습니다. 우리는 여전히 눈먼 상태였지만 그 음성을 따라 그분 앞에 나아왔습니다. 그분은 지금도 우리를 만지십니다. 우리의 눈을 열어 그분의 현존을 보게 하십니다. 우리가 사는 세계 너머에 펼쳐진 부활의 세계를 어렴풋하게나마 느끼도록 허락하십니다.

복음서에 나오는 제자들의 모습이 바로 그렇습니다. 엠마오로 가던 두 제자는 고개를 숙인 채 수심에 잠겨 있었고, 그들의 시야에는 부활이 들어와 있지 않았습니다. 그래서 예수께서 곁에 오셔서 함께 걸으셨는데도 그분을 알아보지 못했습니다. 막달라 마리아도 마찬가지였습니다. 그녀는 부활하신 예수 앞에 서 있으면서도 그분을 동산지기로 여겼습니다. 일곱 제자 역시 해변에서 자신들을 부르는 분이 예수라는 사실을 알아차리지 못한 채 그물을 던지고 있었습니다.

왜 이런 일이 일어났을까요? 그들이 특별히 어리석어서였을까요? 분별력이 모자라서였을까요?

아닙니다. 그 이유는 더 깊은 데 있습니다. 그들은 성경을 충분히 알지 못했기 때문입니다. 더 정확히 말하면 성경이 그들의 일상적 세계를

5부. 십자가와 부활, 그리고 새로운 세계

넘어 새로운 세계를 가리키는 책이라는 사실을 깨닫지 못했기 때문입니다. 성경이 보여주는 부활의 세계가 지금 그들의 현실 속으로 침투하고 있다는 사실을 이해하지 못했기 때문입니다.

그래서 예수님은 그들에게 성경을 열어 보이셨습니다. 말씀을 통해 자신을 드러내셨습니다. 성경의 문장들 너머에서, 그분 자신이 그들을 향해 걸어오셨습니다. 모세와 모든 선지자로부터 시작하여 창세기에서 말라기에 이르기까지, 예수는 성경 전체가 자신을 가리키고 있음을 풀어 설명하셨습니다. 말씀 속에 숨겨져 있던 그리스도의 그림자를 드러내 보이셨고 그들의 닫힌 눈을 서서히 열어가셨습니다.

떡과 잔 위에 머무는 부활의 빛

바로 여기서 인식이 시작됩니다. 부활하신 예수를 알아보기 위해서는 그분이 시작하신 자리에서 다시 출발해야 합니다. 모세와 선지자들, 곧 하나님의 역사 속에서 시작해야 한다는 뜻입니다.

예수의 말씀의 요지는 분명합니다. "너희가 나의 현존을 이해하려면, 먼저 나의 과거를 이해해야 한다. 내가 지금 무엇을 하고 있는지 알기 원한다면 내가 아브라함과 모세와 다윗의 시대에 무엇을 행했는지를 알아야 한다." 부활은 공중에 떠 있는 사건이 아닙니다. 그것은 구원의 역사 위에 세워진 완성입니다.

부활하신 예수는 막연한 환상이나 신비 체험 속에서 다가오지 않으십니다. 그분은 구약의 이야기와 약속을 통해, 하나님의 오랜 신실하심을 통해 우리에게 다가오십니다. 그러나 구약 자체만으로도 충분하지는 않습니다. 구약은 예수의 죽음과 부활로 연결되어야 합니다. 구약은 주의 만찬이라는 초점 안에서 해석되어야 합니다. 떡을 떼시는 주님의 행

하나님은 다른 길로 오신다

위 아래에서 약속은 성취로, 그림자는 실체로 드러납니다.

그래서 예수는 두 제자와 식탁에 앉으셨습니다. 떡을 들어 감사 기도를 드리시고 그것을 떼어 그들에게 주셨습니다. 그 순간 그들의 눈이 열렸습니다. 말씀으로 준비된 눈이, 떡을 떼는 행위 속에서 마침내 밝아진 것입니다. 그리고 그들이 예수를 알아본 그 순간, 예수님은 그들 앞에서 사라지셨습니다.

예수를 인식하는 순간, 제자들의 자리는 더 이상 식탁 곁이 아니었습니다. 그들은 그 자리에 머물러 감격을 곱씹지 않았습니다. 포도주 잔을 들고 황홀한 종교적 체험을 추억하지도 않았습니다. 부활은 회상할 사건이 아니라 전해야 할 현실이기 때문입니다.

예수께서 사라지셨을 때 교회의 방향은 안쪽이 아니라 바깥을 향했습니다. 말씀과 성찬이 끝나면 그리스도인의 행동 무대는 세상으로 옮겨집니다. 부활의 소식은 교회 안에 가둘 수 없습니다.

부활하신 주님을 본 사람은 증인이 됩니다. 죽음을 이기신 예수를 인식한 사람은 침묵할 수 없습니다. 그들은 나아가 말합니다. "예수는 살아 계십니다. 그분은 지금도 역사하십니다. 우리는 그분 안에서 새 생명을 얻었습니다." 그리고 담대히 외칩니다.

죽음아, 네가 쏘는 것이 어디 있느냐?

예수는 살아 계시며 지금도 우리를 붙드십니다.

그분은 무덤을 생명의 문으로 바꾸셨고,

흙에서 우리를 다시 일으키실 것입니다.

예수 그리스도만이 우리의 소망이며, 우리의 영원한 신뢰이십니다.

51

상실의 자리에서 시작되는 부활

누가복음 24:13-35

"미련하고 선지자들이 말한 모든 것을 마음에 더디 믿는 자들이여
그리스도가 이런 고난을 받고 자기의 영광에 들어가야 할 것이 아니냐 하시고
이에 모세와 모든 선지자의 글로 시작하여 모든 성경에 쓴 바
자기에 관한 것을 자세히 설명하시니라"(25-27).

몇 주 동안 나는 가슴을 졸이며 한 가정을 지켜보았습니다. 한 기독교출판사를 운영하는 장로님의 가정입니다. 그에게는 세 자녀가 있고, 큰딸의 이름은 선영입니다. 독문학을 전공하는 22살의 대학생입니다.

얼마 전, 이 가정에 감당하기 어려운 시련이 닥쳤습니다. 큰딸이 '재생 불량성 빈혈'이라는 희귀 질환 진단을 받은 것입니다. 우여곡절 끝에 3월 29일 골수이식 수술을 받았습니다. 수술 후 한때는 회복의 기미도 보였습니다. 그러나 4월 20일, 갑작스럽게 의식불명 상태가 되어 중환자실로 옮겨졌습니다.

그 고통의 시간을 지나며 아버지 김승태 장로님은 병상에 누운 딸의 소식을 페이스북을 통해 전했습니다. 짧은 글과 함께 기도를 부탁했습니다. 나는 그 글들을 숨죽이며 읽었습니다. "어떻게 되어 가고 있을까." "선영이의 상태는 나아지고 있을까." 영국에 있을 때도 그 소식이

궁금했습니다. 병상 일기처럼 올라오는 글마다 가슴이 내려앉았습니다. 다음은 그 장로님이 이를 악물고, 그러나 품위와 쓰라린 유머를 잃지 않은 채 써 내려간 글의 일부입니다.

[1] 선영이를 간호하는 동안 따뜻한 손길들이 우리를 붙들어주고 있습니다. 장기전에 필요할 것이라며 마른 반찬을 싸다 주신 집사님, 반찬가게를 하시면서 반찬과 과일을 챙겨주신 권사님, 혈소판이 부족하다는 소식에 전국 각지에서 헌혈하겠다고 나선 300명이 넘는 분들, 선영이를 위해 헌혈에 동참해주신 한신대 교수님들과 학생들, 처음부터 눈물로 기도해주신 교회 성도님들, 여러 경로로 소식을 듣고 중보에 참여해주신 많은 분들…. 아내가 병실을 지키느라 내가 와이셔츠를 제대로 입지 못하고 다니는 것을 보셨는지, 어떤 장로님은 와이셔츠와 넥타이까지 사주셨습니다. 과중한 입원비를 염려해 도움을 주신 분들, 형님은 보호자실에 있는 분들을 위해 누룽지 백숙을 싸오셨습니다. 넘치는 사랑이 슬픔을 견딜 힘을 줍니다. 선영아, 이렇게 사랑의 빚을 졌다. 얼른 일어나 갚아야지. (4월 27일)

[2] 선영아, 미국에서는 네 또래보다 더 어린아이가 수술 중 천국을 다녀왔다는 이야기를 담은 책이 인기를 끌고 있다는데, 너도 예수님과 인터뷰하고 아빠 돈 벌어주려고 아직 안 깨어나는 거냐? 돈은 안 벌어도 좋다. 예수님 품에서 더 변화되고, 그리고 천천히라도 깨어나라. (4월 28일)

[3] 선영아, 네가 다니던 고등학교 타임캡슐에 미래의 네가 읽을 편지를 넣어두었다고 하지 않았니. 그거 꼭 네가 직접 열어야 한다. 내가 대신 열어줄 생각은 없다. 알겠지? (4월 29일)

[4] 봄꽃이 피기 전에 네가 입원했는데, 벌써 꽃이 진다. 시간은 왜 그

5부. 십자가와 부활, 그리고 새로운 세계

리 도둑처럼 달아나는지, 너는 왜 그렇게 더디게 깨어나는지. 네 빈자리가 너무 커서 아빠가 심심해 죽겠다. 엄마도 네 곁을 지키느라 집에 들어오지 못한다. 더 지체하면 출판사 문 닫겠다. 아빠 일 좀 하게 해라. 기상! (4월 29일)

그리고 마침내, 다음 날 오전에 이 글을 읽었습니다.

[5] 사랑하는 딸 선영이를 가슴에 묻습니다. 여러분의 사랑과 기도 가운데 선영이가 오늘 아침 9시 49분, 하나님의 품에 안겼습니다. 그동안 함께해주신 모든 분께 감사드립니다. 장례식장은 일산백병원 특5호실입니다. 발인은 5월 2일 오전입니다.

지난 주는 김 장로님과 가족 그리고 그를 아는 모든 이들에게 견디기 힘든 시간이었습니다.

낯선 얼굴로 다가오시는 부활

우리는 분명히 이렇게 외쳤습니다. "그리스도는 부활하셨습니다!" "그는 참으로 다시 살아나셨습니다!" "모든 것이 달라졌습니다!"

그렇다면 묻지 않을 수 없습니다. 부활주일을 지나며 우리가 마주한 이와 같은 슬픔은 어떻게 이해해야 합니까? 부활이 모든 것을 바꾸었다고 고백하면서도, 왜 우리는 여전히 상실과 비애와 절망을 경험합니까? 부활 신앙과 현실의 고통은 어떻게 함께 이해되어야 합니까?

성경은 이 질문을 외면하지 않습니다. 오히려 기꺼이 대답합니다. 엠마오로 가는 길에서 일어난 이야기는 그 대답 가운데 가장 깊고도 아

하나님은 다른 길로 오신다

름다운 장면입니다.

누가는 부활 사건을 전한 직후, 장면을 전환합니다. 무덤에서 엠마오로 이어지는 길로 시선을 옮깁니다. 글로바와 또 한 제자가 그 길을 걷고 있었습니다. 우리는 엠마오가 정확히 어디인지 모릅니다. 그들이 왜 그리로 가고 있었는지도 분명하지 않습니다. 예루살렘에서 일어난 충격적인 일을 뒤로한 채 고향으로 돌아가는 길이었을지도 모릅니다. 아니면 모든 것을 피해 잠시 벗어나고 싶었던 것인지도 모릅니다.

한 가지는 분명합니다. 예루살렘에서 엠마오까지의 거리는 약 11킬로미터였습니다. 그리 멀지 않은 거리입니다. 걸어서 몇 시간 안에 닿을 수 있는 거리입니다. 엠마오는 그런 곳입니다. 깊은 상처와 실망에서 잠시 벗어나고자 할 때 우리가 향하는 자리입니다. 그러므로 엠마오는 단지 지리적 장소가 아니라 마음의 방향입니다. 고향일 수도 있고, 일터일 수도 있고, 새 직장이나 교회일 수도 있습니다. 지금의 실망을 피해 한 발 물러설 수 있는, 비교적 가까운 곳입니다. 완전한 포기는 아니지만 잠시 숨을 고르려는 자리입니다.

우리 모두는 어느 시점엔가 엠마오로 향하는 길을 걷습니다. 그리고 어쩌면 지금도 누군가는 그 길 위에 서 있을지 모릅니다. 본문에는 글로바와 이름이 밝혀지지 않은 동행자가 등장합니다. 이름 없는 그 사람은 곧 우리일 수 있습니다. 두 사람은 슬픔에 잠긴 채 길을 걸었습니다. 그때 세 번째 인물이 그들 곁에 다가와 함께 걷기 시작합니다. 우리는 그가 예수라는 사실을 알지만 당시 그들은 몰랐습니다. 부활하신 주님을 바로 곁에 두고도 알아보지 못했습니다.

부활 이후 예수께서 사람들에게 나타나신 장면에는 공통점이 있습니다. 사람들은 처음에 그분을 알아보지 못했다는 사실입니다. 이것은 매우 중요하고도 독특한 특징입니다. 오늘날도 마찬가지입니다. 사람들

5부. 십자가와 부활, 그리고 새로운 세계

은 부활의 희망을 낯선 것처럼 대합니다. 이방인처럼 여깁니다. 낯선 것
은 쉽게 환영받지 못합니다. 낯설기 때문입니다.

여러분의 삶에 낯선 자는 무엇입니까? 그 이름이 '실패'일 수도 있
습니다. 실패는 갑자기 찾아와 속삭입니다. "인생은 네가 생각하던 방식
으로 흘러가지 않는다." 우리는 실패를 반기지 않습니다. '질병'일 수도
있습니다. 사랑하는 사람의 죽음이 될 수도 있습니다. 우리는 그런 일은
내게 일어나지 않으리라 생각합니다. 그러나 어느 날 예고 없이 슬픔이
찾아와 가슴을 갈라놓습니다. 슬픔은 그렇게 낯설고도 무자비하게 찾아
옵니다.

낯선 자는 다양한 얼굴로 등장합니다. 그러나 만일 그 낯선 자가 부
활하신 예수라면 어떻겠습니까? 그분은 우리가 기대한 방식으로 나타
나지 않으실지도 모릅니다. 우리가 준비한 모습으로 오지 않으실지도
모릅니다. 엠마오 길 위에서처럼 우리 삶의 실망과 슬픔 한가운데에서
낯선 모습으로 조용히 다가오실지도 모릅니다.

계산이 무너진 자리에서 오는 부활

그들이 처진 어깨로 길을 걷고 있을 때 예수께서 물으셨습니다. "너희가
서로 주고받는 이야기가 무엇이냐?" 그들은 걸음을 멈추었고, 얼굴에는
깊은 슬픔이 드러났습니다. 글로바가 되묻습니다. "예루살렘에서 일어
난 일을 모르는 사람은 당신뿐인 것 같군요. 나사렛 예수가 죽었단 말이
오! 그것도 모른단 말이오?"

예루살렘은 큰 도시였습니다. 예수의 처형 소식을 모르는 사람도
있었을 것입니다. 그러나 슬픔은 사람을 이성적으로 만들기보다 때로는
격앙되게 만듭니다. 내가 사랑하던 존재를 잃었는데 세상은 아무 일도

하나님은 다른 길로 오신다

없다는 듯 흘러갈 때 분노가 치밀어 오릅니다. 세상은 그대로인데 내 세계만 무너졌다는 감각 때문입니다.

"우리는 그분이 이스라엘을 회복하시리라 소망했습니다." 그 말 속에 모든 것이 담겨 있습니다. 우리는 소망했습니다. 우리는 기대했습니다. 우리는 바랐습니다.

우리는 예수께서 이렇게 해주시리라 생각했습니다. 자녀를 교회에 데려오면 모든 것이 잘 풀릴 것이라 믿었습니다. 기도를 열심히 하면 결혼 생활이 달라질 것이라 기대했습니다. 대학을 졸업하면 좋은 직장을 얻을 것이라 확신했습니다. 예수께서 우리의 계획을 지지해주실 것이라 소망했습니다.

부활 이야기에서 가장 낯설고도 불편한 사실은 이것입니다. 우리가 가장 절박하게 구원을 기대하던 그 시간에, 구세주께서 그 시간을 우리가 원하는 방식으로 구원해주시지 않는다는 점입니다. 부활절은 타이밍을 거슬러 옵니다. "지금이어야 한다"고 우리가 외쳤던 그 순간이 지나가고, 모든 것이 끝난 듯 보인 다음에야 희망이 모습을 드러냅니다. 부활은 우리가 계산한 '적기'에 오지 않습니다. 모든 것이 무너졌다고 판단한 이후에야 비로소 다가옵니다.

글로바와 그의 친구는 자신이 들은 혼란스러운 소식을 예수께 전합니다. 몇몇 여인이 무덤에 갔으나 시신을 찾지 못했고 천사를 보았으며 "그가 살아났다"고 말했다는 것입니다. 그러나 그들은 이렇게 덧붙입니다. "우리 가운데 아무도 그를 보지 못했습니다." 참으로 아이러니한 장면입니다. 지금 그들은 두 눈으로 예수를 바라보고 있으면서도 아무도 그를 보지 못했다고 말하고 있습니다.

낙심하여 엠마오로 향하던 그들에게 낯선 동행자가 말합니다. "오 어리석은 자들아." 이것은 단순한 꾸짖음이 아닙니다. 현실을 해석하는

5부. 십자가와 부활, 그리고 새로운 세계

눈이 잘못 맞추어져 있다는 진단입니다. 그들은 정보를 몰라서가 아니라 이미 주어진 말씀을 올바르게 읽지 못했기 때문입니다.

희망은 새로 만들어야 할 것이 아니라 이미 기록되어 있는 것을 다시 읽는 데서 시작됩니다. 성경은 오래전부터 고난과 영광, 십자가와 부활을 함께 말해왔습니다. 그런데도 사람들은 자신이 기대한 방식으로만 사건을 해석하려 합니다. 이미 배운 것을 잊고, 자기 계산으로 결론을 내려버립니다.

시험은 낯선 데서 나오지 않습니다. 이미 배운 자리에서 나옵니다. 말씀을 통해 준비되었다면 우리는 고난을 겪으면서도 길을 잃지 않을 수 있습니다. 그러나 우리는 종종 말씀보다 기대를 앞세우고, 약속보다 계획을 신뢰합니다. 그 결과 부활하신 주님이 곁에 계셔도 알아보지 못하는 것입니다.

고난과 죽음을 통과한 부활

그때 예수께서는 두 제자에게 중요한 사실을 상기시켜주셨습니다. 예언자들은 메시아가 우리의 꿈을 그대로 회복해줄 것이라고 약속한 적이 없다는 것입니다. 오히려 그들은 메시아가 먼저 고난을 받고 죽으실 것이라 예고했습니다.

이 약속의 의미는 분명합니다. 우리가 그분께 기대하며 붙들고 있던 우리의 꿈 또한 먼저 죽어야 한다는 것입니다. 우리의 계획과 계산, 인간적인 소원과 이상이 무너진 자리에서야 비로소 우리는 죽은 자 가운데서 살아나신 그분을 볼 수 있습니다. 인간적인 꿈이 내려놓아진 후에야 하늘로부터 오는 전혀 다른 꿈이 우리에게 열립니다. 죽음이 먼저이고, 그다음이 생명입니다. 이것이 복음의 질서입니다.

하나님은 다른 길로 오신다

초기 교회에는 이런 이야기가 전해 내려옵니다. 한번은 악마가 그리스도로 가장하여 하늘에 들어가려 했습니다. 마귀들을 천사처럼 차려 입히고 성문 앞에 섰습니다. 성경을 잘 알고 있던 대장 악마가 시편 구절을 외쳤습니다. "문들아 너희 머리를 들지어다 영원한 문들아 들릴지어다 영광의 왕이 들어가시리로다"(시 24:7).

성문을 지키던 자들이 환호하며 되물었습니다. "영광의 왕이 누구냐?"

그때 악마는 양팔을 벌리며 외쳤습니다. "나다!"

그 순간 정체가 드러났습니다. 그의 손바닥에는 못 자국이 없었습니다. 영광의 왕은 상처를 지닌 분이어야 했습니다. 고난의 흔적이 없는 왕은 참된 왕이 아니었습니다.

하늘 성문을 여실 수 있는 유일한 분은 지금도 우리를 위해 받으신 상처를 지니고 계신 분입니다. 부활의 언덕 이쪽에 서 있는 우리는 이 사실을 잊지 말아야 합니다. 우리의 희망은 상실을 피해 가거나 죽음을 건너뛰는 데 있지 않습니다. 우리의 희망은 죽음을 통과하여 올라옵니다. 우리의 희망은 죽은 자 가운데서 일어나는 것입니다. 성금요일 뒤에 부활절이 오듯이, 우리의 희망 또한 우리가 붙들고 있던 희망이 무너진 자리에서 시작됩니다. 이것이 성경의 큰 이야기입니다. 고난을 지나 영광으로, 상실을 지나 새 창조로 나아가는 길입니다. 그 길에는 우회로가 없습니다. 반드시 통과해야 하는 길입니다.

그래서 예수께서는 말씀하셨습니다. "그리스도가 이런 고난을 받고 자기의 영광에 들어가야 할 것이 아니냐"(24:26). 그리고 모세와 모든 선지자의 글로부터 시작하여, 성경 전체에 기록된 자신에 관한 말씀을 풀어 설명하셨습니다.

부활은 우연한 반전이 아니라 오래전부터 약속된 길의 완성입니다.

5부. 십자가와 부활, 그리고 새로운 세계

큰 이야기로 초대하는 부활

성경의 역할은 분명합니다. 성경은 도덕 교훈집이 아니라 우리를 구원의 큰 이야기 속으로 초대하는 책입니다. 이 때문에 우리는 주일마다 예배의 자리로 나옵니다. 이 때문에 우리는 자녀와 청소년들에게 말씀을 가르칩니다. 그리고 성인이 된 후에도 계속해서 성경을 배우고 묵상합니다.

하나님의 말씀이 선포될 때 우리의 작고 사적인 이야기들은 하나님의 거대한 구원 이야기 속으로 엮입니다. 그 이야기는 우리보다 먼저 시작되었고 우리가 떠난 뒤에도 계속될 이야기입니다. 성 어거스틴의 말처럼 "가치 있는 것 가운데 한 세대 안에 완성되는 것은 없습니다. 우리의 삶의 의미는 우리가 이룬 성취 안에서 발견되지 않습니다. 예수 그리스도의 영원한 사역에 참여할 때 비로소 발견됩니다".

오늘날 많은 사람의 가장 큰 비극은 '위대한 내러티브' 없이 살아간다는 데 있습니다. 그들은 자신의 경험을 기준으로 삶을 규정합니다. 그러나 그렇게 되면 인생은 결국 실망의 총합으로 정의되고 맙니다. 경험이 곧 해석의 기준이 되면, 고난은 곧 실패가 됩니다.

그러나 여러분의 삶은 "있으라" 말씀하신 하나님에 의해 규정되어야 합니다. 홍해 앞에서 절망하던 모세와 이스라엘 백성의 이야기에 자신을 겹쳐 보아야 합니다. 바다가 갈라지기 전의 공포와, 길이 열리던 순간의 경이 속으로 들어가야 합니다. 그 이야기 속에 자신의 자리를 두어야 합니다.

엠마오 길에서 낯선 동행자를 만난 글로바처럼 여러분도 인생길에서 함께 걷는 그 낯선 분을 진지하게 받아들여야 합니다. 그리고 바울과 함께 고백하는 법을 배워야 합니다. "우리는 그리스도와 함께 죽었고 그와 함께 살 것입니다."

결국 우리의 삶은 성경의 드라마에 의해 형성되어야 합니다. 그럴 때 우리는 실망과 소유 사이를 오가는 삶에서 벗어나게 됩니다. 더 많이 가지려는 욕망과 작은 좌절 사이를 반복하는 인생을 살지 않게 됩니다. 작은 죽음으로 끝나는 작은 삶을 넘어서게 됩니다.

그 대신 우리는 죽음을 통과하는 희망을 품게 됩니다. 세상 속에서 그리스도의 사명에 붙들린 사람이 됩니다. 그러기 위해서는 성경을 알아야 합니다. 앞으로도 많은 주와 달과 해가 우리 앞에 놓여 있을 것입니다. 그런데도 희망이 어디에서 오는지 모른다면 그것이야말로 가장 큰 어리석음입니다. 그러므로 말씀으로 돌아가십시오. 여러분의 이야기를 그리스도의 이야기 안에 다시 위치시키십시오. 그때에야 비로소 엠마오의 길은 예루살렘으로 향하는 길로 바뀌고, 실망의 발걸음은 증언의 발걸음으로 바뀔 것입니다.

52

빵이 떼어질 때 눈이 열렸다

누가복음 24:28-35

"그들과 함께 음식 잡수실 때에 떡을 가지사 축사하시고 떼어 그들에게 주시니
그들의 눈이 밝아져 그인 줄 알아보더니 예수는 그들에게 보이지 아니하시는지라
그들이 서로 말하되 길에서 우리에게 말씀하시고 우리에게 성경을 풀어주실 때에
우리 속에서 마음이 뜨겁지 아니하더냐 하고 곧 그때로 일어나
예루살렘에 돌아가 보니 열한 제자 및 그들과 함께한 자들이 모여 있어 말하기를
주께서 과연 살아나시고 시몬에게 보이셨다 하는지라
두 사람도 길에서 된 일과 예수께서 떡을 떼심으로
자기들에게 알려지신 것을 말하더라"(30-35).

엠마오로 가는 길은 집으로 돌아가는 길입니다. 하나님의 부르심에 낙심하여 모든 것을 내려놓고 익숙한 자리로 물러나는 길입니다. 일터로 돌아가는 길이기도 합니다. 예수께서 죽으셨다는 소식에 제자들이 다시 고기를 잡으러 바다로 나갔던 것처럼 신앙의 기대를 접고 본업으로 돌아가는 길입니다. 또한 일상으로 복귀하는 길입니다. 실망과 좌절을 이를 악물고 삼킨 채 아무 일 없다는 듯 다시 반복되는 하루로 들어가는 길입니다.

그런데 그 길에 한 낯선 사람이 끼어들어 동행합니다. 바로 부활하신 예수입니다. 그러나 낙심하여 고개를 떨군 채 걷는 사람은 그를 알아보지 못합니다. 상실과 실망에 사로잡혀 있기 때문입니다. 실망에 집착하다 보면 시야가 좁아집니다. 당장 눈앞의 상처에만 매달리다 정작 곁에 동행하시는 주님조차 알아보지 못하게 됩니다.

예수께서는 먼저 이 두 순례자에게 성경을 읽는 새로운 방식을 가르치십니다. 그들과 함께 걸으며, 성경을 어떻게 이해해야 하는지를 차근차근 풀어주십니다. 언제나 그렇듯, 구원에 대한 새로운 비전은 말씀을 새롭게 읽는 자리에서 시작됩니다. 예수께서는 성경을 통해 메시아가 상실과 고난과 죽음을 피해 가는 분이 아님을 가르치셨습니다. 오히려 우리의 실패와 상실, 좌절 한가운데로 들어오시는 분입니다. 그 고난을 통과하여 우리에게 새로운 생명과 새로운 삶을 여시는 분입니다.

보이지 않아도 함께 머무는 부활

어느덧 날이 저물고 주변이 어둑해졌습니다. 두 제자는 이 낯선 동행자에게 함께 머물러 달라고 간청했습니다. 그들은 떠나려는 이방인을 붙잡았습니다. 사람은 한 번 마음이 끌리면 상대가 떠나도록 쉽게 내버려 두지 않습니다. 본문은 예수께서 마치 길을 재촉하시듯 "더 가려 하는 것같이" 행동하셨다고 전합니다.

그러나 두 사람의 마음은 이미 불타고 있었습니다. 말씀을 들으며 속에서 뜨거운 불길이 일어났기 때문입니다. 그들은 그분을 그냥 보낼 수 없었습니다. 영혼이 갈망하던 은혜를 발견했다면 누가 그것을 흘려 보낼 수 있겠습니까? 보이지 않아도 완전히 이해되지 않아도, 우리는 그분과 함께 머물러야 합니다.

그날 식탁에 앉았을 때 예수께서는 빵을 들어 축사하시고 그것을 떼어 나누어 주셨습니다. 이 행위는 예수께서 반복해오신 상징적이고 결정적인 몸짓입니다. 오천 명을 먹이실 때도 그러하셨고, 마지막 만찬을 제정하실 때도 그러하셨습니다. 헨리 나우웬이 『이는 내 사랑하는 자요』에서 말했듯, 이것이 주님께서 우리에게 하시는 일입니다. 우리를 붙드시고, 하나님께 감사의 기도를 드리시며, 우리를 떼어 내시고, 우리를 거룩한 목적에 바치십니다. 붙들림과 축복과 깨어짐과 나눔, 이것이 그분의 방식입니다.[14]

글로바와 그의 친구는 예수께서 떼신 빵을 보는 순간 비로소 눈이 열렸습니다. 찢어진 빵을 바라보는 그 찰나에 그들은 깨달았습니다. 우리의 깨어진 꿈과 찢어진 관계, 부서진 몸과 상처 입은 영혼을 붙들고 계신 분이 부활하신 주님이었습니다. 그분 자신의 찢기심 안에 우리의 상실과 좌절, 우리의 무너짐이 이미 품어져 있었습니다.

이것이 성찬의 자리에서 매번 선포되는 진리입니다. 우리는 성찬에 나올 때마다 우리의 삶이 얼마나 깨어지고 부서졌는지를 인정합니다. 교회 안에서도, 일상 속에서도 우리는 상처 입은 존재임을 고백합니다. 깨어짐과 찢김을 기억하며 우리는 그 교제communion의 자리로 들어옵니다. 그렇게 성찬은 시작됩니다. 그리고 동시에 이 세상의 모든 부서짐이 예수 그리스도의 찢기신 몸 안에 붙들려 있다는 사실을 기억합니다.

우리가 성찬의 식탁에 나오는 이유는 우리가 완전하기 때문이 아닙니다. 우리 삶이 일관되고 조화롭기 때문도 아닙니다. 오히려 반대입니다. 우리는 실망과 상처로 나뉘고 깨어졌기 때문에 그 식탁에 나옵니다. 찢기신 몸과 흘리신 피를 의지하여 그 자리에 서는 것입니다.

이것이 보입니까? 이 사실을 아시겠습니까? 그분은 우리의 깨어진 마음과 상처 입은 심령을 아시는 구세주이십니다. 우리가 왜 무너졌는지, 왜 실패했고 왜 좌절했는지를 아시는 분입니다. 그 무너짐의 한복판으로 직접 걸어 들어오신 분입니다. 이 자리에서 성찬의 교제가 시작됩니다. 그리고 그때 우리는 이 깨어진 세상을 붙들고 계신 분이 다름 아닌 부활하신 주님이며, 찢기고 부서진 영혼이 이제야 비로소 치유될 수 있다는 것을 알게 됩니다.

하나님은 다른 길로 오신다

부활 이후의 현존 방식

글로바와 그의 친구가 부활하신 그리스도를 알아차린 순간, 예수께서는 그들의 시야에서 사라지셨습니다. 아이러니한 장면입니다. 조금 전까지는 육안으로는 보였으나 알아보지 못했던 그분이 이제는 분명히 알아보게 되었지만 눈에는 보이지 않는 현존이 되신 것입니다. 보이지 않지만 더 깊이 인식되는 주님, 이것이 부활 이후의 현존 방식입니다.

만일 내가 이 이야기를 기록했다면 제자들이 예수를 알아본 순간 기쁨에 겨워 서로 끌어안고 환호했다고 썼을지도 모릅니다. 그러나 복음서는 다르게 전합니다. 그들이 알아보는 그 순간, 예수는 사라지셨습니다. 왜 그러셨을까요? 아마도 주님은 더 이상 그들에게 '낯선 자'로 머물기를 원하지 않으셨기 때문일 것입니다. 그분이 원하신 것은 동행 이상의 것이었습니다. 그분은 교제, 곧 친밀한 연합을 원하셨습니다.

성찬의 본질이 여기에 있습니다. 예수께서 육체로 제자들과 함께 계실 때도, 그분은 언제나 그들에게 완전히 이해되는 분은 아니었습니다. 제자들은 그분의 말씀을 자주 이해하지 못했고 서로 묻고 또 물으며 혼란스러워했습니다. "무슨 말인지 알겠어?" "아니, 나도 모르겠어." 그들은 늘 따라가고 있었지만 완전히 깨닫지는 못했습니다. 예수는 그들을 인도하시고 보호하시고 구원하셨지만 동시에 언제나 그들을 넘어선 분이셨습니다.

그러나 성찬의 자리에서 성령은 우리의 눈을 열어주십니다. 우리는 지금 그리스도와 신비로운 연합 가운데 있다는 사실을 알게 됩니다. 이제 그분은 더 이상 낯선 자가 아닙니다. 그분은 타인도, 이방인도 아닙니다. 그리고 우리 또한 그분께 낯선 존재가 아닙니다. 더 나아가 우리는 서로에게도 더 이상 이방인이 아닙니다. 우리는 그리스도 안에서 연합된 존재들입니다.

'합중국'United States이나 '연합 왕국'United Kingdom이라는 표현처럼 각기 다른 이들이 하나로 묶여 하나의 공동체를 이루는 것처럼 우리 역시 개별적 존재이지만 그리스도 안에서 하나로 묶여 있습니다. 성찬을 가리키는 'communion'이라는 말은 '함께com 연합union하다'는 뜻을 지닙니다. 함께 빵을 떼고 잔을 나눈다는 것은 그리스도의 찢기심에 참여함으로써 그분과 깊이 교제하고, 서로와도 진정으로 하나 됨을 누린다는 의미입니다.

우리는 살아가면서 종종 이런 고백을 합니다. "나는 이방인 같아. 나는 낯선 자야. 어딘가에 속하지 못한 사람 같아." 개밥에 도토리 같은 기분으로 하루를 견딜 때가 있습니다. 타인에게 낯선 사람일 뿐 아니라 어느 순간에는 나 자신에게조차 낯선 존재처럼 느껴집니다. 나는 나를 안다고 생각했는데 막상 중요한 순간에는 누구인지 설명하기 어렵습니다. 사랑하는 사람들에게조차 나를 이해시키기 위해 애를 쓰면서도 정작 나는 나를 이해하지 못합니다. 교회 안에서도 함께 무언가를 이루려 하지만 서로의 결을 맞추지 못할까 염려합니다. 연합을 말하면서도 속으로는 고립을 경험합니다.

이것은 우리 각자에게 다른 사람이 모르는 상처가 있고, 함께 나누지 못한 기억이 있으며, 이해받지 못한 열정이 있다는 뜻입니다. 심지어 우리를 사랑하는 이들조차 우리를 완전히 이해하지 못한다는 사실 앞에서 우리는 묻습니다. "그렇다면 하나님은 과연 나를 이해하실 수 있을까?" 그러나 성찬의 식탁은 전혀 다른 답을 제시합니다. 거기에서 하나님은 더 이상 낯선 분으로 남지 않으십니다. 동시에 우리도 그분께 낯선 자로 머물지 않습니다. 성찬은 하나님과 우리가 서로에게 이방인이 아님을 확인하는 자리입니다. 바로 그 자리에서 우리는 진정한 '공동의 연

하나님은 다른 길로 오신다

합'communion을 경험합니다.

이 사실을 깨닫는 순간 삶의 방향이 달라집니다. 신앙은 더 이상 규칙의 집합이나 얄팍한 도덕주의 혹은 종교적 색을 입힌 이념이 아닙니다. 신앙은 살아 계신 그리스도와의 실제적인 연합입니다. 이 신비로운 연합 안에서 우리는 사도 바울의 고백을 비로소 이해하게 됩니다. "이제는 내가 사는 것이 아니요 오직 내 안에 그리스도께서 사시는 것이라"(갈 2:20). 그 고백은 과장이 아니라 실재입니다.

부활하신 주님은 알아보게 된 순간 사라지셨지만 결코 떠나신 것이 아닙니다. 눈으로는 보이지 않으나 우리 가운데, 우리 안에 현존하십니다. 그분은 우리 안에 거하시며 우리의 상처와 두려움, 실패와 혼란을 아십니다. 우리가 스스로를 이해하지 못할 때조차 우리를 아십니다. 이 사실 하나만으로도 삶은 달라질 수 있습니다. 우리는 더 이상 고립된 개인이 아니라 부활하신 그리스도의 생명 안에 연합된 존재이기 때문입니다.

상처의 자리로 우리를 부르시는 주님

엠마오로 내려가던 두 사람이 이 사실을 깨닫는 순간, 그들은 지체하지 않고 일어나 예루살렘으로 돌아갔습니다. 예루살렘은 어디입니까? 그들이 도망쳐 나온 곳 아닙니까? 상실과 슬픔, 배신과 두려움이 응축된 장소였습니다. 골고다의 기억이 아직 식지 않은 도시였습니다.

그렇다면 왜 다시 그곳으로 향했을까요? 예루살렘에 대한 새로운 낙관이 생겼기 때문이었을까요? 아닙니다. 그들에게 생긴 새로운 비전은 장소에 대한 것이 아니라 예수 그리스도에 대한 것이었습니다. 부활하신 주님을 알아보는 새로운 안목이 열렸기 때문입니다. 그분이 죽음

5부. 십자가와 부활, 그리고 새로운 세계

을 이기시고 지금도 살아 계셔 그들 안에 현존하신다는 사실을 인식했기 때문에, 그들은 더 이상 예루살렘을 두려워할 이유가 없었습니다. 그 비전은 세상을 보는 눈을 바꾸었고, 동시에 자신을 보는 눈도 바꾸어놓았습니다. 소외는 교제로, 낯섦은 사귐으로, 두려움은 용기로, 절망은 희망으로 전환되었습니다.

아마 여러분에게도 오랫동안 피해 다니던 어떤 장소가 있을 것입니다. 여전히 마음을 괴롭히는 오래된 상처일 수도 있고, 드러나면 부끄러울 과거의 실패나 죄일 수도 있습니다. 어린 시절에 들었던 모진 말 한마디가 평생의 그림자가 되었을지도 모릅니다. 우리는 엠마오로 향하며 스스로를 위로합니다. "이 정도면 됐어. 여기까지면 충분해." 학위도 있고, 일도 있고, 관계도 그럭저럭 유지되고 있으니 더 깊은 곳은 건드리지 말자고 말합니다.

그렇게 도피하는 사람에게는 구세주가 필요하지 않습니다. 부활하신 그리스도는 안전한 우회로가 아니라 우리가 두려워 피해온 그 자리로 우리를 이끄십니다. 그분이 먼저 데려가기를 원하시는 곳은 우리의 상처가 시작된 자리입니다. 진정한 자유는 그분과 함께, 그분 안에서 그곳으로 다시 갈 때 시작됩니다.

몇 년 전까지만 해도 나는 아버지의 임종 장면을 생생하게 떠올리곤 했습니다. 두려움과 괴로움 속에서 그날을 되새기는 일이 잦았습니다. 임종 자리에서 아버지는 어린 자녀들을 앞에 앉혀 놓고 마지막 말씀을 하셨습니다. 경황없는 그 자리에서 내 귀에 꽂힌 말은 충격적이었습니다. "너는 악해!" 겨우 열여섯 살이었던 나에게, 아버지는 왜 그런 말씀을 하셨을까? 그 말이 떠오르는 날이면 쓰디쓴 약초를 씹는 것 같았고, 깊은 상념 속으로 빠져들곤 했습니다.

그로부터 35년이 지난 어느 날이었습니다. 큰딸을 시집보내고 나서 문득 그날이 다시 떠올랐습니다. 그 순간 하늘 문이 열리고 환한 햇살이 지평선 너머로 쏟아지는 듯한 느낌과 함께, 일종의 계시가 전달되는 기분이었습니다. "아들아, 그때 그 말 기억하지? '너는 악해!'라고 한 말. 그건 '너는 약해!'였어." 기가 막혔습니다. 한참을 멍하니 있다가 하늘을 올려다보며 웃음이 터졌습니다. '악'과 '약', 겨우 한 글자 차이. 그 간발의 차이를 알지 못한 채 35년을 마음고생하며 살아온 것입니다.

돌이켜보면 그 35년은 골고다를 향해 걷는 길이었습니다. 그러나 하나님은 그 길 위에서 은혜를 예비하셨습니다. 기대하지 않았던 은혜였습니다. 그곳에서 나는 영적인 하나님의 현현spiritual epiphany을 경험했습니다. 과거로부터 풀려나면서 감사가 찾아왔습니다. 상처에 대한 집착은 사라지고, 모든 과정을 이끌어오신 하나님의 신실하심만 남았습니다. 과거는 짐이 아니라 축복으로 돌아왔고, 신앙을 심어주신 부모님에 대한 감사가 그 자리를 채웠습니다. 이제 나는 뒤를 돌아보지 않습니다. 오직 앞을 향해 걸어가는 순례자일 뿐입니다.

그렇습니다. 진정한 자유는 우리가 그분과 함께, 그분 안에서 다시 그곳으로 갈 때 찾아옵니다. 과거를 얼마나 많이 되짚느냐가 중요한 것이 아닙니다. 중요한 것은 그 과거로부터 자유로워지는 것입니다. 먼 과거이든 가까운 과거이든, 우리를 붙잡고 있는 모든 기억으로부터 해방되어야 합니다. 이집트를 떠나 약속의 땅으로 향하는 이스라엘처럼 우리는 과거의 노예 상태에서 벗어나야 합니다. 더 나아가 그 과거를 통해 우리를 빚으신 하나님께 감사할 수 있어야 합니다. 그때 비로소 엠마오의 길은 예루살렘으로, 도피의 길은 증언의 길로 바뀝니다.

5부. 십자가와 부활, 그리고 새로운 세계

상처를 맡길 때 시작되는 부활의 길

나는 예수님께서 여러분을 다시 어디로 이끄실지 알지 못합니다. 물론 그것은 지리적인 장소를 말하는 것이 아닙니다. 어쩌면 한 사람일 수 있습니다. 오래도록 피하고 있던 가족일 수도 있고, 마음으로 떠나버린 교회일 수도 있습니다. 잊었다고 생각했지만 여전히 남아 있는 어떤 기억, 어떤 경험일 수도 있습니다. 주님은 우리가 피해온 그 자리로 우리를 부르실지도 모릅니다.

그러나 한 가지는 분명합니다. 아니, 반드시 알아야 합니다. 성찬의 자리에서 예수께서는 빵을 들어 먼저 축사하시고, 그것을 떼어 우리에게 나누어 주신다는 사실입니다. 성찬의 여러 상징 가운데 절정은 그 장면입니다. 주님이 빵을 들고 하늘을 향해 감사의 기도를 드리시는 순간입니다. 이를 영어로 '유카리스트'Eucharist라 부르며, 그리스어 εὐχαριστία, 곧 '감사'라는 뜻입니다(고전 11:23-24).

이 감사의 행위가 의미하는 바는 분명합니다. 우리의 삶이 여전히 찢어지고 깨어진 채 남아 있는 것처럼 보일지라도 그 모든 조각은 지금도 그리스도의 손안에 있다는 사실입니다. 그 손안에서 우리는 버려지지 않습니다. 그 손안에서 우리는 여전히 붙들려 있습니다. 그리고 바로 그 사실 때문에 우리는 감사할 수 있습니다. 상황이 완벽해서가 아니라 우리의 상처가 그분의 손안에 있기 때문에 감사하는 것입니다.

그분이 우리의 과거를 구원하시도록 내어드리지 않는다면 우리는 여전히 도망자의 길을 걸을 수밖에 없습니다. 상처를 피한 채로는 희망으로 가득한 미래를 향해 자유롭게 걸어갈 수 없습니다. 그러나 그분과 함께, 그분 안에서 과거를 다시 마주할 때 우리는 비로소 도피의 길을 멈추고 증언의 길로 나아가게 됩니다.

하나님은 다른 길로 오신다

사랑하는 여러분, 부활하신 주님이 빵을 떼시는 자리로 돌아오십시오. 그분의 손에 여러분의 과거를 맡기십시오. 그때 예루살렘은 더 이상 두려움의 도시가 아니라 증언의 도시가 될 것입니다. 상처는 더 이상 족쇄가 아니라 은혜의 통로가 될 것입니다. 이것이 부활의 길이며, 성찬이 우리에게 여는 새로운 시작입니다.

53

부활은 이벤트가 아니라 일상이다

누가복음 24:36-43

"이 말을 할 때에 예수께서 친히 그들 가운데 서서 이르시되
너희에게 평강이 있을지어다 하시니 그들이 놀라고 무서워하여
그 보는 것을 영으로 생각하는지라 예수께서 이르시되
어찌하여 두려워하며 어찌하여 마음에 의심이 일어나느냐
내 손과 발을 보고 나인 줄 알라 또 나를 만져보라 영은 살과 뼈가 없으되
너희 보는 바와 같이 나는 있느니라 이 말씀을 하시고 손과 발을 보이시나
그들이 너무 기쁘므로 아직도 믿지 못하고 놀랍게 여길 때에 이르시되
여기 무슨 먹을 것이 있느냐 하시니 이에 구운 생선 한 토막을 드리니 받으사
그 앞에서 잡수시더라"(36-43).

부활절 기간이 되면 교회는 엠마오로 가는 길을 다시 걷습니다. 우리는 십자가 처형의 충격과 낙심 속에 예루살렘을 떠나 내려가던 글로바와 또 다른 제자의 뒤를 따라갑니다. 그들의 어깨는 축 처져 있었고, 대화는 무거웠습니다. 바로 그 길 위에 한 낯선 이가 다가와 함께 걷기 시작합니다. 그러나 그들은 그가 부활하신 주님이라는 사실을 알아보지 못했습니다. 실망과 상실에 사로잡혀 있을 때 곁에 서 계신 주님을 알아보지 못하는 것은 우리 역시 다르지 않습니다.

이야기는 식탁으로 이어집니다. 세 사람이 함께 앉습니다. 낯선 이가 빵을 들어 하늘을 향해 축복의 기도를 드리고, 그것을 찢어 두 사람에게 건넵니다. 그때야 비로소 그들의 눈이 열립니다. 성만찬 자리에서 우리의 눈이 열리듯 그들도 그제야 그분을 알아봅니다. 그런데 알아본 바로 그 순간 예수는 그들 앞에서 보이지 않게 됩니다. 그들은 지체하지

하나님은 다른 길로 오신다

않고 자리에서 일어나 예루살렘으로 되돌아갑니다. 두려워 떠났던 그 도시로 다시 발걸음을 옮깁니다. 다락방에 모여 있던 제자들은 이미 흥분된 목소리로 "주께서 과연 살아나셨다"고 서로 전하고 있었습니다.

보는 믿음이 아니라 믿는 눈이 필요하다

본문은 그 장면을 이렇게 이어갑니다. 그들이 부활의 일을 서로 이야기하고 있을 때 예수께서 친히 그들 가운데 서서 말씀하십니다. "너희에게 평강이 있을지어다." 그러나 그들은 기뻐하기보다 놀라고 두려워합니다. 눈앞에 나타난 분을 유령이라 여겼던 것입니다. 참으로 기막힌 역설이 아닐 수 없습니다. 글로바와 그의 친구는 "보지 못했기 때문에" 믿지 못했습니다. 그런데 다락방의 제자들은 "보았기 때문에" 믿지 못했습니다. 너무 놀랍고 이해할 수 없었기에 차라리 환영이라고 여긴 것입니다. 그들은 자기 눈을 믿지 못했습니다.

우리는 흔히 말합니다. "나도 그 자리에 있었더라면 부활하신 예수를 직접 보았더라면 당장 믿었을 텐데!" 그러나 과연 그럴까요? 이 제자들처럼 두 눈으로 보고도 믿지 못했을지도 모릅니다. 우리는 보는 것을 곧 믿음이라고 생각하지만 실제로는 그렇지 않습니다. 눈으로 본다고 해서 곧바로 믿어지는 것은 아닙니다. 믿음은 단순한 시각의 문제가 아니라 마음이 열리는 문제이기 때문입니다.

그렇다면 우리는 어떻게 믿습니까? 우리는 본 것을 믿는다고 생각하지만 실은 믿는 것을 봅니다. 무엇을 이미 마음속에서 정해놓았느냐에 따라 보이는 것이 달라집니다. 예를 들어 여러분이 직장 상사나 선생님, 배우자를 '별로 좋은 사람이 아니다'라고 단정해버리면, 그가 무슨 선의를 보여도 신뢰하지 않습니다. 눈에 들어오는 것은 그의 실수와 허점뿐입니다. 이미 그렇게 믿고 있기 때문입니다. 마찬가지로 예수가 죽었다고 굳게 믿고 있다면 눈앞에 서 있는 그분을 보고도 믿지 못합니다. 보는 것이 문제가 아니라 마음이 닫혀 있기 때문입니다.

그래서 예수께서는 제자들에게 자신이 실제로 살아 계신 분임을 보여주려 하셨습니다. "어찌하여 마음에 의심이 일어나느냐 내 손과 발을 보고 나인 줄 알라."

못 자국을 보이시며 말씀하셨습니다. "나를 만져보라 영은 살과 뼈가 없으되." 그런데 이번에는 또 다른 이유로 믿지 못합니다. 너무 기뻐서 믿지 못했다고 합니다. 믿음은 의심 때문에만 가로막히는 것이 아닙니다. 감당하기 어려운 기쁨 앞에서도 멈칫합니다.

믿음은 생각보다 쉽게 오지 않습니다. 끔찍한 재난 앞에서는 "어떻게 하나님이 이러실 수 있나?"라며 고난에 흔들리기 일쑤입니다. 그런데 때로는 기쁨도 믿음을 흔듭니다. 너무 벅차고 믿기 어려워서 차라리 의심하는 편이 마음 편하기 때문입니다.

그러므로 우리는 기쁨 자체를 신뢰할 수 없습니다. 기쁨은 종달새처럼 잠시 울다 날아가버립니다. 연기처럼 흩어지고, 손에 잡히지 않습니다. 인생을 돌아보십시오. 결혼식의 환한 웃음, 졸업식의 설렘, 아이가 태어나던 날의 눈물 어린 기쁨도 시간이 지나면 잦아듭니다. 반대로 사랑하는 이를 떠나보낸 날, 병명을 통보받은 순간의 깊은 슬픔 역시 영원히 지속되지는 않습니다. 산 정상도, 깊은 골짜기도 지나갑니다.

우리 대부분의 삶은 정상도 골짜기도 아닌 평평한 들판에서 흘러갑니다. 관계는 그럭저럭 유지되고, 직장도 건강도 그런대로 괜찮습니다. 겉으로는 큰 문제가 없어 보입니다. 그런데 그 일상 속에서 내면 깊은 곳에서 반복되는 속삭임이 들립니다. "이게 전부는 아니지 않나?", "뭔가 더 신나는 일은 없을까?" 특별히 불행하지도 않은데 묘하게 허전합

하나님은 다른 길로 오신다

니다. 끔찍한 것도 아닌데 만족스럽지도 않습니다.

그래서 우리는 바꿔보려 합니다. 더 열심히 일하고, 집을 옮기고, 환경을 바꾸고, 취미를 늘려 보고 기분 전환을 시도합니다. 그러나 시간이 지나면 깨닫습니다. 돌이켜보면 우리는 삶의 구조를 바꾼 것이 아니라 반복되는 일상의 배열만 다시 조정하고 있었을 뿐입니다. 근본은 그대로 둔 채 겉모양만 손본 셈입니다. 잠시 기쁨이 스쳐 가도 곧 사라집니다. 친숙한 따분함이 다시 고개를 듭니다.

부활절에 교회는 선포합니다. "예수께서 살아나셨습니다. 이제 모든 것이 달라졌습니다." 그러나 솔직히 말해보십시오. 우리는 묻고 싶습니다. "무엇이 그렇게 달라졌습니까? 나는 여전히 같은 집에서, 같은 직장에서, 같은 문제를 안고 살아가고 있는데요." 부활은 죽음의 위기 앞에서는 위로가 됩니다. 그렇다면 반복되는 일상에는 어떤 의미가 있습니까?

부활은 극적인 순간에만 빛나는 것이 아니라 지극히 평범한 하루하루를 새롭게 빚어내는 사건입니다. 대단한 기적이 일어나지 않더라도 소박한 식탁과 일상적인 대화, 고단한 출퇴근길 속에서 주님은 여전히 우리와 함께 살아 계십니다. 부활은 일상을 탈출시키는 사건이 아니라 일상을 새롭게 비추는 빛입니다. 매일이 특별해지기 때문이 아니라 매일 속에 살아 계신 주님을 알아보게 되기 때문입니다.

일상이 성례가 되다

예수께서는 어디에서도 자신이 죽은 자 가운데서 살아났다는 사실을 논증하려 들지 않으셨습니다. 제자들이 자기 눈을 믿지 못하는 상황에서, 손과 발을 아무리 가리켜 보여주어도 충분하지 않다는 것을 아셨기 때문입니다. 그래서 주님은 갑자기 이렇게 묻습니다.

"여기 무슨 먹을 것이 있느냐?"

이 질문은 어딘가 엇박자처럼 들립니다. 방 안은 두려움과 흥분으로 가득 차 있고, 사람들은 방금 눈앞에 나타난 이를 귀신으로 오해하고 있습니다. 그런데 그 긴장된 순간에 "먹을 것이 있느냐?"니요. 기가 막힌 질문입니다. 그러나 누군가 남은 구운 생선 한 토막을 건넵니다. 예수께서는 그들 앞에 앉아 "그들이 보는 앞에서" 그것을 드십니다.

이 장면은 사소해 보입니다. 그래서 오히려 중요합니다. 성경에서 덜어내도 될 군더더기처럼 보이지만 사실은 부활의 목적을 보여주는 핵심 장면입니다. 예수께서는 식사를 마치신 뒤 말씀하십니다. "모세의 율법과 선지자의 글과 시편에 나를 가리켜 기록된 모든 것이 이루어져야 하리라 한 말이 이것이라." 이 선언이 이루어진 자리가 어디입니까? 제단도 아니고, 하늘의 광경도 아닙니다. 구운 생선 한 토막이 놓인 일상의 자리입니다.

엠마오 길에서는 빵을 떼시는 성례적 행위를 통해 두 제자의 눈이 열렸습니다. 다락방에서는 반대로, 평범한 식사가 거룩한 사건이 되면서 제자들의 눈이 열렸습니다. 성례가 일상을 비춘 것이 아니라 일상이 성례가 된 것입니다. 부활하신 주님의 현존이 평범한 식탁을 거룩하게 만들었습니다.

믿음이란 이런 것입니다. 주님이 함께하신다면 반복되는 하루도 달라 보입니다. 거창한 체험이 아니라 생선 한 토막을 나누는 자리에서 "아, 주님이 여기 계시는구나" 하고 깨닫는 일입니다.

우리는 흔히 '세속'과 '신성'을 구분합니다. "교회는 거룩하고, 직장은 세속적이다"라고 말합니다. 그러나 성경은 그렇게 나누지 않습니다. 모든 세계는 창조주 하나님께 속해 있습니다. 모든 것은 그리스도 안에

하나님은 다른 길로 오신다

서 구속되었고, 그분 안에서 하나가 됩니다. 성경이 말하는 구별은 '신성한 것'과 '신성을 모독하는 것'입니다.

언어도, 성도, 돈도, 일도 본래는 거룩한 목적을 지니고 있습니다. 그러나 그것을 왜곡하면 신성 모독이 됩니다. 반대로 그 목적을 따라 사용하면 거룩이 드러납니다. 문제는 직장이 세속이냐 교회가 신성이냐가 아닙니다. 문제는 우리가 그리스도가 부여하신 목적에서 일상을 떼어 놓느냐 아니면 그분의 현존 안에서 다시 붙드느냐입니다.

일상을 그리스도에게서 분리시키는 것이야말로 가장 큰 왜곡입니다. 반대로 구운 생선 한 토막을 나누는 자리에서도 주님의 현존을 보는 것이야말로 부활이 만들어내는 새로운 시선입니다.

구운 생선 한 토막과 부활 신앙

그리스도의 사역을 '영적인 문제'로만 좁혀 생각하지 마십시오. 그분의 육체적 부활은 영과 육체, 기쁨과 일상, 기적과 평범함이 결코 분리되지 않는다는 사실을 선명하게 보여줍니다. 육체의 부활은 하나님께서 우리의 몸을 영혼의 부속물처럼 취급하지 않으신다는 선언입니다. 이 몸 자체가 구원의 대상이라는 뜻입니다.

예수께서는 쉬지 못해 지친 몸도 돌보십니다. 움직이지 않아 굳어 가는 몸에도 관심을 두십니다. 배고픈 몸, 집을 잃은 몸, 폭력과 고문에 상처 입은 몸을 외면하지 않으십니다. 혼자라고 느끼는 사람의 몸, "나는 아무것도 아니다"라며 고개 숙인 이의 몸을 아십니다. 이 모든 것이 영적인 문제입니다. 몸의 문제는 곧 영의 문제이기 때문입니다.

일상도 마찬가지입니다. 구운 생선 한 토막을 드시는 일이 부활 이야기의 중심에 놓여 있다는 것은, 곧 이 세상 어느 구석에도 그리스도의 임재가 미치지 않는 곳은 없다는 강력한 선언입니다. 어머니가 아이들을 차에 태워 분주히 오갈 때도 그분은 그 차 안에 계십니다. 우리가 믿는다면 그것을 보게 됩니다. 그리고 보게 되는 순간 일상을 바라보는 눈이 달라집니다. 평범한 일이 더 이상 평범하게만 보이지 않습니다.

예수께서는 여러분과 함께 슈퍼마켓에 가십니다.

아이의 콧물을 닦아줄 때도, 해진 옷을 꿰맬 때도, 먼지 묻은 구두를 닦을 때도,

늦은 밤까지 일하다 책상에 엎드려 잠들 때도,

성적을 올리려 애쓰다 교과서 위에서 잠든 학생 곁에도,

리포트를 마무리하고 설교를 다듬으며 씨름하는 자리에도,

전공을 바꿔야겠다고 집에 전화를 거는 순간에도,

사업자가 사무실 문을 열고 들어가는 그 시간에도,

그분은 이미 그 자리에 계십니다.

여러분이 출근하기도 전에, 그분이 먼저 가 계십니다.

그러므로 질문은 이것입니다. 여러분은 그분을 보고 있습니까? 일터와 가정, 반복되는 하루 속에서 일하시는 예수님을 찾고 있습니까?

어린아이들은 이 사실을 어른들보다 더 잘 압니다. 그들의 세계에서는 못생긴 오리 새끼가 백조가 되고, 아무도 주목하지 않던 아이가 공주가 되며, 개구리가 왕자가 될 수 있습니다. 어른들은 이런 이야기를 비현실적이라 말합니다. 그러나 어쩌면 우리는 복음의 순진함을 잃어버린 것은 아닐까요? 놀라움을 잃고, 제3의 시력을 잃어버린 것은 아닐까요?

보이십니까? 부활하신 그리스도께서 삶의 모든 영역 안에 하나님의 현존을 회복하셨다는 사실이 보이십니까? "거룩하다, 거룩하다, 거룩하다, 온 땅이 그의 영광으로 가득하다"는 고백은 교회 안에서만 울려

하나님은 다른 길로 오신다

퍼지는 노래가 아닙니다. 주방과 사무실과 교실과 병실에서도 울려 퍼지는 선언입니다.

그렇다면 일상의 비밀은 어디에 있습니까? 잠깐 스쳐 지나가는 강렬한 감정을 붙잡으려 바깥으로 뛰쳐나가는 데 있지 않습니다. 부활 이후 그 비밀은 더 이상 감추어져 있지 않습니다. 평범한 하루 속에서 이미 드러나 있습니다. 다만 그것을 보려면 먼저 믿어야 합니다. 믿을 때 비로소 보입니다. 그리고 보는 순간, 평범한 하루가 거룩한 현장이 됩니다.

5부. 십자가와 부활, 그리고 새로운 세계

54

회개, 우리를 먼저 찾아오시는 사건

누가복음 24:36-49

*"또 이르시되 이같이 그리스도가 고난을 받고
제삼일에 죽은 자 가운데서 살아날 것과 또 그의 이름으로 죄 사함을 받게 하는
회개가 예루살렘에서 시작하여 모든 족속에게 전파될 것이 기록되었으니
너희는 이 모든 일의 증인이라"(46-48).*

척 콜슨은 그의 책 『교회 *The Body*』(1992년)에서 남가주 한 작은 침례교회 젊은 목사, 브라이언에 관한 이야기를 전합니다.

어느 날 콜슨이 공항으로 가는 길에 그에게 물었습니다.

"요즘 교회는 어떻습니까? 목회는 잘 되고 있습니까?"

브라이언은 잠시 망설이다가 조심스럽게 입을 열었습니다.

"최근에 교회가 많이 힘들었습니다. 교인 수가 줄었습니다. 정확히 말하면 … 절반 정도가 줄었습니다."

콜슨이 놀라서 되물었습니다.

"도대체 무슨 일이 있었습니까?"

브라이언은 이렇게 설명했습니다. "저희 교회는 약 220명 정도였습니다. 겉으로는 문제가 없어 보였지요. 그런데 교회가 움직이지 않았습니다. 생기가 없었습니다. 설교는 계속했지만 변화가 일어나지 않았습

니다. 모든 것이 그대로였고 솔직히 말하면 교회가 살아 있다는 느낌이 들지 않았습니다.”

그래서 그는 몇몇 집사들과 함께 기도회를 열었습니다. 그리고 이렇게 기도했습니다.

“주님, 오직 ‘주님의 사람들’만 이 교회에 보내주십시오. 진심으로 회개하려는 사람들, 주님께 자신을 온전히 드리기로 결단한 사람들만 보내주십시오. 숫자가 아니라 신실한 사람들을 보내주십시오.”

그 기도 이후 뜻밖의 일이 일어났습니다. 사람들이 한 명씩 떠나기 시작했습니다. 220명이던 교회는 100명으로 줄었습니다. 처음에는 무척 힘들었습니다. 허탈했고, 두려웠습니다. 그러나 시간이 지나면서 교회 안에 다른 변화가 일어나기 시작했습니다. 남아 있는 이들이 하나님을 가볍게 생각하지 않게 되었습니다. 신앙을 취미처럼 여기지 않게 되었습니다. 기도와 말씀을 진지하게 붙들기 시작했습니다. 그리고 얼마 지나지 않아 교회는 다시 자라기 시작했습니다. 이번에는 외형이 아니라 중심이 먼저 살아났습니다.

브라이언 목사는 숫자를 줄이려 한 것이 아니었습니다. 그는 복음이 언제나 가장 먼저 요구하는 자리, 곧 ‘회개’에서 다시 시작하려 했던 것입니다. 그는 교인의 출석률을 위해 기도하지 않았습니다. 교회 성장 전략을 위해 기도하지도 않았습니다. 세례자 수가 늘어나기를 구하지도 않았습니다.

그의 기도는 단 하나였습니다. “회개하려는 사람을 보내주십시오. 조건 없이 자신을 하나님께 드릴 사람을 보내주십시오.” 그리고 하나님은 그 기도에 응답하셨습니다. 숫자를 더하는 방식이 아니라 본질을 남기는 방식으로 말입니다.

회개는 결심이 아니라 항복이다

이제 본문에 귀를 기울여봅시다. 누가복음 24장 45절은 부활하신 그리스도께서 제자들의 마음을 열어주셨다고 합니다.

왜 마음을 여셨습니까? 그들로 하여금 성경을 깨닫게 하시기 위함이었습니다. 사건의 표면이 아니라 그 사건에 붙어 있는 하나님의 의미를 읽게 하시기 위함이었습니다. 십자가와 부활이 우연한 비극이 아니라 이미 성경이 증언해온 하나님의 구원 계획임을 보게 하시기 위함이었습니다.

주님은 분명히 말씀하셨습니다. "이렇게 기록되어 있다. 그리스도가 고난을 당하고 삼 일째 되는 날에 죽은 자들 가운데서 일어날 것이다. 예루살렘으로부터 시작하여 모든 민족에게 그리스도의 이름으로 죄를 용서받는 회개가 전파되어야 할 것이다"(24:46-47, 쉬운성경).

여기에 교회의 본질이 담겨 있습니다. 그리스도는 제자들에게 사명을 맡기셨습니다. "그의 이름으로 죄 사함을 받게 하는 회개"의 메시지를 전하라고 하셨습니다.

이 사명은 1세기에만 유효했던 명령이 아닙니다. 오늘날 우리에게도 그대로 주어진 사명입니다. 교회가 해야 할 일은 분명합니다. 회개와 용서의 복음을 선포하는 것입니다. 그러나 이 메시지는 사람들의 귀에 거슬릴 수 있습니다. 대중적이지도 않습니다. 명목상의 그리스도인들에게는 더욱 불편한 말입니다. 하지만 회개를 요구하지 않는 선포, 돌이켜 죄 사함을 받으라고 말하지 않는 복음은 신약성경이 증언하는 복음과 동일하지 않습니다.

오순절 날을 기억하십시오. 베드로의 설교를 들은 예루살렘의 군중은 이렇게 물었습니다.

“우리가 어찌할꼬?”

그때 베드로는 분명히 대답했습니다. “너희가 회개하여 각각 예수 그리스도의 이름으로 세례를 받고 죄 사함을 받으라 그리하면 성령의 선물을 받으리니”(행 2:38). 복음의 첫 단어는 언제나 회개였습니다. 그리고 그다음이 용서였습니다.

그런데 오늘 우리의 모습은 어떻습니까? 빌 헐Bill Hull은 현대 복음주의의 한 경향을 이렇게 지적합니다. 많은 그리스도인이 하나님을 진정으로 직면하지 않고도 건강한 신앙생활이 가능하다고 믿는다는 것입니다. 그들이 아는 하나님은 좋은 친구 정도이고, 그들이 아는 예수는 훌륭한 모범 정도이며, 그들이 아는 성령은 에너지를 주는 힘의 근원 정도에 머뭅니다. 그리고 이런 신앙은 회개 없이도 유지될 수 있다고 생각합니다.

그러나 우리는 분명히 해야 합니다. 회개는 단순히 “죄송합니다”라고 말하는 것이 아닙니다. “앞으로 더 잘하겠습니다”라는 결심도 아닙니다. “제가 달라지겠습니다”라는 다짐도 아닙니다. 그런 것들은 결국 자기 의지력을 신뢰하는 것입니다. 하나님 앞에서 내가 상황을 바꿀 수 있다고 말하는 것입니다. 그러나 그것은 회개가 아닙니다.

회개는 의지력을 강화하는 프로젝트가 아닙니다. 우리의 의지력은 문제의 해결책이 아니라 오히려 문제의 일부입니다. 하나님 없이 스스로 서 보려는 그 의지, 내 힘으로 죄를 다루려는 그 고집이 바로 우리가 돌이켜야 할 자리입니다. 회개는 내가 나를 고쳐보겠다는 선언이 아니라 내가 나를 구원할 수 없다는 고백입니다.

날개가 부러진 새를 한번 상상해보십시오. 그 새에게는 분명 한 가지 소망이 있을 것입니다. 날고 싶다는 바람입니다. 그런데 그 새를 향해 “날아라!” 하고 외쳐 보십시오. 그 새가 날고 싶지 않겠습니까? 날고

5부. 십자가와 부활, 그리고 새로운 세계

싶은 마음이 왜 없겠습니까? 그러나 문제는 의지가 아니라 능력입니다. 그 새에게는 날 수 있는 힘이 없습니다.

사도 바울은 로마서 7장에서 이 지점을 말합니다. 우리는 옳은 일을 하고 싶은 의지를 가질 수 있습니다. 어떤 선한 일을 떠올리면 마음속에 '하고 싶다'는 뜻이 일어납니다. 그러나 의지가 곧 능력은 아닙니다. 우리는 그것을 실제로 이루어낼 힘을 갖고 있지 못합니다. 그래서 우리는 원하던 선은 행하지 못하고 원하지도 않았던 악을 되풀이합니다. 이것이 우리의 모순입니다.

죄는 우리 바깥에 머무는 손님이 아닙니다. 우리 안에 둥지를 틀고 사는 세입자도 아닙니다. 어느새 우리의 동향인처럼 너무 익숙한 존재가 되어버렸습니다. 그래서 우리의 의지력은 그보다 더 강한 힘에 의해 쉽게 무너집니다. 부패하고 오염됩니다.

그러므로 참된 회개는 "앞으로 더 잘하겠습니다"라는 다짐으로는 부족합니다. 그것은 의지력의 강화가 아니라 의지력의 한계를 인정하는 자리여야 합니다. 참된 회개는 "나는 스스로 나를 바꿀 수 없습니다"라고 말하는 것입니다. "나는 무기력합니다"라고 고백하는 것입니다.

마치 알코올 중독자가 치료 모임에 나가 이렇게 말하는 것과 같습니다. "나는 내 힘으로 술을 끊을 수 없습니다. 나는 내 인생을 스스로 통제할 수 없습니다." 참된 회개는 그런 자리입니다. "나는 내 죄를 스스로 해결할 수 없습니다. 나는 내 삶을 다스릴 능력이 없습니다." 이 무력함의 인정이 회개의 시작입니다.

회개는 방향 전환이다

한 번은 예수께서 회당에서 가르치고 계셨습니다. 그때 몸이 굽어 똑바로 서지 못하는 한 여인이 들어왔습니다. 예수께서는 그녀를 보시고 말씀하셨습니다. "여자여 네가 네 병에서 놓였다." 그리고 손을 얹으시자 그녀의 굽은 몸이 곧게 펴졌습니다. 그녀는 즉시 하나님을 찬양했습니다(눅 13:10-17).

마르틴 루터는 이 장면을 회개의 그림으로 설명한다고 앞서도 말했습니다. 회개하지 않은 사람은 몸이 굽어 있는 사람과 같다는 것입니다. 그는 자신을 향해 휘어 있습니다. 시선이 위를 향하지 못합니다. 은총이 없는 사람은 늘 자기 자신을 중심에 둡니다. 자신을 기준으로 삼고, 자신을 위해 말하고, 자신을 위해 판단합니다. 그는 속박 가운데 있습니다. 똑바로 서 있지 못합니다. 굽어 있고, 비틀어져 있고, 하나님을 바라보지 못합니다.

그러므로 교회가 "회개하고 하나님께로 돌아오십시오. 그러면 죄 사함을 받게 될 것입니다"라고 말할 때 그것은 단순히 도덕적으로 개선되라는 요구가 아닙니다. 자기 자신을 향해 굽어 있던 시선을 하나님께로 돌리라는 초청입니다. 아래로 숙여 있던 몸을 펴고, 다시 위를 바라보라는 부르심입니다.

회개는 "미안합니다. 다음부터 더 잘하겠습니다"라고 말하는 것이 아닙니다. 회개는 도덕적 결심이 아니라 존재의 방향을 바꾸는 일입니다. 회개는 자발적으로 죽는 일입니다. 옛 자아의 죽음을 받아들이는 일입니다. 회개는 하나님께 이렇게 고백하는 것입니다. "나는 내 삶을 지배하는 죄의 세력을 끊어낼 힘이 없습니다. 나는 굽어진 내 등을 스스로 펼 수 없습니다. 나는 내 힘으로 똑바로 설 수 없는 사람입니다. 나는 옛 자아를 죽일 능력이 없습니다." 이 고백이 바로 회개의 기도입니다.

그렇지만 우리는 절망 속에서 이 기도를 드리지 않습니다. 희망을 품고 드립니다. 그 이유는 분명합니다. 우리가 기도하는 그 하나님이 이

5부. 십자가와 부활, 그리고 새로운 세계

미 죽은 자 가운데서 살아나신 분이기 때문입니다. 부활하신 주님이 계시기에 우리의 무력한 회개 기도는 공허하지 않습니다. 그분은 우리를 죄의 죽음에서 다시 살리실 능력을 가지신 분입니다.

죽음이 부활과 연결되어 있듯이 회개는 용서와 연결되어 있습니다. 회개는 내가 죽어야 할 존재임을 인정하는 것입니다. 그리고 그 죽음 이후에 다시 산다면 그것은 전적으로 다른 생명이 우리 안에 자리 잡았기 때문입니다. 이제 사는 것은 내가 아니라 내 안에 사시는 그리스도이기 때문입니다(갈 2:20).

누가복음 15장으로 가 보십시오. 거기에는 '잃어버린 양의 비유'가 나옵니다. 예수께서 말씀하십니다. "너희 중에 어떤 사람이 양 백 마리가 있는데 그 중의 하나를 잃으면 아흔아홉 마리를 들에 두고 그 잃은 것을 찾아내기까지 찾아다니지 아니하겠느냐 또 찾아낸즉 즐거워 어깨에 메고 집에 와서 그 벗과 이웃을 불러 모으고 말하되 나와 함께 즐기자 나의 잃은 양을 찾아내었노라 하리라." 그리고 주님은 이렇게 덧붙이십니다. "이와 같이 죄인 한 사람이 회개하면 하늘에서는 회개할 것 없는 의인 아흔아홉으로 말미암아 기뻐하는 것보다 더하리라"(3-7).

길 잃은 양은 결코 자신의 자유를 즐길 여유가 없습니다. 홀로 길을 찾을 능력도, 스스로 돌이켜 회개할 의지조차 없습니다. 방황하며 겨우 목숨만 부지할 뿐, 실상은 이미 영적으로 죽은 것과 같습니다.

이 비유가 말하는 메시지는 "네가 스스로 잘 해내 보라"는 것이 아닙니다. "혼자 길을 찾아보라"는 것도 아닙니다. 하나님께 "죄송합니다"라고 말하는 수준에 머무는 것도 아닙니다. "다시는 안 그러겠습니다"라는 약속을 요구하는 이야기도 아닙니다.

이 비유의 중심은 분명합니다. 당신이 무엇을 하기 전에 하나님이 먼저 움직이신다는 것입니다. 먼저 움직이시는 분은 우리가 아니라 하

하나님은 다른 길로 오신다

나님입니다. 하나님이 찾아 나서십니다. 하나님이 어깨에 둘러메십니다. 하나님이 집으로 데려가십니다. 하나님이 우리를 다시 살리십니다.

회개는 우리가 하나님께로 걸어가는 사건이 아니라 하나님이 우리를 찾아오시는 사건입니다. 그리고 그분이 우리를 다시 세우실 그때 비로소 우리는 똑바로 서게 됩니다.

회개는 은혜 의존 선언이다

회개는 단순히 실수를 인정하는 일이 아닙니다. "하나님, 제가 잘못했습니다. 이제 고치겠습니다"라고 말하는 수준에 머무는 것도 아닙니다. 그것은 여전히 내가 중심에 서 있는 고백입니다.

회개는 더 깊은 자리입니다. "우리는 죄에 대해 죽은 자입니다"라고 인정하는 것입니다. "우리 안에는 우리 자신을 건져 올릴 힘이 없습니다"라고 고백하는 것입니다. "우리의 삶은 전적으로, 그리고 영원히 내 손 바깥에 있습니다. 우리가 다시 산다면 그것은 오직 하나님의 은혜 때문입니다"라고 인정하는 것입니다.

우리는 성전에 올라가 기도하던 두 사람의 비유를 알고 있습니다. 한 사람은 바리새인이었고, 다른 한 사람은 세리였습니다. 바리새인은 서서 자신에 대하여 기도했습니다. "하나님, 나는 강도나 악인이나 간음하는 자들과 같지 않음을 감사합니다. 저 세리와도 같지 않음을 감사합니다. 나는 일주일에 두 번 금식하고, 십일조도 빠뜨리지 않습니다." 그의 기도는 하나님께 드려졌지만 내용은 자기 자신을 향해 있었습니다.

반면 세리는 감히 하늘을 우러러보지 못했습니다. 가슴을 치며 말했습니다. "하나님, 이 죄인에게 자비를 베풀어주십시오." 그에게는 변명도, 공로도, 내세울 의로움도 없었습니다. 다만 자비를 구하는 절박함

5부. 십자가와 부활, 그리고 새로운 세계

만 있었습니다.

그렇다면 우리는 누구입니까? 바리새인입니까, 세리입니까? 아마 우리는 둘 중 하나가 아니라 둘을 섞어 놓은 사람일 것입니다. 어떤 날에는 우리가 바리새인처럼 하나님 앞에 서 있을 때가 있습니다. 기도는 하지만 회개하지는 않습니다. 좋은 의도로 시작한 기도가 점점 비틀려, 그것이 하나님께 드려지는 기도인지 아니면 나 자신을 정당화하는 독백인지 분간하기 어려워질 때가 있습니다.

그러나 또 어떤 날에는 우리가 세리처럼 서 있을 때도 있습니다. 하나님 앞에서 무기력과 무능을 절감할 때가 있습니다. "나는 정말로 스스로를 구할 수 없는 사람이구나" 하고 깨닫는 순간이 있습니다. 그때 우리는 다른 말을 할 수 없습니다. "키리에 엘레이손Kyrie eleison, 주님, 저에게 자비를 베풀어주십시오." 이 한마디 외에는 드릴 말이 없습니다.

그리고 우리는 집으로 돌아갑니다. 의롭다 하심을 받고 돌아갑니다. "괜찮다. 내가 너와 함께하겠다"는 음성을 들으며 돌아갑니다. 이것은 우리가 기도를 잘했기 때문이 아닙니다. 우리의 표현이 정확했기 때문도 아닙니다. 우리의 태도가 완벽했기 때문은 더더욱 아닙니다.

우리가 의롭다 하심을 받는 유일한 이유가 있다면 하나님이 우리에게 자비로우시기 때문입니다. 하나님이 우리에게 은혜로우시기 때문입니다. 우리가 다시 일어나 집으로 돌아갈 수 있는 이유는, 하나님께서 우리를 죽은 자리에서 일으켜 세우시기 때문입니다.

그러므로 모든 영광은 우리에게 있지 않습니다. 자비로우시고 은혜로우신 하나님께 감사와 찬양을 드립니다. 아멘.

하나님은 다른 길로 오신다

미주

1. "대림절"을 라틴어로는 '아드벤투스'(Adventus, 영어 Advent)라 하는데 문자적으로 "옴" "도래" "강림"이라는 뜻이다. 이를 대림절(待臨節)로 옮긴 것은 '기다림'을 강조하기 위함이다. 이런 의미에서 대림절에 묵상할 주제는 '기다림'이다. 이 세상 안으로 오시겠다는 하나님의 약속을 어떻게 기다려야 할 것인지를 묵상하는 절기다.

2. M. Craig Barnes, *Searching for Home: Spirituality for Restless Souls* (Grand Rapids, MI.: Brazos Press, 2003), 10-13.

3. Caryll Houselander, *The Reed of God* (Sheed and Ward, 1944).

4. Kathleen Norris, *Amazing Grace: A Vocabulary of Faith* (New York: Riverhead Books, 1998), 71-77.

5. Barbara Brown Taylor, *Leaving Church: A Memoir of Faith* (US: HarperSanFrancisco, 2006).

6. Elie Wiesel, *From the Kingdom of Memory: Reminiscences* (New York: Summit Books, 1990).

7. Christine D. Pohl, *Making Room: Recovering Hospitality as a Christian Tradition* (Grand Rapids: Eerdmans, 1999). 크리스틴 폴, 『손 대접』, 정옥배 역 (서울: 복있는사람, 2002).

8. Fred Craddock, *Luke*, Interpretation Series (Louisville: John Knox Press, 1990), 186-87.

9. Timothy Keller, *The Prodigal God: Recovering the Heart of the Christian Faith* (New York: Dutton, 2008). 티머시 켈러, 『마르지 않는 사랑의 샘』, 전성호 역 (서울: 베가북스, 2011). Prodigal은 형용사로서 "무절제하게 낭비하는" 또는 "모든 것을 탕진하는"의 뜻을 지닌다.

10. Jacques Ellul, *Prayer and Modern Man* (Seabury Press, 1970).

11. Jürgen Moltmann, *The Power of the Powerless* (SCM Press, 1983).

12. C. S. 루이스, 『천국과 지옥의 이혼』, 김선형 역 (서울: 홍성사, 2003).

13. 이 글은 Henry Stob, Sin, *Salvation and Service* (Grand Rapids: CRC Publications, 1983), chapter 2를 저자가 번역하여 『목회와신학』에 기고한 글을 바탕으로 재구성한 것이다. 헨리 스톱은 저명한 기독교 철학자이자 윤리학자다.

14. Henri Nouwen, *Life of the Beloved: Spiritual Living in a Secular World* (Crossroad Publishing Company, 2002).

"길"로 읽는 누가복음의 서사

프롤로그

하나님은 자기 아들을 이 땅에 보내시기 위해 조용히 길을 준비하신다.

우리가 기대한 방식이 아니라 우리가 미처 보지 못했던 방식으로.

높은 곳이 아니라 낮은 곳으로.

그렇게 하나님은 낮은 곳으로 길을 내신다.

제1부: "기다림의 시간"(1-2장)

- 하늘이 침묵하던 사백 년
- 늙은 제사장과 천사의 방문
- 한 노부부의 집에서 시작된 구원
- 마리아라는 작은 문
- 하나님은 왕궁이 아니라 시골 마을을 선택하신다.
- 노래하는 여인들 — 마리아의 찬가
- 마구간에서 시작된 구원
- 목자들이 먼저 들은 복음
- 성전에서 기다리던 노인들 — 시므온과 안나

핵심: 하나님은 권력의 길이 아니라 기다림과 약함의 길로 오신다.

하나님은 다른 길로 오신다

제2부: "하나님 나라의 방식"(3-6장)

- 광야에서 시작된 새로운 역사

- 세례 요한의 외침

- 광야에서 시험받으신 메시아

- 나사렛에서 거절당한 구원

- 어부들과 함께 시작된 혁명

- 병든 자를 향해 열린 하나님 나라

- 죄인들과 함께 식사하는 하나님

- 안식일의 새로운 의미

- 평지 설교 (누가복음의 산상설교)

핵심: 하나님 나라는 강한 자가 아니라 약한 자에게 먼저 열린다.

제3부: "일상 속으로 들어온 하늘"(7-10장)

- 눈물 흘리는 여인

- 죽은 청년을 살리신 예수

- 씨 뿌리는 하나님

- 폭풍 속에서 배우는 믿음

- 귀신과 돼지 떼

- 열두 해를 앓은 여인

- 오병이어의 식탁

- 예루살렘으로 가는 길

- 선한 사마리아 사람

- 마르다와 마리아

핵심: 하나님은 설교보다 먼저 삶 속으로 들어오신다.

제4부: **"뒤집히는 세상"**(11-16장)

- 기도를 가르치신 예수
- 부자와 가난한 자
- 위선과 종교
- 좁은 문
- 겨자씨만 한 하나님 나라
- 잃어버린 것들의 복음 — 잃은 양, 잃은 드라크마, 잃은 아들
- 청지기의 비유
- 부자와 나사로

핵심: 하나님 나라에서는 가난한 자가 먼저 웃고, 잃어버린 자가 먼저 발견 된다.

제5부: **"예루살렘으로 가는 길에서"**(17-19장)

- 열 명의 나병 환자
- 불의한 재판관과 끈질긴 기도
- 세리와 바리새인
- 어린아이와 하나님 나라
- 부자 청년
- 삭개오
- 눈물로 바라본 예루살렘

핵심: 하나님은 죄인의 집에 먼저 들어가신다.

제6부: "가장 어두운 길"(20-23장)

- 성전 논쟁

- 종말에 대한 말씀

- 마지막 만찬

- 겟세마네의 기도

- 십자가

- 함께 십자가에 달린 사람

핵심: 하나님은 승리의 길이 아니라 십자가의 길로 오신다.

제7부: "다른 길로 오신 하나님"(24장)

- 빈 무덤

- 엠마오로 가는 길

- 식탁에서 알아본 예수

- 다시 시작되는 이야기

핵심: 끝인 줄 알았던 곳에서 하나님의 길은 다시 시작된다.

에필로그

하나님은 언제나 다른 길로 오신다.

우리가 기대한 방식이 아니라, 우리가 보지 못했던 방식으로.

높은 곳이 아니라 낮은 곳으로.

성전이 아니라 우리의 일상 속으로.

그리고 끝이라고 생각한 그 자리에서, 다시 길을 내신다.

하나님은 다른 길로 오신다

초판 1쇄 발행 | 2026년 5월 8일

지은이 | 류호준

펴낸이 | 공태훈
펴낸곳 | 하온
출판등록 | 2021년 1월 26일(제2021-000050호)
주소 | 서울시 강동구 천중로 213, 621호
전화 | 02-739-8950
팩스 | 02-739-8951
메일 | ondopubl@naver.com
인스타그램 | @ondopubl

© 류호준
ISBN 979-11-92005-70-6 (03230)